V&R

Forschungen zur Religion und Literatur des Alten und Neuen Testaments

Band 228

Vandenhoeck & Ruprecht

Wege zur Hebräischen Bibel

Denken – Sprache – Kultur

In memoriam Hans-Peter Müller

herausgegeben von
Armin Lange und
K. F. Diethard Römheld

Vandenhoeck & Ruprecht

Bibliografische Information der Deutschen Nationalbibliothek

Die Deutsche Nationalbibliothek verzeichnet diese Publikation in der Deutschen Nationalbibliografie; detaillierte bibliografische Daten sind im Internet über http://dnb.d-nb.de abrufbar.

ISBN 978-3-525-53092-4

Printed in Germany.

Druck und Bindung: ⊕ Hubert & Co, Göttingen

Gedruckt auf alterungsbeständigem Papier.

In memoriam Hans-Peter Müller

Am 18. Oktober 2004 verstarb Hans-Peter Müller nach schwerer und komplizierter Krankheit mit 70 Jahren in Münster. 1934 in Berlin geboren, hatte Hans-Peter Müller dort und in Basel Theologie, Orientalistik und Philosophie studiert und dann in Berlin sieben Jahre lang den Pfarrdienst versehen. 1967 hat er neutestamentlich promoviert, 1967 alttestamentlich habilitiert und wurde 1971 auf seine erste Professur in Münster berufen. 1978 wechselte er nach Hamburg und kehrte 1983 nach Münster zurück auf den Lehrstuhl für Altes Testament und Religionsgeschichte.

Aus über vierzig Jahren seiner wissenschaftlichen Tätigkeit sind rund 270 Veröffentlichungen erwachsen, die eine erstaunliche Fülle von Themen und Fachgebieten abdecken. Hans-Peter Müller war in seinem Bereich ein Universalgelehrter, ein Wanderer zwischen den Welten, die er immer wieder neu fruchtbar zueinanderzubringen wusste. Anders als viele seiner ähnlich erfolgreichen Kolleginnen und Kollegen hat er jedoch keine „Schule" gegründet, keine als solche erkennbaren „Schüler" herangezogen, die seine Anliegen weiterentwickelten. Hans-Peter Müller auf seinen vielfältigen Wegen zu folgen, seine unterschiedlichen Interessen zu teilen war nicht einfach. Stets las er mehr als zwei oder drei Bücher gleichzeitig, und alles oder fast alles hat er mit seiner Frau Karin diskutiert. Ihr verdankte er die immer wiederkehrende Frage, wie Geisteswissenschaft und Naturwissenschaft zueinanderfinden. Hans-Peter Müller konnte deutlich Position beziehen und vermied gleichwohl jede Form von Dogmatismus. Der Dialog und die Förderung eigenständigen Denkens war ihm wichtiger als die klassische Form der Lehre.

Fast alle großen Themen seiner Veröffentlichungen finden sich schon in den ersten Jahren und kehren mit schöner Regelmäßigkeit wieder: Nie war Hans-Peter Müller fertig mit seinen Themen, immer neu stellte er sich den Fragen, suchte, wieder einen Schritt weiter zu kommen. Gleich viermal finden sich in seinen letzten 10 Schaffensjahren „Anschlusserörterungen" seiner unersättlichen Neugier.

Mit der Zeitschrift für Althebraisitk schuf sich Hans-Peter Müller ein eigenes Organ für seine vielfältigen grammatischen und lexikographischen Studien. Die Genese und Struktur des althebräischen Verbalsystems im Kontext der semitischen und altägyptischen Sprachen zog immer wieder seine Aufmerksamkeit an, und die Frage, ob die Art der Wirklichkeitswahrnahme grammatische Strukturen präfigureren kann und umgekehrt grammatische Strukturen Wirklichkeitswahrnahme beinflussen, ließ ihn nach Spuren ergativen Denkens und ergativer Ausdrucksformen suchen. Sein Blick galt nicht nur den biblischen, altorientalischen und griechischen Literaturen, sondern immer wieder auch der Alltagsepigraphik und der sich dort artikulierenden Kolloquialsprache.

Im klassischen exegetischen Methodenkanon schlug sein Herz besonders für die Formgeschichte, die er gerne auf neue und breitere Füße gestellt gesehen hätte. Viele seiner Aufsätze haben sich immer wieder einzelnen Formen zugewandt und Grundfiguren menschlichen Denkens wie sprachlichen Handelns darin gesucht. Die von Hans-Peter Müller ersehnte Neukonzeption der Formgeschichte jedoch hätte er gerne einem Meisterschüler anvertraut.

Das große Feld von Prophetie, Eschatologie und Apokalyptik stand zu Beginn dieses Wissenschaftlerlebens stärker im Mittelpunkt, in der Folgezeit waren es prophetische Einzeltexte, zu denen Hans-Peter Müller immer wieder zurückkehrte. Dafür rückte recht bald die Weisheitsliteratur in den Fokus seiner Aufmerksamkeit und blieb es bis zu seinem Tod. Vor allem Hiob und Qohelet trieben ihn immer wieder um. Seine Beiträge zu diesen Büchern sind Meilensteine geworden. Sie beleuchten die israelische Weisheitsliteratur sowohl von linguistischer als auch philosophischer Seite und stellen sie in den Kontext ihrer griechischen und altorientalischen Umwelten. Ein relativ weit vorangegeschrittener Qoheletkommentar jedoch blieb über dem frühen Tod seiner Tochter bis heute unvollendet und unpubliziert.

Ein großes Lebensthema Hans-Peter Müllers war der Mythos als biblische Sprachform und als Sprachform des Glaubens. Mythos und Entmythologisierung, Mythos und Transzendenz, Mythos und Kerygma sind Stichworte, die vom beständigen Ringen um das Thema zeugen. Hier kündigen sich Fragen an, die den Bedingungen menschlichen Erkennens und der Definition von Wahrheit gelten und in den späteren Münsteraner Jahren dann einen eigenen Schwerpunkt bilden sollten. Die Freiheit der Wissenschaft und ethische Konsequenzen aus der Art unseres Erkennens, ja Religion als Teil der menschlichen Natur, dies sind Themen, die Hans-

Peter Müller immer wieder mit fachfremden Kolleginnen und Kollegen diskutierte und teils auch zum Ausgangspunkt von Ringvorlesungen gemacht hat.

Aus der Beschäftigung mit den Psalmen und vor allem dem Hohenlied erwuchs Hans-Peter Müller ein neues Interesse an der Lyrik und ihrer Sprachkraft im Dienst einer Wiedergeburt des ursprünglich Mythischen. Auch die scheinbar so prophane Liebesdichtung nimmt bei Müller ihren Ort innerhalb einer Religions- und Glaubensgeschichte Israels ein, fügt sich als ein weiterer Baustein in ein immer wieder variiertes Gesamtbild. Von der Vorgeschichte des Monotheismus („Gott und die Götter") bis zum Niedergang der alttestamentlichen Geschichtsreligion, von der mythischen Welterfassung bis zur technischen Weltaneignung der säkularen Moderne reicht schließlich der Horizont, der gerade nicht mit Gesamtentwürfen, sondern mit exemplarischen Detailstudien ausgefüllt wird. Da gilt es nach dem Erbe des Strukturalismus und der hermeneutischen Debatten ebenso zu fragen wie nach den philosophischen Grundlagen des eigenen Faches im Ganzen. Die vielleicht wichtigste Triebfeder dieses so vielfältigen Schaffens hat Hans-Peter Müller im Jahr 2000 mit dem Titel „Erkenntnistheorie der Religion im Austausch zwischen Natur- und Geisteswissenschaft" selbst umrissen.

Forschung und Lehre Hans-Peter Müllers sind durch seine Lust an Diskussion und Auseinandersetzung gekennzeichnet. Er war im besten Sinne des Wortes konfliktfreudig. Hans-Peter Müller entwickelte seine Positionen in Auseinandersetzung mit und in Widerspruch zu Kolleginnen und Kollegen und ermutigte in vorbildlicher Weise auch Studierende zum Diskurs mit seinen Positionen. In diesem Geist versammelt der vorliegende Band Beiträge von Hans-Peter Müller, die aus unterschiedlichen Schwerpunkten seines Œuvres stammen. Zu diesen Beiträgen Müllers haben seine Freunde und Kollegen eine jeweils kritische Würdigung verfasst. Wir können uns kaum einen besseren Weg vorstellen, des Forschers und Lehrers Hans-Peter Müller zu gedenken, als sich auf diese Weise noch einmal mit seinem Lebenswerk auseinanderzusetzen. Der frühe Tod des Denkers und Gesprächspartners Hans-Peter Müller hinterlässt eine nicht zu füllende Lücke.

Bonn und Wien im Juli 2008 Die Herausgeber

Inhalt

HANS-PETER MÜLLER
Formgeschichtliche und sprachliche Beobachtungen zu Psalm 30 1

ERNST JENNI
Psalm 30,6a – eine ungewöhnliche Sentenz 13

HANS-PETER MÜLLER
Magisch-mantische Weisheit und die Gestalt Daniels 29

KLAUS KOCH
Zur Stellung der Weisheit Israels in der altorientalisch-hellenistischen Kulturgeschichte 53

HANS-PETER MÜLLER
Mythos und Metapher
Zur Ambivalenz des Mythischen in poetischer Gestaltung 73

ERICH ZENGER
Mythos und Mythisierung in den Psalmen 95

HANS-PETER MÜLLER
Handeln, Sprache, Religion, Theologie 117

ECKART OTTO
Erkenntnis und Interesse
Zu Hans-Peter Müllers humanethologischer Erkenntnistheorie als integrativem Schlüssel seines sprachwissenschaftlichen und exegetischen Werkes 137

Hans-Peter Müller
Kolloquialsprache und Volksreligion
in den Inschriften von Kuntillet ʿAǧrūd und Ḫirbet el-Qōm 149

Udo Rüterswörden
Linguistik und Religionsgeschichte
Hans-Peter Müllers grammatische und formgeschichtliche Analyse
von Inschriften aus Kuntillet ʿAǧrūd und Ḫirbet el-Qōm 193

Hans-Peter Müller
Genesis 22 und das *mlk*-Opfer
Erinnerung an einen religionsgeschichtlichen Tatbestand 201

Michaela Bauks
Opfer, Kinder und *mlk*
Das Menschenopfer und seine Auslösung 215

Die Schriften Hans-Peter Müllers 233

Formgeschichtliche und sprachliche Beobachtungen zu Psalm 30

Hans-Peter Müller (Münster), ZAH 12/2, 1999, 192–201

I.

1. Der die Verse 2–6 umfassende erste Teil von Psalm 30 zerfällt, was wiederum seinen ersten Abschnitt, V. 2–4, angeht, in
- einen Aufgesang (2) mit einer begründeten Ankündigung des Gotteslobs, die strukturell, nicht dagegen funktionell, das Lobgelübde am Ende eines Klage- und Bittpsalms des einzelnen, wie wir es etwa in Ps 13,6b vor uns haben, wieder aufnimmt[1], und
- eine erste kurze Erzählung der erfahrenen Errettung (3 f.), die ihrerseits wieder
  - eine Anrede (3a),
  - einen Rückblick auf die der Errettung vorangehende Klage (3bα) und
  - einen dreifachen Bericht von Jhwhs Eingreifen (3bβ. 4a. 4b)

  enthält.

Die durch *kî dillîtāni* „du hast mich heraufgezogen" (2aβ) evozierte Vorstellung des Heraufholens eines Eimers (*d^e^lî*[2]) wird mit geringerer metaphorischer Anschaulichkeit durch die Verbform *hæ^ca^lîtā* „du hast mich

[1] Der funktionelle Unterschied zwischen dem Lobgelübde (Ps 13,6b) und der Ankündigung des Gotteslobs (30,2) liegt darin, daß, was im Gelübde an Jhwh adressiert war, als Ankündigung vor einer Öffentlichkeit verlautet, was die entsprechende Ankündigung in 66,16 sehr deutlich erkennbar macht. – Abkürzungen nach ZAH 1, 1988, 2–16, und TRE.

[2] Die nach der konventionellen Hebraistik vielleicht naheliegende Frage, ob *DLH* I denominal oder *d^e^lî* deverbal abgeleitet werden soll, ist nicht zu beantworten. AHw 155 erwägt zu akk. *dalû* „schöpfen" mit Vorbehalt einer [sic] denominale Ableitung von *dalû(m)* „Eimer". Eher ist wohl damit zu rechnen, daß die Wurzel *DLĪ* gleichgewichtig verbal und nominal realisiert wird, was auch die reiche komparatistische Aufstellung zu *DLW/Y* bei D. Cohen u. a., Dictionnaire des racines sémitiques 4, Leuven 1993, 262 f., nahelegt.

heraufgebracht" (4a) und durch die oppositive Wurzel *JRD* „hinabsteigen" (4b[3] .10a) aufgenommen. Nominal entsprechen der Vorstellung des Heraufziehens bzw. Heraufbringens drei Bezeichnungen des Totenreichs, hier als Sphäre der Todesgefahr, aus der JHWH erretten kann: *š^{e}ʾôl* „Unterwelt"[4] (4a), *bôr* „Zisterne" (4b) und *šāḥat* „Grube" (10a). **[193]**

2. Folgt der Text in seinem ersten Abschnitt, V. 2–4, den Motiven der Gattung ‚individuelles Danklied', so schließt in 5 f. ein kurzer ‚Hymnus' an, der von JHWH in 3. Person spricht[5]. Er gliedert sich in

– eine doppelte Aufforderung zum Gotteslob mit der Anrede *ḥ^{a}sîdâw* „ihr seine Getreuen" (5) und
– eine mit *kî* „denn" eingeleitete Begründung, die in zwei polaren Doppelwendungen gegeben wird, welche das Sein des Menschen vor Gott auf ambivalent-meristische Begriffe bringen (6).

Sollen wir uns vorstellen, daß V. 5 f. der Hymnus ist, den die seitens des Erretteten zum Dankopfer Geladenen dabei JHWH darbringen? Die *ḥ^{a}sîdîm* JHWHs wären dann die Teilnehmer des betreffenden Opfermahls, an die auch Ps 52,11, ebenfalls ein Danklied des einzelnen nach einer Klageerhörung, zu denken scheint[6]. Was der Gerettete nach V. 3bβ. 4 erzählt, geht so in den *zekær qodšô*, d. h. JHWHs „heiliges Gedächtnis", ein (5b), d. h. in den Schatz der Erinnerungen, den die (mutmaßlichen) Opferteilnehmer und (danach) die weitere Kultgemeinde, ihre eigene Identität stärkend, von JHWHs Taten aufbewahrt.

In V. 6a liegt bei *b^{e}ʾappô* und *birṣônô* Beth existentiae in der Bedeutung „ist" vor[7]. Entsprechend übersetzt K. Seybold, ohne dies freilich grammatisch zu begründen: „Ein(en) Augenblick *währt* sein Zorn, lebenslang sein

3 Da das Q^{e}rê einen unregelmäßigen starken Inf. cs. von *JRD* ergäbe, der auch zu der regelmäßigen schwachen Bildung des Inf. cs., nämlich *b^{e}ridtî*, in V. 10a im Gegensatz stände, wird man in 4b mit dem ohnehin verläßlicheren K^{e}tîb und mehreren Versionen (vgl. BHK) wie in 28,1 das Part. q. act. pl. cs. lesen: *mijjôr^{e}dê-bôr* „aus denen …" bzw. „anders als die, die in die Zisterne hinabsteigen" – letzteres, wenn man von einer Metonymie der primären Funktion von *min* ausgeht, den Ort einzuführen, „von" dem „weg" eine Bewegung erfolgt (HALAT s. v. 1a), wie sie auch der komparativischen Verwendung zugrunde liegt.

4 *Min-š^{e}ʾôl* oder ‚*miššš^{e}ʾôl*' behandelt *š^{e}ʾôl* wie einen Namen; dies ist um so auffälliger, als *min* seine volle Form meist nur vor dem Artikel behält.

5 Vgl. zu den Gattungen ‚individuelles Danklied' und ‚Hynmus' H. Gunkel – J. Begrich, Einleitung in die Psalmen (HK, Erg.-band zur II. Abteilung), Göttingen 1933, 265–292 bzw. 32–94, zu Ps 30 und dessen Verbindung von ‚Danklied des Einzelnen' und ‚Hymnus' 276 f., dazu C. Westermann, Lob und Klage in den Psalmen, Göttingen [6]1983, 76–84.

6 Vgl. H. Ringgren, חָסִיד *ḥāsîd*, ThWAT III, Stuttgart u. a. (1977) 1982, 83–88, hier 86.

7 Vgl. Vf., Das Beth existentiae im Althebräischen, in: M. Dietrich – O. Loretz (edd.), Vom Alten Orient zum Alten Testament. FS W. von Soden (AOAT 240), Kevelaer – Neukirchen 1995, 361–378, hier 363; der Aufsatz bringt viele weitere Beispiele.

Wohlgefallen“[8]. Erklärte man *b*^e^- als lokale Präposition, hätte der Satz kein Subjekt. Septuaginta nahm *rōgæz* „Aufregung, Zorn“ – statt *ræga*ᶜ MT – und *ḥajjîm* als Subjekte an und übersetzte halsbrecherisch: ὅτι ὀργὴ ἐν τῷ θυμῷ αὐτοῦ καὶ ζωὴ ἐν τῷ θελήματι αὐτοῦ „denn Zorn ist in seiner Leidenschaft und (im Deutschen besser: aber) Leben in seinem Wollen“[9]. Denkt man dagegen an Beth existentiae, so haben *ʾappô* und **r*^e^*sônô* die Subjektfunktion[10], und *ræga*ᶜ // *ḥajjîm* sind temporale Adverbiale. Entsprechend übersetzt Vulgata iuxta Hebr. wenigstens im ersten Versviertel richtig: *quoniam ad momentum est ira eius* mit *ira* als Subjekt und *ad momentum* als temporalem Adverbial[11]. – Den Temporaladverbialen *ræga*ᶜ und *ḥajjîm* von 6a entsprechen in 6b **[194]** *bāʿæræb* „(jeweils[12]) am Abend“ und *labbōqær* „(jeweils) am Morgen“; innerhalb des Parallelismus membrorum wird mit der Wahl der asyndetischen Adverbiale in 6a einerseits und der der Präpositionalwendungen in 6b andererseits ein bewußter Wechsel der Stilmittel gesucht[13] – wie noch einmal mit dem Wechsel der Präpositionen *b*^e^- und *l*^e^- in 6b.

In V. 6b ist *jālîn* wohl zu streichen. „Am Abend übernachtet das Weinen“ ergibt keine schöne Metaphorik[14]. Ohne diese finite Verbform enthält 6b wie 6a zwei kurze, parallele Nominalsätze.

II.

1. Schon H. Gunkel bemerkte, daß der Psalm mit V. 6 „einen vorläufigen Schluß erreicht“ hat; auch sonst zerfallen Psalmen freilich „in zwei, einan-

---

[8] Die Psalmen (HAT I 15), Tübingen 1996, 124.

[9] Vgl. auch zu [sic] Pesch, BHS. – Targ. und Pesch. haben auch in Jes 54,7 *rōgæz* statt des masoretischen *ræga*ᶜ gelesen; vgl. BHK.

[10] *b*^e^- kann 1 Kön 13,34a; Ps 55,19; 1 Chr 9,33b geradezu Subjektanzeiger werden; vgl. Vf., aaO. (Anm. 7), 364.

[11] Die Fortsetzung lautet *et vita in repropitiatione eius* „und Leben in seiner Versöhnung“, worin das Verhältnis von Subjekt und Adverbial wie in der Septuagintaübersetzung des ganzen Verses faktisch vertauscht ist. – Ähnlich widersprüchlich ist das Verhältnis von 6a zu 6b bei Symmachos: o[ti [sic] ἐπ' ὀλιγοστὸν ἡ ὀργὴ αὐτοῦ / (ζωή) ἐν τῇ διαλλαγῇ (αὐτοῦ).

[12] Zur Allzeitigkeit von *bāʿæræb* und *labbōqær* vgl. E. Jenni, Die hebräischen Präpositionen 1: Die Präposition Beth, Stuttgart u. a. 1992, 298.

[13] In *b*^e^*ʾappô … birṣônî … bāʿæræb … bækî* ist dazu mit Seybold (aaO. [Anm. 8], 226) eine Alliteration zu vermuten.

[14] BHS will *jālîn* allerdings metri causa streichen; aber der ursprüngliche Abschlußvers 6 ist ohnehin länger als die vorangehenden Verse.

der parallel laufende Teile"[15]. Darüber hinaus beobachtet jetzt E. Zenger[16], daß „die beiden Danksagungserzählungen 3–4 und 7–12 ... ihr je eigenes Profil" haben. „Während 3–4 mehr den äußeren Vorgang der Rettung in den Blick nimmt, beschreibt 7–12 die innere Verwandlung des Beters ... . 2–4 spielt auf schwere Krankheit und Spott von Feinden an; (in) 7–8 bleibt die Not unbestimmt, von Feinden ist gar nicht mehr die Rede." Zenger folgert daraus, daß 7–13 „als eine ‚Fortschreibung' des ‚Grundpsalms' 2–6 ... zu begreifen" sei. Als weitere Argumente dienen ihm sowohl der Hinweis auf „die andere sprachliche Gestalt von 7–12 (Redezitate, argumentatives Ringen mit JHWH, Imperative, Metaphern für die Veränderung des Lebensgefühls)", „Stichwort [sic] und Motivbezüge" zwischen beiden Teilen des jetzigen Psalms sowie, den Prinzipien seiner ‚kanonischen Psalmenauslegung' entsprechend, die Beobachtung, „daß 7–13 zahlreiche Stichwort- und Motivbezüge zu den Nachbarpsalmen 27 28 31 hat"[17].

2. Der die Verse 7–13 umfassende zweite Teil des Psalms zerfällt in
- ein Reflexionsmotiv (V. 7 f.), das die überstandene Abwendung Gottes (8) auf die eigene frühere Überhebung zurückführt (7),
- einen Rückblick auf die Klage (9)
- mit deren Zitierung (10 f.), die wieder **[195]**
  - eine Motivation des Eingreifens Gottes (10)[18],
  - die Bitte um Gottes Zuwendung (11a) und
  - die Bitte um Gottes Eingreifen (11b)

  enthält, sowie schließlich
- eine zweite kurze Erzählung der erfahrenen Errettung (12);
- ein ebenfalls kurzer Abgesang besteht aus einem erneuerten Lobgelübde (13).

Die Versfügung ist in V. 7–13 noch unregelmäßiger als in 2–6: der zweite Psalmteil bezeichnet geradezu einen Übergang zur Prosa; auch darin mag

---

[15] Die Psalmen (HK II 2), Göttingen [5]1968, 127.

[16] In: F.-L. Hossfeld – E. Zenger, Die Psalmen: Psalm 1–50 (NEB), Würzburg 1993, 186–190, hier 186. Zu Ps 30 als „gedoppelte(m) Dank" vgl. M. Millard, Die Komposition des Psalters (FAT 9), Tübingen 1994, 51 mit Anm. 279, 142.

[17] Zenger folgert daselbst, „daß die Fortschreibung (V.) 7–13 mit der (nach)exilischen Zusammenstellung der Psalmengruppe 26–32 (die ihrerseits nochmals später durch 25 33 34 zur Teilgruppe 25–34 erweitert wurde) in Verbindung zu bringen ist"; vgl. zum Kontext von Ps 30 im Psalter Millard, aaO. (Anm. 16), 141 f.

[18] Die Motivation ist naiv: V. 10aα betont, daß der Tod des Betenden JHWH keinen Vorteil, 10aβb dagegen, daß er ihm sehr wohl einen Nachteil bringt.

ein Hinweis auf dessen spätere Entstehung liegen, weshalb Emendationen metri causa gerade hier fehl am Platze sind.

3. In der Tat sind außer Rückbeziehungen von 7–13 auf 2–6 eine Reihe sprachlicher Beobachtungen für die Vermutung, daß 7–13 eine jüngere Ergänzung zu 2–6 ist, bezeichnend.

a. In V. 7a stellt das althebräische Hapax legomenon **šālû*, hier in der Form mit Suffix *b^ešalwî* „in meiner Sorglosigkeit", einen Aramaismus dar, *šālû* begegnet biblisch-aramäisch in der Bedeutung „Nachlässigkeit" Dan 6,5; Esr 4,22; 6,9. Dabei ist /*-û*/ bei Wurzeln tertiae infirmae einerseits dritter, vokalischer Radikal der Wurzel *ŠLŪ*, andererseits offenbar zugleich das auch auf dreikonsonantige Wurzeln übertragene Endmorphem zur Markierung eines zustandbezeichnenden Verbalnomens, das wie einerseits in *ṣ^ebû* „Angelegenheit" Dan 6,18, andererseits in *malkû* „Königsherrschaft" u. ä. zur Bedeutungsverschiebung ins Abstrakte neigt[19]; im Hebräischen entspricht ihm das Endmorphem /*-ût*/. Ein weiterer althebräischer Beleg[20] für ein solches Verbalnomen III: *ū* mit /*-û*/ ist *śāḥû* „Schwimmen" oder „Überschwemmen"[21] in einem ebenfalls späten Text, nämlich Ez 47,5[22]. – Bei *b^ešalwî* Ps 30,7a ist allerdings auffällig, daß vor dem Suffix /*-î*/ das sonst in vergleichbaren Fällen des Aramäischen eintretende Femininmorphem /*-t*/[23] bzw. /*-t-*/[24] nicht begegnet. D. Michel findet in der Opposition **šālû* versus *šalwā*[25] das **[196]** Gegenüber von Collectivum und ‚feminin' gebildetem Nomen unitatis[26], wonach **šālû* – wie

[19] Vgl. die Beispiele BLA 197g'''. Zur Übertragung von (/*-û*/ und) /*-ût*/ von Wurzeln tertiae infirmae auf dreikonsonantige Wurzeln vgl. jetzt auch E. Lipiński, Semitic Languages. Outline of a Comparative Grammar (OLA 80), Leuven 1997, 226 (§ 29.48).

[20] Bei *'āḥû* „Riedgras" (< ägypt. *iḥj, ijḥ*) und *tōhû wābōhû* „Leere und Öde" Gen 1,2; Jer 4,23 handelt es sich um Lehnwörter; vgl. R. Meyer, Hebräische Grammatik II, Berlin 1969, § 52,4a.

[21] Zu *śāḥû* „Überschwemmung" vgl. W. von Soden, Ist im Alten Testament schon vom Schwimmen die Rede?, ZAH 4, 1991, 165–170, hier 166 f.

[22] Vgl. BL 458x', die als entsprechende Bildungen III: *ī š^ebî* „Wegführung" und *ṣ^ebî* „Zierde" nennen. Zur späten Datierung von Ez 40–47 vgl. Th .A. Rudnig, Zu scheiden heilig und profan. Der sog. Verfassungsentwurf (Ez. 40–48) im Wachstumsprozeß des Ezechielbuches. Eine redaktionskritische Untersuchung, Diss. theol. Münster 1999.

[23] Etwa im St. cs. *r^e'ût* „Wille" u. ö.. [sic]

[24] Etwa im St. det. *galûtā'* „Gefangenschaft" u. ö.; vgl. hierzu und zu Anm. 23 BLA 197g'''.

[25] Beispiele für den Wechsel /*-û*/ > /*-^ew*/ vor /*ā*/ bei M. Wagner, Die lexikalischen und grammatikalischen Aramaismen im alttestamentlichen Hebräisch (BZAW 96), Berlin 1966, 134.

[26] Grundlegung einer hebräischen Syntax 1, Neukirchen 1977, 66 f.

wohl auch der aramäische Abstraktionsplural *šljn* „Ruhe“ Aḥiqar 130[27] – masculinum ist; ein vergleichbares Collectivum III: *ī* ist *šbj* „Gefangenschaft [sic] > „Gefangene“ im Sam'alischen KAI 215,8 und Reichsaramäischen KAI 233,15. 16; Cowley 71,14[28].

Könnte *šalwî* 7a noch eine religiös wertneutrale „Sorglosigkeit“ bezeichnen, wie sie außer Septuaginta (ἐν τῇ εὐθηνίᾳ μου), Symmachos (ἐν τῇ ἠρεμίᾳ μου) u. a. auch das zugehörige Adjektiv *šālēw* „ungestört, sorglos“ meint, so berührt 7b mit *le'ôlām* „in Ewigkeit“ den Aspekt der Überhebung, der Hybris, deren sich der Betende bezichtigt; eine Theodizee wird angedeutet, indem der Betende wie in ähnlichen altorientalischen Texten die Ursache seiner Not in einem eigenen Vergehen sucht[29], wofür er sich umgekehrt in Sätzen wie Ps 51,7 auch wieder *ent*schuldigen kann[30].

b. *birṣônkā* in 8 nimmt *birṣônô* von 6a auf. **be-* hat hier aber nicht die Funktion der Existenzanzeige, sondern wie in *bešalwî* 7a die Bedeutung „in“ vor der Bezeichnung einer geistigen Aktivität[31]. Hat der Ergänzer auch *be-* in 6a im gleichen Sinne (miß-)verstanden? Er hätte dann, ebenso wie die Septuagintafassung des Psalms das Beth existentiae nicht mehr gekannt oder es doch an dieser Stelle nicht identifiziert. – Auffällig ist die

---

27 J. Hoftijzer – K. Jongeling, Dictionary of the North-West Semitic Inscriptions 2 (HO I 21/2), Leiden u. a. 1995, 1101; anders I. Kottsieper, Die Sprache der Aḥiqarsprüche (BZAW 194), Berlin – New York 1990, 235, der an sing. abs. nach *qatlān* denkt.

28 Hoftijzer – Jongeling, aaO. (Anm. 27), 1142.

29 Seybold (aaO. [Anm. 8], 125; ders., Die Psalmen. Eine Einführung [UTB 382], Stuttgart u. a. 1986, 169 ff.) verweist nach dem Vorgang O. Keels (Die Welt der altorientalischen Bildsymbolik und das Alte Testament, Einsiedeln – Neukirchen ²1977, Tafel XXV) auf ein Dankgebet des Nebre an Amun aus dem 13. Jh. v. Chr. (Übersetzung J. Assmann, TUAT II 6, 1991, 872–875) mit einem ähnlichen Motiv, worin ein Schuldeingeständnis mit dem Lob des vergebungsbereiten Gottes verbunden wird (Z. 10b): „War zwar der Diener bereit, die Sünde zu tun, so ist doch der Herr bereit zur Gnade“. Die anschließenden Sätze entsprechen Ps 30,6: „Der Herr von Theben zürnt nicht den ganzen Tag lang – wenn er zürnt, ist es einen Augenblick, und nichts bleibt zurück“.

30 Vgl. aus einem akkadischen ‚Handerhebungs‘-Gebet an Šamaš:

> „Als ich noch klein war, wußte ich nicht Bescheid
> und kannte nicht den Frevel, den ich begangen hatte;
> ich war klein und sündigte
> und überschritt gar sehr die Grenze meines Gottes“;

Übersetzung W. von Soden in: A. Falkenstein – W. von Soden, Sumerische und akkadische Hymnen und Gebete, Zürich – Stuttgart 1953, 322. Sonst spielt das Motiv ‚Sünde und Strafe‘ in den **Šu-ila**-Gebeten eine relativ bescheidene Rolle; vgl. W. R. Mayer, Untersuchungen zur Formensprache der babylonischen ‚Gebetsbeschwörungen‘ (StP.SM 5), Rom 1976, 111–118.

31 Vgl. Jenni, aaO. (Anm. 12), 347 f.

Pleneschreibung des Pronominalsuffixs [sic] in הֶעֱמַדְתָּה in 8a, die an Qumranschreibungen erinnert.

c. Eine offenbar jüngere Analogiebildung nach Segolata vom Typ *qatl* > *qall*, die mit den Pluralformen der Segolata übereinstimmt[32], mag, wenn schon nicht unmittelbar in *-harᵉrî* MT[33], so doch in *-harᵉrê* cj.[34] (von **harr*) 8a vorliegen. – Spät **[197]** ist sicher die Conjugatio periphrastica *hājîtî nibhāl* „war ich erschrocken" 8b statt einer finiten Nipḥʿal-Bildung **nibhaltî*, die in Jes 21,3 und Ijob 21,6 belegt ist. Conjugationes periphrasticae aus einem Partizip und finiten Formen von *HJH* „sein" gestatten vor allem im Kolloquialhebräisch und in der jüngeren Sprache Nuancierungen einer zuständlich-zeitlosen Aussage, wie sie durch einen Nominalsatz mit bloßem Partizip realisiert würde, nach Aspekten und / oder Aktionsarten und vor allem Tempora[35]. Sie treten auch dann ein, wenn wie im vorliegenden Falle das Tempus auch durch die entsprechende finite Form angezeigt werden kann; wie etwa auch im Ägyptischen im Übergang zum Koptischen werden synthetische (morphologisch gebildete) Formative

---

32 Vgl. BLe 570t, wo ohne Begründung Aramaismus vermutet wird.

33 MT dachte wie die jüngeren griechischen Versionen und Vulgata an Sing. mit Suffix 1. sing. oder **[197]** mit altertümelndem bzw. euphonischem Ḥiræq compaginis (vgl. dazu Ps 113,5–9: *hammagbîhî* u. ä; 101,5; 110,4; 114,8; 123,1). – Liegt Analogiebildung zum Plural nach Segolata vor, insbesondere wenn man wie in Jer 17,3 den Singular *hᵃrārî* „meinen Berg" liest? Zu masoretischem *hᵃrārî* Jer 17,3 verweist E. Brønno (Studien über hebräische Morphologie und Vokalismus auf Grundlage der Mercatischen Fragmente der zweiten Kolumne der Hexapla des Origenes [AKM 28], Leipzig 1943, 116–118) auf λααραρι in der Secunda zu Ps 30,8, was sowohl den betr. Punktationsvorschlag zu Ps 30,8, als auch die Vermutung Bauers und Leanders für die Singularform bestätigen mag. Ist dagegen an Ḥiræq compaginis „den Berg" zu denken, könnte /*-î*/ < */*-i*/ vor nominalem Genitiv eine alte Status-constructus-Endung sein, die im Äthiopischen und Akkadischen /*-a*/ bzw. /*-a(m)*/ lautet; im Akkadischen und Hebräischen hätte vor Genitiv ein Wechsel /*-a*/ > /*-ᵉ*/ > /*-i*/ infolge Vokalreduktion stattgefunden, dessen Ergebnis, nämlich */*-i*/, sich auch durch den Assimilationseffekt zum /*-i*/ des Genitivs empfahl; vgl. W. von Soden, Status rectus-Formen vor dem Genitiv im Akkadischen und die sogenannte uneigentliche Annexion im Arabischen, JNES 19, 1960, 163–171, bes. 170b / 171a; mit GAG³, § 64a, dazu Vf., ZAH 2, 1989, 60 f.[85].

34 **[197]** Vgl. BHK mit Hinweis auf Targ. *lṭwrjʾ ʿwšjnʾ* „auf feste (schirmende) Berge", ferner L. Wächter, ZAW 78, 1966, 64 f. (Lit.). In der Wendung »*lᵉhārᵉrê ʿōz*« ersetzt *ʿōz* ein Adjektiv, wie häufig im Hebräischen, das an Adjektiven arm ist. – Die von Septuaginta in τῷ κάλλει μου vorausgesetzte Lesung *-hᵃdārî* beruht auf Verschreibung.

35 Vgl. vorläufig Vf., Zu den semitisch-hamitischen Konjugationssystemen, ZAH 11, 1989, 140–152, hier 150 f., zum temporalen Gebrauch von Partizipien mit und ohne *HJH* P. Joüon – T. Muraoka, A Grammar of Biblical Hebrew III, Rom 1991, § 121c–h, zur Sprache von Qumran E. Qimron, The Hebrew of the Dead Sea Scrolls, Atlanta 1986, § 400.01.

mehr und mehr durch analytische (syntaktisch gebildete) ersetzt[36]. Im Rabbinischen nimmt der periphrastische Gebrauch des Partizips bekanntlich zu[37].

4. Die Sequenz „ich rief" (V. 9a) – „höre" (11a) – „sei mir ein Helfer" (11b) entspricht einer Grundstruktur des in den Psalmen sich spiegelnden Gottesverhältnisses, wonach der Klage- und Bittpsalm (9–11) die Zuwendung (11a) und das Eingreifen (11b) Gottes herbeizuführen sucht[38]. V. 10aα steht zu den Vorstellungen von 4a in leichtem Widerspruch: während 4a an ein Heraufbringen aus „Unterwelt" und „Zisterne" denkt, soll nach 10 das Hinabsteigen in die „Grube" noch verhindert **[198]** werden: gemeint ist mit beiden Metaphern, wie gesagt, die Rettung aus Lebensgefahr[39]; Metaphorik ist insbesondere in der Bildhälfte widerspruchstolerant[40].

a. Der Terminus *mispēd*, der in V. 11a den Rückblick auf die vorangehende Klage von 9–11 aufnimmt, bezeichnet wie das Verb *SPD* die Toten- und die Notklage[41]; hier ist an letztere gedacht. Zu beiden kann auch das Anlegen des in 11b genannten *śaq* „Trauer- und Klagegewand(es)" gehören. Die parallelen Opposita sind *māḥôl* „Tanz"[42] und *śimḥā* „Freude(ngewand)"; an ein Kleidungsstück ist zu *śimḥā* sowohl wegen des

---

36 Vgl. H. Jungraithmayr, Die analytische Sprachform in Afrika, in: Sitzungsberichte der wissenschaftlichen Gesellschaft an der Johann Wolfgang Goethe-Universität XXX/4, 1993, 125–151, hier 127–131.

37 Vgl. M. H. Segal, A Grammar of Mishnaic Hebrew, Oxford 1927, § 324–327.

38 Vgl. zu diesen Funktionen des Klage- und Bittpsalms Westermann, aaO. (Anm. 5), 39–60.

39 Eine ganz ähnliche Sequenz von Motiven enthält das in Anm. 29 erwähnte ägyptische Dankgebet: „Ich *rief* zu dir ... (Rückblick auf die Klage), und du bist *gekommen* (Zuwendung des Gottes), daß du mich *rettetest*" (sein Eingreifen); „du rettest den, der in der *Unterwelt* ist" (Metapher für die überstandene Lebensgefahr).

40 Der „Staub", der JHWH nach V. 10aβ nicht lobt, kann entsprechend der Staub sein, in den der Tote als in seinen Ursprung zerfällt (Gen 3,19; Ps 146,4; Koh 3,20; 12,7a), und der Staub, der die Unterwelt füllt (Jes 26,19; Ps 22,30; Hi 17,16; 20,11; 21,26).

41 Vgl. zum Verhältnis von Toten- und Notklage J. Scharbert, סָפַד *sāpad*, ThWAT V, Stuttgart u. a. 1986, 901–906, bes. II vs. IV.

42 Anschaulich dafür ist Ex 15,20 vor dem kurzen Lobpsalm V. 21. In Koh 3,4 hat *māḥôl* an dem semantisch äquivalenten *r^eqōd* „hüpfen, tanzen" als Oppositum zu *s^epōd* „trauern" eine Entsprechung. – Wenn Theodotion *l^emāḥôl* [sic] in Ps 30,12 mit (εἰς) αὐλόν wiedergibt (vgl. F. Field, Origenis Hexaplorum quae supersunt II, Oxford 1875 = Hildesheim 1964, 131b), so bestärkt dies die Vermutung, daß in *ʿal-mḥlt* Ps 53,1; 88,1 der Hinweis auf ein Musikinstrument zu sehen ist, vgl. GesB s. v. *maḥ^alat* (sic!); KBL³ s. v. *mḥā^alat* I [sic, legendum: *māḥ^alat* I].

zugeordneten Verbs ᵓZR Piᶜel „gürten > (Kleid) anlegen“[43], als auch wegen des oppositiven *śaq* zu denken.

b. In V. 13a greift *jᵉzammærkā* „will dir singen“ auf *zammᵉrû* „singt“ 5 zurück. *lᵉᶜôlām* 13b wiederholt mit gegenteiliger Funktion die gleiche Wendung aus V. 7[44], wodurch sich für 7–13 eine Inklusion ergibt: was vorher dem Ausdruck hybrider Selbstüberhebung diente, weitet nun das augenblickliche Gotteslob auf alle künftige Zeit aus; so wird das *jiddôm* „schweigt nicht [sic]“ von 13a zeitlich ausgedehnt[45]. – Die Konjunktion *lᵉmaᶜan* „damit“ stellt zwischen göttlichem Eingreifen und menschlichem Dank eine logische, eine konsekutiv-finale Verbindung her, was zum enthusiastischen Stil der Verse 2–6 nicht recht paßt: offenbar soll zwischen Rettung und Dank ein sinngebender Zusammenhang hergestellt werden, der die vorangehende Not und Klage (3a. 9–11) mit einschließt; der ganze Ablauf hat endlich das Lob JHWHs vermehrt, das nun nicht mehr aufhören soll. **[199]**

c. Wenn das endmorphemlose Nomen *kābôd* 13a lediglich eine redaktionelle, also nachträgliche Stichwortbeziehung zu Ps 29,2f. 9 herstellt[46], könnte das durch ἡ δόξα μου in Septuaginta bezeugte Suffix 1. sg. ursprünglich sein. So wäre ‚*kᵉbôdî*‘ das wiederhergestellte Prestige des Geretteten, das durch das Hohnlachen seiner Feinde nach 2b, worauf zurückgegriffen würde, in Frage stand: die Verminderung oder Vernichtung des *kābôd* des Betenden bedauern die Klage- und Bittpsalmen des einzelnen in Ps 4,3; 7,6 (vgl. Hi 19,9)[47]; nach der Rettung wäre es umgekehrt die „Ehre“ des Betenden, die nun – ähnlich wie in 57,9(?) – das Lob JHWHs vermehrt. Aquila, Symmachos und Theodotion folgen – wie die Secunda des Origenes – allerdings dem masoretischen Text mit δόξα für *kābôd*

---

43 An ein ähnliches Schwanken zwischen der Bezeichnung einer inneren Bewegung und der eines Kleidungsstücks, dessen Wahl die Bewegung ausdrückt, ist bei *wattᵉᵓazzᵉrēnî ḥajil* „du hast mich mit Kraft umgürtet“ Ps 18,40 (vgl. *wattazᵉrēnî ḥajil* 2 Sam 22,40) zu denken: der Ausdruck kriegerischen Kraftgefühls ist dagegen das Anlegen des *ᵓēzôr* „Hüftschurz(es)“. Umgekehrt hat die Lesung εἰς χαράν für *lᵉmāḥôl* (vgl. A. Rahlfs, Septuaginta X: Psalmi cum odis, Göttingen ²1967, 122) den Begriff der inneren Bewegung für den der Ausdruckshandlung eingesetzt; Hieronymus ist mit *in chorum* in Ps iuxta Hebr. gegenüber *in gaudium* in Ps. iuxta LXX dagegen wieder dem hebräischen Text gefolgt.

44 Allerdings kann man auch an eine redaktionelle Verbindung mit *lᵉᶜôlām* in Ps 29,10b denken.

45 καὶ οὐ μὴ κατανυγῶ „und ich werde nicht durchbohrt werden“, das möglicherweise auf Verschreibung *ᵓæddāqēr* (BHS) zurückgeht, würde zu einem solchen Zusammenhang nicht beitragen.

46 Vgl. Zenger, aaO. (Anm. 16), 186.

47 Vgl. C. Westermann, כבד *kbd* schwer sein, THAT I, München – Zürich 1971, 794–811, hier 800.

als Subjekt zu μελῳδησῃ σοι [sic] bzw. mit ᾄδῃ σε / σοι für *j^e^zammærkā*, ohne aber einen plausiblen Sinn zu gewinnen; phantasievoll ergänzt das Targum den Text zu der Subjektwendung *jaqqîrê ʿalmāʾ* „die Honoratioren der Welt". – Eine Alternative zur Septuaginta bietet dagegen Peschitta mit *ʾzmr lk šwbḥʾ* „ich singe dir Ehre", dem u. a. eine Aquila-Variante mit μελῳδήσω σοι δόξαν entspricht[48]; zu *kābôd* als Objekt zu *ZMR* „singen" ist Ps 66,2 zu vergleichen.

d. Die doppelte Anrede *JHWH ʾ^æ^lôhāj* „Jhwh, mein Gott" 13bα nimmt abschließend die gleiche einleitende Anrede von 3a wieder auf. – *l^e^ʿôlām ʿôdækkā* „in Ewigkeit will ich dich preisen" sucht nicht nur dem durch Rettung und Dank neu begründeten Gottesverhältnis des Betenden Kontinuität zu verleihen[49], sondern das Gotteslob zugleich zeitlich ins Unendliche auszudehnen: der Augenblick wird zum Ein-für-Allemal[50].

III.

Einen Hinweis auf die Abfassungszeit von V. 7–13 gibt wohl das Überschriftelement *šîr-ḥ^a^nukkat habbajit* „Lied der Weihe des Hauses (Tempels)", das die als ursprünglich anzunehmende Überschrift **mizmōr*[51] *l^e^dāwid* sprengt[52]. **[200]**

---

[48] Vgl. Field, aaO. (Anm. 42), 131b[27], wo in Anm. 29 weitere Bezeugungen von entsprechenden Verben in der 1. sg. genannt werden.

[49] In punischen Weihinschriften haben Abschlußformeln wie *tšmʿ qlʾ brkʾ* „mögest du seine Stimme hören (und) ihn segnen" KAI 108,4 f. u. ä. ö. oder jede der beiden Wendungen allein die gleiche Funktion; vgl. Vf., Punische Weihinschriften und alttestamentliche Psalmen im religionsgeschichtlichen Zusammenhang, Or. 67, 1998, 477–496.

[50] Zur zeitlichen und räumlichen Extension des einmal begründeten Gotteslobs vgl. Vf., Ursprünge und Strukturen alttestamentlicher Eschatologie (BZAW 109), Berlin 1969, 26–29. – Entsprechend heißt es in dem Anm. 29 erwähnten ägyptischen Dankgebet: „ich spende ihm Lob, so hoch der Himmel ist und so weit der Erdboden reicht, ich verkündige seine Machterweise dem, der stromauf, und dem, der stromab zieht. ... Erzählt von ihm Kindern und Kindeskindern, die noch nicht geboren sind! ...".

[51] LXX hat vor *mizmōr* noch *lam(m^e^)naṣṣē^a^ḥ* gelesen; anders Aquila und Symmachos, die *mizmōr šîr* durch μελῴδημα ᾄσματος bzw. ᾆσμα ᾠδῆς wiedergeben.

[52] Vgl. J. Wellhausen, Skizzen und Vorarbeiten 6, Berlin 1899, 171: „In die gewöhnliche Überschrift *Psalm Davids* eingesprengt hat sich eine andere, die im Widerspruch dazu steht, also **[200]** eigenartig und wertvoll ist: *Lied auf die Tempelweihe*" Auch B. Duhm und Gunkel (aaO. [Anm. 15], 128) hielten *šîr-ḥanukkat habbajit* für „einen spätere(n) Zusatz", ebenso H. Schmidt, H.-J. Kraus, Psalmen. 1. Teilband (BK XV 1), Neukirchen ²1961, 241, u. a. Zenger (aaO. [Anm. 16], 187) übersetzt: „Ein Psalm. Ein Lied zur Tempelweihe. Von David"; ganz ähnlich Seybold, aaO. (Anm. 8), 124.

šîr paßt zu *mizmōr* semantisch, zumindest ursprünglich, dann nicht, wenn *šîr* das ‚Vokallied' oder den ‚Sprechgesang', *mizmōr* dagegen das ‚Lied mit Instrumentalbegleitung' bezeichnet[53]. Das Verb *ZMR* wird in Ps 71,22; 98,5; 147,7 mit der Bezeichnung eines Musikinstruments, nämlich mit *b^ekinnôr* „zur Kastenleier", verbunden; vgl. *hôdû* … *b^ekinnôr* || *b^enēbæl ʿāśôr zamm^erû* … „lobt … auf der Kastenleier, auf der zehnsaitigen Harfe musiziert …" 33,2[54]. Gegen eine semantische Unterscheidung von *ŠĪR* und *ZMR* spricht allerdings die zeugmatische Verbindung *ʾāšîrā wa ʾ^azamm^erā* Ps 27,6b; 57,8; 108,2 (vgl. 144,9) sowie die – weitgehend nachträgliche (?) – Kombination der Nomina *šîr* und *mizmōr* in Ps 48,1 und vielen anderen Überschriften allermeist von Psalmen des Volkes; beides gestattet, auch auf einen – sekundär (?) – unterschiedslosen Gebrauch der betr. Lexeme zu schließen[55],

šîr-ḥ^anukkat habbajit läßt an eine Entstehung von V. 7–13 zu oder besser nach der Tempelweihe von 165/4 vor Chr. denken, von der 1 Makk 4,51b ff. erzählt. Zu vermuten wäre dazu, daß der Verfasser von V. 7–13 das Stichwort *ḥ^asîdâw* im Sinne von ʾΑσιδαῖοι 1 Makk 2,42; 7,13; 2 Makk 14,6 verstand[56] und auf die Partei gesetzestreuer Juden bezog, die den Makkabäeraufstand trug; der Vokativ *ḥ^asîdâw* wurde offenbar als Aufruf an die eigene religiöse Gruppierung umgedeutet. **[201]**

Zusammenfassung (abstract)

Eine genaue formgeschichtliche und philologische Analyse von Ps 30 kann das Verständnis des bekannten ‚individuellen Danklieds' präzisieren und nuancieren. Bei *b^e*- in *b^eʾappô* und *birṣônô* V. 6a liegt – anders als bei *birṣônkā* 8a – ‚Beth

[53] So L. Delekat, Probleme der Psalmenüberschriften, ZAW 76, 1964, 280–297, hier 280–283, vgl. zur Diskussion aber auch KBL³ s. v. *šîr* 3.

[54] Außerhalb von Psalmenüberschriften wird *NṢḤ*, das dem *lam(m^e)naṣṣēaḥ* vieler Überschriften zugrunde liegt, mit *b^ekinnôrôt* und anderen Bezeichnungen von Musikinstrumenten verbunden, nämlich in 1 Chr 15,21; Hab 3,19 (Unterschrift), was immerhin an Instrumentalisierung beim Psalmenvortrag denken läßt.

[55] Sir 44,5 spricht von der zu erforschenden (*ḤQR*) Regel (*ḥwq*) des *mizmōr*, den 49,1 allerdings mit Weingelagen in Verbindung bringt, wobei an erotische Lieder – zur Instrumentalbegleitung ? – gedacht sein mag. Im Sinne von Sir 44,5 gebrauchte man äquivalent mit *ḥōq* im Griechischen νόμος (W. Schadewaldt, Die frühgriechische Lyrik [Tübinger Vorlesungen 3], Frankfurt 1989, 135); doch fehlt eine Übersetzung von *ḥwq* in Septuaginta zu Sir 44,5. – Eigenartig ist, daß nur *mizmōr*, nie *šîr* vor Personennamen gebraucht wird.

[56] Schon Wellhausen (aaO. [Anm. 52], 172) wollte zu V. 5 an die Asidäer denken und so allerdings den ganzen Psalm in die Zeit der Makkabäerkriege datieren; Duhm, Kraus (aaO. [Anm. 52], 241) u. a. dachten an eine sekundäre Übertragung des ganzen Individualpsalms „auf die Gemeinschaft und ihren Kult" nach der Tempelwiederherstellung.

existentiae‘ vor: „einen Augenblick *währt* sein Zorn, lebenslang sein Wohlgefallen“. V. 7–13 sind eine späte ‚Fortschreibung‘ des ‚Grundpsalms‘ der Verse 2–6 (E. Zenger), was u. a. an einigen semantischen und morphologischen Merkmalen deutlich wird: **šālû* in *b*^{e}*šalwî* 7a ist Aramaismus; -*har*^{e}*rê* bzw. -*har*^{e}*rê* cj. 8a von **harr* ist jüngere Analogiebildung nach Segolata vom Typ *qatl* > *qall*; spät ist auch die Conjugatio periphrastica *hajîtî nibhāl* 8b. Einen Hinweis auf die Abfassung von 7–13 zu oder besser nach der Tempelweihe 165/4 vor Chr. gibt das Überschriftelement *šîr ḥ*^{a}*nukkat habbajit*.

Psalm 30,6a – eine ungewöhnliche Sentenz

Ernst Jenni, Universität Basel

Im letzten Artikel, den Hans-Peter Müller in der von ihm gegründeten und elf Jahre lang sorgfältig betreuten Zeitschrift für Althebraistik veröffentlichen konnte, wird Psalm 30 eingehend und überaus kenntnisreich exegesiert. Nur ein kleines Teilproblem daraus soll hier kritisch gewürdigt und zum Anlass für eine weiterführende Behandlung genommen werden. Es betrifft die Form und die Sprachmittel von Ps 30,6a:

כִּי רֶגַע בְּאַפּוֹ חַיִּים בִּרְצוֹנוֹ,

von Müller und andern übersetzt mit: „einen Augenblick währt sein Zorn, lebenslang sein Wohlgefallen“.

1. Über den Gesamtsinn des Verses herrscht weitgehend Einigkeit unter den Exegeten.[1] Das individuelle Danklied V. 2–4 weitet sich in V. 5–6 aus in ein hymnisches Zwischenstück mit einer Aufforderung zum Gotteslob (V. 5) und einer mit כִּי eingeleiteten Begründung in der Gestalt zweier sich ergänzender Sentenzen, die eine theologische Quintessenz einprägen (V. 6a+b).[2]

Die Partikel כִּי hat als Scharnier die doppelte Aufgabe, nicht nur V. 6 mit V. 5 zu verbinden, sondern gleichzeitig auch die Aufmerksamkeit auf etwas Neues zu lenken. Dies entspricht den beiden Hauptfunktionen von כִּי, die in der bisherigen Diskussion über die Partikel herausgearbeitet worden sind:[3] Als unterordnende Konjunktion leitet sie (a) hier einen motivierenden Kausalsatz ein und wird üblicherweise mit „denn“ übersetzt, so unter

[1] Neben den Kommentaren sind als relativ ausführliche Behandlungen zu nennen: Leo Krinetzki, Psalm 30 in stilistisch-exegetischer Betrachtung, ZKTh 83, 1961, 345–60; Herrmann Spieckermann, Heilsgegenwart, Eine Theologie der Psalmen, FRLANT 148, Göttingen 1989, 253–62.

[2] V. 6b, hier nicht weiter besprochen, lautet: בָּעֶרֶב יָלִין בֶּכִי וְלַבֹּקֶר רִנָּה „am Abend kehrt Weinen ein, doch am Morgen Jubel“.

[3] Vgl. Antonella Benigni, The Biblical Hebrew Particle כי from a Discourse Analysis Perspective, ZAH 12, 1999, 126–45 (mit ausführlichen Literaturangaben).

anderem in der Lutherbibel (1964) und in der revidierten Zürcher Bibel (1996): „(Lob)singet dem Herrn, ihr seine Heiligen / Frommen, denn …" In der emphatisch-asseverativen Funktion beteuert sie (b) die Gültigkeit des unmittelbar folgenden Aussagekomplexes und wird daher gelegentlich mit „ja, …" oder „wahrlich …" wiedergegeben, z. B. in den Kommentaren von Nötscher (EB, 1947) und von Kraus (BKAT XV / 1, 1960).[4] Beide Nuancen der ursprünglich deiktischen Partikel, sowohl begründendes „denn" als auch beteuerndes „ja", sind gleichzeitig vorhanden und könnten etwas umständlicher, aber sinngemäß mit „denn so ist es: …" oder mit „denn dies gilt: …" ausgedrückt werden.[5] Beides passt ausgezeichnet als Einführung zum sentenzartigen Charakter der allgemein gültigen theologischen Erkenntnis von V. 6.

2. Beide inhaltlich parallelen Sinneinheiten in V. 6a und V. 6b sind zweigliedrig; sie bestehen nach allgemeiner Ansicht aus je zwei kurzen, sich gegenseitig bedingenden satzartigen Untereinheiten, deren genauer syntaktischer Status allerdings strittig ist. Bevor hier weitere Abklärungen möglich sind, müssen die einzelnen Vokabeln näher betrachtet werden, zunächst die Zeitbestimmungen רֶגַע und חַיִּים.

Für רֶגַע kann die Bedeutung „kurzer Moment / Augenblick" als gesichert gelten, auch wenn die Septuaginta mit ὀργῇ (wohl = רֹגֶז „Toben") irrig an den folgenden Begriff אַף „Zorn" angeglichen hat.[6] Die Zeitbestimmung steht in dem für die pointiert formulierte Sentenz konstitutiven polaren Gegensatz zu חַיִּים und bezeichnet rhetorisch übertreibend die minimale gegenüber der maximalen Zeitdauer. Daraus folgt, dass חַיִּים nicht „Leben" als Zustand oder Qualität meint, sondern eben auch temporal „Lebenszeit" als Maß für zeitliche Erstreckung. In beiden Fällen treten die Ausdrücke hier nicht als selbständige Größen auf, רֶגַע überhaupt nie im Alten Testament als Subjekt oder Objekt, sondern stehen im adverbialen Akkusativ als Zeitbestimmungen der Dauer auf die Fra-

---

[4] Nach Frank Crüsemann, Studien zur Formgeschichte von Hymnus und Danklied in Israel, WMANT 32, Neukirchen-Vluyn 1969, 32–35, bringt der *kî*-Satz im Hymnus nicht die Begründung des Lobaufrufs, sondern bereits die Durchführung des Lobes seitens der Aufgeforderten. Die Annahme eines Subjektwechsels (Vorsänger – Gemeinde) ist aber nicht generell zwingend.

[5] Zur Frage der Übersetzung der Doppelfunktion von *kî* vgl. auch Günter Mayer, ידה *jdh*, ThWAT III, Stuttgart 1980, 464.

[6] Abweichend Helmer Ringgren, חיה *ḥājāh*, ThWAT II, Stuttgart 1976, 891: „‚Denn *ræḡaʿ* ist in deinem [sic 2. statt 3. Person] Zorn, aber Leben in deinem *rāṣôn*' – was auch *ræḡaʿ* hier bedeutet, vom Gegensatz ‚Augenblick – Lebenszeit' kann kaum die Rede sein."

ge „wie lange?“, also „(nur) einen Augenblick lang“[7] und „lebenslang“. Mit einem Nomen gebildete temporale Adverbien sind im Hebräischen wie im Semitischen allgemein entweder Präpositionalverbindungen oder adverbiale Akkusative.[8] Gerade die für die Zeit*dauer* gebrauchten Adverbiale sind in zahlreichen Sprachen der Welt wenig oder gar nicht auffällig markiert, weil diese Ausdrücke (anders als etwa die für ein bestimmtes Zeit*intervall* oder eine relative Zeit*folge* gebrauchten Nomina) normalerweise gar nicht als Subjekt oder Objekt zu verstehen sind.[9]

3. Bis hierher befinden wir uns in Übereinstimmung mit der Exegese von Müller: „*rægaʿ* // *ḥajjîm* sind temporale Adverbiale“ (S. 193), übersetzt mit: „einen Augenblick … lebenslang“ (S. 193. 201).[10] Schwieriger wird es bei seiner Deutung von *bᵉʾappô* und *birṣônô*, nicht wegen der Substantiva „Zorn“ und „Wohlgefallen“, sondern wegen der Präposition ב, die an dieser Stelle als nicht-präpositionale Kopula (Subjektsanzeiger, Beth existentiae) verstanden werden soll (S. 193: „In V. 6a liegt bei *bᵉʾappô* und *birṣônô* Beth existentiae in der Bedeutung ‚ist‘ vor“, mit Verweis auf seinen früheren Artikel „Das Beth existentiae im Althebräischen“ 1995, s. Anm. 31). Bevor auf diesen Vorschlag näher eingegangen werden soll (s. unten Abschnitt 8), sind zwei in der anschließenden Argumentation enthaltene Voraussetzungen zu hinterfragen. Wenn es heißt (S. 193): „Erklärte man *bᵉ*- als lokale Präposition, hätte der Satz kein Subjekt“, so ist zu klären,

---

7 Es ist daran zu erinnern, dass das Hebräische keine besonderen Formen für Gradation (Komparativ, Superlativ, Elativ) kennt. Die kurze Zeitspanne (Jes 54,8; Ps 30,6; Hi 20,5; in Verbindung mit Maßangaben wie אֶחָד, קָטֹן oder מְעַט, Ex 33,5; Jes 26,20; 54,7) kann auch elativisch-superlativisch auf eine allerkürzeste Zeitspanne zusammengedrängt werden und die Bedeutung „plötzlich / jählings / im Nu“ ergeben (Num 16,21; 17,10; Jes 47,9; Jer 4,20; Ps 6,11; 73,19; Hi 34,20; Klgl 4,6).

8 Carl Brockelmann, Grundriss der vergleichenden Grammatik der semitischen Sprachen, II Syntax, Berlin 1913, 341–46 (§ 227); ders., Hebräische Syntax, Neukirchen 1956, 92 (§ 100b); Paul Joüon / Takamitsu Muraoka, A Grammar of Biblical Hebrew, SubBi 14, Rom 1991, Bd. II, 458 f. (§ 126i); Andreas Schüle, Die Syntax der althebräischen Inschriften, Ein Beitrag zur historischen Grammatik des Hebräischen, AOAT 270, Münster 2000, 84 (§ 13.1).

9 Ausführlich Martin Haspelmath, From Space to Time, Temporal Adverbials in the World's Languages, Lincom Studies in Theoretical Linguistics 3, München 1997. Das Deutsche kann fakultativ mit nachgestelltem „lang“ verdeutlichen („er lebte viele Jahre [lang] in …“), das Englische und das Italienische verwenden eher atypisch eine Präposition („for many years“ / „per molti anni“).

10 Sie können also nicht nominativische Subjekte im traditionellen engeren Sinn im Gegenüber zu einem Prädikat sein; nicht gemeint ist hier und im folgenden mit dem Terminus ‚Subjekt‘ das ‚logische Subjekt‘ und die Thema-Rhema-Struktur.

ob *b*^e^- überhaupt eine *lokale* Präposition ist, und ob der Satz unbedingt ein Subjekt haben muss.

Wir nähern uns diesen Fragen zunächst mit der Vorfrage nach der Gesamtausrichtung der kunstvoll pointierten Sentenz in V. 6a, wenn sie nur schlagwortartige Adverbiale, aber kein Subjekt enthält. Auf wen als Träger beziehen sich der nur kurz dauernde göttliche Zorn und seine langlebige Gnade, auf Gott selber in seinem Verhalten oder auf die Menschen, die sein Verhalten erleben? Die meisten Übersetzungen halten die Meinung in der Schwebe, einige aber wählen zwischen den beiden Möglichkeiten, indem sie die Leerstelle des Satzes durch ein finites Verbum (mit Subjekt) auffüllen. Von der Fortsetzung in V. 6b wahrscheinlich beeinflusst, übersetzt z. B. Weiser (ATD 14, 1950): „In seinem Zorn *steht man* nur kurz, ein Leben lang in seiner Huld."[11] Auf der andern Seite übersetzt Michel[12] im Anschluss an den Lobaufruf in V. 5: „Denn einen Augenblick (*handelt er*) im Zorn, ein Leben lang in Gnade."[13] Es wäre möglich, dass die knappe Formulierung in V. 6a mit Ellipse von Subjekt und Verbum gerade beide Perspektiven ausdrücken soll, da die Befindlichkeit des Menschen ja unmittelbar mit dem Handeln Gottes korreliert ist. Die Stellung von V. 6a als hymnisches Lob lässt aber doch primär eine Aussage über Gott erwarten, analog zu anderen Prädikationen wie „denn er ist freundlich, und seine Güte währet ewiglich" (Ps 106,1 und öfter). Die Entscheidung ist deswegen nicht unwichtig, weil die Auffassung von der Funktion der Präposition ב direkt davon abhängt, ob Gott „in seinem Zorn / in seiner Gnade" handelt, oder die Menschen „in seinem Zorn / in seiner Gnade" stehen. Die deutsche Wiedergabe von ב mit „in" in beiden Fällen verwischt hier die Sachlage.

4. Es ist hier etwas vereinfachend auf die in meinem Buch über die Präposition Beth von 1992[14] dargelegten Erkenntnisse zurückzugreifen. Die unterschiedliche Verwendung dieser Präposition als allgemeinster gleichstellender Verbindung zweier Größen ist bedingt durch die semantische

---

[11] Ähnlich bei Beat Weber, Werkbuch Psalmen I, Stuttgart 2001, 149: „Denn einen Augenblick lang [stehen wir] in seinem Zorn, lebenslang in seiner Gunst." Noch deutlicher interpretiert die Gute Nachricht (1982): „Nur einen Augenblick trifft uns sein Zorn, doch lebenslang umgibt uns seine Güte."

[12] Diethelm Michel, Tempora und Satzstellung in den Psalmen, AET 1, Bonn 1960, 66.

[13] In der Froschauer-Bibel (1531) heißt es: „Dañ ob er gleich einen augenblick zornig ist / so erhaltet er doch durch sein gnad im läben."

[14] Ernst Jenni, Die hebräischen Präpositionen, Bd. 1 Die Präposition Beth, Stuttgart 1992.

Zugehörigkeit dieser Größen zu einer der fünf Kategorien: 1) Person/Ding (Entität erster Ordnung), 2) Ortsbestimmung, 3) Zeitbestimmung, 4) Abstraktum (Entität zweiter Ordnung, d. h. nominalisierte Prädikation von Qualitäten, Zuständen, Vorgängen oder Handlungen) und 5) Satzaussage. In unserem Fall ist zu entscheiden zwischen gleichgestellten Ortsbestimmungen (Lokalisation [wo?] mit Ortsverben wie „stehen") und gleichgestellten Abstraktbegriffen (Modalisation [wie? in welcher Weise?], z. B. mit Handlungsverben).

Es kommt nun darauf an, wie die Abstrakta „Zorn" und „Gnade" semantisch eingestuft werden. In unseren Sprachen können Abstraktbegriffe relativ leicht hypostasiert und dann bildlich metaphorisch als Raum oder Sphäre verortet werden („im Zorn stehen / unter dem Zorn stehen"). Auch das Hebräische kennt die Behandlung von positiven oder negativen Zuständen (wie „Glück", „Herrlichkeit", „Not", „Unglück" etc.) als abstrakte Räume, in denen sich ein Mensch befinden kann.[15] Für transitive Handlungsabstrakta ist diese Möglichkeit aber nicht belegt und kann nicht von unserem Sprachgefühl ohne weiteres ins Hebräische eingetragen werden. Nun sind aber אַף und רָצוֹן echte *nomina actionis*; sie bezeichnen ein „Zürnen gegenüber jemandem" und ein „Erweisen seiner Gunst gegenüber jemandem". Dann kann „sein Zürnen" und „sein Begnaden" in V. 6a nur auf das aktive Handeln Gottes und nicht auf die implizit daraus folgende menschliche Befindlichkeit bezogen werden. Die Präposition ב, welche das Handeln Gottes mit den Handlungsabstrakta gleichstellt, ist somit, wie oben dargelegt, nicht als Beth locale, sondern als Beth modale aufzufassen: Es gibt die Art und Weise des Handelns an („handeln, wobei Zürnen geschieht").[16] Die deutsche Wiedergabe kann – etwas verwirrend – auch modale Verhältnisse mit „in" kennzeichnen („in Eile", „in Dankbarkeit" usw.), ohne damit den begleitenden Umstand zu lokalisieren.[17] Andere Optionen im Deutschen sind etwa „mit Zorn", „zornig", „voll Zorn" und die entsprechenden Wendungen mit den Antonymen „mit Gunst", „gnädig", „mit Wohlgefallen". Von den oben erwähnten Übersetzungsvarianten ist demnach diejenige von Michel am adäquatesten: „Denn einen Augenblick (handelt er) im Zorn, ein Leben lang in Gnade."

---

[15] Genaueres in JENNI, Beth, 67. 172. 212 f.

[16] JENNI, Beth, 344. 346–47 (Rubrik 445).

[17] GERHARD HELBIG / JOACHIM BUSCHA, Deutsche Grammatik, Ein Handbuch für den Ausländerunterricht, Berlin 2001, 376 („Sie kamen in der Absicht, ihr zu helfen"); 362. 378. 384: begleitender Umstand auch mit „mit" und „unter".

Für ein Beth modale spricht unterstützend auch der übrige Sprachgebrauch im Alten Testament, wenn er die Begriffe für Zorn und Wohlgefallen Gottes (oder der Menschen) mit ב verbindet.[18] Bei keinem der über 30 Vorkommen, immer mit Handlungsverben, wäre eine lokale Deutung vertretbar. Nur zwei Verse weiter, in Ps 30,8, ist בִּרְצוֹנְךָ הֶעֱמַדְתָּה „in deinem Wohlgefallen hast du aufgestellt …“ von Jahwe ausgesagt, ebenfalls mit modaler Umstandsbestimmung zu einem Handlungsverb.[19] Es ist ferner auf die inhaltlich zu Ps 30,6a parallele Entgegensetzung in Jes 60,10 hinzuweisen: כִּי בְקִצְפִּי הִכִּיתִיךְ וּבִרְצוֹנִי רִחַמְתִּיךְ „denn in meinem Zorn habe ich dich geschlagen, doch in meiner Huld mich deiner erbarmt.“

5. Sind nun sowohl die Zeitbestimmungen als auch die Modalbestimmungen als Adverbiale zu verstehen, so fehlen in V. 6a tatsächlich die in einem normalen Satz unentbehrlichen Satzglieder Subjekt und Prädikat. Statt aber nun durch eine fragliche Umdeutung der Präposition eine Kopula mit Subjekt herbeizuzwingen, ist es wohl besser, aus der Not eine Tugend zu machen und für die pointierte Sentenz eine eigene, stark verkürzte Satzform anzuerkennen, die offenbar aus stilistisch-rhetorischen Gründen mit Ellipse des aus dem Kontext erschließbaren Subjekts operiert und damit die entscheidende Aussage umso schärfer und einprägsamer hervorhebt. Diese besondere Sprachgestalt ist uns vor allem aus deutschen Sprichwörtern[20] wohlbekannt, kann aber auch im Hebräischen in Spuren nachgewiesen werden.

Folgende kunstvolle Sprachmittel heben den hier im Gefolge zahlreicher Kommentatoren ‚Sentenz' genannten V. 6a von der gewöhnlichen prosaischen Redeform ab: die äußerste Breviloquenz und der antithetische Parallelismus mit doppelter Wortkontrastierung. Die Weglassung des

---

[18] Die zu untersuchenden Stellen sind in Jenni, Beth, 346–48 (Rubriken 445 und 448) aufgelistet.

[19] Auch wenn V. 6, wie vielfach angenommen wird (z. B. Müller, 196; Spieckermann, 255), von einem andern Verfasser als demjenigen von V. 8 stammen sollte, wäre ein Wechsel der Konstruktion höchst unwahrscheinlich.

[20] Friedrich Seiler, Grundriß der deutschen Volkskunde, 2. Das deutsche Sprichwort, Trübners philologische Bibliothek 10, Straßburg 1918; ders., Deutsche Sprichwörterkunde, Handbuch des deutschen Unterrichts an höheren Schulen 4,3, München 1922 (180–231: Die äußere Formgebung); André Jolles, Einfache Formen, Legende, Sage, Mythe, Rätsel, Spruch, Kasus, Memorabile, Märchen, Witz, Sächsische Forschungsinstitute in Leipzig, neuere Philologie, Neugermanistik 2,2, Tübingen 1930, 150–70: Spruch; Hans-Jürgen Hermisson, Studien zur israelitischen Spruchweisheit, WMANT 28, Neukirchen-Vluyn 1968 (speziell 27–36. 141–52).

handelnden Subjekts verleiht der Aussage Kürze und Knappheit und erhöht damit die Einprägsamkeit und Überzeugungskraft. Die minimale vs. maximale Zeitdauer und das pejorative vs. meliorative Handeln in je gleicher Wortstellung und mit verbindender Reimung (zweimal *b-… -ô*) sorgen durch übertreibende Formulierung und scharfe Kontrastierung für Überraschung und gesteigerte Aufmerksamkeit.[21] Ähnliche Beobachtungen lassen sich auch bei V. 6b anstellen, wo allerdings Subjekte vorhanden sind, die, wenn das Verbum *lîn* „übernachten" ursprünglich ist, halbwegs bildlich hypostasiert erscheinen („am Abend kehrt Weinen ein, am Morgen Jubel").

6. Wie bei vielen sprachlichen Kunstformen ist eine genau nachahmende Übertragung von V. 6a in eine andere Sprache schwierig. Die Buber'sche Übersetzung (1962): „Denn einen Nu in seinem Zorn, ein Leben in seiner Gnade!", ist zwar wörtlich, lässt aber wegen der Ambivalenz von deutsch „in" (lokal oder modal) und „Leben" (Qualität oder Dauer) das Gemeinte noch unscharf erscheinen. Die Übersetzungspraxis[22] weicht in solchen Fällen mit Recht auf präzisierende Explikationen aus, verliert dabei aber durch Ergänzung von Vorausgesetztem, durch Transposition (syntaktische Umstellungen, Veränderungen bei den Wortarten [z. B. deutsch *gern tun* :: französisch *aimer à faire*]) oder gar Modulation (semantische Anpassung an Sprachgewohnheiten der Zielsprache [z. B. deutsch *Lebensgefahr* :: französisch *danger de mort*]) ein Stück weit die Kompaktheit des ursprünglichen Textes. In unserm Fall ergänzt Michel in Klammern das vorauszusetzende Verbum mitsamt anaphorischem Subjekt: „Denn einen Augenblick (handelt er) im Zorn, ein Leben lang in Gnade." Die meisten erheben wie schon Luther (1531) die Umstandsbestimmung „in seinem Zorn / Wohlgefallen" zum Satzkern eines Nominalsatzes: „Denn sein zorn weret ein augenblick." Mit dieser Transposition kommt man zum gleichen, die pointierte Fassung des hebräischen Textes leicht abschwächenden Ergebnis, das Müller mit grammatischer Umdeutung zu erreichen sucht („einen Augenblick *währt* sein Zorn, lebenslang seine Gnade"). Allerdings wird bei dieser Normalisierung der knappen schlagwortartigen Sentenz durch einen prosaischen ganzen Satz die intendierte Kontrastwirkung der Aus-

---

[21] In einigen Übersetzungen wird daher die Sentenz passenderweise mit einem Ausrufezeichen abgeschlossen.

[22] Zu den Termini aus der stylistique comparé vgl. Jean-Paul Vinay, La traduction humaine, in: André Martinet (Hg.), Le Langage, Encyclopédie de la Pléiade 25, Paris 1968, 729–57; Wolfram Wilss, Übersetzungswissenschaft, Probleme und Methoden, Stuttgart 1977.

sage gemindert. Man kann dieser Gefahr dadurch begegnen, dass man die gegensätzlichen Zeitbestimmungen betont an den Anfang stellt (z. B. Müller), oder aber durch weitere Explizitierung mit „nur ..., (hingegen ...)" (z. B. Nötscher, Weiser, Krinetzki) die adversative Fügung der beiden Aussagen unterstreicht. Eine konzessive Verdeutlichung findet sich in der Froschauer-Bibel (s. oben Anm. 13). Fast unmöglich ist eine Verbindung von Knappheit, Verständlichkeit, rhythmischer Gestaltung und Reimwirkung, wie sie in manchen unserer Sprichwörter und Sentenzen vorkommt, zu erreichen, ohne dass die Wiedergabe künstlich wirkt (z. B. „Nur kurz grollend, lebenslang wohlwollend").

7. Die Untersuchung der ungewöhnlichen Satzform in Ps 30,6a regt an zur Frage, ob im Hebräischen noch weitere ähnliche Sentenzen vorkommen. Es geht dabei nicht um alle Formen von Ellipsen und unvollständigen Sätzen (Ausrufe, eingliedrige Nominalsätze usw.)[23], sondern um zweigliedrige sentenzartige Kunstformen ohne die normale Subjekt-Prädikat-Struktur. Die Suche ist nicht ergiebig; gerade in den Proverbien haben die Nominalsätze jeweils deutliche Subjekte. Volle formale Übereinstimmung mit Ps 30,6a ist nicht zu finden, weil entweder nur ein einfacher Kontrast vorliegt (II Reg 4,43; Koh 7,12) oder das zweite Glied ein Verbum enthält (Sir 10,10) oder nur Pronominalformen einander entgegengesetzt werden (Sir 38,22).

Wir beginnen mit dem orakelartigen Jahwewort in der Antwort Elisas an den Diener bei der Brotvermehrung in II Reg 4,43: אָכֹל וְהוֹתֵר „(Gib es den Leuten zu essen, denn so spricht der Herr): ‚Essen und (noch) übrig lassen' [...]" (V. 44: „[...] und sie aßen und ließen noch übrig nach dem Wort des Herrn.")

Beim absoluten Infinitiv, dem Verbalnomen par excellence, fehlt neben der temporalen und modalen Verumständung prinzipiell die Angabe des Subjekts, das nur aus dem Kontext erraten werden kann. Werden zwei kontrastierende absolute Infinitive zusammengefügt und von der Umgebung abgehoben, entsteht wie beim besprochenen Psalmvers eine nur schwer auflösbare Breviloquenz, wie die verschiedenartigen Übersetzungen auf der Suche nach einem Subjekt zeigen: „*man* wird ... " (Lutherbibel; Zürcher Bibel); „... werdet *ihr*" (Gesenius / Kautzsch § 113; Brockelmann, § 46a); „*ihr* sollt / *you* shall ... " (Eißfeldt in HSAT(K); Joüon and

---

[23] Wilhelm Gesenius / Emil Kautzsch, Hebräische Grammatik, Leipzig [28]1909, § 147; Brockelmann, Grundriss, 8–9 (§§ 11–13).

Muraoka, Grammar, § 123w); „they will ...“ (Bruce K. Waltke and Michael P. O'Connor, An Introduction to Biblical Hebrew Syntax, Winona Lake 1990, 594; LXX); „they shall ...“ (Gray; Joüon and Muraoka § 155i); unaufgelöst „zu essen und übrigzulassen!“ (Buber).

Formal näher bei Ps 30,6a steht die Sentenz in Koh 7,12: כִּי בְּצֵל הַחָכְמָה בְּצֵל הַכָּסֶף, wörtlich: „im Schatten der Weisheit, im Schatten des Geldes!“[24] Sie wird ebenfalls eingeleitet durch כִּי und hat kein Subjekt, verfügt aber im gleichsetzenden Parallelismus nur über einen einfachen Wortkontrast. Die Übersetzungen expandieren auch hier gezwungenermaßen, nur leicht z. B. Buber: „Denn im Schatten der Weisheit heißt im Schatten des Silbers“, oder Michel:[25] „Denn im Schatten der Weisheit (bedeutet so viel wie) im Schatten des Geldes.“ Transposition mit einem Verbum erfolgt unter anderem bei Luther: „Denn wie Geld beschirmt, so beschirmt auch Weisheit“, mit Verbum und Subjekt in der Einheitsübersetzung (1980): „denn wer sich im Schatten des Wissens birgt, der ist auch im Schatten des Geldes.“ Noch weiter geht die Umdeutung bei Schoors[26] (nach Delitzsch): „In Schatten ist die Weisheit (i. e. the wise), in Schatten das Geld (i. e. the rich).“

Da die beiden nebeneinander gestellten Aussageglieder logisch einen Vergleich implizieren, konnte es naheliegend erscheinen, anstelle der Präposition ב ein graphisch verwechselbares כ zu lesen und mit dem Vergleichssatz zugleich die Subjektlosigkeit zu beseitigen. Dieser Tendenz sind die alten Versionen (in verschiedenem Ausmaß, wie die Textvergleichung zur Stelle zeigt, erlegen (LXX: ἐν ... ὡς ...; Vulgata: sicut ... sic ...). Noch eine andere Möglichkeit, die Schwierigkeit zu beheben, ist die, in der Präposition ב nicht die auch anderswo gut bezeugte bildlich-lokale Bedeutung „im Schatten / Schutz / Schirm“ (Jes 30,2. 3; Thr 4,20) zu sehen, sondern ein Beth essentiae anzunehmen, z. B. König:[27] „als Schatten zeigt sich ...“. Damit wäre jedoch die Schirm-Funktion der Weisheit bzw. des Geldes als je neue Erkenntnis betont, während die Constructus-Verbindungen nur zwei an sich als bekannt vorausgesetzte Situationen nebeneinander stellen. Zur Müller'schen Interpretation der zweimaligen

---

24 So z. B. Oswald Loretz, Qohelet und der Alte Orient, Untersuchungen zu Stil und theologischer Thematik des Buches Qohelet, Freiburg / Br. 1964, 238.

25 Diethelm Michel, Qohelet, EdF 258, Darmstadt 1988, 150.

26 Antoon Schoors, The Preacher sought to find pleasing words, A Study of the Language of Qohelet, OLA 41, Leuven 1992, 195 f.

27 Friedrich E. König, Historisch-kritisches Lehrgebäude des Hebräischen, Mit steter beziehung auf Qimchi und die anderen Autoritäten, III Historisch-comparative Syntax der hebräischen Sprache, Leipzig 1897, 431 (§ 338β).

Präposition als Subjekt- und Prädikatsanzeiger („denn Weisheitsschutz ist Geldesschutz") s. unten Anm. 35.

Schließlich begegnet der sprichwortartige subjektlose Kurzsatz noch an zwei Stellen im Sirachbuch: hebr. / LXX 10,10 (Vulg. 10,12) und hebr. / LXX 38,22 (Vulg. 38,23); die exegetischen Schwierigkeiten im Kontext und die teilweise abweichenden Textfassungen in den Versionen können hier vernachlässigt werden.

> Sir 10,10: מלך היום ומחר יפול
> „heute König – und morgen stirbt er";
>
> Sir 38,22: לו אתמול ולך היום
> „(denn so ist dein Los): gestern ihm und heute dir".

Charakteristisch ist in beiden Fällen der doppelte Wortkontrast bei den Zeitbestimmungen und beim Ergehen des Menschen. Auch hier ist bei den Übersetzern öfter das Streben nach Milderung der Breviloquenz und Herstellung eines Subjekts erkennbar, so bei Smend (Sir 10,10): „heute *ist er* König und morgen stirbt er", Traduction Oecuménique de la Bible: „celui *qui est* roi aujourd'hui ..."; ausführlich belehrend paraphrasiert die Gute Nachricht (1982): „Doch ein Mensch, der heute noch König ist, kann morgen schon tot sein", während andererseits Luther sogar noch das finite Verb eliminiert und die in deutschen Sprichwörtern gängige Form prägt: „heute König, morgen tot!"[28] Bei Sir 38,22 ersetzt die Einheitsübersetzung den Dativ durch den Nominativ: „Gestern er – und heute du". Luther verdeutlicht hier nur leicht (V. 23): „Gestern war's an mir, heute ist's an dir."

8. Die wenigen angeführten Stellen erlauben keine systematisierenden Verallgemeinerungen in bezug auf die Satzlehre, können aber doch zeigen, dass die Auffassung von Ps 30,6a als subjektloser Sentenz nicht ganz abwegig ist. Zusammen mit der genaueren Erklärung der Präposition in modaler Verwendung (s. Abschnitt 4) kann auf die Deutung von ב als Kopula oder Subjektsanzeiger in Ps 30,6a bei Müller verzichtet werden. Dieser vermuteten Funktion der Präposition ist aber jetzt noch nachzugehen. Dabei können einige ungenaue Formulierungen in Jenni, Beth, revidiert werden.

---

[28] Vgl. „heute rot, morgen tot", „heute mein, morgen dein", „außen fix und innen nix" etc.

Die Kritik richtet sich in erster Linie gegen die Aufstellungen von Manross[29] und Hartmann[30] betreffend eine angebliche Kopula *bi* im Hebräischen nach Analogie zum Arabischen. Die dort gemachten Vorschläge sind von Müller weitgehend übernommen worden in seinem Festschrift-Artikel „Das Beth existentiae im Althebräischen",[31] nur dass er sein der Kopula *bi* entsprechendes Beth existentiae nicht wie Hartmann vom präpositionalen Beth lexematisch unterscheiden will. Die Zusammenfassung lautet auf S. 376: „Dagegen hat sich ergeben, dass unter dem Begriff des ‚Beth existentiae' sowohl der Gebrauch eines *b-* in der Holophrase [Gen 30,11. 13], als Subjektanzeiger oder ‚als Kopula' vor dem Prädikat(iv), als auch der des konventionell so genannten ‚Beth essentiae' zu subsumieren ist: die besprochenen nicht-präpositionalen Gebrauchsweisen von *b-* lassen sich aus einer existenzanzeigenden Funktion, offenbar ursprünglich in Holophrasen, ableiten." Hier sind verschiedene syntaktische und semantische Begriffe unglücklich miteinander vermischt worden. Zuerst soll eine Klärung beim sog. Beth essentiae vorgenommen werden.

In meiner Darstellung des Beth essentiae in Jenni, Beth, 32–36. 79–89, wird ebenfalls nicht immer genau unterschieden zwischen Syntax (Kopula) und Semantik (Prädikation). Die Verwendung von ב zur Gleichstellung von referenzidentischen Größen, dies die Kurzdefinition des so genannten Beth essentiae, ist eine semantische Angelegenheit. Sie ist gebunden an eine Relation von Namensträger / Rollenträger / Statusträger und Name / Rolle / Status, vgl. Ex 6,2–3: „Ich bin Jahwe. Ich bin dem Abraham, Isaak und Jakob erschienen בְּאֵל שַׁדָּי (*als* der allmächtige Gott)"; Ex 18,4: „Der Gott meines Vaters erwies sich *als* meine Hilfe (בְּעֶזְרִי) und errettete mich …"; Ez 46,16: אֲחֻזָּתָם הִיא בְּנַחֲלָה „ihr Eigentum ist es *als* ihr Erbbesitz". Die Gleichstellung zwischen einer Entität und ihrer Erscheinungsform wird im Deutschen mit „als" wiedergegeben; man könnte statt der bisherigen ungeeigneten Bezeichnung ‚Beth essentiae' auch von einem ‚Beth der Als-Relation' reden. Die Als-Beziehung kommt als Prädikat oder Prädikativ zum Ausdruck, das ב konstituiert aber nicht das syntaktische Subjekt-Prädikat-Verhältnis im Nominalsatz, sondern bleibt ein präpositionaler Relationsbegriff. Die Präpositionalgruppe ‚ב + Nomen' ist als Ganzes das Prädikat, sowohl im Satz ohne Kopula (Ex 18,4)

---

[29] Lawrence N. Manross, Bêth essentiae, JBL 75, 1954, 238 f.

[30] Benedikt Hartmann, „Es gibt keine Kraft und keine Macht außer bei Gott". Zur Kopula im Hebräischen, OTS 14, 1965, 115–21.

[31] In: M. Dietrich / O. Loretz (Hg.), Vom Alten Orient zum Alten Testament (FS von Soden), AOAT 240, Kevelaer 1995, 361–78.

als auch im Satz mit Kopula (Ez 46,16). Die Bemerkung in Jenni, Beth, 32: „Ähnlich wie bei den später noch zu behandelnden Stellen mit ב zur Einführung des Subjektprädikativs oder des Objektsprädikativs ist ב zu *einer Art Kopula* geworden“, ist daher irreführend, weil Kopula ein syntaktischer und nicht ein semantischer Begriff ist. Ohne in die Diskussionen über die Grammatik der Nominalsätze und der Verwendung einer Kopula näher einzutreten,[32] ist festzuhalten, dass die hebräischen Nominalsätze durchaus ohne offene Markierung der Subjekt-Prädikat-Struktur auskommen (*zero copula*), im Bedarfsfall aber, abgesehen von prosodischen Mitteln, auch verbal (היה) oder pronominal (הוא) verdeutlichen können.[33] Ein Absinken der Präposition ב von der Funktion in der Als-Relation zur bloßen Kopula durch Grammatikalisation ist nicht anzunehmen, solange die Distribution der Präposition auf die deutlichen Fälle der Rollen- und Statusanzeige beschränkt bleibt. Eine als Relikt[34] aus früherem Sprachgebrauch etymologisch-sprachvergleichend hypothetisch erschlossene, speziell die Existenz anzeigende Kopula (Subjektanzeiger bzw. Prädikatsanzeiger) hat keinen genügenden Anhalt in den Texten (zu Gen 30,11. 13 s. unten). Das einfache Vorhandensein kann mit einem Nominalsatz mit oder ohne Kopula genügend ausgesagt werden; bei der Verwendung von היה „sein“ wird das adverbial-lokative Prädikat eines Nominalsatzes (lokales Vorhandensein, Existenz) nicht vom substantivischen (Klassifikation) oder dem adjektivischen Prädikat (Qualifikation) unterschieden. Für die betonte Existenzaussage steht außerdem auch die Konstruktion mit יֵשׁ zur Verfügung.

---

[32] Ausführlich z. B. Cynthia L. Miller (Hg.), The Verbless Clause in Biblical Hebrew. Linguistic Approaches. Linguistic Studies in Ancient West Semitic 1, Winona Lake 1999.

[33] Eine weit ausgedehnte typologische Übersicht über die in den verschiedensten Sprachen der Welt bei den Nominalsätzen verwendeten Sprachmittel (zero / pronominal / particle / verbal copula) und deren Herkunft und Entwicklung (copularization / grammaticalization etc.) bietet Leon Stassen, Intransitive Predication. Oxford Studies in Typology and Linguistic Theory, Oxford 1997; zu den semitischen Sprachen speziell 77–78. 158. 181–82. 210–12. 493–99.

[34] Manross, 239: „surviving rarely in Hebrew“; Hartmann, 121: „die Kopula *bi* im Hebräischen und Arabischen ist im Ägyptischen und Akkadischen in der Form *ma* belegt. Sie ist in allen vier Sprachen am Aussterben, da sie in den entsprechenden syntaktischen Kategorien meistens fehlt. Es scheint sich um ein Fossil aus sehr alter Zeit zu handeln besonders, wenn man die Belege im Aegyptischen berücksichtigt“; Müller 372: „Das existenzanzeigende *b*- ist in erster Linie logische Partikel, bloßer Funktor oder mot vide; es reicht zu den Anfängen menschlicher Artikulation zurück.“

9. Es ergibt sich somit, dass die für ein nicht-präpositionales Beth existentiae (Kopula) in Anspruch genommenen alttestamentlichen Stellen besser als präpositionale Als-Relationen (Beth essentiae) zu verstehen sind, falls sie nicht überhaupt wie Ps 30,6a eine der anderen Verwendungen von ב aufweisen.[35] Dies gilt nun auch für die bei Hartmann und Müller als Ausgangspunkt genommenen Ausrufe („Holophrasen") Leas bei der Geburt der Söhne Silpas Gad und Ascher in Gen 30,11: וַתֹּאמֶר לֵאָה בְּגָד, und 30,13: וַתֹּאמֶר לֵאָה בְּאָשְׁרִי. In Jenni, Beth, 90 sind die Stellen unter dem ad hoc beigelegten Titel ‚Beth exclamationis' im wesentlichen wie bei Hartmann erklärt worden: „Die beiden parallelen Namensetymologien stützen sich gegenseitig. Sie enthalten einen einpoligen Ausruf, der das Vorhandensein von Glück (גַּד bzw. אֹשֶׁר) konstatiert oder vielleicht auch das Neugeborene als personifiziertes Glück identifiziert." Nach dem Vorgang von Hartmann kann man wohl den Ausruf mit Parallelen aus dem Arabischen erklären und als transformierte Existenzaussage „es ist (m)ein Glück" oder Identifikation „er ist (m)ein Glück" ansehen, bei der ב die Rolle der Kopula übernimmt." Heute würde ich die „Existenzaussage" und die „Kopula" streichen und nur „das Neugeborene *als* personifiziertes Glück" und die „Sonderform des Beth essentiae" beibehalten. Auch hier setzt die Präposition zwei Größen in gleichstellende Beziehung (Als-Relation), nur dass die erste Bezugsgröße real (außersprachlich) präsent ist (das Neugeborene) und nur das zweite Korrelat sprachlich realisiert wird („mein Glück"). Die Sachlage ist ähnlich wie beim sog. Lamed inscriptionis, wo ein real vorhandener Gegenstand durch die Aufschrift „ל + Name" einem Besitzer zugeschrieben wird.[36] Lea wertet die beiden Neugeborenen durch ihren Ausruf „als mein Glück!" mit gleichstellender Präposition als Glücksbringer. Bei der Übersetzung der idiomatisch wirkenden Phrase sind wohl in der Zielsprache gängige Transformationen zu versuchen (Zürcher Bibel 1931: „Glück auf!" / „Ich Glückliche!"; Traduction Œcuménique de la Bible 1988: „Quelle chance!" / „Quel bonheur pour

---

[35] Zu Müller, Beth existentiae, 364: Ps 90,10 *we'im bigbûrôt* ist nach Jenni, Beth, 336 (Rubrik 415) ebenfalls modal zu verstehen; vgl. die Übersetzung von Seybold (HAT I / 15, 1996): „und, wenn wir bei Kräften, achtzig Jahre". – Zu Num 13,19 s. ibid. 85 (Rubrik 1122), zu I Reg 13,34 s. 359 (Rubrik 582), zu Ps 55,19 s. 82 (Rubrik 1113), zu I Chr 9,33 s. 441 (Rubrik 441). – Zu doppeltem *b*- in Hos 13,9 s. 49 (Textfehler), zu Koh 7,12 s. 211 (Rubrik 2392).

[36] Ernst Jenni, Die Präposition Lamed, Die hebräischen Präpositionen 3, Stuttgart 2000, 71 (Rubrik 2169); Johannes Renz, Die althebräischen Inschriften 2, Zusammenfassende Erörterungen, Paläographie und Glossar, Handbuch der Althebräischen Epigraphik II / 1, Darmstadt 1995, 4; Andreas Schüle, Die Syntax der althebräischen Inschriften, Ein Beitrag zur historischen Grammatik des Hebräischen, AOAT 270, Münster 2000, 83.

moi!"), während die bloße Existenzansage „(es ist) mein Glücksfall" allzu blass wirkt. Die Textänderung des Qere, בא גד „Gad ist gekommen", zeigt ebenfalls das Bedürfnis, ein Subjekt herzustellen.

10. Die Beschäftigung mit Ps 30,6a hat zur Rückweisung der hypothetischen Kopula-Funktion einer nicht-präpositionalen Partikel ב und zur Bestätigung ihrer präpositionalen Verwendung in der Als-Relation zwischen zwei referenzidentischen Größen geführt. Dabei sind auch Mängel meiner eigenen Aufstellungen zu Tage getreten. Um die Diskussion jetzt nicht nur mit dem Ockham'schen Rasiermesser,[37] sondern mit von den Arbeiten Müllers angeregten weiterführenden Überlegungen abzuschließen, sei noch auf ein in Jenni, Beth, 32–36. 79–89, nicht zureichend gelöstes Problem hingewiesen und eine hypothetische Antwort zu geben versucht.

Wenn das sog. Beth essentiae die gleichstellende Relation zwischen einer Entität (Person / Ding) und ihrer Erscheinungsform anzeigt, die anscheinend auch in einem gewöhnlichen Nominalsatz ohne Präposition zum Ausdruck kommen könnte, gibt es dann nicht vielleicht doch eine semantische Differenz zwischen dem Prädikativ mit und demjenigen ohne Beth, die in unseren Sprachen nicht berücksichtigt wird?

Eine fundierte Antwort kann am ehesten gewonnen werden, wenn man möglichst umfangreiche Reihen von minimal verschiedenen Satzpaaren auf ihren gemeinsamen wesentlichen Unterschied befragt. Diese Methode ist für die Präposition Lamed, bei der ebenfalls und recht häufig Prädikative mit und ohne Präposition vorkommen, bereits angewendet worden[38] und hat m. E. plausible Ergebnisse geliefert (stark vereinfacht: ohne ל „etwas sein / werden", mit ל „als etwas gelten"). Bei Beth können einige Wendungen mit dem Handlungsabstraktum עֶזְרָה / עֵזֶר „Hilfe"[39] einander gegenübergestellt werden. Die Analyse kann hier nicht in extenso vorgeführt werden. Ihr Ergebnis ist am leichtesten mit dem schon immer so verstandenen Standardvorkommen Ex 6,3 zu exemplifizieren: Das Beth essentiae steht in diesem Fall nicht für eine uneingeschränkte Prädizierung

---

37 Abgewandeltes Zitat des mittelalterlichen Nominalisten (vgl. Wilhelm Windelband, Lehrbuch der Geschichte der Philosophie, Tübingen [15]1957, 279): „Entia (sive lexemata) praeter necessitatem non esse multiplicanda".

38 Ernst Jenni, Subjektive und objektive Klassifikation im althebräischen Nominalsatz, ThZ 55, 1999, 103–111; = Ders., Studien zur Sprachwelt des Alten Testaments II, Stuttgart 2005, 65–76; Jenni, Lamed, 26–46 (Lamed revaluationis).

39 Mit ב: Ex 18,4; Dtn 33,26; Hos 13,9; Nah 3,9; Ps 35,2; 146,5; ohne ב: Dtn 33,7; Ps 27,9; 33,20; 40,18; 63,8; 70,6; 115,9–11.

(wie V. 2 „Ich bin Jahwe"), sondern für eine temporäre oder kontingente Kennzeichnung („ich erschien [früher] als El Schaddaj"). Das Prädikativ „Hilfe" steht in den Nominalsätzen ohne Beth uneingeschränkt / absolut, wenn der Psalmist ein allgemeines Bekenntnis oder Lob zu Gott ausspricht, mit Beth dagegen temporär / kontingent in der noch nicht erfüllten Bitte zu Gott (Ps 35,2 „Mache dich auf als meine Hilfe")[40] und im Blick auf vergangene oder beispielhafte Aktionen Gottes (Ex 18,4: „Der Gott meines Vaters ist meine Hilfe gewesen und hat mich vor dem Schwert des Pharao errettet"). Ebenfalls mit Beth ausgedrückt sind die fraglichen oder erfolglosen menschlichen Hilfeleistungen (Hos 13,9 „wer[41] könnte dir helfen?"; Nah 3,9 „Put und die Libyer waren seine Helfer".

Die in Jenni, Beth, 35–36. 86, versuchte Differenzierung bei dem (verdinglichten) Zustandsabstraktum נַחֲלָה „Erbbesitz" hat damals zu keinem schlüssigen Ergebnis geführt. Man müsste heute zeigen, dass mit ב der kontingente Status des Landes „als Erbbesitz (und nicht anders)" besonders hervorgehoben werden soll,[42] während die Prädizierung ohne ב den Status unbetont als selbstverständlich darstellt.[43] Bei weiteren Stellen mit anerkanntem Beth essentiae wie bei den Zahlangaben, z. B. Num 13,23 „und trugen sie zu zweit (בִּשְׁנָיִם) an einer Stange", ist die temporär gemeinte Aussage offensichtlich, ebenso in Dtn 26,14: „ich habe nichts davon weggeschafft, als ich unrein war (בְּטָמֵא als Unreiner)". Eine weitere Untersuchung aller in Frage stehenden Stellen muss hier unterbleiben.

Die hier für Nominalsätze mit und ohne Präposition ב vorgeschlagene Differenzierung ‚uneingeschränkte / absolute Prädikation' vs. ‚temporäre / kontingente Prädikation' ist inspiriert und übernommen aus Darlegungen bei den Linguisten Comrie[44] und Stassen[45] über vergleichbare Verhältnisse in einer Reihe ganz anderer Sprachen. Sie zeigen, dass im Spanischen, Portugiesischen, Irischen, Gälischen, Maltesischen und anderswo die Prädikation je nach der intendierten Aussage mit zwei verschiedenen Kopulaverben vorgenommen wird. Spanische Beispiele mit *ser* vs. *estar* sind (Comrie 105): „With adjectives, *ser* is used for absolute state and *estar*

---

[40] Die von Gott erbetene Antwort in V. 3: „sprich zu meiner Seele: ‚Ich bin deine Rettung' ", ist wieder absolut gemeint.

[41] Textkorrektur nach LXX, s. BHS und Kommentare.

[42] Num 18,26; 26,53; 34,2; 36,2; Jos 13,6.7; 19,2; 23,4; Ri 18,1; Ez 45,1; 46,16; 47,14. 22. 22.

[43] Dtn 4,21. 38; 15,4; 19,10; 20,16; 21,23; 24,4; 25,19; 26,1; Ps 2,8; 135,12; meistens in Relativsätzen attributiv zu „Land".

[44] Bernard Comrie, Aspect, An Introduction to the Study of Verbal Aspect and Related Problems, Cambridge Textbooks in Linguistics 2, Cambridge 1976, 103–5.

[45] Stassen (s. Anm. 33), 179–82. 217–18.

for contingent state, thus giving a distinction between, for ‚Juan is ill', *Juan es enfermo* (i. e. he is an invalid) and *Juan está enfermo* (i. e. is now ill, but can be expected to recover, or was until recently in good health)." Mit substantivischem Prädikat (Stassen 218): *Julia es enfermera* „Julia is a nurse" vs. *Julia está de enfermera* „Julia works as a nurse" (mit span. *de* = dt. *als*). „The *estar de*-construction indicates role, temporary state, or profession, against the inherent class membership which is signalled by the *ser*-construction."

Es soll damit nicht gesagt sein, dass zwischen der Sprachregelung im Spanischen (oder dem teilweise wieder variierenden Sprachgebrauch in den andern genannten Sprachen) und dem Hebräischen eine genaue Entsprechung bestehe. Die typologische Ähnlichkeit kann aber doch heuristisch für die Aufstellung einer brauchbaren Hypothese nützlich sein, natürlich mit dem Risiko, dass jemand noch eine andere oder bessere Erklärung findet.

An den Übersetzungen der betroffenen Stellen und vor allem am darin vermittelten tieferen Sinn braucht sich durch die grammatischen Diskussionen kaum Wesentliches zu ändern – dies gilt übrigens, wenn wir abrupt zum Anfang zurückkehren, auch für die nach wie vor „richtige" Wiedergabe von Psalm 30,6a: „einen Augenblick währt sein Zorn, lebenslang sein Wohlgefallen".

Magisch-mantische Weisheit und die Gestalt Daniels

Hans-Peter Müller, UF 1, 1969, 79–94

Die althebräische bzw. biblisch-aramäische Wurzel *ḤKM* bezeichnet nicht selten Tätigkeit und Stand des magisch-mantischen „Weisen“, also desjenigen Experten, der die den Dingen und Personen innewohnende Macht seinem Willen fügt oder Fernes, Verborgenes und vor allem Zukünftiges zu erkennen vermag[1]. Über den spezifischen Charakter solcher Weisheit unterrichten jeweils parallel oder im gleichen Zusammenhang gebrauchte Begriffe, die die Derivate der Wurzel *ḤKM* an den in Frage kommenden Stellen näher erläutern.

In der Gestalt Daniels, wie sie Dan 1 f.; 4 f.; 7 ff. vor uns tritt, zeichnete die späte nachexilische Zeit den mantischen Weisen als Typus. Er hat in dem magisch-mantischen Danel von Hes 14,14. 20; 28,3; 1 Hen 6,7; 69,2; Jub 4,20 sowie in dem ugaritischen *Dnil* als magischem Weisen sein je ein wenig verschieden strukturiertes Vorbild.

Dies gilt es im Folgenden zu entfalten.

I.

1. Zunächst bezeugt das Alte Testament den magischen Weisen für Israel selbst.

Dies geschieht zweimal beiläufig, da die Sprecher offenbar eine Erscheinung des täglichen Lebens benennen. Das Part. Pu. von *ḤKM* bezeichnet Ps 58,6 die „Gelehrtheit“ des Schlangenbeschwörers, dessen – magische – Tätigkeit als Bannen (*ḤBR*), und zwar konkret als beschwörendes Flüstern (*LḤŠ*) vorausgesetzt ist. Die fem. Form des Subst. erscheint, mit un-

---

[1] Zum magisch-mantischen Weisen vgl. J. Meinhold, Die Weisheit Israels in Spruch, Sage und Dichtung (1908), 157 ff.; H. Ringgren, Word and Wisdom (1947), 127; G. Fohrer, Art. σοφία etc., B: Altes Testament, ThWbNT 7 (1962), 476 ff., bes. 483.

serem volkstümlichen Begriff der „weisen Frauen" vergleichbar[2], Jer 9,16 im Plural parallel zu *m^{e}qôn^{e}nôt*, den „Klagefrauen", die der Prophet auffordert, über ihn und seine Umgebung eilig die Totenklage (*nähî*) anzustimmen (V. 17; vgl. 9); in ihr belehren nach V. 19 die Weiber ihre Töchter bzw. einander (vgl. die männlichen *jôd$^{e c}$ê nähî* // *ʾikkar* Am 5,16). Offenbar hat die (aufdringlich geäußerte) Klage apotropäischen Zweck[3]. **[80]**

Dagegen erscheint der Weise von Jes 3,3 neben anderen Stützen einer schuldbeladenen Gesellschaft als vom angedrohten Unheil betroffen. Er heißt *ḥ^{a}kăm ḥ^{a}rašîm* „der im (zauberhaften) Handwerk Erfahrene"[4]. Der magische Charakter seiner Kunst wird schon durch den Kontext deutlich: V. 2 nennt unter den Würdenträgern den *qosem*; vor allem aber ist unmittelbar danach von dem *nabôn laḥăš*, dem „des Flüsterns (der Beschwörung) Kundigen", die Rede. Die Wurzel *ḤRŠ III* [sic], von der das Abstraktum *ḥäräš** bzw. *ḥ^{a}rašîm* herzuleiten ist, weist auf ein Denken, nach dem manuell-technisches Tun ohne begleitende Magie sinnlos ist. Sie bezeichnet im Ugaritischen als Verb Gt das magische Handeln CTA 16 (= Gordon 126) V 26 und als Nomen den Handwerker[5]. Das magische Implikat des Begriffes haben insbesondere das Jüd.-Aram., das Syr. und das Äth. entfaltet[6]. Der *ḥ^{a}kăm ḥ^{a}rašîm* weiß zugleich mit dem Material seiner Arbeit als auch mit den diesem innewohnenden Kräften umzugehen.

Nicht nur im Bereich des Künstlerischen schent auch die offenbar familiengebundene Weisheit des *ḥ^{a}kăm leb* zu liegen, der nach Ex 28,3; 31,2 ff.; 35,10. 25; 36,1 ff. mit der Herstellung kultischer Kleider (die nach 28,3 den Priester für sein Amt heiligen) und sakraler Ausstattungsgegenstände betraut ist; vielmehr wird er ebenfalls zugleich für den Umgang mit der diesen Dingen innewohnenden Macht zugerüstet sein. Dazu hat ihn JHWH selbst mit der *ḥåkmā* 31,6 (36,1 f.), der *rû^{a}ḥ ḥåkmā* 28,3, der *rû^{a}ḥ ^{ʾä}lohîm* und

---

[2] Vgl. W. Rudolph, Jer (1958)^{2}, 62.

[3] H. Jahnow, Das hebräische Leichenlied (1923), 43 f., 71 f. (Transkription des Hebräischen nach ZAW).

[4] MT ist, wie BHS anders als BHK^{3} richtig voraussetzt, *nicht* zu ändern. Vgl. H. Wildberger, Jes (1965 ff.), 117. 122 f.

[5] Vgl. C. H. Gordon, Ugaritic Textbook (1965), Glossary (= UT § 19) Nr. 903; J. Aistleitner, Wörterbuch der ugaritischen Sprache (1967)^{3} (= WUS), Nr. 976. Vgl. W. Baumgartner, Hebräisches und aramäisches Lexikon zum AT (1967) (= HAL), zu *ḤRŠ III*. Doch ist hebr. *ḥaraš* „Handwerker" (= ugar. *ḥrš*) nicht von *ḤRŠ I* = ugar. *ḥrṯ*, sondern von *ḤRŠ III* abzuleiten. Zu *ḤRŠ III* gehören wohl auch die Verbformen Gen 4,22; 1 Kön 7,14 „Eisen bearbeiten" und Prov 3,29; 6,14 (jeweils mit Obj. *raᶜ(ā)* „schwarze Magie treiben" (?); vgl. M. Dahood, Ugaritic Hebrew Philology (1965), 58.

[6] Vgl. HAL zu *ḤRŠ III* und *ḥäräš* I*. Ferner UT § 19 und WUS a. a. O. sowie W. Leslau, Ethiopic and South Arabic Contributions to the Hebrew Lexicon (1958), zu *ḤRŠ I*.

anderen Geistesgaben 31,3 beschenkt. Die betreffende Begabung können auch Frauen besitzen 35,25[7].

2. Sodann kennt das Alte Testament den magisch-mantischen Weisen aus seiner heidnischen Umgebung. Die Belege dafür stammen vorwiegend aus exilisch-nachexilischer Zeit.

a. Fast unkritisch ist die Haltung zu diesem Stand in der märchenhaften Erzählung vom Hof des persischen Großkönigs Est 1,13. Die dort *ḥ^akamîm* genannten *jod^eᶜê ha᾽ittîm*[8] sind zum Herrschersitz gehörige Mantiker[9], die die für bestimmte Vorhaben günstige Zeit bestimmen. Sie können, aber müssen nicht Astrologen sein[10]. V. 13 b fügt, ihren mantischen Charakter leicht ermäßigend(?)[11], hinzu, daß sie zugleich *jod^e᾽ê dat wadîn* „Kenner von Gesetz und Recht" sind[12]. **[81]**

b. Als mantisch begabtes Tier scheint Hi 38,36 den Vogel des Thot *ṭuḥôt*, den Ibis"[13] zu kennen: sein *ḥåkmā* besteht offenbar darin, durch sein Erscheinen das Steigen des Nilwassers anzuzeigen. Die *bînā* des Hahns (*śäkwî*)[14] äußert sich entsprechend im Melden des Morgens.

c. Häufiger begegnet der heidnische magisch-mantische Weise in prophetischen Unheilsankündigungen an Fremdvölker. Innerhalb des Unheilsorakels Hes 28,1–10 entfaltet V. 3 die in 2 erhobene Anklage des Hochmuts gegen den Fürsten von Tyrus: *hinnē ḥakam ᾽ättā middan(i)᾽el*. Der folgende Satz bestimmt den Inhalt seiner Weisheit als Einsicht in das Verborgene: *kāl-satûm lo᾽ ᶜ^amamûka* „Nichts Verborgenes bereitet dir Kummer". Dabei ist hebr. *ᶜMM* an dieser Stelle mit arab. *ĠMM* in Verbindung zu bringen, das mit Akk.-Suffix nach A. W. Lane unter anderem die Bedeutung „it, he grieved him, caused him to mourn or lament or

---

7 Was es mit der *᾽iššā ḥ^akamā* 2 Sam 14,2 auf sich hat, muß offen bleiben.

8 J. Wellhausen (Göttingische gelehrte Anzeigen 1902, 134) schlug vor, *häddatîm* zu lesen. Vgl. dagegen die sachliche Parallele 1 Chr 12,33.

9 Vgl. G. von Rad (Theologie des AT II [1965]⁴, 323 f.): „Tatsächlich war das Verstehen der Zeiten, das Deuten der Orakel und Zeichen, die Entschlüsselung der Königsträume in der gesamten altorientalischen Geistesgeschichte das wichtigste Amt des Weisen."

10 So setzt es Targ für die zweite Fundstelle des Ausdrucks 1 Chr 12,33 voraus (A. Sperber, The Bible in Aramaic IV A [1968], 17).

11 Das scheint H. Bardtke (Das Buch Esther [1963], 287 f.) vorauszusetzen.

12 Eine ermäßigende Interpretation scheint der gleiche Ausdruck auch 1 Chr 12,33 bß zu erfahren (vgl. W. Rudolph, Chronikbücher [1955], 109).

13 So nach P. Dhorme (Le livre de Job [1926], 540 f.) der *ṭuḥôt* mit ägypt. *ḏḥwtj* in Verbindung bringt. Vgl. G. Hölscher, G. Fohrer u. a.

14 *śäkwî* „Hahn" nach b. Ro᾽š häššanā 26 a und Vulg; vgl. ebenfalls Hölscher und Fohrer.

to be sorrowful or sad or unhappy" hat[15], wozu aram. *ʿMY* (*ʿamaʾ*, *ʿamā*) (1) „dunkel, verdunkelt sein", (2) „betrübt sein, werden"[16] zu vergleichen ist[17]. Freilich scheint V. 4 (5?)[18] den mantischen Charakter solcher Weisheit weginterpretieren zu wollen: danach äußert sie sich in geschickter Vermögensbildung 4 (und ebensolchem Händlertum 5).

Die entsprechende *ḥåkmā* bzw. *dăʿăt* Babels ist Gegenstand der Anklage Jes 47,10. Ihr magisch-mantischer Charakter wird durch die im Kontext zu ihrer Kennzeichnung verwendeten Nomina und Verba deutlich: *kăšăp* „Zauberkunst" (V. 9. 12), *ḥăbăr* „Bannspruch" (9. 12), *šăḥer* „das Zaubern" (11)[19] und *kăpper* „das (*howā* Unglück [Fluch][20]) abwehrende Handeln" (11). Als trügerische *ʿᵃṣot*[21] (abstractum pro concreto: „Ratgeber") erscheinen V. 13 *hobᵉrê šamăjim*[22] „die den Himmel anbeten"[23], *hăḥozîm băkkôkabîm* „die die Sterne beobachten" und schließlich *môdîʿim lăḥᵃdašîm meʾᵃšăr jaboʾû ʿalajik* „die die (jeweiligen) Monate[24] mitteilen, in denen[25] es über dich kommt"; bei allen drei letztgenannten Gruppen scheint an Astrologen gedacht[26].

Der Fluchspruch über die Chaldäer bzw. die Bewohner Babels Jer 50,35–38a zählt unter anderen Honoratioren (*śarâha*, *gibbôrâha*) *ḥᵃkamâha* und

---

[15] An Arabic-English Lexicon 1,6 (1877), 2289 f. Dort werden u. a. noch folgende Derivate genannt: *ġamm*[un] „grief, mourning", *ġummat*[un] „perplexity, dubiousness, confusedness" und *ġimmat*[un] „obscureness, confusedness, dubiousness". – Die plur. Verbform *ʿᵃmamûka* ist als constructio ad sensum zu interpretieren.

[16] J. Levy, Chaldäisches Wörterbuch über die Targumim 2 (1959), 223.

[17] Zu *ʿMM* Hes 31,8 ist vielleicht an die Grundbedeutung zu arab. *ĠMM*, nämlich „bedecken", zu denken, was hier den Sinn von „überragen" angenommen hätte.

[18] G. Fohrer (Ez [1955], 159) versteht V. 5 als „wiederholende / variierende Glosse nach 4". W. Zimmerli (Ez [1959 ff.], 665) betrachtet 3–5 als Zusatz.

[19] Vgl. V. 15, sofern dort *šoḥᵃrăjik* statt *soḥᵃrăjik* zu lesen ist.

[20] A. Götze (Or NS 16 [1947], 245; dort weitere Lit) stellt *howā* unter Vorbehalt mit ugar. *hwt* und akkad. *awātum* „Wort" zusammen. Dann ist an den Schaden wirkenden Fluchspruch gedacht.

[21] So mit Kᵉtîb und Lxx gegen Targ und die Kompromißlösung des Qᵉreʾ.

[22] So mit Qᵉreʾ gegen Kᵉtîb, das wohl einen asyndetischen Relativsatz im Auge hat, und 1 QJes[a], wo eine Verlegenheitslösung vorzuliegen scheint („die den Himmel beschwören").

[23] So nach ugar. *hbr* „sich neigen" UT § 19. 745; WUS 812; J. Blau, VT 7 [1957], 183) [sic]. E. Ullendorff (JSSt 7 [1962], 339) will *hbr* = *kbr* [sic, frt. legendum *kbd*] „ehren" setzen. – Die auf arab. *habara* „in Stücke schneiden (bes. Fleisch)" gründende Übersetzung „die den Himmel einteilen" (HAL mit Vorbehalt) empfiehlt sich weniger, weil es sich bei dem arab. Verb um ein Denominativ von *habr*[un] „Fleisch(stück)" zu handeln scheint.

[24] Das *lᵉ* bei *ḥᵃdašîm* hat wohl distributiven Sinn.

[25] Wörtlich „aus denen"; bestimmte Monate erscheinen als Ursache von Unheil.

[26] Lxx übersetzt *hobᵉrê šamăjim* sachgemäß mit οἱ ἀστρολόγοι τοῦ οὐρανοῦ.

hăbbăddîm (l. *băddâha*?) auf. Dabei ist *băd* nicht direkt **[82]** von akkad. *baddum* ARM II 30,9' (1') her zu erklären; *baddum* kann nämlich nach A. Finet nur als „une sorte de fonctionnaire" bestimmt werden[27]. The Chicago Assyrian Dictionary (= CAD) 11,27 denkt an „a military rank"[28]. Daß wir es bei hebr. *băd* mit einem Orakelpriester zu tun haben, ergibt sich vielmehr aus Jes 44,25, wo es die *băddîm* mit Zeichen zu tun haben und sie parallel zu den *qosᵉmîm* erscheinen (s. u.), sowie aus Vulg zu Jer 50,36, wo für *ḥäräb ʾäl-,băddâha*'(?) gladius ad divinos eius steht (vgl. Vulg zu Jes 44,25: signa divinorum; LXX: σημεῖα ἐγγαστριμύθων), und wohl auch aus LXX zu Jes 16,6, wo hebr. *băddâw* mit ἡ μαντεῖα σου (!) wiedergegeben ist[29]. Dabei mag *băd* von der Wurzel *BDD* mit der Grundbedeutung „zerstreuen, trennen" abzuleiten sein[30], wobei an Lose (die Urim und Tummim?) oder Pfeile als Objekte zu denken wäre[31]. Hier erscheinen also die heidnischen *ḥᵃkamîm* in der Gesellschaft von Mantikern[32].

Im nachexilischen Unheilsorakel gegen Ägypten Jes 19,1–15 beschäftigen sich V. 11–13 – z. Tl. in Gestalt der Spottrede – mit den führenden Kreisen Ägyptens. Dabei erscheinen die *ḥăkᵉmê joᶜᵃṣê părᶜō* (V. 11; vgl. *ḥᵃkamâka* 12) neben den *śarê ṣoᶜăn* (V. 11. 13), den *śarê nop* und den ‚*pinnot*'[33] *šᵉbatâha* (13). Sie bezeichnen sich als *bän-ḥᵃkamîm* und *bän-mălkê-qädäm* (11): die Tradi-

---

[27] Archives royales de Mari 15 (1954), 192.

[28] Vgl. D. O. Edzard (Mari und Aramäer, ZA 56 [1964], 144): „Die von G. R. Driver erratene Bedeutung ‚Wahrsager (?)' paßt nicht in den Zusammenhang von ARM 2, 30,9' ". An Driver (Welt des Orients 2 [1954/9], 19 f.) hatte sich auch M. Noth angeschlossen (Ursprünge des alten Israel im Lichte neuer Quellen [1961], 34).

[29] Nach H. J. Elhorst (Das Ephod, ZAW 30 [1910], 259 ff., bes. 266 ff.) ist das *ʾepod băd* ursprünglich die Kulttracht des Orakelpriesters; erst später sei *băd* als die Bezeichnung des linnenen Materials mißverstanden worden, aus dem diese bestand. Dann wäre *băd V* (HAL) ursprünglich mit *băd III* identisch. Freilich irrt Elhorst, wenn er den Charakter des Ephod als Gewand leugnet.

[30] *BDD* bedeutet mittelhebr. „auseinandertrennen" (J. Levy, Wörterbuch über die Talmudim und Midraschim 1 [1963], 192), akkad., wo es nur im D-Stamm belegt ist, „vergeuden, verschleudern" (W. von Soden, Akkadisches Handwörterbuch [1965] [= AHw], 95), arab. „trennen, auseinandertun" (A. Wahrmund, Handwörterbuch d. neuarab. Sprache [1898]³, 183), tigrē unter anderem „ausgeschüttet werden, herausfallen" (E. Littmann – M. Höfner, Wörterbuch der Tigrē-Sprache [1962], 297 b).

[31] Das im Targ zu Jes 44,25 verwendete *biddîn* meint nach Levy (Targumwörterbuch 1, 81) den „Totenbeschwörer". Vermutlich hat hier eine Spezialisierung des Begriffs auf eine bestimmte mantische Betätigung stattgefunden. Levy denkt freilich an eine Primärbedeutung „Beschwörergeist".

[32] Zur Unheilsankündigung gegen die Weisen Babels und andere seiner Großen vgl. noch das sekundäre Stück Jer 51,57.

[33] So mit Syrohexaplaris, Targ (und Syr); vgl. 1 Sam 14,38; Jud 20,2 (B. Duhm, Das Buch Jes [1968]⁵, 143).

tion, auf die sie sich berufen, ist nicht nur aristokratisch, sondern zugleich urzeitlich. Daß ihre Weisheit u. a. in der Kunst des Orakelerteilens gesucht wird, zeigt die höhnische Zumutung in V. 12, mitzuteilen[34], *măh-ja'ăṣ JHWH ṣ^eba'ôt 'ăl-miṣrajim*.

d. Bemerkenswert ist die Erwähnung der mantischen Weisen Babels in einer ein Heilsorakel an Israel einleitenden Aretalogie JHWHs Jes 44,25 f.[35]. Hier wird der Gott Israels als derjenige gepriesen, der seinen Propheten gegenüber den Zukunftskündern der babylonischen Weltmacht eine eindeutige Überlegenheit verschafft hat und verschafft; so wird Vertrauen in das folgende Orakel geweckt, welches die Erwählung des Kyros zum Gesalbten JHWHs ansagt 45,1–7. Jes 44,25 f. spiegelt also – entsprechend dem bei Dtjes thematischen Konkurrenzkampf der Götter – den Wettstreit der beiderseitigen „Propheten". Dabei erscheinen die *ḥakamîm* Babels, deren charakteristische Qualität *dă'ăt* ist, neben den eben behandelten *băddîm* sowie den **[83]** *qos^emîm*, die wir uns nach den biblischen Belegen wie nach den Sprachparallelen als „Orakelpriester" zu denken haben[36]. Speziell die Kunst der *băddîm* besteht darin, *'otôt* „Zeichen" mantisch zu deuten[37].

3. Der hinter Jes 44,25 f. stehende Wettkampf der magisch-mantischen Weisen kann aber auch erzählerisch gestaltet werden. Dann stehen den Weisen der Weltmächte die entsprechenden homines religiosi Israels gegenüber.

a. Nach Gen 41,8 E ruft Pharao *kål-hărṭummê miṣrăjim* und *kål-ḥ^akamâha*, ihm seinen Traum zu deuten. Dabei ist *ḥărṭom** von demotisch *ḥr-tb*

---

[34] Parallel zu dem Hi *w^ejăggîdû* ist mit Lxx, Vulg. u. a. *w^ejodi'û* zu lesen.

[35] Das ganze Heilsorakel umfaßt die Verse 44,24–45,7: die Botenformel und die Selbstvorstellungsformel 44,24–28 haben keine eigene Abzielung; *'^anî JHWH 'osā-kål-'ellā* [sic., lege … *'ośā* …] 45,7 nimmt das *'anokî-JHWH 'osā kol* [dito] 44,24 auf und bezeichnet so das Ende der hier beginnenden Einheit; beide Teile des Wortes, 44,24–28 und 45,1–7, haben die gleiche Intention, nämlich die Bezeugung der Einzigkeit des Wirkens Jahwes in der Geschichte (vgl. 44,24 mit 45,5a. 6 f.). Für die Einheit von 44,24–45,7 treten B. Duhm, K. Marti, P. Volz, C. Westermann u. a. ein.

[36] Zu den biblischen Belegen und zum alten Arabisch vgl. immer noch J. Wellhausen, Reste arabischen Heidentums (1961)³, 133, bes. Anm. 5. Zu den übrigen Sprachen L. Köhler (Lexikon in Veteris Testamenti Libros [1953] ad voc.). Für das Altsüdarab. W. W. Müller, Altsüdarabische Beiträge zum hebr. Lexikon, ZAW 75 (1963), 314.

[37] Nach C. A. Keller (Das Wort Oth als Offenbarungszeichen Gottes, 1946) ist das Wort schon ursprünglich in der Orakelsprache beheimatet. Das parallele akkad. *ittum* meint aber nur neben anderem das ominöse Zeichen (CAD 7, 304 ff.; AHw 405 f.). Auch G. Quell nimmt auf Grund der Untersuchung des biblischen Materials einen ursprünglich weiteren Sinn von *'ôt* an (Festschrift W. Rudolph [1961], 293).

(= ägypt. *ḥry-tp*) abzuleiten, worin sich das zweite Element von ägypt. *ẖry-ḥb ḥry-tp* „oberster Vorlesepriester" (wörtlich: oberster Ritualbuchträger) verselbständigt hat. Insofern das Ritual magischen Zwecken dient, ist der Vorlesepriester zugleich Magier, nicht aber speziell Traumdeuter[38]. Letztere Funktion fließt den *ḥărṭummîm* von Gen 41 wohl erst aus dem Zusammenhang zu, da der Erzähler die ägyptische Hierarchie sicher nur vom Hörensagen kannte und vielleicht überhaupt nicht zwischen Magiern und Mantikern schied (s. u). Die Form des hebr. Wortes mag als Angleichung des fremdartig klingenden Ausdrucks an einen geläufigen westsemitischen Begriff erklärt werden, nämlich *ḥărṭom* (bzw. ḥôṭam) mittelhebr. „Schnabel, Maul des Tieres", das zwar sonst nicht aus dem Alten Testament, wohl aber in Parallelbildungen des Aram., Syr., Mand. und Arab. bekannt ist[39] (vgl. unser mundartliches „Kientopp" < franz. cinématographe); aus *b* konnte dabei leicht durch Nasalierung *m* werden. – Als die ägyptischen *ḥărṭummîm* und Weisen versagen, tritt Joseph für sie ein; dabei wird betont, daß die Kunst der Traumdeutung eine Gabe Gottes ist 40,8 (41,16. 25. 28).

b. Nach Ex 7,11 P ruft Pharao die *ḥ^akamîm* und *m^ekăššᵉpîm* „Zauberer", daß sie wie Aaron Stäbe in Schlangen verwandeln. In V. 11 b scheint dann als Sammelbegriff für beide Gruppen *ḥărṭummê miṣrăjim* gebraucht, das hier also seinen originäreren magischen Sinn hat; denn die für beide typische Tätigkeit sind die *lăhaṭîm* (= *laṭîm* Ex 7,22; 8,3. 14), die „Geheimkünste"[40]. Die Überlegenheit Aarons ist äußerst sinnen-fällig: sein Stab verschlingt die seiner Konkurrenten[41]. **[84]**

---

[38] J. Vergote, Joseph en Egypt (1959), 66 ff., dort weitere Lit. Das Wort ist in der Form ᴸᵁ́*ḫar-ṭi-bi* auch im Neuassyrischen belegt und zwar einmal Asarhaddon § 80 (ANET 293) „among craftsmen and professional persons taken as prisoners from Egypt" und sodann ADD 851 IV 2 „after three Egyptian names" (Zitat aus CAD 6, 116). An letztgenannter Stelle steht es im näheren Zusammenhang mit A.BA.MEŠ *mu-ṣur-a-a* „ägyptischen Schreibern", im weiteren Zusammenhang mit *mašmaššu*, *bārû A.BA* [sic. lege A.BA] [...] MEŠ, *kalû*, *dāgil iṣṣuri* (vgl. A. L. Oppenheim: The Interpretation of Dreams in the Ancient Near East, Transactions of the American Philosophical Society NS 46,3 [1956], 238 b).

[39] Vgl. Köhler a. a. O. ad voc. und HAL ad voc.

[40] Das Schlangenwunder erinnert an das magische Kunststück des als *ẖry-ḥb ḥry-tp* bezeichneten Weba-oner des Papyrus Westcar (AOT 61 ff.); als erstaunenerregender Magier erweist sich auch der ebenso bezeichnete Zez-em-onch (AOT 63 f.). Zu weiteren Mirakeln, die an die des Exodusbuches erinnern, vgl. die von W. Spiegelberg (Demotica 1, SBAW phil.-hist. Kl. 1925, Abh. 6,4–6) besprochene Erzählung.

[41] Die Plagenerzählungen des Exodusbuches, die bei E und P vorkommen, scheinen einen festgelegten volkstümlichen Erzählungstyp vom Wirken des Magiers zu repräsentieren, dessen Struktur sich auch sonst nachweisen läßt; vgl. H.-P. Müller, Die Plagen der Apokalypse, ZNW 51 (1960), 268 ff.

c. Geradezu klassisch ist das Motiv vom Wettkampf der Weisen Dan (1) 2; 4 f. gestaltet[42].

Hier erscheinen die *hâkkîmîn* [sic, lege *hăkkîmîn*] Babels zusammen mit den (magischen) *ʾaš^{e}pîn* „Beschwörern" und *ḥărṭummîn* (s. o.) sowie den (mantischen?) *gaz^{e}rîn* „Schicksalsbestimmern" (?)[43] 2,27, wozu 4,3 f. noch die *kăśdîn* „Chaldäer" kommen (vgl. 5,7 f.). Ihre gemeinsame Funktion ist nach 2,27 das Kundmachen des Geheimnisvollen *razā*; 4,3 f. denkt an die Deutung des königlichen Traumes, 5,7 f. an das Entziffern und Deuten einer änigmatischen Schrift. Das widerspricht dem magischen Inhalt eines Teils der Titel. – Natürlich scheitern die Weisen Babels an ihren Aufgaben (2,30; 4,15; 5,15). Aber indem Daniel sie aussticht, ordnet er sich den Kategorien ein, in die ihre Tätigkeit und ihr Stand gefaßt sind. Schon 1,20 werden Daniel und seine Freunde an *kål-håḥårṭummîm* [sic, lege *hăḥărṭummîm*] und *haʾăššapîm*[44] gemessen. Dan 2,12–14. 18. 24. 48 teilen Daniel und seine Freunde das Schicksal der Weisen Babels. Nach 2,48 ist Daniel sogar *răb-signîn ʿăl kål-ḥăkkîmê babăl*, nach 5,11 *răb ḥărṭummîn ʾaš^{e}pin kăśdaʾîn gaz^{e}rîn*. – Was seine Fähigkeiten im einzelnen betrifft, so vermag er *pišrîn l^{e}mipšăr* „Deutungen zu geben" und *qiṭrîn l^{e}mišreʾ* „(Zauber-?) Knoten zu lösen"[45] 5,16 (vgl. V. 12); ist wirklich an *Zauber*knoten gedacht, so wären in diesen Wendungen mantische und magische Künste wieder beieinander, obwohl dann in der Erzählung nur Daniels mantische Überlegenheit in Erscheinung tritt[46]. Der Grund solcher Überlegenheit liegt darin, daß Gott ihm Einsicht *b^{e}kål-ḥazôn waḥ^{a}lomôt* [sic, lege *wăḥ^{a}lomôt*]

---

[42] Zur Gattung der Erzählung vom Wettkampf der Weisen – ohne daß eine magisch-mantische Bewährung der Weisheit ins Auge gefaßt wäre – vgl. 3 Esr 3,1–5. 6.

[43] W. Baumgartner (Lexicon in Veteris Testamenti Libros, 1061) denkt bei *gaz^{e}rîn* speziell an Astrologen oder Leberbeschauer; dagegen handelt es sich nach G. Furlani (vgl. daselbst) auch bei den *gaz^{e}rîn* um Beschwörer.

[44] Zwischen den beiden Subst. ist in MT *w^{e}* zu ergänzen (vgl. BHK[3]).

[45] A. A. Bevan, R. H. Charles, M. A. Beek (Das Danielbuch [1935], 11 f.) denken an Zauberhandlungen mit Schnüren und Knoten, wozu auf akkad. *kiṣrum* (AHw 488 u. a.: „Knoten in Schnüren, meist magisch") verwiesen werden kann. Zur Sache vgl. Wellhausen a. a. O. 163 f.; A. Jirku, Die Dämonen und ihre Abwehr im AT, in: Von Jerusalem nach Ugarit [1966], 88 ff. Nach K. Marti (Das Buch Dan [1901], 39) dagegen ist der magische Sinn der Wendung wahrscheinlich schon verloren; ihre Bedeutung sei: „Geheimnisse enträtseln, schwierige Aufgaben lösen" (vgl. J. A. Montgomery, O. Plöger). Das letztere wird freilich in V. 12 durch die Wendung *ʾaḥ^{a}wajăt-ʾ^{a}ḥîdan* [sic, lege *ʾăḥ^{a}wajăt-*...] „Kundmachung von Rätseln" angesprochen.

[46] Eine weitschweifige Aufzählung von Geistesgaben Daniels aus Heidenmund findet sich noch 5,11 f.; vgl. V. 14 b und 4,15.

(1,17) sowie *ḥåkm^{e}ta'* *ûg^{e}bûr^{e}ta'*[47] (2,23) gegeben hat. Denn Gott selbst verfügt nach dem Loblied 2,20–23 über solche *ḥåkm^{e}ta'* *ûg^{e}bûr^{e}ta'* (20); daß er *ḥåkm^{e}ta'* und *mănd^{e}ʿa'* gibt, ist Erweis seiner sich an den heidnischen Reichen vollziehenden Weltregierung (21). Dabei beziehen sich *ḥåkmā* und *năndăʿ* nach V. 22 (wie Hes 28,3!) auf das Geheimnisvolle überhaupt (*ʿămmîqata'*[48] *ûm^{e}sătt^{e}rata'* sowie *mā băḥ^{a}šôka'*). Gegenüber dem Geheimnis (*raza'*) aber vermag Menschenweisheit nichts (30 a).

4. Was die Verteilung von Magie und Mantik anbetrifft, so ergibt sich für die herangezogenen Stellen das folgende Bild: im Zusammenhang mit Bezugnahmen auf den magischen Weisen erscheint die Wurzel *ḤKM* Gen 41,8; Ex 7,11; Jes 3,3; Jer 9,16; Ps 58,6 (vgl. den *ḥakam* [sic, lege *ḥakăm*] *leb* Ex 28 ff.); in die Nachbarschaft des Mantischen rückt sie den Weisen Jes 19,12; 44,25; Jer 50,35; Hes 28,3; Est 1,13; Dan 1,17; 2,21 f. 27. 30; 4,3 f.; 5,7 f. (Hi 38,36)[49]. Doch werden Gen 41,8 die von Hause aus magischen *ḥărṭummîm* als Mantiker in **[85]** Anspruch genommen, wie denn auch Dan 2,27; 4,3 f.; 5,7 f. Träger magischer Standesbezeichnungen zu mantischen Leistungen herangezogen werden. Jes 47,9 ff. rechnet zugleich mit Magiern (9. 12) und mit Mantikern (13) ab. Das Verfließen beider Bereiche wie bereits die Tatsache, daß ja Magier wie Mantiker von Derivaten der gleichen Wurzel *ḤKM* erfaßt werden, zeigt, daß hier keine feste Grenze gezogen werden kann: auch der Mantiker will ja nicht nur erkennen, sondern zugleich beeinflussen[50]. Tatsächlich werden Magier und Mantiker oft die gleichen Personen gewesen sein.

---

47 Die Verwendung des Wortes *g^{e}bûr^{e}ta'* zeigt, daß der Weise jetzt geradezu die Rolle der alten Helden übernimmt.

48 Daß es die Weisheit mit dem zu tun hat, was „tief" ist, zeigen Ps 92,6; Qoh 7,24 und vor allem das akkad. Verbum *emēqum* I „weise sein". Zu ugar. *ʿmq* vgl. Anm. 123.

49 Liegt hier in gewissem Maße das Schwergewicht bei der Orakelbefragung (Jes 19,12; 44,25; Jer 50,35), so entspricht das der Verwendung der Wurzel *ḤKM* in dem altsüdarabischen Gottesnamen *HWKM*: *'NBY* wird nämlich zusammen mit *HWKM d-'mr w-šmr* „der vom Orakelbefehl und der Willensentscheidung" genannt; beide Namen bezeichnen dabei dieselbe Erscheinungsform des Mondgottes *ʿM*, nämlich diesen in seiner Eigenschaft als richterlichen Gott (N. Rhodokanakis, Die Inschriften an der Mauer von Koḥlān-Timmaʿ, SBAW phil.-hist. Kl. 200/2 [1924], 41; M. Höfner, Südarabien, in: Wörterbuch der Mythologie 1 [1965], 496. 510).

50 Vgl. G. van der Leeuw, Phänomenologie der Religion (1956^2), 429: „Der Befrager will nicht wissen, was sich ereignen wird, er will wissen, daß geschehen wird, was er wünscht ... Die Zeichen, die er sieht und deutet, sind zugleich Ursachen des Geschehens, sie sind Zeichen, daß eine Macht hier oder dort am Werke ist ... es handelt sich nicht um ein abstraktes Vorherwissen einer gleichgültigen Zukunft, vielmehr um die Erforschung der Lage der Macht, solange bis man den günstigen Ort und die rechte Zeit ausfindig gemacht hat".

5. Zusammenfassend läßt sich sagen, daß der Begriff der „Weisheit" die Bereiche der Magie und Mantik impliziert, und zwar nicht nur in grauer Vorzeit, sondern bis in die Spätgeschichte des Alten Testaments hinein; die Gestalt des magisch-mantischen Weisen repräsentiert innerhalb der Weisheit Israels gleichsam eine Unterströmung, die wie manches Atavistische im Laufe der nachexilischen Zeit zu immer stärkerem Vorschein kommt. Das Phänomen der Weisheit reicht also bis tief in den magischen Grund des menschlichen Daseins hinein; die Lebensgestaltung, welche sich die Weisheit zur Aufgabe setzt, kann ihn nicht übersehen. Dabei wird einmal mehr klar, daß die Weisheit in der Phänomenologie der geistigen Gestalten nicht *pauschal* mit den verschiedenen Aufklärungen und den ihnen entsprechenden deistischen Frömmigkeitstypen auf einen Nenner gebracht werden kann; ebenso ist ihre Pflege nicht auf einen bestimmten Stand beschränkt zu denken. Vielmehr wird man in Begriff und Phänomen der Weisheit zunächst ein Sammelbecken für durchaus verschiedene Geistesbeschäftigungen und Fertigkeiten und in dem entsprechenden Standesnamen eine Würdebezeichnung durchaus verschiedener Experten zu sehen haben. Was das diese Geistesbeschäftigungen und Fertigkeiten Verbindende ist und welche die Umweltbeziehung ist, die dem Geschäft der Lebensgestaltung alle diese Elemente abfordert, wäre erneut zu fragen, ebenso welche (traditionsgeschichtlichen?) Gründe es hat, daß in der uns überlieferten Weisheits*literatur* die rationalen Momente so relativ stark in den Vordergrund treten. Und schließlich: lassen sich die für den magischen und den mantischen Weisen typischen Redeformen eruieren?

II.

Während Israel der Magie grundsätzlich ablehnend gegenüberstand, obwohl es wie alle Völker den Segen und den Fluch kannte und nach Ausweis der oben besprochenen Stellen auch das Tun des magischen Weisen gelegentlich unreflektiert tolerieren, ja sogar preisen (Ex 7,11) konnte, hat es dank der großen Bedeutung seiner eigenen Prophetie doch der Zukunftsschau einen Platz einräumen müssen und dabei zuletzt nicht umhin gekonnt, jene zur heidnischen Mantik in Analogie zu setzen[51]. Schließlich hat das Alte Testament in den Daniellegenden den Typus des mantischen Weisen Israels gezeichnet.

---

[51] Auffällig ist immerhin, daß dies trotz der Dt 13,2–6; Jer 23,25–32; 27,7 f.; 29,8 f. vertretene Ablehnung der Traumdivination geschah.

1. In gewissem Maße gehört schon die Gestalt des Joseph hierher[52]. Sein Mantikertum ist ein Element der weisheitlichen Prägung, die ihm überhaupt eignet; seiner Kunst, Träume zu deuten (Gen 40 f.), entsprechen die eigenen Wahrträume (Gen 37), die freilich so durchsichtig sind, daß sie eines besonderen Deuters nicht bedürfen. Doch wird Josephs Mantikertum nicht eigentlich beherrschend; die von ihm **[86]** vollzogene Traumdeutung tritt neben den anderen Tugenden des Weisen, die er in sich vervollkommnet hat, aufs Ganze gesehen doch zurück[53].

2. Anders verhält es sich mit dem Helden von Dan (1 f.) 4 f. (7 ff.): er ist – im Gegensatz zu dem Daniel von cap. 6[54] der mantische Weise par excellence[55].

Die Hauptgestalt von cap. 6 freilich ist nur ein singulärer Doppelgänger der drei Männer von cap. 3[56]; der sich in heidnischer Umgebung bewährende Mantiker Daniel zog aus dem Stoff von cap. 3 die Rolle des zum Martyrium bereiten Bekenners an sich, wodurch ihm später die dort verherrlichten drei Männer als seine Freunde zugeordnet wurden (cap. 1 f).

Innerhalb von cap. 1 f. und 4 f. aber enthält zweifellos cap. 4 f. das ältere Überlieferungsgut.

Cap. 2 stellt gegenüber cap. 4 deutlich nur eine Steigerung dar, wobei der Gedanke, daß die Weisen auch den Traum des Königs erraten müssen, vielleicht auf ein Mißverständnis der Formulierung in cap. 4,6 b zurückgeht[57]. Vor allem aber:

---

[52] Nicht dagegen Mose und Aaron! Das Magiertum ist hier nur eine der sehr verschiedenen Rollen, die die Tradition nach und nach den Helden der israelitischen Frühzeit angedichtet hat.

[53] G. von Rad (Josephsgeschichte und ältere Chokma, Suppl.VT 3 [1953], 120 ff.) findet in der Josephserzählung wohl zu Recht ein Bildungsideal vorgezeichnet, in dem u. a. die Kunst der öffentlichen Rede und des Rat-Gebens, das Ethos von „Zucht, Bescheidenheit, Kenntnisse(n), Freundlichkeit und Selbstbeherrschung“ auf dem Boden der Gottesfurcht, wie sie in der Schule der Demut (*ʿanawā*) gewonnen wird, vielleicht auch die Haltung einer ersten Resignation, einer „Skepsis gegenüber allem menschlichen Tun und Planen“, konstitutiv sind.

[54] Zur Gegenüberstellung von Dan 2; 4; 5 einerseits und Dan 3; 6 andrerseits vgl. W. Baumgartner, Ein Vierteljahrhundert Danielforschung, ThR 11 (1939), 59 ff. 125 ff. 201 ff., bes. 132 f., der dazu auf A. A. Beek und R. B. Y. Scott verweist.

[55] Zu Daniel als einem Weisen, für den „auch Ekstase und Inspiration“ charakteristisch sei, vgl. A. Bentzen, Daniel (1952), 7, und den dort gegebenen Verweis.

[56] Vgl. O. Plöger, Das Buch Dan (1965), 95 ff. – Von Dan 6 ist wieder die Erzählung vom Bel und dem Drachen abhängig.

[57] Das Waw in *ûpišreh* ist Waw-exegeticum: „(Das Gesicht?) meinen(s) Traum(s), den (das) ich sah, d. h. seine Deutung, teile [mir] mit!“ Wird dieser Charakter des Waw übersehen, kann aus dem Satz das Motiv herausgesponnen werden, der Deuter solle auch den Traum selbst mitteilen. Vgl. aber auch Plöger a. a. O. 54 ff. 71.

während cap. 4 nur eine Episode im Leben Nebukadnezars ausmacht, eröffnet cap. 2 weltgeschichtliche Perspektiven; der weise Mantiker nimmt Züge des apokalyptischen Sehers an[58], als welcher Daniel auch cap. 7 ff. erscheint, wie denn auch der Traum Nebukadnezars in cap. 2 die Vision Daniels in cap. 7 inhaltlich vorwegnimmt[59].

Cap. 1 vollends ist eine vom vormakkabäischen Sammler des Daniellegenden-Zyklus geschaffene Exposition[60], wobei 1,4 die Charakterisierung Daniels als des mantischen Weisen, welche den Großteil der folgenden Erzählungen beherrscht, mit dem Weisheitsbegriff der älteren höfischen Weisheitsschulen zu verbinden sucht: Daniel und seine Freunde repräsentieren Israels Aristokratenjugend, die die ihrem Stand zukommende Bildung nun freilich am fremden Hofe empfangen; Ziel solcher Bildung ist nach wie vor *lă*^{ʿa}*mod b*^{e}*hêkal hămmäläk*, und am Ende verfügen alle vier über *măddaʿ w*^{e}*hăśkel b*^{e}*kål-sepär w*^{e}*ḥåkmā*, wovon Daniels Einsicht *b*^{e}*kål-ḥazôn wăḥ*^{a}*lomôt* ein Sonderfall ist (1,17)[61].

Somit verbleibt nach cap. 4 f. für die Gestalt Daniels als ältestes charakteristisches Merkmal seine Rolle als Deuter eines königlichen Traumes und eines entsprechenden dem König widerfahrenden rätselhaften Prodigiums. Beide Motive als Träger je eigener Erzählungen zeigen ein hohes Maß an Originalität, wobei als **[87]** Unterschied ins Auge fällt, daß Daniel einmal einem bekehrungswilligen und darum begnadigten, das andere Mal einem endgültig gerichteten Herrscher gegenübersteht[62].

Cap. 4 f. einerseits und cap. 3 andrerseits sind dann die Kristallisationspunkte des in der östlichen Diaspora entstandenen[63] Legendenkranzes von dem weisen Mantiker Daniel und seinen zu wagemutigem Bekennen entschlossenen „Freunden“[64].

---

58 Die Beziehung der eschatologischen Apokalyptik zur alten weisheitlichen Traumdeutung hat G. von Rad (Theologie des AT 2, 323 f.) betont.

59 Als Apokalyptiker ist Daniel auch 4QpsDan^{a-c} bekannt; J.T. Milik, RB 63 (1956), 411–5.

60 Vgl. Baumgartner a. a. O. 125 f.

61 Das Bild Daniels als eines Weisen – wenn auch nicht mantischer Art – beherrscht auch die Susannaerzählung, wo Daniel als kluger Richter die ursprünglich wohl anonyme Rolle des „weisen Knaben“ übernommen hat. W. Baumgartner (Susanna. Die Geschichte einer Legende, in: Zum AT und seiner Umwelt [1959], 42 ff.) hat für dieses Motiv Parallelen gesammelt.

62 In Dan 3,31–4,34 wird hinter der Form des Selbstberichts (Gerichtsdoxologie) an 4,16–30 noch eine ältere erzählende Gestalt (Er-Stil) sichtbar; vgl. Plöger a. a. O. 73.

63 Vgl. Baumgartner a. a. O. 125 f.; Bentzen a. a. O. 8; O. Kaiser, Einleitung in das AT (1969), 240. Ferner: W. von Soden, Eine babyl. Volksüberlieferung von Nabonid in den Danielerzählungen, ZAW 53 (1933), 81 ff.; dazu R. Meyer, Das Gebet des Nabonid (1962), 53 ff. aber auch 112; W. Dommershausen, Nabonid im Buche Daniel, 1964.

64 Vgl. Plöger a. a. O. 27.

Letztlich freilich ist die Gestalt Daniels auch in cap. 4 f. nicht ursprünglich beheimatet. Darauf weist die in Höhle 4 von Qumran aufgefundene pseudepigraphische Erzählung Nabonids von seinem an den Gott Israels gerichteten Gebet (4QOrNab)[65], da nämlich diese oder ein ihr verwandter Komplex nach der gründlichen Untersuchung R. Meyers[66] für Dan 4 (genauer: 3,31–4,34) das Vorbild lieferte. Hier nun erscheint anstelle Daniels ein – soweit wir sehen[67] – anonymer „Seher[68], und zwar ein jüdischer [Mann] v[on ...“ (*gzr whwʾ* [...] *yhwdy m* [...] Text A, Zeile 4), der Nabonid die Deutung seines Traumes bringt, „indem er schrieb, man solle erweisen Ehre und gr[oßen Ruhm] dem Namen des [höchsten] Go[ttes ...]“ (Text A. Zeile 6). Dessen Rolle muß also Daniel in Dan 4 übernommen haben, so wie er in cap. 6 die Rolle der drei ursprünglich wohl ebenfalls anonymen Bekenner übernahm. Cap. 5 allein kann dann aber die Beweislast für die ursprüngliche Beheimatung der Danielgestalt in der jüdischen Diaspora des Ostens nicht tragen. Wo war sie also zuerst zu Hause? Was hat sie für die Rolle des mantischen Weisen Israels prädestiniert?

3. Diese Frage führt uns auf den Danel – so ist nach dem Konsonantentext zu lesen – von Hes 14,14. 20; 28,3[69]. Hes 28,3 erscheint dieser als exemplarischer Weiser, mit dem der Fürst von Tyrus verglichen wird. Dessen Weisheit besteht, wie wir oben sahen, darin, daß nichts Verborgenes ihm Kummer bereitet. Soll der Vergleich des Tyreners mit Danel stichhaltig sein, muß bereits Danels Weisheit auf dieser Ebene gelegen haben. Entsprechend erinnert *satûm* „das Verborgene“ Hes 28,3 sachlich an *ʿămmîqataʾ*, *m*^{e}*sătt*^{e}*rataʾ* und *mā băḥ*^{a}*šôkaʾ*, das nach Dan 2,22 durch Daniels Weisheit enthüllt wird; Dan 8,26; 12,4. 9 verwendet die Wurzel *STM* für die Geheimhaltung der Daniel zuteil gewordenen Gesichte und Worte. Der Danel von Hes 28,3 scheint also wie der Daniel von Dan (1 f.) 4 f. (7 ff.) mantischer Weiser zu sein. Dabei zeigt der Vergleich mit dem Tyrener

---

65 Erstveröffentlichung J. T. Milik, RB 63 (1956), 407–11. Neubearbeitung R. Meyer a. a. O. Dort weitere Lit.

66 A. a. O. 112. Vorher ähnlich J. T. Milik, Dix ans de découvertes dans le désert de Juda (1957), 34; F. M. Cross jun., The Ancient Library of Qumran (1961), 123 f.

67 A. Dupont-Sommer (Die essenischen Schriften vom Toten Meer [1960], 349) will den jüdischen *gzr* freilich mit Daniel identifizieren.

68 Diese Übersetzung rechtfertigt Meyer a. a. O. 24.

69 Die Identität Daniels mit dem Danel Hes's wurde gelegentlich bestritten, z. B. schon von L. Zunz, ZDMG 27 (1873), 676 ff., aber auch von Baumgartner a. a. O. 74. Ihr Recht muß das Folgende erweisen.

Hes 28,3, daß Danel, der Prototyp Daniels, ursprünglich nicht als Israelit gedacht war, vielmehr eher im kanaanäischen Bereich anzusiedeln sein wird; auch der Gottesname El als Bestandteil seines Namens weist in diese Richtung. Das mythische Kolorit von Hes 28 läßt dazu einen Helden der Urzeit vermuten.

Zusammen mit Noah und Hiob begegnet Danel Hes 14,14. 20 als exemplarischer Gerechter, der wie die beiden anderen Heroen durch seine Tugend nicht nur sich selbst, sondern auch seine Kinder aus drohendem Verhängnis gerettet zu haben scheint[70]. Solche Gerechtigkeit läßt sich als Ausdruck seiner Weisheit **[88]** verstehen, wenn auch das magisch-mantische Moment hierbei fernliegt. Der Prototyp Daniels wird seine Weisheit also nicht ausschließlich in diesem Bereiche bewährt haben. Seine Zusammenstellung mit Noah und Hiob zeigt eindeutig, daß es sich um einen nicht-israelitischen Helden der Urzeit handelt[71].

4. Außer bei Hes begegnet Danel auch noch 1 Hen 6,7; 69,2; Jub 4,20[72]. An den Henochstellen erscheint er unter den Anführern jener Engel, die nach Gen 6,1–4 menschliche Ehen eingingen. Von ihnen erzählt 1 Hen 7–9, wie sie die Menschentöchter (7,1; 9,8) bzw. die Menschen überhaupt (8,1) allerlei Künste und „himmlische Geheimnisse der Urzeit" (9,6) lehren. Zwar wird Danel unter den dabei aufgezählten Einzelgestalten nicht noch einmal genannt[73]; doch begegnet er in jedem Fall innerhalb eines Kreises urzeitlich-übermenschlicher Gestalten, die über eine spezifische Weisheit verfügen und sie weitergeben. Diese ist z. Tl. manuell-technischer Art (Verfertigung von Waffen, Bearbeitung von Metallen, Herstellung von

[70] S. Spiegel (Noah, Danel and Job, Touching on Canaanite Relics in the Legends of the Jews, in: Louis Ginzberg Jubilee Volume, English Section [1945], 319) wird recht haben mit der Vermutung, „that **[88]** Ezechiel's choice of the three examplars of piety would be particularly appropriate if the mere mention of their names were to bring to mind a parallel feat or fortune, in short, if in common all three were known to have ransomed their children by their righteousness". Jetzt freilich – so sagt Hes – würden nicht einmal solche Heilige mehr als ihre eigene Haut retten!

[71] Der Hiob von Hes 14 ist der der Legende, wie er uns in der Rahmenerzählung des kanonischen Hiobbuches begegnet. G. Fohrer (Das Buch Hiob [1963], 30) weist mit Recht auf „eine älteste, vorisraelitische Form der Hioblegende" hin, zu der an Einzelzügen der Name Hiobs, die noch nomadische Lebensform der Sabäer und Chaldäer und wahrscheinlich die Freunde gehören. „Angesichts der frühen Verbindung von eigentlich nomadisierender Viehzucht mit dem Ackerbau und einer festen Siedlung kann Hiob auch von Anfang an als Halbbauer geschildert worden sein".

[72] Vgl. zum Folgenden Spiegel a. a.O. 336 ff.

[73] Spiegel (a. a. O. 338) vermutet auf Anregung L. Ginzbergs, daß der Name Danels in 8,3 ergänzt werden muß.

Schmucksachen und Kosmetika, Edelsteinen und Färbemitteln 8,1); daneben aber treten magische Fertigkeiten (Zaubermittel, Beschwörungen und deren Lösung, magische Medizin 7,1; 8,3a; 9,7), „Sternschauen", Astrologie und die mantische Deutung uranischer Zeichen (8,3b). 1 Hen 69 nennt unter den zweifelhaften Fortschritten, in die die Menschen eingewiesen wurden, noch „das Unterscheiden von Bitter und Süß" (vgl. Gen 3,5!) und „alle Geheimnisse ihrer Weisheit (sic!)" (V. 8), speziell das Schreiben (9), die Abtreibung (12) und eine geheimnisvolle Eidesformel von kosmischer Wirkkraft (13 ff.).

Jub 4,20 kennt Danel als Schwiegervater Henochs. Dieser wird vorher „der erste von den Menschenkindern" genannt, „der Schrift und Wissenschaft und Weisheit lernte und der die Zeichen des Himmels nach der Ordnung ihrer Monate in ein Buch schrieb" (V. 17). Insbesondere aber sah Henoch in einem Traumgesicht, „was gewesen ist und was sein wird ... bis zum Tage des Gerichts"; dies alles zeichnete er auf „und legte es zum Zeugnis auf die Erde nieder für alle Menschenkinder und für ihre Nachkommen" (19)[74]. Seine Weisheit umfaßt also mit dem (astrologisch-) mantischen den apokalyptischen Bereich. Danel aber ist immerhin sein – de jure – Verwandter!

5. Erscheint Daniel also Dan (1 f.) 4 f. (7 ff.) – anstelle der anonymen Gestalt, die 4QOrNab vorauszusetzen scheint – als Typus des mantischen Weisen Israels, so wird dies dadurch ermöglicht, daß eine sehr alte, ursprünglich nicht-israelitische Überlieferung mit dem Namen Danel bereits den Begriff des urzeitlich-übermenschlichen Weisen verband. Dessen Weisheit ist verschiedener Art: nach Hes 28,3; Jub 4,20 gehört sie in den Bereich mantischer, nach 1 Hen 6,7; 69,2 zugleich in den der technisch-magischen und der mantischen Kunst. **[89]**

III.

Daß der weise Danel von Hes 14,14. 20; 28,3; 1 Hen 6,7; 69,2; Jub 4,20 mit dem ugaritischen *Dnil* traditionsgeschichtlich zusammenhängt, wird fast

[74] Übersetzungen zu Hen und Jub nach G. Beer bzw. E. Littmann, beide bei E. Kautzsch, Die Apokryphen und Pseudepigraphen des AT (1900).

allgemein zugestanden[75]. Die Frage ist lediglich, worin die Weisheit des letzteren besteht.

Es liegt zunächst nahe, im Blick auf die „Gerechtigkeit" des Danel von Hes 14,14. 20 *Dnils* Weisheit in dem gerechten Gericht bewährt zu finden, das er nach CTA 17 (= Gordon 2 Aqht) V 4 ff.; CTA 19 (= Gordon 1 Aqht) 22 ff. als König[76] unter den Seinen hält[77]. Aber einerseits verlautet nicht, daß die Gerechtigkeit des Danel von Hes 14,14. 20 eine richterliche ist; andrerseits ist das gerechte Richten überall und stets im Alten Orient königliche Aufgabe und Tugend gewesen[78], so daß hier kaum etwas für *Dnil* Spezifisches vorliegt. Auch der Hinweis auf den Namen *Dnils* schafft keine Eindeutigkeit; denn er kann sowohl als „Il ist Richter" als auch im Sinne von „Il ist stark" gedeutet werden[79].

Dagegen verlohnt es, die magische Komponente, welche der Begriff *ḤKM* im Hebr. und Bibl.-Aram. impliziert, im Blick auf die Weisheit *Dnils* in Rechnung zu stellen, und zwar um so mehr, als das magische Moment auch dem Danel von 1 Hen 6,7; 69,2 anhaftet und die *mantische* Kunst des biblischen Daniel sowie des Danel von Hes 28,3; Jub 4,20 der *magischen* Kunst aus dem o. g. Grunde[80] überhaupt nahesteht. Zwar steht eine Untersuchung des ugaritischen Wortfeldes zum Sachbereich „Weisheit" m. W. noch aus[81]; dazu kommt, daß das ugaritische Epos auf

---

75 Anders P. Joüon (Trois noms de personnages bibliques à la lumière des textes d'Ugarit ..., Bibl 19 [1938], 280 ff., bes. 285): „Dans la légende phénicienne de Danel ... Danel n'apparaît ni comme un ‚sage', ni comme un ‚juste' ... Dans ce que nous connaissons de la légende de Danel, ce personnage ressemble fort peu au ‚sage' et au ‚juste' d'Ézéchiel".

76 Zur Königswürde *Dnils* CTA 19 (= Gordon 1 Aqht) 152.

77 Darauf hat u. a. M. Noth (Noah, Daniel und Hiob in Ez 14, VT 1 [1951], 251 ff., bes. 253) hingewiesen. Darüber hinaus erklärt Spiegel (a. a. O. 317), daß in der ugar. *Dnil-Aqht*-Sage das Verhältnis *Dnils* zu seinem lange ersehnten Sohne thematisch sei. „What a son means to a father appears to be the central theme of the tale." Damit sei eine Verbindung zu der aus Hes 14,14. 20 zu erschließenden Danelgestalt hergestellt. Vgl. Anm. 70.

78 Vgl. den Tadel des *Jṣb* gegen Kuriti, seinen Vater, CTA 16 VI (= Gordon 127) 33 f.

79 Vgl. HAL ad voc. *danijje'l* und die dort angegebene Lit.

80 [Vgl.] S. **[84]** f. [in diesem Band S. 39].

81 Die Wurzel *ḤKM* wird in den von J. Aistleitner und C. H. Gordon lexikalisch erfaßten Texten ausschließlich auf Il und eine mit ihm verglichene (göttliche?) Person bezogen. Worin deren Weisheit besteht, wird dabei nicht klar. CTA 4 (= Gordon 51) V 65 steht *(l)ḥkmt* in der Anrede an Il parallel zu *rbt* „du bist groß"; die folgende Zeile versteht die Weisheit Ils als Wirkung seiner Unterrichtung durch die Länge der Jahre. CTA 4 (= Gordon 51) IV 41 und CTA 3 (= Gordon ʿnt) V 38 wird das Adjektiv *ḥkm* als Prädikat zu Ils *tḥm* gebraucht – und zwar seitens der Göttin *Aṯrt jm*, die auf Ils „Entschluß" (?) anzuspielen scheint, Baal als Fürst der Götter zu nominieren. Darauf folgt jeweils die schwer deutbare Anrede: *ḥkmt* (bzw. *ḥkmk*) *ʿm ʿlm ḥyt ḥẓt tḥmk*, wobei *tḥmk* nach Aistleitner (Die mythologischen und kultischen Texte aus R.-S. [1964], 40) bereits zum Folgenden gehört. CTA 16 (= Gordon 126) IV 3 heißt es im

Dnil – anders als auf seinen Sohn *Aqht* – kein eigentlich weisheitliches Prädikat anwendet. Aber es werden von *Dnil* Handlungen berichtet, die u. E. eindeutig in den Bereich der magischen Weisheit fallen. Diese mochten späterer Überlieferung Anlaß gewesen sein, in *Dnil* den Typus des magischen Weisen zu sehen. Freilich ist die Magie in alter Zeit ebenso wie das gerechte Richten selbstverständlicher Bestandteil der königlichen Amtsfunktion gewesen[82]. Aber diese magischen Elemente **[90]** des Königtums werden später immer mehr in den Hintergrund getreten sein. Und so konnte ein Zug, der bei einem Helden der grauen Vorzeit einmal Standesattribut war, im Laufe der Zeit zu einer individuellen Auszeichnung werden, sobald man ihn als Standesattribut nicht mehr von vornherein verstand[83].

1. Einen Hinweis auf *Dnils* magische Künste geben vielleicht schon die mit seinem Namen verbundenen Epitheta.

Zunächst heißt er *mt rpi*. Entsprechend erscheint er CTA 20 B (= Gordon 121 II) als Gastgeber der *rpum*, die Zeile 2 (6,9) u. ö. *ilnym* „die Göttlichen“[84], Z. 9 sogar *ilm* „die Götter“ genannt werden. Schon dieser Befund dürfte ihre Deutung als eine Gruppe menschlicher Individuen verbieten[85]; da die Nomina *hkl* und *aṯr* CTA 21 (= Gordon 122) 3 f. nicht Bezeichnungen für Sanktuarien sein müssen, hat auch ihre Identifikation als Gilde von Kultfunktionären eine zu schmale exegetische Basis[86]. So wenig wir

---

Blick auf eine unbekannte (göttliche?) Person: *kil ḥkmt kṯr ltpn* „Wie Il bist du weise, wie der Stier, der Freundliche“ (A. Jirku, Kanaanäische Mythen und Epen aus R.-S. Ugarit [1962], 109); doch sind Text und Deutung gleich unsicher.

Lohnend dürfte auch eine Untersuchung der akkadischen Weisheitsbegriffe unter unserer Fragestellung sein; vgl. schon die Bemerkung W. G. Lamberts (Babylonian Wisdom Literature [1960], 1) zu *nēmequ(m)*.

82 Vgl. J. Gray, Canaanite Kingship in Theory and Practice, VT 2 (1952), 193 ff., bes. 203 f.

83 Das ist besonders dann anzunehmen, wenn K. H. Bernhard Recht hat, daß der stärker mythologische Charakter des *Dnil*-Epos gegenüber der Sage von Kuriti auf ein früheres Datum seines historischen Haftpunktes weist, weil nämlich „bei der Darstellung sehr früher, kaum irgendwie greifbarer Geschichtsepochen zumeist mythische Elemente zu Hilfe genommen werden und die Götter in naiv-anthropomorpher Weise unmittelbar in die Geschichtsvorgänge verflochten werden“ (Anmerkungen zum ‚Sitz im Leben‘ des Aqht-Textes von R.-S. (Ugarit), in: Actes du ... Congrès International des Orientalistes 25, Moskau 1960, ed. 1962, 1328 f.

84 Vgl. UT § 19. 194. Zur Bezeichnung der *rpum* als *ilnym* s. dort und Nr. 2346. Die Form *ʾln* für „Gott“ findet sich auch im Phönizischen und Punischen (Ch.-F. Jean – J. Hoftijzer, Dictionnaire des Inscriptions sémitiques de l'Ouest [1965] [= DISO], 15).

85 Gegen J. Gray, DTN and RP'UM in Ancient Ugarit, PEQ 48 (1952), 39 ff.

86 Gegen Gray a. a. O. und A. Jirku, Rapaʾu, der Fürst der Rapaʾuma-Rephaim, ZAW 77 (1965), 82 ff.

den Begriff *rpu* philologisch deuten können[87], so relativ klar dürfte es doch sein, daß es sich bei den *rpum* um Numina niederen Ranges handeln wird, die in begrenzter Pluralität[88] und ohne Einzelnamen erscheinen. Ihre Beziehung zur Erde – sie heißen CTA 15 (= Gordon 128) III 3.14 *rpu arṣ* – mag dazu beigetragen haben, daß ihr Name im Phönizischen[89] wie im Alten Testament zur Bezeichnung der Toten wurde, die ja bekanntlich 1 Sam 28,13 und Jes 8,19 *ʾᵃlohîm* „Götter"[90] genannt werden. Dagegen mag die nur im Alten Testament bezeugte Verwendung ihres Namens für die Giganten unter den Ureinwohnern Palästinas[91] auf eine Depotenzierung der kanaanäischen *rpum* im Sinne der israelitischen Monolatrie zurückgehen. Sind also die *rpum* wahrscheinlich Numina niederen Ranges, so ist die Wendung *mt rpi* ihrer Struktur nach mit dem hebr. Begriff *ʾîš (ha)ʾᵃlohîm* zu vergleichen, der wohl ursprünglich den wunder- und heilkräftigen Machtträger nach Art etwa des Elisa bezeichnet. Dabei mag *ʾᵃlohîm* das Numen bzw. die Pluralität von Numina sein, das (die) den Machtträger besitzt (besitzen) und begeistert (begeistern), wobei für die erste Möglichkeit nach G. Hölscher der arabische *ḏū ilāhⁱⁿ* eine Parallele bietet[92]. Ist also der *mt rpi* ein Pendant des über die Macht gebietenden hebräischen *ʾîš (ha)ʾᵃlohîm* bzw. des *ḏū ilāhⁱⁿ*?

Sodann heißt *Dnil* wie sein Sohn *Aqht ǵzr*. In der „Récensement des familles de la ville d'Alašia" CTA 80 (= Gordon 119) 16 erscheinen *ṯlṯ ǵzr*[*m*] zusammen mit [*ṯ*]*lṯ aṯt adrt* „drei adligen Frauen" und *ḫmš nʿrt* „fünf jungen Mädchen", woraus sich sicher ergibt, daß *ǵzr* zunächst einfach der „junge Mann" ist (vgl. Z. 23). Wie wohl die Verwandtschaft des Nomens mit der im Arab. bezeugten Wurzel *ǴZR* „viel, reichlich sein, im Überfluß vorhanden sein" andeutet, meint *ǵzr* insbesondere den im Vollbesitz seiner Kraft befindlichen **[91]** Jüngling, der als solcher seine besonderen Funktionen im Ritus wie im Kriege hat, wo es neben der physischen Kraft auf die magische Macht ankommt, die in ihm beieinander sind.

---

87 Der Hinweis Grays (a. a. O. 40), daß hebr. *RPʾ* gelegentlich die Mitteilung von Fruchtbarkeits- (Gen 20,17) und Lebenskräften (2 Kön 2,21) meint, mag für die Erörterung des ugar. *rpu* doch wegweisend sein.

88 Nach dem fragmentarischen Satz CTA 20 B (= Gordon 121 II) 1 handelt es sich um (sieben oder?) acht Einzelgestalten.

89 Vgl. DISO 282.

90 Zu den Belegen vgl. die Lexika. *rfʾm* kommt im Altsüdarab. als männlicher Name vor (W. W. Müller a. a. O. 315).

91 Zur plur. Übersetzung ist das Part. *ʿolîm* zu beachten.

92 Israelitische und Jüdische Religion (1922) § 5[25]. Anders H. Junker, Prophet und Seher in Israel (1927), 77 f.

Die rituelle Funktion des kanaanäischen *ǵzr* spiegelt sich in der punischen Wortverbindung *ʾdr ʿzrm*, die in der Bilingue Trip 30,32 mit lat. praefectus sacrorum wiedergegeben wird[93]. Aber auch in dem ugaritischen Text CTA 32 (= Gordon 52) 14 sind *ǵzrm* mit dem siebenmaligen Abkochen eines [*g*]*d* (= hebr. *g*ᵉ*dî*?) in Milch und von *annḫ* in Butter(?) befaßt, womit vielleicht der Ex 23,19; 34,26 verbotene (Fruchtbarkeits-?) Ritus gemeint ist[94]. Andrerseits ist *ǵzr* CTA 3 (= Gordon ʿnt) II 22; CTA 19 (= Gordon 1 Aqht) 206; CTA 17 (= Gordon 2 Aqht) VI 34; CTA 16 I (= Gordon 125) 46 gleichbedeutend mit „Held, Krieger", wozu hebr. *ʿzr* Ps 89,20 zu vergleichen ist"[95]. In welchem Sinne *ǵzr* auf *Dnil* (und seinen Sohn *Aqht*) angewendet wird, ist nicht klar. Die Assoziation mit der magischen Macht scheint in jedem Fall nahezuliegen.

Das dritte Epithet *Dnil*s, *mt hrnmy*, ist wohl trotz G. R. Driver[96] einfach eine Herkunftsbezeichnung[97].

2. Die Verrichtung eines Magiers vollführt *Dnil* zunächst CTA 19 (= Gordon 1 Aqht) 38 ff., wo erzählt wird, wie er sein Land aus einer im Zusammenhang mit *Aqht*s Tod entstandenen Dürre zu retten sucht. Diese Verrichtung umfaßt die folgenden Vorgänge:

(1) *Dnil* tut einen die Wolken betreffenden Wirkspruch (38–46). Dieser Vorgang wird mit dem Verb *ṢLY* bezeichnet, das die im Syr. aufweisbare mutmaßliche semit. Grundbedeutung „sich neigen"[98] an dieser

---

[93] DISO sub. voc. *ʿzr* II.

[94] H. Kosmala (agros lustrare, ASTI 2 [1963], 111 ff.) zieht die römischen fratres arvales zum Vergleich heran, die ein sacer agnus als hostia ambarvalis nach dreimaligem Ackerumzug mit einer Mischung von Honig, Milch und Wein der Ceres opferten. Vgl. Th. H. Gaster, Thespis (1966), 422 ff.

[95] Vgl. M. Dahood, Ugaritic-Hebrew Philology (1965), 68, und die dort angegebene Lit.

[96] Ugaritic Problems, in: Studia Semitica philologica necnon philosophica Ioanni Bakoš dicata (1965), 95 ff., bes. 106 f., wo unter Hinweis auf arab. *harmala* „was broken with age" *hrnmy* mit „ancient, primaeval" wiedergegeben wird, was natürlich zu Hes 14,14. 20 gut paßt. Aber das Afformativ *-y* weist doch wohl auf ein Gentilicium.

[97] Identifikation bei W. F. Albright, The Traditional Home of the Syrian Daniel, BASOR 130 (1953), 26 f. Vgl. aber auch schon Ch. Virolleaud in Syria 21 (1940), 271[4].

[98] C. Brockelmann (Lexikon Syriacum [1928], 628 a) zählt zu *ṣ*ᵉ*lâ* im intransitiven Gebrauch die Bedeutungen se inclinavit, inclinatus est, se demisit, aberravit auf, für den transitiven Gebrauch flexit ..., inclinavit (aurem), advertit (animum) ... Daß es sich dabei um eine gemeinsemit. Grundbedeutung zu handeln scheint, geht aus verwandten Bildungen im Aram. (*ṢLʾ* „neigen, abweichen") und Äthiop. (*ṢLW* „inclinare [aures ad audiendum], auscultare"; A. Dillmann, Lexicon linguae äthiop. [1955], 1261) hervor.

Stelle nicht auf den spezifischen Sinn des Betens verengt haben wird[99]; denn der folgende Spruch enthält keine Anrede an eine Gottheit[100]. Er lautet (39–42):

> „Die Wolken seien in der Hitze schwer[101] von Regen,
> die Wolken mögen regnen im Sommer,
> der Tau falle auf die Trauben"[102]

[92] Es folgt eine Notschilderung (42–46), die den Wirkspruch offenbar begründen – und bestärken(?) – soll[103].

(2) *Dnil* vollzieht einen rituellen Umritt um ein Feld (46–62). Zuvor zerreißt er (wie schon Z. 36) sein Gewand (46–48)[104] und befiehlt seiner Tochter *Pǵt*, einen Esel (*ʿr*, *pḥl*) mit silbernem und goldenem (!) Geschirr (?)[105] bzw. Zaumzeug zu satteln (49–54); dabei werden drei Epitheta der *Pǵt* gebraucht, die unten näher erörtert werden. Es folgt der Bericht von der Ausführung des Befehls, wobei die Epitheta wieder verwendet werden. *Pǵt* tut das Aufgetragene anscheinend – in Absicht sympathetischer Einwirkung(?) – „weinend" *bkm* (57–60)[106] In Z. 61 ist dann mit U. Cassuto[107] analog zu Z. 68 *ydn <dn>il* „Daniel kam heran (?)"[108] zu lesen. Jedenfalls bezeichnet das folgende *ysb palth* (61)

---

[99] Objekt zu *ṢLY* im Sinne von „erbeten" kann *ʿrpt* wegen der anschließenden Sätze nicht sein, die dann ebenfalls in ein Objektverhältnis zu *ṢLY* rücken müßten.

[100] Aistleitner (a. a. O. 76) übersetzt: „Sodann betete D … : ‚Oh Wolken! Bringt Regen in der Hitze! … Lasset … Regen fallen!' ". Aber *tmṭr* (Z. 41) ist keineswegs imper. f. pl., sondern 3. pers. f. pl. jussiv.

[101] *un* ist wie das parallele *tmṭr* 3. pers. f. pl. – freilich Afformativkonjugation. Zum jussivischen (optativisehen) Gebrauch der Afformativkonjugation vgl. UT § 13,28. Gordon (UT § 19. 240) denkt an die aus dem Hebr. bekannte Wurzel *ʾWN*. Doch braucht diese nicht den speziellen Sinn von „mourning" zu haben; HAL 21 nimmt wohl richtiger eine Grundbedeutung „stark, wuchtig sein" an, wozu hebr. *ʿôn* die positive, *ʾawän* die negative Seite hervorkehrt (vgl. S. Mowinckel, Psalmenstudien I [1961], 33 ff.; J. Pedersen, Israel, 1/2 [1964], 539).

[102] Für die Voranstellung der Subjekte im jussivischen Satz gibt Gordon (UT § 13,46) ein Beispiel.

[103] Anders C. H. Gordon, Ugaritic Literature (1949), 94 f.; Gaster a. a. O. 358.

[104] So, wenn *tmzʿ* mit WUS 1538 als tD (vgl. hebr. *hitpaʿʿel*, arab. *taqattala*) zu erklären ist. Doch ist diese Stammesmodifikation sonst nur in Verbalnomina belegt (UT § 9,32). Gordon (Literature 95) übersetzt: „As she (Pǵt) tears the garb of Daniel … ".

[105] Zu *gpny* vgl. G. R. Driver a. a. O. 108: „my trappings". Driver fügt aber hinzu: „The meaning of the Ugar. *gpn* is guessed from the context".

[106] *bkm* wäre dann inf. von *BKY* mit *-m*-adverbialis; so – mit Vorbehalt – UT § 11,5; WUS 510,14*.

[107] Daniel e la pioggia fecondatrice. Estratto preventivo della Rivista degli Studi Orientali 1938,4. Danach CTA.

[108] So nach arab. *danâ* G. R. Driver, Canaanite Myths and Legends (1956), 61. 154; WUS 767.

den rituellen Feldumzug. Zu *sb*(*b*) als term. techn. für den kultischen Umzug vgl. Gen 37,7; Jos 6,3 f. 7. 14; 1 Sam 16,11; Ps 48,13. *palt*(*h*) steht Z. 62/3 und 65/6 parallel zu *yǵlm* (*ur*); in Z. 68–70 und 72 entsprechen ihm *aklt* und *ḫmdrt* (*ur*). Von diesen Begriffen sind nur die beiden letzten deutbar, und zwar *aklt* möglicherweise als Part. fem. G. pass. von *AKL*, das hier nach dem Zusammenhang den negativen Sinn von „verzehren" hätte[109]; vielleicht liegt es aber wegen des Fehlens eines subst. Beziehungswortes zu *aklt* und entsprechend dem folgenden *ḫmdrt* näher, an ein Nomen mit dem Afformativ für Abstrakta *-t* „Verzehrung" zu denken[110]. *ḫmdrt* dürfte akkad. *ḫamadirūtu* „Verdorrung" analog sein[111]. *ur* als nomen rectum zu *yǵlm* (66) und zu *ḫmdrt* (73) ist wohl mit G. R. Driver als „Hitze" zu fassen, durch die *ḫmdrt* verursacht wird[112]. Da *palt* (Z. 62) wie die o. g. Parallelnomina als Ortsbestimmung zu *bṣql* fungiert, das seinerseits Z. 69–72 parallel zu *šblt* „Ähre" steht, wird man *palt*(*h*) Z. 61, das Objekt zu *ysb*, mit den meisten sinngemäß als „verdorrtes Feld" zu verstehen haben.

(3) Dnil verrichtet einen Kontaktzauber und einen Wirkspruch über der Ähre (62–67). Inwieweit schon das Anblicken der Ähre (*bṣql yph*[113] *bpalt*) der magischen Kontaktnahme dient, ist fraglich[114]. Klar ist das Motiv des Kontaktzaubers bei der umfassenden Berührung der Ähre (*bṣql y*[*ḫb*]*q* 63; vgl. 70) und dem Kuß (*wynšq* 64; vgl. 71)[115]. Der Wirkspruch beginnt nach Aistleitner mit einer Bannlöseformel:

aḥl an bṣ[*ql*] / *š*[*blt*] (71) „Ich löse die Ähre vom Banne"[116].

---

[109] Zum Part. G. pass. vgl. UT § 9,24 (2).

[110] Zum Afformativ für Abstrakta mit *-t* vgl. UT § 8,57, wo freilich ein Vorbehalt gemacht wird.

[111] So schon Ch. Virolleaud, La Légende phénicienne de Danel (1936), 152. Vgl. AHw 315.

[112] A. a. O. 61. 134. WUS 372. Vgl. HAL ad. voc. *ʾûr* I,1.

[113] Zu *PHY* „sehen" vgl. J. C. Moor (JNES 24 [1965], 356), der sich dabei gegen Aistleitners (WUS 2205) Ableitung der Bedeutung von arab. *bâha* wendet.

[114] Ein schönes Beispiel für eine solche Kontaktnahme durch den Blick bietet Act 3,4 f.

[115] Zur Machtübermittlung durch den Kuß, d. h. durch die Übertragung des Atems vgl. van der Leuuw a. a. O. § 39,2.

[116] So Virolleaud a. a. O. 151. 153; WUS 928. Für die Auffassung von *aḥl* als Verbform spricht m. E, daß so für das folgende *an* eine einfache Erklärung gegeben werden kann. Gordon (Literature 95), der wie die meisten *aḥl* nach U. Cassuto mit hebr. *ʾhlj* identifiziert, muß Z. 64 wie folgt übersetzen: „Would that I were the e[ar]!" Andere scheinen *an* für eine weitere Interjektion zu halten (Driver, Gaster, Jirku). Die Deutung von *ḤL*(*L*) als „(vom Bann) lösen" ist natürlich nur *eine* Möglichkeit, die vielfältige **[93]** Bedeutung der semit. Wurzel zu fassen; nach J. L. Palache (Semantic Notes on the Hebrew Lexicon [1959], 31 f.) ist die Grundbedeutung „losbinden, auflösen".

[93] Es folgt ein Pendant zu 39–42 in bezug auf die Ähre (Z. 65/6, 72/3):

ynpᶜ bpalt bṣql
(tpᶜ baklt šblt)
ypᶜ byǵlm[117] *ur*
(tpᶜ [bḥm]drt ur)
„Die Ähre richte sich auf[118] in …
sie richte sich auf in der Dürre (Z. 72) der Hitze“.

Darauf folgt eine Bezugnahme auf *Aqht* als Sammler der reifen Ähren. Der Bericht von Umritt und Ährenzauber (61–67) wird in 68–74 wiederholt; vielleicht muß beides doppelt vollzogen werden[119]. Die Wirkung der Handlung wird nicht berichtet.

3. Die Macht und Fertigkeit *Dnil*s als eines magischen Weisen kommen im weiteren Verlauf des Textes auch darin zum Ausdruck, daß Baal CTA 19 (= Gordon 1 Aqht) 107 ff. auf *Dnil*s Wirkspruch hin die Flügel von Adlern „zerbricht“, so daß die Vögel zu *Dnil*s Füßen niederfallen und dieser Gelegenheit bekommt, in ihren Leibern die sterblichen Überreste seines Sohnes zu finden, welche er sodann bestattet; auf einen entsprechenden Wirkspruch hin heilt Baal die Flügel der Adler nach der Untersuchung jedesmal wieder.

Über die magische Kraft eines gewöhnlichen Menschen geht es wohl auch hinaus, wenn *Dnil* nicht nur die Adler bedroht, die durch Überfliegen seines Grabes *Aqht* in seiner Ruhe stören könnten (Z. 148–151), sondern auch über drei Orte (*qr mym*, *mrrt*, *ablm*), die mit dem Tod *Aqht*s irgendwie zu tun haben, je einen ewig gültigen Fluch spricht (Z. 151–169)[120]. Im Zusammenhang mit dem Bericht vom Fluch über *qr mym* wird *Dnil* Z. 152 das einzige Mal ausdrücklich mlk „König“ genannt. Königlich

---

[117] Zum Text CTA 88³.

[118] Zu *(N)Pᶜ* vgl. Driver a. a. O. 157; WUS 1822. Zu der Wurzelvariante *YPᶜ* vgl. noch altsüdarab. *YPᶜ* (se) extulit, surrexit, valuit (C. Conti-Rossini, Chrestomathia arabica meridionalis epigraphica [1931], 164).

[119] Nach A. Jirku (ZDMG 110 [1961], 20 ff.) handelt es sich freilich um Überlieferungsvarianten.

[120] Z. 154. 161. 168 (*ᶜnt brḥ pᶜlmh ᶜnt pdr dr*) ist wohl als imperativischer Fluch zu deuten: „Fliehe nun und in Ewigkeit, nun und von Geschlecht zu Geschlecht!“ Zum imper. Fluch vgl. H.-P. Müller, Ursprünge und Strukturen alttestamentlicher Eschatologie (1969), 135; zur Ewigkeit von Segen und Fluch daselbst 143 ff. Zur o. g. Deutung von Z. 154. 161. 168 vgl. Driver a. a. O. 65; Gaster a. a. O. 366; Jirku, Mythen und Epen, 134. Ähnlich Gordon, Literature 98. Anders Aistleitner, Texte 80.

ist wohl auch der Segen, den *Dnil* seiner Tochter *Pǵt* vor deren Rachezug gegen *Aqht*s Mörder erteilt (Z. 194–202).

Anderes, wie die Inkubation CTA 17 (= Gordon 2 Aqht) I 3 ff. (121) [sic., lege I 3 ff.[121]] und wohl auch die Inanspruchnahme der *Kṯrt* II 26 f., mag nicht grundsätzlich über das Maß ritueller Verrichtung und mythischen Lebensbezugs hinausgehen, das jedermann zur Verfügung stand[122]. **[94]**

4. Der magischen Macht und Fertigkeit *Dnil*s entsprechen schließlich die seiner Kinder.

Aqht heißt wie *Dnil ǵzr*. Anat nennt ihn CTA 17 (= Gordon 2 Aqht) VI 45 *nʿmn ʿmq nšm* „den besten, weisesten(?) unter den Menschen". Dabei wird *ʿmq* – entsprechend akkad. *emēqum* „weise sein", *emqum* „weise" – noch am ehesten als Weisheitsbegriff anzusehen sein[123]. Für *Aqht* stellt *Kṯr-w-ḫss* den wunderwirkenden Bogen her, um den ihn die Göttin beneidet.

Pǵt hat bei den Verrichtungen *Dnil*s gegen die Dürre CTA 19 (= Gordon 1 Aqht) 38 ff. eine wichtige Hilfsfunktion. Dabei wird im Zusammenhang mit ihrem Namen zweimal eine Aretalogie verwendet, die offenbar ihre magische Macht über die Bewässerung des Landes kennzeichnet (50 ff. 55 f.; vgl. 190. 199 f.):

ṯkmt my	„die Wasser auf der Schulter trägt,
ḥspt lšʿr ṭl	Tau auf die Gerste sprengte[124],
ydʿt hlk kbkbm	den Weg der Sterne kennt".

Letzteres Wissen gehört zweifellos in den Bereich der magisch-mantischen Weisheit. – Als *Pǵt* auszieht, um ihren toten Bruder zu rächen, vollzieht sie nach der Segnung durch *Dnil* selbst rituelle Handlungen, um sich

[121] Zum Charakter der Szene als Inkubation J. Obermann, How Daniel was blessed with a son, Suppl. JAOS 6 (1946).

[122] K. Koch (Die Sohnesverheißung an den ugar. Daniel, ZA 24 [1967], 211 ff., bes. 217. 219) bemerkt zu den mehrfach im Epos aufgezählten Sohnespflichten, daß „nur solche Aufgaben … angeführt" werden, „die mit kultisch-rituellen Vorgängen in Verbindung stehen". Dazu führt ihn eine Exegese der in Frage kommenden Stellen, die weitgehend die Voraussetzung macht, daß es sich um typische Pflichten des *Königs*sohnes handelt. Wäre das richtig, ergäbe sich aus den genannten Tugendkatalogen weiteres Material für *Dnil*s rituelle Funktionen und entsprechend für seine magische Macht. Wenn aber „die Schilderung des idealen Sohnes", wie Koch meint, „auf eine Segensreihe zurückgeht, die einst unabhängig vom Epos umgelaufen und älter als dieses ist", so ist doch unwahrscheinlich, daß sich das Formular auf das Königshaus beschränkt hätte. Vgl. zu den Katalogen O. Eißfeldt, Sohnespflichten im Alten Orient, Syria 43 (1966), 39 ff., bes. 42–46.

[123] Vgl. zu *ʿMQ* im Zusammenhang mit der Weisheit Anm. 48.

[124] So Gordon a. a. O. 65; Driver a. a. O. 61; Aistleitner a. a. O. 77; anders Gaster a. a. O. 359; Jirku a. a. O. 130.

auf den Kampf vorzubereiten (Z. 203 ff.); die Verrichtung von Kampfesriten dürfte wie der Kampf selbst nicht zu den alltäglichen Handlungen der Frauen von Ugarit gehört haben.

5. So ist der König *Dnil* nicht nur gerechter Richter, sondern – ebenso wie seine Kinder – zugleich magischer Weiser. Als diese Macht und Fertigkeit für den König nicht mehr selbstverständlich waren, wurden sie zu einer Eigentümlichkeit *Dnil*s als epischer Gestalt. So zum Typus des magischen Weisen geworden, gab *Dnil* das Vorbild ab für den magisch-mantischen Danel von 1 Hen 6,7; 69,2 sowie für den mantischen Danel von Hes 28,3; Jub 4,20, während der Danel von Hes 14,14. 20 die weisheitliche Tugend der Gerechtigkeit verkörpert. Als mantischer Weiser wird Danel dann – als Daniel – zum Heros des exilierten Israel (Dan 1 f.; 4 f.; 7 ff.), worin zugleich die Historisierung des urzeitlich-übermenschlichen Helden und seine In-Anspruch-Nahme für das Gottesvolk liegt.

6. Die Verwendung der Wurzel *ḤKM* auch für den magisch-mantischen Weisen im Hebr. und Bibl.-Aram. ist also keine sprachliche Zufälligkeit. Israel und seine kanaanäische Umwelt haben den *Typus* des magisch-mantischen Weisen gekannt, dessen Geschichte sich an der Gestalt Danels/Daniels traditionshistorisch über viele Jahrhunderte verfolgen läßt.

Zur Stellung der Weisheit Israels in der altorientalisch-hellenistischen Kulturgeschichte

KLAUS KOCH, Universität Hamburg

1. Die Wandlungen des Bildes vom weisen Daniel im Laufe eines Jahrtausends

In seinem Aufsatz von 1969 geht Hans-Peter Müller von der seit langem in der Bibelwissenschaft vertretenen These aus, dass der im Exil verortete Held des Danielbuchs in einem überlieferungsgeschichtlichen Zusammenhang mit Trägern des ähnlich lautenden Namens in älteren Texten des syrisch-palästinischen Raumes steht, trotz eines z. T. erheblichen räumlichen und zeitlichem Abstand zwischen den Belegen. Das betrifft zunächst den Daniʾel, den Ezechiel (14,14) – ein Profet im babylonischen Exil wie der Daniel des Buches – neben Noah und Hiob als exemplarischen Gerechten der Vorzeit kennt und Ez 28,3 als Kenner des Geheimnisses (*sātûm*) erwähnt. Das Jubiläenbuch, im gleichen Jahrhundert wie das Danielbuch verfasst, weiß von Danel als Schwiegervater des vorzeitlichen weisen Henoch (4,20). Ein Seitenstrang der Überlieferung rechnet im gleichen Zeitalter im 1. Henochbuch (äthHen 6,7; 69,2) mit einem Danʾel als dem siebten unter den gefallenen Engeln, welche sich (nach Gen 6) Menschentöchter zu Frauen „genommen" und Beschwörung und Zauber gelehrt hatten. Seit der Entzifferung der nordsyrischen ugaritischen Texte aus dem Ende des 2. Jahrtausend v. Chr. ist zudem ein Epos über einen König (?) Danʾil bekannt geworden, der im Tor Witwe und Waise gerecht richtet; sein als Nachfolger vorgesehener Sohn wird von einem Adler gefressen, dem Danʾil jedoch magisch die Flügel zu brechen und zum Absturz zu bringen vermag.[1]

[1] (Danʾil-) Aqhat-Epos KTU 1. 17 – 1. 19; jetzt übersetzt in TUAT III, 1254–1303; vgl. ebd. 1308–15 die Rephaim-Texte KTU 1.20 ii 17; Danʾel wird vielleicht auch 1.21 II 21 und 1.22 II 15 erwähnt.

Aus den über ein Jahrtausend verteilten Texten unterschiedlicher Herkunft lässt sich keine einlinige Überlieferungsgeschichte konstruieren, sie werden aber kaum unabhängig von einander im kanaanäisch-hebräischen Umkreis entstanden sein. Der Daniel des masoretischen Kanons ist ein Traumdeuter und Zukunftskünder, vor allem aber ein bis in den Tod getreuer Verehrer seines Gottes. Ezechiels Daniʾel ist wegen seiner Gerechtigkeit berühmt, was sich nach dem Kontext ebenso auf zwischenmenschliche Interaktion wie auf eine intakte Gottesbeziehung bezieht. Ein genau gegenteiliges, gott- und im Grunde auch menschenfeindliches Verhalten wird im 1. Henoch dem gefallenen Engel zugeschrieben. Der ugaritische Held war hingegen ein vorbildlicher Richter, wie der biblische Abraham ist er von der Sorge um seinen Sohn und Erben umgetrieben und erhält seine Zuversicht durch eine göttliche Verheißung und ihre spätere Erfüllung; dies nicht ohne magische Aktionen.[2] Wieweit lässt sich aus der Namensähnlichkeit auf eine Kontinuität der gleichen Gestalt im kulturellen Gedächtnis schließen, wenngleich ihr im Lauf der Zeit so unterschiedliche Funktionen beigelegt worden sind? Was verbindet die nahezu gleichnamigen Gestalten?

Müller hat konsequenter als andere vor ihm nach einem konzeptionellen Band in der Überlieferungsgeschichte gesucht und es in der altorientalischen Auffassung von einer weitgespannten *mantisch-magischen Weisheit* gefunden. Die verschiedenartigen Handlungsweisen spiegeln sich in dem weiten Bedeutungsradius des nordwestsemitischen Lexems *ḥkm*. „Die althebräische bzw. biblisch-aramäische Wurzel *ḤKM* bezeichnet nicht selten den Stand des magisch-mantischen ‚Weisen', also desjenigen Experten, der die diesen Dingen und Personen innewohnende Macht seinem Willen fügt oder Fernes, Verborgenes und vor allem Zukünftiges zu erkennen vermag"[3]. Den angeführten hebräischen und äthiopischen Texten entnimmt er, dass „das magische Moment auch dem Danel von 1 Hen 6,7; 69,2 anhaftet und die *mantische* Kunst des biblischen Daniel sowie des Danel von Hes 28,3; Jub 4,20 der *magischen* Kunst [...] nahe steht"; was hier Weisheit heißt, hat mit Aufklärung nichts zu tun und ist „nicht auf einen bestimmten Stand beschränkt zu denken"[4].

Die Erklärung zeichnet sich dadurch aus, dass sie nach einer einleuchtenden historischen Begründung im Blick auf den weiten Spielraum der

---

[2] Müller, Magisch-mantische Weisheit, 91–94.
[3] Ebd., 79.
[4] UF 1, 89. 85.

funktionalen Zuweisungen innerhalb einer offensichtlich zusammengehörigen Überlieferungskette sucht. Müller wagt es, den innerbiblisch beschränkten Horizont der üblichen Exegese zu überschreiten und nach altorientalischern Vernetzungen Ausschau zu halten, in die auch das Denken der hebräischen Bibel einfügt war. Was im Danielbuch Weisheit heißt, lässt sich nicht als einfache Weiterentwicklung des israelitischen Weisheitsverständnisses, wie es im Proverbienbuch zu Tage tritt, erfassen. Der Held des protokanonischen Buchs ist durch eine Weisheit ausgezeichnet, die der babylonischer Fachgelehrter vergleichbar ist und diese auf ihrem eigenen Gebiet übertrifft (1,17. 20). Sie weist den Zusammenhang künftigen Weltgeschehens mit einer von weit her angelegten Geschichte auf, was an alttestamentliche Profetie erinnert.[5] Für den Kontext des Buchs schließt das aber nicht aus, dass er in Babylon zur dortigen Klasse der *ḥakkîn* gehört und als Präsident der „Traumdeuter, Zukunftsbeschwörer, Hexenmeister und Kaldäer", also auch von Magiern, amtet (2,2. 12. 14. 18. 48).[6]

Mit der These von einer weitgefächerten magisch-mantischen Weisheit widersprach Müller dem, was in jenen Jahren in der deutschen Forschung als Sippenweisheit und -ethos der Jahwäreligion postuliert und als die Quelle nicht nur weisheitlicher, sondern auch rechtlicher und profetischer Sprache überhaupt angesehen worden war. Aus der Anrede des Lehrers an den Schüler „mein Sohn" (Prov 1,8; 2,1 usw.) wurde auf leibliche Abstammung und damit auf kommunikatives Familienmilieu geschlossen (obwohl die vergleichbaren „Söhne der Profeten" im AT sicher keine direkten Abkömmlinge meinten). Zur Verbreitung dieser Deutung hat vor allem H. W. Wolffs Studie über „Amos' geistige Heimat" beigetragen mit der These einer Sondersprache, die „sehr lebendig von Sippenhäuptern, Ältesten und Vätern im Erziehungsleben der abseits von den großen Heiligtümern wohnenden und umherziehenden Gruppen gepflegt wurden"[7], an die die Profetie einerseits anknüpfte, andererseits durch ihre

---

[5] Daniel redet in einer Gattung des Visionsberichts, die in der israelitischen Profetie eine Vorstufe hat: Klaus Koch, Vom profetischen zum apokalyptischen Visionsbericht, in: Ders., Vor der Wende der Zeiten, Beiträge zur apokalyptischen Literatur, hg. von U. Gleßmer/ M. Krause, Gesammelte Aufsätze 3, Neukirchen-Vluyn 1996, 143–78.

[6] Zu den babylonischen Titeln s. Klaus Koch, Daniel, BKAT XXII 2, Neukirchen-Vluyn 1994, 89. 143–45.

[7] WMANT 18, Neukirchen-Vluyn 1964, 23. Eine ähnliche Anschauung u. a. noch bei F. W. Golka, Die Königs- und Hofsprüche und der Ursprung israelitischer Weisheit, VT 36, 1986, 52–70.

Zukunftsweissagungen hinausführte.[8] Von da aus ließ sich die Weisheit Israels leicht als Sammlung von Lebensmaximen deuten und aktualisieren. Müllers Sicht behauptete hingegen in den Texten ein hohes Maß altorientalischer Geistigkeit, die mit modernem Empfinden, wie er bemerkt, nicht leicht zu vereinen ist. Zudem erkennt er, dass Magie und Mantik in der Regel nicht dem gleichen Stand von „Weisen" zugeschrieben werden.

Lässt sich dann aber ohne weiteres auf eine gleichbleibende, einheitliche Geistesbeschäftigung schließen? Weisen die unterschiedlichen, im Laufe der Zeit vielfach wechselnden Standesbezeichnungen nicht eher auf einschneidendere Wandlungen hin im jeweiligen Verständnis von Magie und Mantik und einem beiden zu Grunde liegenden Weltverständnis?

Ein kurzer, notwendig kursorischer Blick über die verschiedenartigen Theorien und Praktiken mantischer Zukunftserkundung und magischer Schadensabwehr im Altertum mag die Problematik verdeutlichen.

2. Mantik und Magie im altorientalisch-hellenistischen und israelitischen Altertum.

Im Blick auf alttestamentliche Texte erweist sich die Rede von „magisch-mantischer Weisheit" einerseits als zu eng, andrerseits als zu weit. Zwar wird das Lexem *ḥkm* als attributive Bestimmung für entsprechende Tätigkeiten (meist nichtisraelitischer Personen) verwendet, doch niemals so, dass das Substantiv *ḥākām* hebräisch als Titel für einen Magier oder Mantiker auftaucht. Vielmehr wird die Wurzel mit einem so weiten Bedeutungsradius benutzt, „dass zwischen praktischem Geschick oder einer Erfahrung, die z. B. ein Handwerk voraussetzt, und theoretischer, gnomischer Erkenntnis nicht unterschieden" und „die Kunstfertigkeit des Handwerkers oder des Fachmanns" eingeschlossen wird,[9] also u. U. die eines Zauberers ebenso wie das gute Regiment eines Königs (I Reg 3,4–13). Die Semantik des Wortstamms ist also weder auf Mantik noch auf Magie beschränkt. Überdies kennt das vorexilische Juda durchaus einen besonderen Stand des Weisen (Jer 18,18), für den die Lebensregel als Ratschlag (*ʿeṣâ* bezeichnend ist wie für den Priester die *torâ* und für den Nabi

---

[8] Amos „hat den Mantel des Sippenlehrers gegen den des prophetischen Gerichtsboten ausgetauscht"; Hans Walter Wolff, Dodekapropheton 2, Joel und Amos, BKAT XIV 2, Neukirchen-Vluyn 1969, 114.

[9] Hartmut Gese, Weisheit, RGG³ 6, Tübingen 1962, 1574.

das weissagende Wort (*dābār*). Der erstgenannte nahm wohl in der höfischen Hierarchie einen wichtigen Platz ein (vgl. die „Männer Hiskias" Prov 25,1).

Wie verhält es sich mit dem Verhältnis von Mantik und Magie in den Nachbarreligionen? In der Regel werden sie verschiedenen, meist kultisch verankerten Ständen zugewiesen, und zwar so, dass für beide Bereiche mehrere Klassen für notwendig gehalten werden. Dem entspricht in biblischen Nachrichten über die Nachbarvölker, dass Wahrsager und Traumdeuter neben Beschwörern, also den Magiern, angeführt werden, und dann meist so, dass jeweils ein eigener Stand vorausgesetzt wird. Im Danielbuch z. B. werden *ḥarṭumîm* neben *ʾaššāpîm* genannt und beide mit dem Oberbegriff *ḥakkîmîn* zusammengefasst (1,20; 2,48; 5,7 f. 11).[10]

Bezeichnenderweise hat schon der zusammenfassende Begriff Mantik in den altorientalischen Sprachen keine adäquate Entsprechung. Von den Fachgelehrten wird er heute gern pauschal für jede Art von Zukunftsvoraussage in frühen Kulturen verwendet. In der Tat sorgt sich seit den Ritzzeichnungen der Cro-Magnon Kultur bis zur modernen Futurologie jeder menschliche Verband um die Erkundung seiner Zukunft. Bezieht man Magie auf eine institutionell gesteuerte, „übernatürliche" Art von Wahrsagung schicksalhafter Geschehnisse, welche die Adressaten, ob Individuen oder Gemeinschaften, in nächster Zukunft betreffen werden, so geschieht das in den Hochkulturen des Altertums unter der Voraussetzung von rituell vermittelten und als göttlich angesehenen Willensäußerungen, die durch ausgewählte Personen, oft Könige oder Priester, gelegentlich auch Laien, verdolmetscht werden (in Israel durch Profeten), wozu eine außergewöhnliche Weisheit nötig ist. Ein so „herausgerufener" Mantiker mag seine Kenntnisse durch vorbereitende Maßnahmen gewonnen haben, die wir als manipuliert (oder sogar magisch) empfinden (z. B. Musik, ekstatischer Tanz, berauschendes Getränk, Inkubation); doch manipuliert wird, und das legitimerweise, der Zustande des redenden Subjekts, und in der Regel nicht der Inhalt dessen, was er als Objekt seiner Erkenntnis festzustellen unternimmt (anders als bei magischen Operationen!), obgleich oft die Überzeugung vorherrscht, dass der Mantiker das, was die Gottheit beabsichtigt, durch eine performative sprachliche Äußerung zugleich fest-stellt, sodass es mit Sicherheit eintreffen wird.

---

[10] Koch, BKAT XXII, 73–75.

Die altorientalischen Kulturen haben die Erkundung ihres künftigen Geschicks auf verschiedene Weise zu ermitteln versucht. Bei den meisten stehen induktiv-analytische Verfahren im Vordergrund, die insbesondere in Babylonien und Assyrien eine große Rolle spielen und mit umfänglichen Theorien begründet werden.[11] Sie sind einerseits auf außergewöhnliche Erscheinungen in der Lebenswelt ausgerichtet, die ohne menschliches Zutun eintreten (z. B. Sonnen- und Mondfinsternis, absonderliche Gestalt oder auffälliges Gebaren von Menschen oder Tieren, Träume) oder bedienen sich andererseits bestimmter Manipulationen als Hilfsmittel, um Erscheinungen hervorzurufen, die auf Grund einer kosmischen „Sympathie" als aussagekräftig angesehen werden (Eingeweideschau, Öl-omina, Nekromantie u. ä.). Diese *induktiv-analytische Mantik* hat in andern Ländern Vorderasiens breite Nachahmung gefunden.[12] Für die erstgenannte, „unmanipulierte" Art der Erkundung gewann seit der neuassyrischen Zeit die Astrologie mit der Deutung der „Zeichen der Himmels" eine zentrale Stellung, seitdem breitete sie sich als Weisheit der „Kaldäer" nach Westen hin bis Rom und nach Osten bis Indien aus.[13] Für ihre Deutung wie für die technisch gesteuerten Omina gab es im Zweistromland umfangreiche Handbücher mit einem jeweils akribisch entwickelten Symbolsystem.

Die *induktiv-profetische Mantik*[14] stellte einen andern Zugang zur Vorausschau dar. In manchen Kulturen konnte sie wellenförmig in bestimmten Epochen bedeutsam werden. Sie beruhte auf spontanen, als göttlich begriffenen Eingebungen dafür begabter, u. U. auch dafür ausgebildeter Personen, die sich auf das Geschick von Individuen oder Völkern bezogen und diesen mit dem Anspruch auf Anerkennung ihrer Wahrheit mitgeteilt wurden. Beispiele dafür bieten die Briefe aus Mari für das 2. Jt., neuassyrische Keilschrifttafeln aus der 1. Hälfte des 1. Jt. v. Chr.[15] und vor allem die alttestamentlichen Profeten. In ihrer entwickelten Form for-

---

11 Stefan M. Maul, Orakel und Omina, A. Mesopotamien, RLA 10, Berlin 2003, 45–88.

12 Manfried Dietrich / Oswald Loretz, Mantik in Ugarit, Keilalphabetische Texte der Opferschau – Omensammlungen – Nekromantie, ALASP 3, Münster 1990.

13 Ulla Koch-Westenholz, Mesopotamian Astrology, An Introduction to Babylonian and Assyrian Celestial Divination, CNI Publications 19, Kopenhagen 1995.

14 Zur Unterscheidung von induktiver und intuitiver Mantik s. Klaus Koch, Die Profeten, I Assyrische Zeit, UB 280.3, Stuttgart 1995, 53–63.

15 Jean-Marie Durand (Hg.), Archives épistolaires de Mari I / 1, ARM 26, Paris 1988; ders., Les documents épistolaires du palais du Mari III, LAPO 18, Paris 2000; ders., TUAT II, Gütersloh 1986 ff., 84–93; – Simo Parpola, Assyrian Prophecies, State Archives of Assyria 9, Helsinki 1997; TUAT II, 83–93; Martti Nissinen et al. (Hg.), Prophets and Prophecy in the Ancient Near East, SBL Writings from the Ancient World 12, Atlanta

dern solche Äußerungen vom Hörer nicht blinde Zustimmung für einen autoritär vorgetragenen irrationalen Einfall, sondern liefern „synthetisch" eine Begründung für die kommende Entwicklung auf Grund des Verhaltens der Adressaten oder ihrer Umgebung in der Gegenwart oder Vergangenheit. Die Gattung der hebräischen Prophezeiung beginnt deshalb in der Regel mit einem Hinweis auf eine nach göttlichem Urteil unhaltbar gewordene Lage, die gemäß der persönlichen Erinnerungen des Sprechers oder dem kulturellen Gedächtnis seines Volkes charakterisiert wird;[16] danach erst pflegt mit „deshalb" (*lāken*) die als Inspiration empfangene Weissagung zu folgen. Ein solcher Lagehinweis wird schon in Mari mehrfach mit der eigentlichen Profezeiung kombiniert.[17]

Im vorexilischen Israel waren sowohl die induktiv-analytische wie die intuitiv-synthetische Mantik anscheinend durchaus verbreitet. Doch die erste wird unter dem Einfluss des Deuteronomiums (18,10–12) mehr und mehr als abgöttisch geächtet, obwohl es dafür eine Reihe von Experten gegeben hatte mit Bezeichnungen wie *qosem*, Wahrsager (generell?), *mᵉʿônen*, „Beobachter" (bedeutungsvoller Zeichen? der Wolken?), *šoʾel ʾôb*, „Totengeist-Befrager", *jiddᵉʿonî*, „Wissender";[18] jeder dieser Experten war gewiss als „weise" angesehen von seinen Klienten. Im Lauf der Zeit treten intuitiv begabte Mantiker so sehr in den Vordergrund, dass sie in Krisenzeiten die hohe Politik beeinflussen (so Jeremia) und in nachexilischer Zeit zu Repräsentanten der Wahrheit der Jahwä-Religion werden. Vorexilisch hat es auch auf diesem Feld unterschiedliche Typen gegeben wie *roʾäh*, Seher, *ḥozäh*, „Erschauender", *ʾîš ha-ʾälohîm*, Gottesmann, und vor allem *nabîʾ*, Profet. Die sprachliche Äußerung, empfangen durch Audition in Zusammenhang mit Vision oder Traumbild, verdrängt allmählich fast jede Orakeltechnik, jedenfalls in der vom Jerusalemer Tempel bestimmten offiziellen Religion. Als Profezeiung bedarf sie einer überzeugenden, nach den Maßstäben der damaligen Zeit vernünftigen Begründung. Lässt sich diese Art Mantik wirklich als „archaisch" klassifizieren? Es überrascht, dass Müller in seinem Aufsatz mantische Weisheit nicht mit israelitischer Profetie in Beziehung sieht.

2003. Vgl. Klaus Koch, Propheten / Prophetie II, TRE 27, Berlin 1997, 477–99 und die dort angeführte Literatur.

[16] Klaus Koch, Was ist Formgeschichte? Methoden der Bibelexegese, Neukirchen-Vluyn ⁵1989, § 18.

[17] Klaus Koch, Die Briefe ‚profetischen' Inhalts aus Mari, in: Ders., Studien zur alttestamentlichen und altorientalischen Religionsgeschichte, hg. von E. Otto, Göttingen 1988, 153–88.

[18] Joanne K. Kuemmerlin-McLean, Magic (OT), ABD 4, New York 1992, 468–71.

Was *Magie* in diesen Kulturen betrifft, ist legitime, „weiße" Magie überwiegend durch zeitgenössische Mangelerscheinungen oder Unglücksfällen (Krankheit, Dürre, Niederlagen) hervorgerufen, deren Folge durch apotropäische Riten oder Beschwörungen beseitigt werden sollen; sie wird häufig praktiziert. Die zauberhafte Manipulation gilt nicht wie beim Mantiker dem Subjekt (zur Vorbereitung von Audition oder Vision), sondern in diesem Fall dem Objekt der Aktion. Sie kann gelegentlich proleptisch künftiges Unheil einbeziehen, insbesondere wenn es durch einen Wahrsager verkündet worden ist, das dann aber durch den anderen Experten beseitigt wird. Daneben gibt es – oft durch den gleichen Fachmann – „schwarze" Magie, die gefürchteten Rivalen und Feinden Schaden zufügen will. (Der selbstbewusste, nach unserem Urteil die Zusammenhänge verkennende und die eigenen Fähigkeiten überschätzende Mensch traut sich also zu, in das Rad des Schicksals einzugreifen.)

Wie die nichtprofetischen, illegitimen Mantiker werden auch berufsmäßige Magier wie „Knüpfer von Bannsprüchen" (Dtn 18,10 f.) und Beschwörer als Greuel verurteilt und von fremder Magie vorausgesetzt, dass Zauber und Beschwörung nicht in Israel wirksam werden (Num 23,23). Das schließt nicht aus, dass legitime religiöse Führer wie Mose und Aaron von Gott selbst mit magischen Aktionen beauftragt werden (Ex 4,2–9; 7–11); den Profeten werden rund 30-mal symbolische, magisch wirkende Handlungen befohlen.[19]

Im persischen Zeitalter wird (nach dem Auftreten Maleachis als letztem Schriftprofeten) die zeitgenössische Profetie in Juda bedeutungslos (vgl. Sach 13,2–6), die Bedeutung der Schriften vergangener Profeten umso höher eingeschätzt. In den Nachbarländern nimmt die Magie im allgemeinen Bewusstsein und wohl auch in der Praxis einen immer größeren Raum ein, während die Rolle der Mantik vielleicht ebenfalls geringer wird.

Schon die Geschichte unserer Begriffe Magie / Magier erscheint aufschlussreich. Im Iranischen bedeutet *magus* den Angehörigen einer (medischen?) Priesterklasse, die in der Achaimenidenzeit eine Religion im Gefolge Zarathustras pflegt und in der Optik der Griechen sich durch ihre mantischen Fähigkeiten, gerade auch auf dem Feld der Astrologie, auszeichnet (vgl. Mt 2). Die Magusäer in Kleinasien werden zu „mediators

[19] Georg Fohrer, Die symbolischen Handlungen der Propheten, AThANT 25, Zürich 1953.

of Zoroastrian ‚wisdom' to the Greeks".[20] In der römischen Kaiserzeit werden die Magier aber primär als wirkmächtige Zauberer geachtet (vgl. Simon Magus Act 8,10).[21] Im Zweistromland und dessen Einflussbereich dürfte sich eine ähnliche Wandlung entwickelt haben. Die Priesterklasse der Kaldäer, die im Danielbuch magische wie mantische Fachleute (2,5. 10 u. ö.) als die „Weisen" Babels (5,7 f.) umfasst, ist danach im aramäischen Bereich wegen ihrer Astrologie gefragt.[22]

In Rom aber wird sie wegen ihrer Theurgie berühmt, die niemand erfolgreicher zu handhaben weiß als die Kaldäer.[23] In Ägypten breitet sich ein regelrechter „Magismus" in allen möglichen Lebensbereichen aus, während in der hellenistisch-römischen Zeit – anscheinend relativ unabhängig davon – eine apokalyptische Literatur entsteht.[24] Selbst in dem angeblich aufgeklärten Hellenismus wächst „die Furcht vor der Freiheit" und ruft über Jahrhunderte hin „die Rückkehr des Irrationalen" bis hin zur Theurgie hervor.[25] Auch judäische Kreise bleiben davon nicht unberührt, doch weniger im Mutterland als in der Diaspora. Der Daniel der Erzählung vom Drachen zu Babel bringt durch eine geheimnisvolle Mischung, die er dem Monster verabreicht, dieses zum Bersten. Der paradigmatische Weise Salomo wird zum Besieger der Dämonen, vor allem im wohl griechisch abgefassten Testament Salomos.[26] Heidnische ägyptische Zauberer benutzen die hebräischen Gottesnamen für ihre Zwecke, sicher

---

[20] Mary Boyce / Frantz Grenet, A History of Zoroastrianism, III. Zoroastrianism under the Macedonian and Roman Rule, HdO I 8. 1. 2/2A.3, Leiden 1991, s. dort 585 f. die unter *magi*, magic, *Magousaioi*, *magus* angegebenen Stellen; Joseph Bidez / Franz Cumont, Les mages héllenisés, Bd. I–II, Paris ²1973.

[21] Franz Cumont / August Burckhardt-Brandenstein, Die orientalischen Religionen im römischen Heidentum, Leipzig ³1931 (Nachdruck Darmstadt ⁴1959), Kap. 8.

[22] Klaus Beyer, Die aramäischen Texte vom Toten Meer samt den Inschriften aus Palästina, dem Testament Levis aus der Kairoer Genisa, der Fastenrolle und den alten talmudischen Zitaten, Göttingen 1984, 610; HALAT, 1127.

[23] Hans Lewy, Chaldaean Oracles and Theurgy, Mysticism, Magic, and Platonism in the Later Roman Empire, Études Augustiennes, Neuauflage Paris 1978; Cumont, Orientalische Religionen, 111–14. Der umfängliche Artikel von Jean Bottéro, Magie, A. In Mesopotamien, RLA 7, Berlin 1990, 200–34 geht leider kaum auf geschichtliche Veränderungen ein.

[24] Klaus Koch, Geschichte der Ägyptischen Religion, Von den Pyramiden bis zu den Mysterien der Isis, Stuttgart 1993, 510–12 und 539–55.

[25] Eric Robertson Dodds, Die Griechen und das Irrationale, Darmstadt 1970, 123 ff. und 130.

[26] Dennis C. Duling in OTP 1, New York 1983, 935–87 (mit instruktiver Einleitung). Vgl. schon Josephus, Ant. 8.2.5 zu Salomo.

nicht ohne eine ähnliche Praxis in Diaspora-Kreisen kennen gelernt zu haben.[27]

In der babylonischen Diaspora werden bis in sassanidische Zeit hinein Zauberbecher gebraucht.[28] Doch ein Monotheismus Jerusalemer Herkunft verhindert für die Judäer eine totale Hinwendung zu den Praktiken der Umwelt.

Nicht nur das Verhältnis von Mantik und Magie, sondern beide Bereiche je für sich erfahren also tiefgreifende Wandlungen im Lauf der Zeiten. Das gilt für die Umwelt, aber ebenso für die Jahwäreligion, die im Pro und Contra zur allgemeinen Entwicklung ihre Wahrheit und Gestalt zu finden sucht.

Theorie und Praxis von Magie und Mantik, ihr Verhältnis zueinander wie der Stellenwert beider im jeweiligen Weltbild war also bedeutsamen geschichtlichen Wandlungen unterworfen. Die Vorbehalte, die in Israel Gesetz und Profeten auf Grund einer zunehmenden monotheistischen Überzeugung vor allem gegen Magie, aber auch technisch-induktive Mantik formulieren, haben im Alten Orient nicht ihresgleichen. Die Wandlungen der Danielüberlieferungen bietet dafür ein instruktives Beispiel, wie Müller zu Recht erkannt hat.

3. Archaische Mantik?

Die Notwendigkeit einer differenzierteren Beschreibung von Mantik und Magie als Praxis von Weisheit hat Müller bei weiteren Studien bald eingesehen. Jedenfalls hat er zwei Jahre nach dem oben geschilderten Aufsatz in einem Vortrag „Mantische Weisheit und Apokalyptik" auf dem Alttestamentler-Kongress in Uppsala[29] auf die generelle Einbeziehung der Magie verzichtet und für die Darstellung israelitischer Weisheit Wert auf die Unterscheidung von charakteristischen Epochen gelegt. Von einer „höfisch-pädagogischen" Bildungsweisheit der Königszeit wird jetzt eine „demokratischere" nachexilische Variante abgehoben und beides einer „archaischen" mantischen Weisheit gegenübergestellt, wie sie in den übrigen altorientalischen Kulturen seit je tradiert worden sei; von den Israeli-

[27] Klaus Koch, Geschichte der ägyptischen Religion, Von den Pyramiden bis zu den Mysterien der Isis, Stuttgart 1993, 542.

[28] Charles D. Isbell, Corpus of Aramaic Incantation Bowls, SBL.DS 17, Missoula 1975.

[29] Congress Volume, Uppsala 1971, VT.S 22, Leiden 1972, 268–93.

ten werde sie wohl nach dem Zusammenbruch von 587 kennen gelernt und übernommen. Hierfür ist das charismatische Erleuchtungserlebnis durch Vision und Audition ebenso bezeichnend wie eine eschatologische Optik, „ein der Struktur der Bildungsweisheit so radikal zuwiderlaufendes Element". In Ägypten haben beide Richtungen seit alters zusammengehört; nach H. Brunner gehörte „das Voraussagen zu den Künsten eines jeden ‚Weisen' ", „beide, ‚Prophezeiungen' und Lebensregeln, ruhen auf einer gemeinsamen Plattform, nämlich der Überzeugung, dass die Welt nach erkennbaren Regeln abläuft."[30] Für Müller spricht für die ähnliche Konstellation im syrisch-palästinischen Raum die Beschreibung Daniels in Dan 2 und 4, der als „Typ des (magisch-) mantischen Weisen (der Urzeit) offenbar [...] alter kanaanäischer Tradition" entspricht; (eine mantischen Kompetenz ist beim ugaritischen Dan'il allerdings kaum zu erkennen[31]).

Dieser zweite Aufsatz steht unter dem Eindruck der inzwischen in einer vierten, überarbeiteten Auflage erschienenen Theologie des Alten Testaments Gerhard von Rads,[32] wo die Weisheit als „Die Antwort Israels" auf die gottgelenkte Heilsgeschichte begriffen worden war. Eine vorexilische „Erfahrungsweisheit"[33] war hier einerseits von einer nachexilischen „theologischen Weisheit", wie sie Prov 1–9 und in Jesus Sirach verschriftet worden ist,[34] abgehoben worden: „Erst in dieser weisheitlichen Theologie wurde Israel zu ganz universalen Aussagen über die Welt und ihr Schöpfungsgeheimnis ermächtigt, aber auch über den Wahrheitsbesitz der Völker."[35] Andererseits weist von Rad der gleichen Epoche „Die Skepsis" eines Hiob und eines Kohelet, der „keinen Verkündigungsauftrag mehr"[36] hat, zu. Zur Weisheit der Spätzeit gehören auch „Daniel und die Apoka-

---

30 Helmut Brunner, Die ‚Weisen', ihre ‚Lehren' und ‚Prophezeiungen' in altägyptischer Sicht, ZÄS 93, 1966 29 ff., 33 f.

31 In Mesopotamien ist eher die Magie als die Mantik archaisch zu nennen. „ ‚Wisdom' is strictly a misnomer as applied to Babylonian literature [...] Babylonian has a term ‚wisdom' (*nēmequ*), and several adjectives for ‚wise' (*enqu, mūdû, ḫassu, etpēšu*) [...] Generally ‚wisdom' refers to skill in cult and magic lore, and the wise man is the initiate", Wilfred G. Lambert, Babylonian Wisdom Literature, Oxford 1960, 1.

32 Band I: Die geschichtlichen Überlieferungen Israels, EETh 1.1, München [4]1962; Band II: Die Theologie der prophetischen Überlieferungen Israels, EETh 1.2, München [4]1965.

33 Band I, 430–54.

34 Ebd., 454–67.

35 Ebd., 465.

36 Ebd., 473.

lyptik", was dann im zweiten, dem Propheten-Band geschildert wird; das aber mit dem Ziel, die häufig behauptete Kontinuität von Profetie und Apokalyptik grundsätzlich zu bestreiten. Vielmehr werde in der Apokalyptik das enzyklopädische Bemühen der älteren Weisheit „durch die Einbeziehung der Universalgeschichte und des eschatologischen Aspektes [...] zu einer geradezu hybrid anmutenden Gnosis", und das als „vollständige Lehre der Weisheit" (äthHen 92,1)[37]. Müller folgt in seinem Vortrag von Rad, spricht aber statt von „Erfahrungs-" von „Bildungsweisheit" und statt dem vagen Begriff „theologische Weisheit" von einer demokratischen hinsichtlich der nachexilischen Literatur. Wie von Rad lehnt er ab, in der Apokalyptik die Nachfolgerin der *Profetie* zu sehen, von dieser stammen nur gewisse Impulse bei der Ausgestaltung der Eschatologie. Andererseits bestreitet es Müller aber ebenso, dass die apokalyptische Literatur die enzyklopädischen Bemühungen der altisraelitischen *Weisheit* weiterführt; wo Bildungsweisheit in jener auftaucht, ist sie „Einschlag, nicht Basis"[38]; in ihr bricht sich vielmehr eine „atavistische Neigung" wieder Bahn, dafür „dürfte gerade das Implikat mantischer Weisheit [...] bezeichnend sein", wie es im abschließenden Satz des Aufsatzes heißt.[39] Insofern wird apokalyptische Weisheit ebenso negativ eingestuft wie bei von Rad, nur dass Atavismus statt Gnosis das Urteil rechtfertigt. (Kritisch lässt sich freilich fragen, ob die oben aufgewiesene vielfältige Ausbildung mantischer Theorien sich mit dem Begriff Atavismus abtun lässt.)

1970 veröffentlichte von Rad eine Monografie „Weisheit in Israel", die eine Kehrtwendung von der Geschichte zur Weisheit als zentrales Thema bei vielen Alttestamentlern einläutete. Von Rad entdeckt in ihr die Botschaft von der „Selbstoffenbarung der Schöpfung" als „Uroffenbarung", die selbst Regierungskunst und Rechtspraxis und natürlich die moralische Ordnung mit umfasst,[40] was „eine ins Mystische grenzende Auslieferung des Menschen an die Herrlichkeit des Seins" hervorzurufen mag. Die „Schlussbetrachtung" nimmt auf das spätere Schrifttum, das in der Theologie des AT als „theologische" Weisheit begriffen worden war, kaum mehr Bezug und konzentriert sich auf die ältere Erfahrungsweisheit als die „Sprache, die ein Mensch aus seiner ihn andringenden Umwelt

---

37 Band II, 318.
38 Mantische Weisheit, in: Congress Volume, 292.
39 Ebd., 293.
40 Weisheit in Israel, Neukirchen-Vluyn 1970, 189–228, bes. 206 f., 211 f., 214 und 227.

vernimmt"[41]; sie „kennt Israel selbst als religiöse Größe nicht, weiß von keinem Bund, weder mit den Vätern noch mit dem Volk, weiß von keinen Gründergestalten wie Abraham, Mose oder David und auch von keinen göttlichen Heilssetzungen, weder in der erzählten Vergangenheit noch in der prophezeiten Zukunft."[42]

Mit zwei Kollegen hat *H.-P. Müller 2001* die Sektion „Weisheit in Israel" auf einem Symposium in Heidelberg „Das Alte Testament und die Kultur der Moderne" zum 100. Geburtstag G. von Rads geleitet und den entsprechenden Tagungsband herausgegeben.[43] Das Vorwort fasst programmatisch zusammen: „Inzwischen ist die Vorstellung eines Eingreifens Gottes am Schauplatz der Not seines Volkes theologisch problematisch geworden. Das biblische Geschichtsbild scheint sich nicht mehr halten zu lassen; allzu vieles erscheint als spätere Projektion aus dem Leiden an der Abwesenheit Gottes [...] So hat sich in den Jahren nach Gerhard von Rads Tod das theologische Interesse von den geschichtlichen Offenbarungen zu den Weisheitsschriften des Alten Testaments und Qumrans mit ihrem allgemein-menschlichen Geltungsanspruch verschoben, nicht zuletzt, weil darin auch Fragen an Religion und Glauben zur Sprache kommen, die uns heute zeitgenössisch vertraut sind."[44] Da für die Sektion nicht mehr die klassische historisch-kritische Feststellung dessen, was im Kanon bzw. in den Texten steht, das Programm bestimmte, sondern moderne Bedürfnisse, wird weder das, was von Rad als nachexilische theologische Weisheit ins Spiel gebracht hatte, noch die Apokalyptik als mögliche Weisheit berücksichtigt.

Immerhin wird Qumran in zwei Vorträgen behandelt, freilich ohne dass dessen Weisheit in einen umfassenderen geschichtlichen Rahmen eingeordnet wird. Wird das versucht, könnte es ein eigenes Licht auf das werfen, was den Stellenwert der Weisheit im Rahmen einer Biblischen Theologie bedeuten könnte, von der heute so oft die Rede ist.

---

[41] Ebd., 385.

[42] So die Zusammenfassung der von Rad'schen Untersuchung bei Hermann Timm, Ein Geschichtsbuch? Zu Gerhard von Rads Unionslektüre des Alten Testaments, ZThK 99, 2002, 147–61.

[43] David J. A. Clines / Hermann Lichtenberger / Hans-Peter Müller (Hg.), Weisheit in Israel, Beiträge des Symposiums „Das Alte Testament und die Kultur der Moderne" anläßlich des 100. Geburtstages Gerhard von Rads (Heidelberg 2001), Altes Testament und Moderne 12, Münster 2003.

[44] Ebd. VI.

4. Von der Erfahrungsweisheit zur hebräischen eschatologisierenden Weisheit

Nicht nur im altorientalischen Umfeld ändert sich das, was als mantische Weisheit aufgefasst und praktiziert wird. Ähnliches lässt sich im judäischen Weisheitsschrifttum des 1. Jt. v. Chr. verfolgen. Die wohl vorexilischen kleinen Sammlungen von Lebensklugheit in Prov 10–22,16; 22,27–34; 25–29, 30 (und 31 ?) werden nachexilisch zur einer Gesamtkomposition zusammengefügt, die in Prov 1–9 eine programmatische Einführung erhält. Diese Buchgattung wird in den folgenden Jahrhunderten mit neuen Zielsetzungen weiterentwickelt, so in Kohelet, Ben Sirach und den Qumran gefundenen Werken[45]. Inbesondere die „Instruktion für den Einsichtigen" (*mûsār lam- / l^e^mebîn*)[46], die mit acht Exemplaren belegt ist (Prov und Koh nur mit je 2) hatte anscheinend eine Art kanonischen Ansehens. Im griechischen Sprachraum findet die Gattung eine Fortsetzung in der Sapientia Salomonis und der Logienquelle Q unter den Vorlagen der Evangelien.

In diesen Schriften treten einige Leitgedanken im Lauf der Zeit immer stärker hervor, die der alten Erfahrungs- oder Bildungsweisheit noch fremd sind, sich aber offensichtlich auf Grund einschneidender politischer, wirtschaftlicher und religiöser Wandlungen als angemessen erweisen.

a) *Die Weisheit wird personifiziert als Wirkungsgröße*, die am Anfang der Zeiten im Himmel von Gott geschaffen wurde bzw. aus ihm herausgetreten ist (Sir 42,21). Seitdem hat sie einen Weg über die Erde zurückgelegt, um unter den Völkern Aufnahme und einen zentralen Ruheplatz zu finden, was aber nur schließlich in Israel gelungen ist; hier ist sie nicht zu einem unveränderlichen Besitz geworden, sondern bleibt

[45] John Strugnell / Daniel J. Harrington / Torleif Elgvin, Sapiental Texts, 2. 4QInstruction, Qumran Cave IV 24, DJD 34, Oxford 1999.; Charlotte Hempel / Armin Lange / Hermann Lichtenberger, The Wisdom Texts from Qumran and the Development of Sapiental Thought, BEThL 159, Leuven 2002, darin bes. Armin Lange, Eine Einleitung in die Weisheitstexte aus Qumran, 3–30; Lange, Weisheit und Prädestination, Weisheitliche Urordnung und Prädestination in den Textfunden von Qumran, Sudies on the Texts of the Desert of Judah 18, Leiden 1995; John Joseph Collins, Jewish Wisdom in the Hellenistic Age, OTL, Louisville 1997; Harrington, Wisdom Texts, Encyclopedia of the Dead Sea Scrolls 2 (hg. von L. H. Schiffman et al.), Oxford 2000, 976–80; Lange, Die Bedeutung der Weisheitsschriften aus Qumran für die hebräische Bibel, in: D. J. A. Clines / H. Lichtenberger / H.-P. Müller (Hg.), Weisheit in Israel, 129–44.

[46] 4Q415–418. 423; DJD 34/2. Klaus Koch, Das Geheimnis der Zeit in Weisheit und Apokalyptik, in: F. García Martinez (Hg.), Wisdom and Apocalypticism in the Dead Sea Scrolls and in the Biblical Tradition, BETL 168, Leuven 2003, 35–68.

eine Rufende, die nur bei Verständigen Anklang und Gehorsam findet (Prov 8f.; Sir 1,4; 24; 51,13–26; Weish 7,12. 21. 25f.; 9,4; 10–19; vgl. 1 Bar 3,9–4,4; vgl. den Logos in Joh 1).

Gegen Ende des 1. Jt. v. Chr. kommt es auch in der altorientalisch-hellenistischen Umwelt zur Personifikation einer als präexistent vorgestellten Weisheitsfigur. Im aramäischen Sprachraum verehren die Mandäer „die Erkenntnis des Lebens", *Mandā ḏHajjê* (*gnôsis zoês*), als himmlischen Boten des Lichts, der in die Welt der Finsternis herabgestiegen ist, um die verlorenen Seelen zu erlösen.[47] Die Ägypter erzählten von einer Gottheit Sia, „Erkenntnis", die zusammen mit dem wirkungskräftigen „Ausspruch", Ḥu, präexistent vor der Schöpfung entstanden war; in griechisch-römischer Zeit „ist dann Sia geradezu zu einer Bezeichnung des [Weisheitsgottes] Thot geworden."[48]

b) Eine bleibende Stätte hat die Weisheit in Israel deshalb gefunden, weil sie im *Gesetz der Tora* sich einen konkreten Ausdruck gegeben hatte (Sir 24,23–34; vgl. 1 Bar 3,9–4,4; so auch in Qumran gefundene Schriften[49]).

Die Wendung zu einem allumfassenden Gesetz als Inbegriff gelungener Gott-Mensch-Beziehung und Auszeichnung der eigenen religiösen Gemeinschaft ist kein israelitischer Sonderweg. Im Iran des 1. Jt. v. Chr. wird *data-*, das Gesetz als „das Geschaffene" als die vom „Herrn Weisheit" (Ahura Mazda) bestimmte Lebensordnung und das Bekenntnis zu ihr zur Pflicht des Zarathustriers.[50] Im hellenistischen Ägypten wird das vom Weisheitsgott erlassene Gesetz (*hp*), wie es z. B. die Lebenslehre des Anchscheschonki einschärft, zu einem jedem Königsbefehl übergeordneten Gottesbefehl.[51]

c) Die Macht der Tora erweist sich nicht nur im positiven Tun-Ergehen-Zusammenhang im Leben des Einzelnen, der ihren Maximen folgt, sie wirkt auch hintergründig durch das von Gott eingegebene Wort als *trei-*

---

[47] Kurt Rudolph, Die Religion der Mandäer, in: H. Gese / M. Höfner / K. Rudolph, Die Religionen Altsyriens, Altarabiens und der Mandäer, RM 10,2, Stuttgart 1970, 424 f.

[48] Hans Bonnet, Reallexikon der ägyptischen Religionsgeschichte, Berlin 1952, 715; Hartwig Altenmüller, Hu, LÄ III, Wiesbaden 1980, 65–67.

[49] Lange, Bedeutung der Weisheitsschriften, 131, 135.

[50] Klaus Koch, Israels Rolle in der altorientalisch-hellenistischen Religionsgeschichte, in: M. Oeming / K. Schmid / A. Schüle (Hg.), Theologie in Israel und in den Nachbarkulturen, Beiträge des Symposiums „Das Alte Testament und die Moderne" anläßlich des 100. Geburtstages Gerhard von Rads (Heidelberg 2001), Altes Testament und Moderne 9, Münster 2004, 25–49, 37–39.

[51] Koch, ebd., 40 f.

bende Kraft der Menschheitsgeschichte; der Lauf der Zeiten wird letztlich nicht durch die Machenschaften von Potentaten, sondern durch die gestaltende Macht der Tora bewegt, die durch heilige Männer Israels angekündigt und realisiert wird (vgl. im Geschichtssummarium Sir 44–50 die Hinweise 45,3; 48,3; 44,15; 47,15; weiter Weish 9,9; 10,1. 4. (8). 21; 11,1; 14,5; 15,15 f.).

d) Zur weisheitlichen Erkenntnis der geschichtlichen Gesetzmäßigkeiten gehört, dass ihre Epochen nach festen *Strukuren von Jahreszahlen prädeterminiert und begrenzt* sind, „alles nach Maß, Zahl und Gewicht" geordnet ist (Weish 7,8 f.; 11,20; vgl. Koh 3,1–12 und „die Kenner der Zeiten" am Perserhof nach Est 1,13), was freilich keine Prädestination zum Guten oder Bösen für das individuelle Dasein zur Folge hat.
Die seit Urzeiten geltende Vorherbestimmung von Länge und Inhalten geschichtlicher Epochen hat in der babylonischen Spätzeit unter dem Einfluss einer anwachsenden Bedeutung der Astrologie das Denken bestimmt. Das wird von Berossos entfaltet, der im 3. Jh. v. Chr. mit den von ihm verfassten Babyloniaka[52] den Hellenen die Überlegenheit der Weisheit seiner Kultur beweisen will.

e) Wie die Weisheit die Geschichte in ihrem Auf und Ab seit Anbeginn gelenkt hat, so wird sie sie weiter bewegen bis zur *eschatologischen Vollendung der Schöpfung*. Eine Perspektive in diese Zukunft kündigt sich bereits bei Ben Sira an (46,12; 48,10 f.; 49,10); das führt ihn als Weisen zum Studium der Profetenbücher (24,33; 39,1). Eindeutig wird eine eschatologische Zielsetzung in den Schriften aus Qumran, sie „differs most radically from the older wisdom teaching of Ben Sira and Qohelet by its strong eschatological perspective."[53]

f) Das Wirken der Weisheit im Geschick der Erde, im Leben der einzelnen Menschen wie der Völker und Staaten ist nicht auf den ersten Blick von jedermann erkennbar. Vielmehr stellt es das große *Geheimnis des Schöpfers* dar, das nur durch auserwählte Vermittler den Weisen bzw. der (kultischen) Gemeinde offenbart wird (Sir 39,7; Weish 7,21[54]). Auch ihnen wird nicht der gesamte Weltlauf durchsichtig, vielmehr bleiben Rätsel, die erst in der Endzeit ihre letzte Auflösung finden (Sir 42,17 f.; vgl. Hi 28). Für die Differenz zwischen gewöhnlicher menschlicher Erkenntnis und geheimem göttlichen Schöpfungsplan übernehmen hebräische und aramäische Texte aus dem Iran (aus persischer Weis-

---

[52] Stanley Mayer Burstein, The Babyloniaca of Berossus, SANE 1/5, Malibu ²1978.
[53] Collins, Jewish Wisdom 127.
[54] Vgl. Buch der Mysterien, 1Q27; 4Q299–301.

heit?) den Begriff *rāz* als „Inbegriff einer prädeterminierten Geschichtsordnung“[55] und geben damit einer Selbstbescheidung ihrer Vernünftigkeit Ausdruck. In den qumranischen Lehrschriften betrifft *rāz* „the future course of history, transcends human understanding and reqires a revelation from God.“[56] Überkommene hebräische Ausdrücke wie *nistārôt* (Sir 3,22 f.; 42,19) oder *ʿāmoq* (Koh 7,23 f; Hi 12,22) gelten anscheinend als zu wenig präzise. Das „Geheimnis des Geschehenden“ (*rz nhyh*) als *„weisheitliche Urordnung des Seins“*[57], die „den gesamten göttlichen Plan von der Schöpfung bis zum Gericht betrifft“[58] wird zu einem Schlüsselbegriff für individuelle wie kollektive Geschichtserfahrung.[59] Auch die Überzeugung von einem geheimnisvollen Plan Gottes für die Weltgeschichte hat zeitgenössische Parallelen. Nach mandäischen Texten hat die personifizierte „Erkenntnis des Lebens“ bereits Adam über die *rāzê* des Weltgeschehens aufgeklärt und zeigt seitdem jeder suchenden Seele den Weg der Wahrheit zur ewigen Seligkeit.[60]

Zusammenfassend lässt sich also behaupten, dass die Wandlung von einer schlichten, utilitaristischen Erfahrungs- und Bildungsweisheit zu einer mantischen Weisheit, welche die zukünftige wie die vergangene Geschichte einbezieht, ein kulturgeschichtlicher Vorgang war, der sich auf breiter Front durchgesetzt hat. „Mantik“ darf dann freilich nicht im engeren Sinn einer individuellen Wahrsagung verstanden werden, die nur konkrete Ereignisse im Voraus ankündigen will. Sie bezieht sich vielmehr auf ein Auf und Ab im Gefälle der Geschichte von der Schöpfung hin zum Eschaton.

Von den jüngeren Weisheitsschriften zu zwischentestamentlichen Apokalypsen ist es kein weiter Weg. Deren Verfasser, obgleich sie über profetische Schriften meditieren (z. B. Dan 9), geben sich als Weise zu erkennen und veröffentlichen ihre Werke unter den Namen bekannter Schreiber, die in der Vorzeit oder in der durch die Schriften bezeugten Geschichte

---

55 Lange, Prädestination 104.

56 Harrington, Mystery, Encyclopedia of the Dead Sea Scrolls 1 (hg. von L. H. Schiffman et al.), Oxford 2000, 588–91, 589.

57 Lange, Bedeutung der Weisheitsschriften, 132.

58 Collins, Weisheit / Weisheitsliteratur, III Judentum, TRE 35, Berlin 2003, 497–508, 500.

59 Klaus Koch, Das Geheimnis der Zeit in Weisheit und Apokalyptik um die Zeitenwende, in: F. G. Martinez (Hg.), Wisdom and Apocalypticism in the Dead Sea Scrolls and in the Biblical Tradition, Colloquium Biblicaum Lovaniense 2002, BEThL 168, Leuven 2003, 35–68.

60 Rudolph, Religion der Mandäer, 425.

Israels eine wichtige Rolle gespielt hatten (Henoch, Baruch, Esra), und nur selten im Anschluss an einen Schriftprofeten. Was oben als Wandlungen der Thematik von den Proverbien bis zu den Qumranschriften skizziert worden ist, zeigt im Endstadium eine überraschende Nähe zur Apokalyptik der Zeitenwende. Zur eigenständigen, den Lauf der Geschichte hintergründig bestimmenden Wirkgröße wird hier weniger die „Weisheit" als die dualistisch im Kampf mit einer Gegenmacht „Lüge" stehende „Wahrheit" (hebr. *ʾămät*, aram. *qušṭâ*); sie bereitet der Gemeinde der Rechtschaffenen den Weg zum Leben und wird sich im Eschaton universal durchsetzen (Dan 8,12; äthHen 32,3; 93,1–17; IV Esr 5,1; 6,28; 7,34. 114, ähnlich wichtige Qumranschriften[61]). Die vom Schöpfer präexistent durch Zahlenrelationen festgelegten Zeiten der Natur- und Menschheitsgeschichte tauchen ebenso auf wie in der Weisheitsliteratur, werden aber in ihren Epochen weniger an der Geschichte Israels als an der Weltgeschichte inhaltlich erläutert (vgl. Dan 9,24 im Zusammenhang mit der Weltreiche-Sukzession Kap. 2; 7; 8; äthHen 85–90; 93,1–10 und 91,11–17; IV Esr 14,4. 11). Dabei spielt wieder das *Geheimnis* Gottes im Blick auf Abfolge und Inhalt der Zeiten eine entscheidende Rolle, ebenso seine (partielle) Enhüllung an besondere menschliche Boten. „Enthüller der Geheimnisse" ist das höchste Prädikat, mit dem Daniel seinen Gott rühmt (2,47 vgl. 2,18–23. 30; 4,6) und für IV Esra war Mose der erste, dem Geheimnisse offenbart wurden (4,4). Doch selbst für Daniel bleiben dunkle Stellen, vor dem Eschaton wird er nicht voll aufgeklärt (12,8 f.).[62]

Die Apokalypsen setzen zwar andere Schwerpunkte als (andere) weisheitliche Schriften ihrer Zeit – sie verzichten auf Ratschläge für das alltägliche Zusammenleben, blicken auf die internationalen politischen Bewegungen und lieben eine eschatologische Dramatik –, sie stellen aber gewiss eine Sonderform „mantischer Weisheit" dar und können nicht außer Betracht bleiben, falls man dem Begriff eine historische Signifikanz beilegt.

Hans-Peter Müller hat auf die sehr unterschiedlichen Arten von Weisheit in der Literatur Israels und seiner Umwelt hingewiesen, die in der Regel übersehen werden. Offen bleibt bislang die Frage, warum dieses

---

[61] Leslie W. Walck, Truth, Encyclopedia of the Dead Sea Scrolls 2 (hg. von L. H. Schiffman et al.), Oxford 2000, 950–52; Klaus Koch, History as a Battlefield of Two Antagonistic Powers in the Apocalypse of Weeks and in the Rule of the Community, in: G. Boccaccini, Enoch and Qumran Origins, New Light on a Forgotten Connection, Grand Rapids 2005, 185–99.

[62] Von Rads Behauptung einer „hybriden [...] Gnosis" (s. o.) ist also kaum am Platz.

Schrifttum im Lauf der Zeiten im judäischen Bereich einem Gefälle zu spekulativer Zukunftserkundung und mythologischer „Erinnerung" der Vorgeschichte – was sich z. T. auch in Parallelen aus den Nachbarkulturen belegen lässt – auf so breiter Front gefolgt ist. Haben in der zweiten Hälfte des letzten vorchristlichen Jahrtausends die turbulenten politischen, wirtschaftlichen und wohl auch kultischen Wandlungen ein allgemeines Gefühl von Unsicherheit und Angst hervorgerufen, dem eine bestimmte mittlere Schicht im Land mit „weisen" Überlegungen wehren wollte? Die utilitaristische Sicht der Vorväter schien nicht mehr auszureichen, etwa der selbstverständlich vorausgesetzte Tun-Ergehen-Zusammenhang. Ein Satz wie Prov 21,21: „Wer *ṣ^{e}dāqâ* und Treue nachjagt, gewinnt *ṣ^{e}dāqâ* und Ehre" hatte seine Evidenz verloren. Und die blasierte Skepsis eines Kohelet (7,16) mit der Maxime: „sei nicht allzu *ṣaddîq* und nicht allzu weise" konnte keinen Trost spenden. Die Rückbesinnung gemäß dem kulturellen Gedächtnis allein auf die nationale Vergangenheit vermittelte keine handlungsleitenden Perspektiven mehr.

Sind wir heute über solche Mühseligkeiten einer unsicheren Zeit so weit wieder hinaus, dass wir durch die anfängliche Erfahrungsweisheit in Israel und den von ihr postulierten Ordnungsparzellen wieder zu einem ungebrochenen Schöpfungsglauben zurückkehren können, wie es in der Nachfolge des späten Gerhard von Rad manchen deutschen Theologen vorschwebt?

H.-P. Müllers provokative Insistieren auf einer mantischen Weisheit mahnt doch wohl zu theologischer Vorsicht im Blick auf unmittelbare Aktualität. Auf jeden Fall lassen die von ihm aufgeworfenen Fragen deutlich werden, dass die Literatur- und Religionsgeschichte Israels auch und gerade hinsichtlich Weisheit und Schöpfung im Kontext mit zeitgenössischen Bewegungen in den Nachbarkulturen sich entwickelt hat.

Mythos und Metapher

Zur Ambivalenz des Mythischen in poetischer Gestaltung[1]

HANS-PETER MÜLLER, In: Irsigler, Mythisches, 2004, 43–63

Gestatten Sie mir, in diesem Referat die in dessen Titel gebrauchten Begriffe zu erörtern, freilich ohne die ausufernde Diskussion voll erfassen zu können! Mit der Erörterung dieser Begriffe fallen hermeneutische Entscheidungen, die unser Verhältnis zur Bibel und zur Kirche und damit unsere theologische Existenz betreffen. Letztlich geht es um das Recht mythischer Rede, zumal die Wurzeln mythischer Religion offenbar in der Natur des Menschen liegen[2].

I. Mythos und Mythisches

Neben dem (vor-)literarischen Gattungsbegriff ‚Mythos' erscheint als Bezeichnung einer seiner Transformationen der Begriff „des Mythischen"; im Gesamtthema der Tagung findet sich sogar nur der letztere Begriff. Was also ist Mythos? Was ist das Mythische?

1. *Mythos* ist eine narrative Gattung, zunächst in mündlicher Überlieferung, sodann, wenn die mündliche Gattung nicht mehr produktiv ist, in schriftlicher Form; durch die Verschriftung wird der Stoff, wie etwa die

---

[1] Die Ausarbeitung des folgenden Artikels geschah im Zusammenhang mit einem von der Fritz-Thyssen-Stiftung und der Deutschen Forschungsgemeinschaft geförderten Projekt zur Geschichte der phönizisch-punischen und altaramäischen Religion. – Ich danke Frau stud. theol. et phil. Friederike Niemeier für Recherchen, Beschaffung von Literatur und die Erstellung der PC-Fassung.

[2] Vgl. H.-P. *Müller* 2002; 2003c; So-Sein und So-Sein-Sollen. Religion im Streit zwischen Natur- und Geisteswissenschaften, demnächst in NZSTh.

Weltschöpfungsmythen *Enūma eliš* und Gen 1,1–2,4a zeigen, durch strenge Konstruktion und doktrinale Absicht zum Bildungsgut, das sich der ‚Weisheit' annähert.

a. *Mündlicher wie schriftlicher Mythos* erzählt stiftend und normativ vom Ursprung einzelner Dinge, des Menschen oder der **[44]** Welt, um dadurch die Frage zu beantworten, warum Seiendes sein *darf* und nicht vielmehr Nichts sein muss[3]. Es geht zunächst nicht um Welt-‚Erklärung', auch nicht um die Frage von G. W. Leibniz, F. W. J. Schelling und M. Heidegger, warum Seiendes *ist*, sondern um die Legitimation des Seienden durch Sinnstiftung, weshalb Gen 1 refrainartig betont, dass die Schöpfung in ihrer endgültigen Konstellation „gut", ja „sehr gut", d. h. ihren Zwecken gemäß ist. In dem entsprechenden akkadischen Weltschöpfungsmythos *Enūma eliš* entspricht dem das Lob Marduks u. a. durch den Bau seines Tempels Esăgil [sic] und die Verkündung seiner 50 Ehrennamen VI 45 ff.[4]. Ursprünglich hatte das mythische Erzählen magische Funktionen: es garantierte den Bestand dessen, wovon erzählt wurde. Erst später, als weder die Angst um den Bestand des Seienden noch der Zweifel an seiner Legitimität eine wichtige Rolle spielten, treten explikative Elemente hinzu; insbesondere wird die Kosmo*gonie* zum Rahmen einer präwissenschaftlichen Kosmo*logie*, wie wiederum der weisheitlich rezipierte Weltschöpfungsmythos Gen 1 mit seinen Scheidungen, Benennungen und Integrationen zeigt[5].

Im Laufe seiner Überlieferungsgeschichte und bei seiner Verschriftung kann ein Mythos seine Bedeutungen und Funktionen bei weitgehender Beibehaltung seines Wortlautes verändern[6], was der Vieldeutigkeit (Polysemie) mündlicher Erzählungen in deren Variabilität entspricht. Nach der Verschriftung sind Bedeutungsvarianten, abgesehen von redaktionellen Amplifikationen, nur durch Auslegung zu realisieren, die so die Variabilität der mündlichen Überlieferung ersetzt.

---

[3] Vgl. *H.-P. Müller* 1991d. Hier werden auch die akkadischen Fassungen der Sintfluterzählungen besprochen.

[4] Zu weiteren Parallelen vgl. *H.-P. Müller* 1991b, 54; 1991h, 200–204.

[5] *G. von Rad* 1958 (1955), hat zu Ijob 38 f. u. ä. auf altorientalische Onomastiken und eine entsprechende Listenwissenschaft als Vorbilder hingewiesen. Ähnlich ist die ‚mythische Geographie' zu beurteilen, die Gen 2,10–14 in einen Menschenschöpfungsmythos eingesprengt ist; vgl. *H.-P. Müller* 1991a, 25–27. *W. Schadewaldt* 1978, 102, benannte ältere „Katalogdichtungen" für entsprechende Auflistungen bei Homer und Hesiod. – Zur Differenzierung und Integration in babylonischen Schöpfungsmythen vgl. *W. von Soden* 1989 (1969), bes. 150.

[6] Vgl. am Beispiel von Gen 3 *H.-P. Müller* 1991c.

b. Offenbar schon dem *mündlichen* Mythos steht als dessen Gegensatzentsprechung der Antimythos gegenüber, also etwa die Sintfluterzählung in verschiedenen akkadischen Fassungen und in Gen 6,5–8,22 (–9,17), die ein Paradigma für die Bedrohung des Menschen von außen nennt[7], oder die Erzählungen von den **[45]** Sündenfällen Gen 3; 4,1–16; 6,1–4 sowie vielleicht auch 9,20–27; 11,1–8 (–9), von Verfehlungen, die die verschiedenen Möglichkeiten des Menschen behandeln, sein Leben und Gedeihen selbst, sozusagen von innen heraus, zu gefährden[8]. Antimythen sollen *de*legitimieren, was *nicht* sein darf, also die Sintflut, durch die die anfängliche Chaosbewältigung ja auch nur kurzfristig aufgehoben wird (Gen 8,20–22; 9,1–17), und die Sündenfälle, in denen der Mensch die eigene Begrenztheit auf Kosten Gottes zu vermindern sucht, was – zur Beschwichtigung der betreffenden Theodizeeprobleme – Daseinsminderungen als Strafen nach sich zieht.

c. In einer *schriftlichen* Fassung wie in der nicht-priesterschriftlichen oder der priesterschriftlichen Version von Gen 1–9 (–11) werden wie im babylonischen Atramḫasīs-Epos Schöpfungs- und Sintfluterzählungen als die komplementären Opposita Mythos versus Antimythos zu den Kernstücken einer ‚Urgeschichte', wobei wir hier offen lassen können, wo die Urgeschichte endet[9]. Entsprechend erscheint einer schon stark reflektierten Weltsicht die *conditio humana* als ambivalent: sie besteht in geschöpflicher Freiheit und unter äußerer und innerer Bedrohung, wobei nach Gen 1 das gebändigte Chaos, indem es dem Kosmos immanent bleibt, zu den schöpferischen Potenzen von Wasser und Erde beiträgt, die Gott durch sein Schöpferwort nur zu entbinden braucht (V. 11 f. 20. 24); so können der Mensch und die übrigen Kreaturen auch noch vom Bedrohlichen profitieren[10].

2a. Wenn die Gattung Mythos aber auch in schriftlicher Form nicht mehr produktiv ist, überlebt „*das Mythische*" als Inbegriff der für den Mythos

[7] Vgl. außer meiner in Anm. 3 genannten Arbeit: *H.-P. Müller* 1991e; 1991d.

[8] Vgl. *H.-P. Müller* 1998b, bes. 216 mit Anm. 16. – Zum Ende der Urgeschichte vgl. Anm. 9.

[9] *E. Zenger* 1998, 165 f., geht nach dem Vorangang von *R. Rendtorff* u. a. davon aus, dass eine ursprünglich selbständige nicht-priesterliche Urgeschichte in Gen 8,22 endete; ähnlich danach M. Witte und C. Baumgart.

[10] Auch nach Hesiod scheinen Erde, Tartaros und Eros *aus* einem materiell, nicht gestalthaft gedachten Chaos zu entstehen; vgl. *W. Schadewaldt* 1978, 95 f. Darin zeigt sich ein erster Versuch, den Bestand des Seienden teilweise auf dieses selbst zu gründen; immerhin bedarf es aber nach Gen 1 des göttlichen Schöpferworts (s. o.), um die immanenten schöpferischen Kräfte zu entbinden.

charakteristischen Motive der Wirklichkeitswahrnehmung, ihrer Inhalte wie ihrer Funktionen; dies geschieht zunächst in anderen ‚Einfachen Formen' wie der Sage, der Legende, ja sogar dem Märchen, aber auch in Hymnen und Gebeten sowie in der Lyrik, etwa im Hohenlied[11] – dazu schließlich in **[46]** Kunstmythen[12], angefangen mit Platons mythischen Beispielerzählungen, den Abstiegs- und Erlösungsdramen der Gnosis und ihrer Nachfahren, bis hin zum „Mythos vom Untergang des Mythos" bei Richard Wagner[13]. Möglich ist, dass ‚das Mythische' dabei auf mythische Sprachgebärden zurückgreift, wie sie auch in Hymnen, Ritualen und mythischen Anspielungen begegnen; solche mythischen Sprachgebärden mögen älter als erzählerisch ausgeführte Mythen sein[14], was sich aber kaum nachprüfen lässt. Das Nachleben des Mythischen jenseits des produktiven Mythos bezeugt den bleibenden Bedarf an mythischer Wirklichkeitswahrnehmung, etwa den an einer Animatisierung der Gegenstände unserer Wirklichkeit, an einer personhaften Gottesvorstellung und damit an einer Humanisierung unserer Weltbeziehung: physikalische Kausalität erscheint als Willensbetätigung numinoser Subjekte, zu denen der Mensch Beziehungen aufnehmen kann, die den sozialen ähnlich sind[15]; gleichzeitig wird Geschehnissen, die sonst als zufällig erscheinen, ja als chaotisch und sinnraubend, etwa mittels des Postulats eines Tun-Ergehens-Zusammenhangs eine Notwendigkeit zugewiesen, der der Mensch sich in seinem Handeln einordnen kann.

Damit ist zugleich die Möglichkeit einer Mythisierung sowohl einzelner geschichtlicher Ereignisse als auch – wie im Fall der Geschichte Israels – ganzer Geschichtsabläufe begründet; erst durch eine Mythisierung, die das erzählte Geschehen wunderhaft ausstattet und in einen sinnhaften Zusammenhang stellt, gewinnt Geschichte religiöse Relevanz. Fortlaufende Geschichte wird, indem sie eine Konstanz- und Uniformitätserwartung unseres Geistes befriedigt, darüber zur Wiederholung von Prototypen, die schon einmal ihre lebensdienliche Kraft bewährt haben – wie bekanntlich die Exodussage, wenn sie späteren Erfahrungen und Erwar-

---

[11] Vgl. zum Mythischen in den Psalmen *E. Zenger* 1999, dazu im Hohenlied *H.-P. Müller* 1991f; 1992a. – Zur frühgriechischen Lyrik vgl. Anm. 17.

[12] Zum Kunstmythos im Gegensatz zum ‚Grundmythos' vgl. *H. Blumenberg* 1981, 192–238.

[13] Vgl. *K. Hübner* 1985, 386–402.

[14] Der ‚klassische' Fall einer solchen Sprachgebärde scheint in Gen 1,1 vorzuliegen. – *A. Jolles* 1968, 96–101, bes. 100, spricht von der „Mythe" im Gegensatz zum ausgeführten („vergegenwärtigten") Mythos; zur „Sprachgebärde" der Mythe *A. Jolles* 1968, 114–116.

[15] Zum Hintergrund des Dämonenglaubens in der Evolution des Menschen vgl. *H.-P. Müller* 2003a.

tungen zum Modell dient[16]; in die auf uns einströmende Flut von Szenarien wird ein Muster eingebracht, das eine Erfolgsgewissheit für die Zukunft schenkt und so für die eigene **[47]** Gemeinschalt einen kosmischen Raum gegen den chaotischen Unraum außerhalb seiner abgrenzt. Indem sie die Möglichkeit einer fortgesetzten Mustererkennung ermöglicht, wird Geschichte zum Ordnungsmodell, zumal unsere Wahrnehmung und Erinnerung ohnehin Wiederholungen des Bewährten favorisiert.

b. Worin gründet das hartnäckige Fortleben mythischer Wirklichkeitswahrnehmung? Das Mythische setzt sich ja nicht nur in der Bildsprache der Propheten und Psalmen, im Hohenlied, aber auch in der frühgriechischen Lyrik[17] fort, sondern gehört zu den basalen Figuren unseres Sprechens und Denkens. Insbesondere Religion kann zwar ohne produktive Mythen, nicht aber ohne das Mythische sein. Schon die frühgriechische Philosophie hat mit dem Begriff ἀρχή die stiftend-normative Funktion des prototypischen Urzeitmythos aufgenommen[18].

In unserer heutigen Religiosität ist das Mythische in der personhaften Gottesvorstellung, dem ἐφάπαξ des Christusgeschehens u. v. a. gegenwärtig[19]. Die Einwirkung auf die Wirklichkeit geschieht auch für uns zwar nicht ausschließlich, aber doch wesentlich auf dem Umweg über den Dialog mit Gott: wir arbeiten nicht nur, sondern beten auch; wir wirken nicht nur unmittelbar auf Dinge und Menschen ein, sondern suchen auch eine herrscherliche Gottheit zu gewinnen, damit sie in den Weltlauf eingreife. Man mag adorative Formen des Gebets für sich bevorzugen; dennoch werden Bitte und Fürbitte in Liturgie und privater Spiritualität nie ganz verschwinden. – Eine mythische Struktur lebt auch in dem Bewusstsein fort, dass die „gute" Schöpfung vom Anfang nicht durch eine bessere

---

[16] Vgl. hierzu und zum Folgenden *H.-J. Fabry* 1999; *H.-P. Müller* 1994; 1999; 2001a; 2001b.

[17] Vgl. zur frühgriechischen Lyrik *H.-P. Müller* 2003b; 1998d. – Zum Hohenlied vgl. Anm. 11.

[18] Umgekehrt erscheint es mir als erwägenswert, in *bᵉrēʾšît* Gen 1,1 eine Spur griechischen Einflusses wahrzunehmen, zumal ein so relativ abstrakter Begriff nicht zum Formelbestand der altorientalischen Schöpfungsmythen gehört, dagegen etwa in den Wendungen ἡ ἀρχή τῶν ὄντων des Anaximenes (Aëtius I 3,4) und τὴν τῶν ὅλων ἀρχήν des Philon Byblios (Euseb, Praeparatio evangelica I 10,1) begegnet. Allerdings scheint ἀρχή relativ selten absolut, ohne spezifizierenden Genitiv, gebraucht zu werden.

[19] Es ist kein Zufall, dass *Bultmann* die personhafte Gottesvorstellung und das ἐφάπαξ des Christusgeschehens von seiner Entmyth(olog)isierung ausgenommen hat. Ebensowenig ‚erledigt' ist übrigens die im Grunde mythische Anthropozentrik in der Christologie und der Soteriologie, die in der existentialen, d. h. auf das menschliche Dasein bezogenen Interpretation sogar eine philosophisch-theologische Aufwertung erfuhr. Vgl. *H.-P. Müller* 1991h; 1998c.

überboten werden kann. Das Entsprechende gilt von den kerygmatischen Zentralmotiven der Inkarnation sowie des Todes und der Auferstehung Christi: der mythische Prototyp, das ἐφάπαξ, ist hier – ähnlich wie im Fall des Exodus als eines [48] mythisierten Geschichtsereignisses – lediglich in die Zeit als ein vorweggenommenes Ende der Geschichte versetzt; überboten werden kann es nicht.

II. Metapher

Dem Begriff ‚Mythos' steht der der ‚Metapher' gegenüber.

1. *In einem weiteren Sinne* kann man mit F. Nietzsche jede Vorstellung, jeden Begriff als metaphorisch bezeichnen. Nietzsche schrieb in dem nachgelassenen Aufsatz ‚Ueber Wahrheit und Lüge im aussermoralischen Sinn': „Ein Nervenreiz zuerst übertragen in ein Bild! Erste Metapher. Das Bild wird nachgeformt in einem Laut! Zweite Metapher. Und jedesmal vollständiges Ueberspringen der Sphäre, mitten hinein in eine ganz neue." … Man „vergisst also die originalen Anschauungsmetaphern als Metaphern und nimmt sie als die Dinge selbst"[20]. Dass alle Erkenntnis auf Sinnenerfahrung beruhe, gilt also nur mit erheblichen Einschränkungen: der sinnliche Eindruck geht durch mehrere Filter, ehe er – aufgrund eines in vielen Generationen ‚erlernten' Transformationsprozesses – zum sprachlichen Ausdruck gelangt und so zur Erkenntnis wird[21]. Eine erste „Übersetzung" – *translatio* steht lateinisch für μεταφορά – ist die Umwandlung eines neurophysiologischen Reizes in einen geistigen Impuls, wobei die Differenz eines chemisch-elektromagnetischen Prozesses gegenüber einer Vorstellung oder einem Begriff den Kern des Leib-Seele-Problems darstellt. Dazu bedarf eine so metaphorisierte Wirklichkeitswahrnehmung der Interpretation im Kontext anderer Wahrnehmungen und vor allem von Erinnerungen. Bei jedem mentalen Vorgang werden dessen Inhalte zudem am Kriterium der Sprachfähigkeit geprüft: Inhalte werden nur gedacht, soweit sie in eine bestimmte, geschichtlich gewordene Sprache eingehen können; die allgemeinmenschliche Vernunft ist vielgestaltig[22].

---

[20] So in *F. Nietzsche* 1973, 377.

[21] Zu der empiristischen und zugleich sprachanalytischen Religions- und Metaphysikkritik *A. J. Ayers* 1987 (1936), bes. 135–159, u. a. vgl. *M. Laube 1999*.

[22] Zur entsprechend von der Fremdheit des Dialogpartners ausgehenden Metakritik J. G. Hamanns an der transzendentalen Erkenntnistheorie I. Kants vgl. *O. Bayer* 2002;

In allen metaphorisierenden Instanzen wirkt schließlich das jeweilige Lebensinteresse des Erkennenden mit, dem alle seine Erkenntnis zuarbeitet. Unter den Voraussetzungen einer avancierteren Bewusstseinstheorie muss **[49]** man mit K. Jaspers von der „Universalität der Metapher" sprechen und darum „zweifelnd fragen, ob denn das ‚Bedeuten' der Sprache je die Sache selbst zu erfassen gestatte"[23].

2. *In einem engeren* (und konventionellen) *Sinne* kann man von der Metapher als einem Mittel sprechen, das Unausdrückbare ausdrücklich zu machen[24]. Religiöse Rede ist – in Anknüpfung an die bekannte Formulierung R. Bultmanns – insofern metaphorisch, als in ihr „das Unweltliche, Göttliche als Weltliches, Menschliches, das Jenseitige als Diesseitiges erscheint, … z. B. Gottes Jenseitigkeit als räumliche Ferne gedacht wird"[25].

Metaphorische Prädikate können einen Namen oder Begriff, der als Bezeichnung einer transzendenten Instanz unzulänglich bleibt, bildhaft erschließen, etwa in dem Satz „JHWH ist mein Hirte": was JHWH für den Betenden ist, lässt sich, trägt man dem Geheimnis seiner Gottheit Rechnung, auf unmittelbare Weise nicht sagen; „Hirte" wird in metaphorischem Gebrauch zu einem Medium, das etwas unmittelbar Verständliches auf das eigentlich Unausdrückbare, das Verhalten JHWHs, „über-trägt" (μετα-φόρει). Wie viel von religiöser Rede metaphorisch ist, machen wir uns meist nicht klar: selbst „Liebe Gottes" ist eine Metapher, die eine soziale Beziehung auf das gott-menschliche Verhältnis über-trägt. Tatsächlich sind alle auf Gott bezogenen Begriffe, in denen sich religiöse Rede freilich nicht erschöpft, im engeren Sinne metaphorisch – eine Einsicht, mit der dem biblischen Bilderverbot entsprochen wird.

3. Metaphern im weiteren Sinne und Metaphern im engeren Sinne sind nicht weit voneinander entfernt. In beiden Fällen liegt der Grund für die Wahl von Metaphern in einem *Bedeutungsdefizit* alternativer nicht-meta-

Hamann vollzieht eine epistemologische Fundamentalkritik, die erst recht den älteren angelsächsischen Empirismus berührt (vgl. S. 216–238).

[23] *K. Jaspers* 1991, 399; Jaspers knüpft darin an Nietzsche an. – Angesichts der Universalität metaphorischen Redens erscheint Gewissheit in bezug [sic] auf die eigenen Urteile, die sich meist mit Blindheit gegenüber fremden Kognitionen verbindet, geradezu als eine gefährliche Versuchung, insbesondere auch für den Wissenschaftler im Bereich der ihm zugänglichen Wirklichkeitsaspekte.

[24] Vgl. *Chr. Walde* 2000, hier 81.

[25] *R. Bultmann* 1948, hier 22^2 im Blick auf „mythologische" Rede.

phorischer Begriffe[26], das von einer Metaphorik in bewusster Kategorienüberschreitung[27] kompensiert wird: Metaphern im *engeren* Sinne werden nötig, weil *bestimmte* Gegenstände sprachlichen Ausdrucks sich sonst den Möglichkeiten der Prädikation entziehen; Metaphern im *weiteren* Sinne werden [50] nötig, weil aufgrund der leib-seelischen Konstitution unserer Wahrnehmungen, ihrer Kontextualisierung und sprachlichen Gestaltung etc. *alle* Signifikate lediglich lebensdienliche „Übersetzungen" ihrer Referenz bieten. Metaphorikbedürftige Begriffe wie ‚Gott' und Begriffe für andere transzendente Instanzen sind dann nur besonders bezeichnende Grenzfälle.

Gestatten Sie mir an dieser Stelle einen kurzen Exkurs in die Moderne! Das durch Metapherngebrauch eingeräumte Bedeutungsdefizit der zu bezeichnenden Wirklichkeit kann geradezu in einen Widerspruch der Metapher gegen die ‚Realität' umschlagen. Im Grunde ist das schon im Hohenlied der Fall, wenn ein Subjekt mit einer prädikativen Metapher ein Oxymoron bildet, etwa in „Deine Augen / Blicke sind Tauben" (1,15; 4,1, vgl. 5,12)[28]. Bei dem modernen Lyriker Max Hölzer wird ein syntaktisch ähnliches Oxymoron zu einem semantischen Gewaltstreich:

> „Unser Bett ist ein fliegender Fisch
> unser Bett ist das Sommerlaub auf den Händen der Luft"[29].

Der Grund für die Wahl der Metapher liegt hier nicht so sehr bei der Schwierigkeit, für eine bedeutungshaltige Wirklichkeit einen nicht-metaphorischen Ausdruck bereitzuhalten, als vielmehr in dem Bewusstsein, dass die Wirklichkeit selbst eine Bedeutung nicht hat und man sie ihr geradezu aufnötigen muss. Das Problem ist ja, dass der Bedarf an Bedeutung weiterbesteht, auch wenn die Dinge nichts mehr zu ‚sagen' haben. Bedeutung wird nun, um eine Formulierung des früheren Freiburger

---

[26] Zur Inkongruenz von Kosmos und Logos als dem Wurzelboden der Metaphorik vgl. *H. Blumenberg* 1960, 8 f. Das Bewusstsein einer solchen Inkongruenz hat es m. E. schon in der Antike gegeben; s. u. sub III 1 mit Anm. 35.

[27] Vgl. zum Begriff *P. Ricoeur* 1986, 28 u. ö.

[28] Wir erfahren – auch aufgrund einer Schwäche der althebräischen Syntax – nicht einmal, ob die Augen bzw. Blicke der Frau mit Tauben oder nur mit deren Augen / Blicken verglichen werden, das Fehlen eines *tertium comparationis* führt zu einer logischen Ellipse (anders 2,14; 5,2; 6,9). Oder liegt die Bedeutung des Taubenvergleichs allgemein bei dem Tatbestand, dass die Taube der Vogel der Astarte bzw. Aphrodite war? Vgl. *O. Keel* 1984, 55[125]. 59–62.

[29] Zitiert nach *M. L. Kaschnitz* 1977, 240. In einem S. 228 ebenfalls zitierten Gedicht K. Krolows ist „die Frühe ein rötlicher Fisch … mit bebender Flosse".

Romanisten H. Friedrich[30] aufzunehmen, durch „Einblendung eines zweiten Bereichs in die Erscheinung" gewonnen; die Metapher wird surrealistisch. Weil eine bedeutungsspendende Transzendenz nicht wahrgenommen wird und die Dinge darum keine Botschaften mehr senden, wird Metaphorik zur kalkulierten Absurdität, deren nicht mehr festlegbare Bedeutungen – polysem – in jedem Leser Verschiedenes wachrufen können[31]. Zu fragen ist nun, was ein solcher **[51]** Extrembefund für das Verständnis metaphorischer Sprache überhaupt ergibt.

Wenn im Sinne Nietzsches und Jaspers' umgekehrt alle Begriffe zugleich zu ‚absoluten', d. h. nicht auflösbaren, Metaphern werden, so liegt das Bedeutungsdefizit nicht nur am Unzureichen unserer Wahrnehmung, unserer Sprache etc., sondern vor allem am Transzendenzbezug aller Gegenstände, der anders nicht aussprechbar ist. Die Dinge befinden sich – wie das Ich – in einem nicht-objektivierbaren Wirklichkeitsganzen, das die Offenheit der Gegenständlichkeit für Gott bezeichnet. Die transzendenzorientierte Metapher fügt dem Metaphorisierten also denjenigen Mehrwert zu, den es in seiner endlichen Gegenständlichkeit nicht besitzt[32]. Die Notwendigkeit des metaphorischen Ausdrucks ergibt sich insofern aus dem Gegensatz des transzendenten Ganzen der Objekt und Subjekt umgreifenden Wirklichkeit gegenüber der gegenständlichen Realität; diese wird, weil ihr anders keine religiös befriedigende Bedeutung abgewonnen werden kann, allerdings ein wenig verrätselt, schon wenn etwa eine Metapher wie „Hirte" o. ä. in der Anrede an Gott (Ps 80,2) für einen unvollziehbaren Gegenstandsbegriff eintritt[33].

4. Drückt Metaphorik im engeren Sinne zumindest unter anderem den Transzendenzbezug der Dinge aus, so gehört sie sachgemäß zu den Konstituenten des Mythos: dieser setzt religiöse Metaphernsprache ins Narrative um; Metaphern sind Bausteine mythischen Erzählens; auch für

---

[30] Vgl. *H. Friedrich* 1975, 206.

[31] Vgl. den Hinweis *H. Friedrichs* 1975, 178, auf W. B. Yeats, wonach zu wünschen ist, dass ein Gedicht so viele Bedeutungen annimmt, wie es Leser findet. Der Begriff der Metaphorik als ‚kalkulierter Absurdität' stammt von *Ch. Strub* 1991.

[32] Vgl. *E. Jüngel* 1974, bes. 78–81. Zum Begriff der ‚absoluten Metapher' vgl. *H. Blumenberg* 1960, 9 u. ö.; *Ph. Stoellger* 2000, 87–94, zu Jüngel 434–478.

[33] Vgl. *H.-P. Müller* 1992b; 1992c. Ähnliche Substitutionen wie diejenige von Gegenstandsbegriffen durch Metaphern geschehen auch beim Analogiezauber, wenn ein gleichsam ‚metaphorischer' Gegenstand in einer Objektverschiebung für den ‚gemeinten' eintritt, der dadurch beeinflusst werden soll.

göttliches Handeln stellt die Sprache nur metaphorische Begriffe bereit[34]. Gehen alle **[52]** Wahrnehmungen durch ein metaphorisierendes Filter, das deren Objekte im Lebensinteresse des Wahrnehmenden ihm anverwandelt, so kann man selbstverständlich auch das Transzendenzbewusstsein und den Glauben an göttliches Handeln aus einem Lebensbedürfnis erklären. Der Abstand von *res* und *verbum* wiederholt sich analog im Verhältnis beider zu den Interessen des erkennenden Subjekts. Dennoch ist auch eine Erkenntnis über unsere Erkenntnisse, eine Wahrheit über unsere Wahrheiten, irgendwie noch vom Lebensinteresse gelenkt oder zumindest von ihm bedroht. Skepsis ist auch auf der Metaebene des Bedenkens des Denkens angezeigt, was noch einmal die bleibende Valenz mythisch-metaphorischer Rede begründet, auch wenn Erkenntnistheorie kein Gegenstand des Mythos ist.

III. Die Ambivalenz des Mythischen

Der dritte Begriff im Vortragstitel ist der der ‚Ambivalenz' des Mythischen.

1. Eine Ambivalenz seiner Geltung ist dem Mythos schon immer eigen; sie wird nicht erst durch das Aufhören seiner Produktivität als Gattung und dadurch motivierte Transformationen begründet. Wegen des metaphorischen Charakters seiner Sprache, die schon den Trägern des lebendigen Mythos halb bewusst ist[35], bewegt sich der Mythos zwischen Spiel und

---

[34] Bei allem berechtigten Drängen auf gedankliche Klarheit und überzeugende Nachvollziehbarkeit in Religion und Theologie wird hieran deutlich, wie wenig am Ende Begriffe, deren metaphorischen Charakter man nach Nietzsche lediglich vergessen hat (s. o. sub II 1), zu leisten vermögen: die Wirklichkeit ist zu vielfältig und widersprüchlich, um sich auch nur einer Logik zu fügen, die den einzelnen Begriffen entsprechend unserer Konstanz- und Uniformitätserwartung ihre Plätze anweist; von der Logik wissen wir ja nicht einmal, ob sie einer logischen Struktur der Wirklichkeit selbst oder – angesichts logisch nicht zu bewältigender Zufälligkeiten (Unvorhersehbarkeiten), wie sie die Quantenmechanik oder die Evolution bereithält – nur einem bedürfnisbestimmten Diktat unseres Geistes entspringt, dem kognitiven Pendant eines evolutionär stabilen Syndroms von Überlebens- und Lebensoptimierungsstrategien.

[35] Dass schon der Mythos selbst mit dem hintersinnigen Bewusstsein spricht, dass seine Sprache nicht zureicht – sowohl im Blick auf seinen ‚Gegenstand' als auch im Blick auf deren Rückwirkung auf den Sprecher – glaube ich in 1991g, [sic] gezeigt zu haben; im Folgenden ergänze ich Einzelheiten.

Ernst: er enthält humorige, ja burleske Elemente, so wenn nach der sumerischen Schöpfungserzählung von den Göttern Enki und Ninmaḫ[36] diese im Zustand der Volltrunkenheit misslingende Kreaturen formen, für die der weise Enki einen Platz in der Gesellschaft finden muss, oder wenn nach den akkadischen Antimythen von der Sintflut die hungernden Götter sich über dem ersten Opfer des Sintfluthelden wie Fliegen scharen (Atramḫasīs III 5,35; Gilgameš XI 161) oder nach Gen 11,6 f. Gott, obwohl im Tiefsten geängstigt, dennoch vom Himmel herabfahren muss, um das größte Bauwerk aller Zeiten wahrzunehmen. Zu den Figuren aus spielerischem Ernst gehören auch die dem Mythos wie der Sage und der Legende eigenen fiktionalen Elemente, von denen die Antike wusste, dass sie als ein σύμβολον, d. h. ein „Bruchstück", dem Wiedererkennen **[53]** einer Botschaft des Heilen dient[37]. Man wird auch die deftigen Göttergeschichten Homers nicht als Signale für ein Schwinden religiösen Bewusstseins, gar als Mythenkritik deuten dürfen[38], die vielmehr erst im späteren 6. Jh. v. Chr. mit Xenophanes einsetzt und auch danach nicht nur an den nicht ohne Ironie vorgebrachten Anthropomorphismen, sondern auch und vor allem an der Unmoral dieser Geschichten Anstoß nimmt[39].

Das Spiel des Mythos schwankt von vornherein zwischen Wahrheit und Verstellung. Eigentlich ist der mythisch ‚Gläubige', weil die Metaphern des Mythos immer nur ὡς μή, also gleichsam verflüssigt, gelten, zugleich ungläubig, wie denn das Göttliche in seiner fordernden und richtenden Überlegenheit immer auch eine Last bedeutet, die er sich auf diese Weise erleichtert.

2. Dass Mythisches in der Bildsprache der Propheten und Psalmen wie auch in spielerischen Anspielungen der Lyrik[40] wiederkehrt, hat also schon an der Ambivalenz des originären Mythos seinen Hintergrund.

---

[36] Vgl. *H.-P. Müller* 1977, bes. 67–69.

[37] Σύμβολον ist ursprünglich eine Erinnerungsscherbe, die man einem Gastfreund mitgibt, damit er, wenn er wieder in dasselbe Haus kommt, durch Zusammenfügen mit der anderen Scherbenhälfte erkannt wird; vgl. *H.-G. Gadamer* 1986 (1977), 41–53. 62 f.

[38] So ist Homer gelegentlich als „Mörder der Götter" bezeichnet worden, wenn er die Götter nicht nur distanziert betrachte [sic], sondern geradezu lächerlich mache; vgl. *A. Heubach* 1974, 181. – Treffende Beispiele bietet *G. Nebel* 1959, bes. 211–217; vgl. *H.-P. Müller* 1979, 36–41.

[39] Vgl. *H.-P. Müller* 1998d.

[40] Vgl. Anm. 11 und 17.

Eine auch außerhalb der Bibel bezeugte Transformation des Mythischen liegt in der bereits erwähnten Mythisierung von Geschichte (s. o. sub I 2a), auf die sowohl die Prophetenbücher wie die Psalmen zurückgreifen.

Wir beschränken uns hier auf Prophetisches. Mythisierte Geschichte wird Modell für Zukünftiges – in der Unheilsprophetie unter Vorzeichenwechsel, so dass der Geschichtsmythos zum Antimythos wird, etwa wenn der alte heilvolle JHWH-Tag sich nun zum Teil gegen Israel richtet[41]. Das in der Frühgeschichte erfahrene Eingreifen Gottes am Schauplatz der Not seines Volkes, etwa mit Chaoskampfmotiven unterlegt[42], behält seine Majestät – nun aber als Medium einer ins Zerstörerische transformierten Weise der Zuwendung Gottes. Die dumpf empfundene Unvereinbarkeit **[54]** überlieferter religiöser Vorstellungen und theonomer Normen mit veränderten politischen und sozio-ökonomischen Verhältnissen entlädt sich in Untergangserwartungen, die m. E. durchaus in vorexilischer Zeit vorstellbar sind und nicht prinzipiell als *vaticinia ex eventu* im Dienst einer Rechtfertigung Gottes angesichts eingetretenen Unheils beurteilt werden müssen. – Wie auch immer: das Nebeneinander von Anklage und Unheilsankündigung[43], von Schuldzuweisung und Gericht begründet eine Symmetrie von Tun und Ergehen, die in ihrer binären, komplementären Struktur dem Denken des Menschen offenbar Befriedigung verschafft; wir werden darauf zurückkommen (s. u. sub IV 1b).

Bekanntlich kehrt Deuterojesaja zu einer positiven Modellfunktion des Geschichtsmythos vom Exodus zurück, also zu einer Struktur, die in Am 5,18–20 in Bezug auf den JHWH-Tag zurückgewiesen wird; wieder bevorzugt die Erinnerung die Wiederholung des Bewährten – hier über eine Nullpunktsituation hinweg. Die Transformation des Modells liegt einerseits darin, dass der Prototyp durch ein Neues, Größeres entmythisierend überboten wird (Jes 43,18 f.)[44], andererseits darin, dass neben das Exodusmodell andere geschichtsmythische Traditionsstoffe treten, als hätte das *eine* Modell nicht genug Verbindlichkeit mehr[45].

---

[41] Jes 2,12–17; Am 5,18–20; Zef 1,2–18: Ez 7; Joël 2,1–11. Daneben findet sich die JHWH-Tags-Ankündigung in Fremdvölkersprüchen und in Heilsweissagungen für Israel. Vgl. *H.-P. Müller* 1969, 72–85.

[42] Etwa Ps 87,4; 89,10 f.; 114, vgl. Jes 30,7; 51,9 f.; dazu *H.-J. Fabry* 1999 und *O. Kaiser* 2003, 138–140.

[43] Vgl. zu den Termini *C. Westermann* 1960, passim.

[44] Vgl. *H.-P. Müller* 1969, 11–113.

[45] Vgl. *H.-P. Müller* 1969, 107 f.

IV. Die poetische Gestaltung des Mythischen

Der letzte Begriff, der der Erläuterung bedarf, ist der der ‚poetischen Gestaltung'.

1. Wieder will ich zunächst ein Missverständnis abwehren, nämlich dasjenige, als führte erst eine Destabilisierung des ursprünglichen, lebendigen Mythos ins weniger Verbindliche, Uneigentliche zu seiner poetischen Gestaltung: als narrativ umgesetzte religiöse Metaphorik hat der Mythos von vornherein poetische Gestalt; als Inbegriff der nach dem Ende mythischer Produktivität fortlebenden Inhalte und Funktionen ist auch das Mythische poetisch. Umgekehrt aber ist die metaphorische Uneigentlichkeit bereits dem originären Mythos eigen und macht einen Teil seiner poetischen Wirkung aus[46].

a. Zunächst ist der *Mythos* schon als Erzählung ein Stück **[55]** Poesie. Im Gegensatz zum bloß informierenden Bericht gestaltet die Erzählung ein Geschehen zu einem ästhetisch anspruchsvolleren, von Spannung(en) zur Entspannung führenden Ablauf[47], im Mythos etwa vom unbelebten zum belebten Raum, von einer mangelbehafteten Urwelt zu einer vollkommeneren Jetztwelt, vom Chaos zum Kosmos etc.; die prototypische Kraft der mythischen Erzählung beruht auch darauf, dass der Hörer oder Leser an der Entspannung teilnimmt, die ihm die Realität versagt, in die ihn aber der Mythos führt. Seine Fähigkeit, solche Funktion wahrzunehmen, gründet auch allgemein in der Suggestivkraft des Schönen, einer ‚Magie' des Poetischen[48], die nicht so sehr die vorhandene Wirklichkeit abbildet als vielmehr eine eigene, mit fiktiven Elementen unterlaufene Welt schafft, nach deren ontologischem Status nicht gefragt wird, solange die dichterische Verzauberung anhält.

b. Was aber ist, wenn die Produktivität des originären ‚Mythos' erlischt, an dem verbleibenden ‚*Mythischen*' als Inbegriff seiner Inhalte und Funktionen poetisch?

---

[46] So bezeichnet *A. Haverkamp* 1983 die Metapher als „‚die Differenzqualität' der poetischen Sprache".

[47] Vgl. *C. Westermann* 1996.

[48] Es wird nicht überflüssig sein, hervorzuheben, dass die von uns gemeinte ‚Magie' des Poetischen von dem, was in der Literaturwissenschaft zeitweise als ‚Sprachmagie' galt, zu unterscheiden ist: wir denken nicht an eine musikalische Eigenmacht des Tönens, des Klangmaterials von Sprache abgesehen von deren semantischem Gehalt, sondern an ein Nachwirken archaischen Bewusstseins von der unmittelbaren Wirkkraft des gesprochenen Worts auf die Referenz.

Einen poetischen Wesenszug mythischer Gestaltung bilden ihre komplementären Symmetrien, die sich in der Opposition von Mythischem und Antimythischem, in der Folge von Anklage und Ankündigung, im Tun-Ergehens-Zusammenhang u. v. a. zeigen. In kleineren Dimensionen erscheint die gleiche poetische Lust an Symmetrien im *parallelismus membrorum*, in Merismen, Dichotomien u. v. a. auch außerhalb des Mythischen. Man mag hier an einen dyadischen Instinkt denken, der unserer Vernunft angeboren zu sein scheint – verbunden mit der Neigung, Gegensätzliches in ein Gleichgewicht zu bringen; an dieser Stelle ist die Verwurzelung religiösen Redens und Denkens in der mentalen Natur des Menschen, dazu in deren neuronalen Voraussetzungen, besonders manifest[49].

Andere poetische Merkmale des Mythischen sind die häufige [56] Polysemie seiner Signifikate und, damit zusammenhängend, deren im engeren Sinne begriffene Metaphorik, die das metaphorische Medium, vor allem den Tatbestand, dass ein solches Medium nötig ist, zum wesentlichen Element seiner Botschaften macht.

c. Ob im originären Mythos oder im zurückbehaltenen Mythischen: wer eine *Metapher* im engeren Sinne benutzt, nimmt gegenüber dem Metaphorisierten immer so etwas wie eine dichterisch-feiernde Haltung ein. Nicht nur der Mehrwert, den die Metapher gegenüber der Gegenständlichkeit des Metaphorisierten benennt (s. o. sub II 3), sondern vollends die künstlerische Gestaltung vollzieht eine ästhetische Sublimation des Dargestellten als einen Nachklang religiöser Anteilnahme, ja Verehrung. Wortkunst kann der Anbetung aber nur nachfolgen, weil Anbetung schon immer eine Folge ästhetischer Überhöhung dessen war, was die Anbetung auslöste.

2. Allerdings ist nicht zu bestreiten, dass Mythos und Mythisches in der Poesie Transformationen erfährt: dass in nachexilischer Zeit die Offenheit für mythische Metaphorik in poetischer Gestaltung wächst, hat im Bewusstsein einer dichterischen Uneigentlichkeit so gestalteter Inhalte seinen Grund; die Ambivalenz des bloß Metaphorischen, die dem Mythischen von vornherein anhaftete, kommt in später mythischer Sprachkunst

[49] Schon nach C. Lévi-Strauss ist das menschliche Gehirn so „verdrahtet“, dass binäre Gegensätze besonders anziehend für das Denken sind; vgl. *M. Harris* 1989 (1987), 328. 445 f. *W. Singer* 2002, 227, führt die ästhetische Höherbewertung symmetrischer Beziehungen auf zentralnervöse Verschaltungen zurück, die auf sie bevorzugt in Resonanz geraten.

erst eigentlich zur Wirkung. Man sollte aber auch beim Verlauten mythischer Erinnerungsreste in postmythischer Welt- und Selbsterfahrung etwa des Hohenliedes[50] oder der frühgriechischen Lyrik die Individualität von Empfindung und Ausdruck nicht überschätzen: die ohnehin stark traditionsgebundenen Dichter der Antike wollten nicht originär sein; der Sprecher und der meist feste Kreis seiner Hörer[51] schließen sich – darin immer noch dem Kollektiv-Ich einer religiösen Gemeinde ähnlich – deshalb noch leichter zu einer überpersönlichen Einheit zusammen[52], wie denn auch Subjekt und Objekt in einer beide umgreifenden lyrischen Gestimmtheit ineinander verfließen[53]. Wird somit die (Sprach-) Kunst bereits in der **[57]** (Früh-) Antike zum Vehikel des Heiligen, mag man mit G. W. F. Hegel vom „Vergangenheitscharakter der Kunst" sprechen[54], besonders wenn diese gerade wegen ihrer religiösen Herkunftsmerkmale um Strukturveränderung bemüht ist; die Zeit des Spätbürgers, in der Kunst mit ihren Genussritualen als Bildungsreligion galt, geht vorbei; der Transzendenzbezug von Gegenständlichkeit kann nicht aufscheinen, wenn keine bedeutungsfähige Gegenständlichkeit mehr dargestellt wird, aber auch keine Ungegenständlichkeit als Transzendenzmedium verstehbar wird, oder gar, wenn Wort- und Bildkunst überhaupt nicht mehr semantisch sein will, sich also im Verzicht auf eine Bedeutungsträgerfunktion der ‚absoluten Musik' annähert.

---

50 Vgl. *H.-P. Müller* 1998a.

51 Dass die Lyrik der Sappho an einen Kreis gebunden war, ist allgemein bekannt; zu ihrem Anredecharakter vgl. *H. Fränkel* 1962, 210, zu dem der griechischen Lyrik allgemein 223/4, dazu *W. Schadewaldt* 1989, 68/9. 95. Zu Hetairien oder Thiasoi um Sappho und Alkaios in Mytilene auf Lesbos *B. Snell / Z. Franyó* 1976, 12. Zum Gastmahl als Ort des Vortrags und der Tradition auch der im Hohelied vereinigten Dichtungen vgl. *H.-P. Müller* 1991f, 167 f., mit Verweisen; zur ähnlichen Verortung der frühgriechischen Lyrik vgl. *H. Fränkel* 1962, 222 f., *W. Schadewaldt* 1989, 49.

52 *H.-G. Gadamer* 1977, 60 f. 106. 111 f., fand diese Identifikation auch in neuzeitlicher Dichtung, offenbar als Spezimen des Lyrischen überhaupt.

53 Vgl. *E. Staiger* 1975, 11–61. 148 f., der den lyrischen Stil überhaupt als **[57]** ‚Erinnerung' im Sinne der [sic] Eins-Seins mit dem Gegenstand bezeichnet; leicht kritisch dazu *W. Schadewaldt* 1989, 17–22. Was bei *Staiger* generalisiert wird, gilt zweifelsfrei speziell für das Hohelied; vgl. *H.-P. Müller* 1998a, 160.

54 So in der Einleitung seiner Ästhetikvorlesung; vgl. *H.-G. Gadamer* 1980, 96 f.; 1986 (1977), 5. Danach gehört die Kunst der Vergangenheit an, weil sich ihre symbolische Anschaulichkeit der spekulativen Durchdringung durch den Begriff widersetzt.

V. Das anthropologische Recht mythischer Rede

Ist religiöses Reden und Denken allgemein, wie wir vermuten, in der mentalen Natur des Menschen verwurzelt, so stellt sich angesichts dessen die speziellere Frage, worin das anthropologische Recht mythischer Rede gründe: Welche Wahrheitsfunktion hat sie für das Überleben und die Lebensoptimierung des Menschen? – Dazu am Ende noch drei kurze Hinweise.

1. Erkennen ist eine Handlung, die es mir erlaubt, dadurch mein Leben fortzusetzen und zu verbessern, dass ich mir ein Bild von meiner Welt mache; die Wahrheit des Erkennens muss u. a. an dem von ihm geförderten Lebenserfolg bemessen werden. Auch mythische Rede ist insoweit pragmatisch; aber sie ist es nicht mehr als alle Rede, letztlich auch die wissenschaftliche. Dient aber das Erkennen dem menschlichen Lebenswillen, so bedarf die Beschreibung der Welt, dazu reziprok, einer Beschreibung des Beschreibenden, des erkennenden Ich: Sachbezug ist nicht ohne kritische Selbsthinterfragung möglich, die die Stammesgeschichte (Phylogenese) und Individualgeschichte des Erkennenden als die Bedingungen der Möglichkeit von Erkenntnis, aber auch als mögliche Erkenntnishindernisse berücksichtigt; eine kritische **[58]** Erkenntnistheorie muss die biologischen (humanethologischen) Bedingungen von Erkenntnis reflektieren, ohne diese im mechanistischen Sinne misszuverstehen oder gar die Instanz eines verantwortlichen Ich zu leugnen[55]. Die gleichen Konditionen, die beim Sprecher oder Verfasser von Weltbeschreibungen wirksam sind, werden beim Hörer wirksam, zumal in Kommunikationsvorgängen nicht entscheidend ist, was ein ‚Sender' ausstrahlt, sondern was bei einem ‚Empfänger' ankommt; so ist mythische Wahrheit, ja Wahrheit überhaupt als Instrument des Lebens in vielfältiger Bedingtheit an ihr jeweiliges Wirksam-Werden gebunden, das aber gleichzeitig nur effektiv wird, wenn es auch den objektiven Gegenstandsbezug, die Bodenhaftung, nicht verliert.

---

[55] Dass das Ich dagegen eine Illusion ist, „die im Grund gar keine ist, weil sie niemandes Illusion ist", sucht jetzt *Th. Metzinger* 1996, darzulegen; danach wäre selbst das Denken des Denkens, wie Metzinger es aus naturalistischer Perspektive vollzieht, ein Vorgang ohne Subjekt, d. h. der das Denken Denkende würde sein Denken und sich als Denkenden annihilieren. Um einen Satz Voltaires abzuwandeln: Wenn das Subjekt nicht existierte, müsste man es erfinden. Brauchen wir den Mythos also auch, um unseres Ichs gewiss zu bleiben?

2. Wenn, wie wir sahen (s. o. sub I 2a), ein Mythos, auch ein Geschichtsmythos, späteren Erfahrungen und Erwartungen als Modell dient, zumal Wahrnehmung und Erinnerung ohnehin Wiederholungen des Bewährten favorisieren, so hat eine solche „ewige Wiederkunft", weil sie auf regelmäßiger selektiver Aufmerksamkeit beruht, offenbar auch eine neurophysiologische Verursachung[56] – als Basis relativ freier Entscheidungen des handelnden Subjekts. Was bereits einen bewährten Prototyp bildet, ruft entsprechende spätere Erfahrungen – auch gegen die Realität – geradezu hervor; was einmal lebensfördernd war, wird gern immer wieder als wahr genommen, also wahrgenommen[57]. So erklärt sich nochmals, dass fiktionale Elemente konstitutive Teile vor allem des Geschichtsmythos sind, da die Botschaft des Heilen (s. o. sub III 1) nun einmal nicht in der Realität, sondern vielmehr in unseren rationalen und emotionalen Bedürfnissen begründet ist, denen die Realität, auch fiktional, angepasst wird.

3. Das mannigfaltig weiterwirkende Mythische hat gerade in seiner Lebensdienlichkeit eine kritische Aufgabe.

Es unterliegt m. E. keinem Zweifel, dass die orientalisch-hellen(ist)ische Antike mit ihren mythischen Reminiszenzen auch der Mutterboden speziell der narrativ orientierten biblischen **[59]** Religionen und ihrer begrifflicher ausgeprägten philosophischen Nachfolgeerscheinungen ist. So sollte sich die Moderne nicht aus dem Gegensatz zum Mythischen verstehen, wenn sie ihren geschichtlichen Wurzelboden nicht preisgeben will. Das gilt etwa im Blick darauf, dass im Kontext abwertender Entzauberungen durch die Nachaufklärung zunehmend für Bewusstseinsvorgänge Metaphern aus der Welt des Computers verwendet werden, was rückwirkend von unsere Vernunft als einem Erkenntnis-‚Apparat' sprechen lässt, dem damit die Freiheit abgesprochen wird. Je mehr eine Algorithmisierung des Denkens zur unhinterfragten Norm wird, um so mehr vermindert sich das Suchen nach Wahrheit zu einem technischen Management von Symbolkonfigurationen, in dem sich ein mechanistisches Missverständnis schöpferischer Vorgänge verbirgt; gerade ein an Lebensvorgängen orientiertes Verstehen unseres Denkens, das sich immer wieder vor Alternativen des Entscheidens gestellt weiß, darf nicht eine

[56] *W. Singer* 2002, 79 f., vgl. 219 f.

[57] So entsteht, neuronal disponiert (*Singer* 2002, 49 f. 116. 216), ein Kanon von Erfahrungsmustern, der die Wirklichkeitswahrnehmung von Gesellschaften und Individuen in feste Bahnen lenkt.

Determinisierung des Denkens nach sich ziehen. Was die Welt, abgesehen von unserem Willen, sich durch Erkenntnis in sie einzunisten, ‚an sich' ist, wissen wir ohnehin nicht. Indem wir im eigenen Lebensinteresse ihr Bild entwerfen, entscheiden wir über die Welt – eine Einsicht, die zu einer künstlerisch-ästhetischen Auffassung von Religion führt. Wahrheit ist dann einerseits Anpassung unserer Vorstellungen und Begriffe an die Realität und – künstlerisch-religiös – Anpassung der Realität an unsere Vorstellungen und Begriffe. Thomas von Aquin konnte die Identifikation von *veritas* als *adaequatio rei et intellectus* auf entsprechend dialektische Weise interpretieren: „Wenn ... die Dinge das Maß und die Richtschnur der Erkenntniskraft sind, besteht die Wahrheit darin, daß die Erkenntniskraft sich den Dingen angleicht ...; wenn aber die Erkenntniskraft die Richtschnur und das Maß der Dinge ist, dann besteht die Wahrheit darin, daß die Dinge sich der Erkenntniskraft angleichen – so wie der Künstler sagt, er schaffe ein wahres Werk, wenn es mit (den Regeln) der Kunst übereinstimmt" (STh I 21,2)[58]. **[60]**

Abstract

The paper describes, on the one hand, myth as a preliteral narrative genre and, on the other hand, 'the mythical' ('das Mythische'), i. e. the remaining embodiments of myth when mythical tales are not produced any more. It then deals with metaphors in a wide and in a narrow sense. The former is an integral part of human language in general, the latter is especially apt for the expression of the transcendent aspect of being.

The validity of myth is ambivalent: speaking metaphorically, myth stands in an intermedium between play and earnestness; therefore it appears usually in poetic formation and with a mostly artistic pretension. – Its anthropological legitimation lies in its contribution to the survival and genuine improvement of humanity.

---

[58] Der lateinische Text lautet: Quando igitur res sunt mensura et regula intellectus, veritas consistit in hoc quod intellectus adaequatur rei ...; sed quando intellectus est regula vel mensura rerum, veritas consistit in hoc quod res adaequantur intellectui; sicut dicitur artifex facere verum opus, quando concordat arti. Übersetzung nach *J. Pieper* 1953, 28 f.

Literatur

Ayer, A.J. 1987: Language, Truth and Logic, London 1936; deutsch: Sprache, Wahrheit und Logik, Taschenbuchausgabe Stuttgart 1987.

Bayer, O. 2002: Vernunft ist Sprache, Stuttgart 2002.

Blumenberg, H. 1960: Paradigmen zu einer Metaphorologie, ABG 6 (1960) 1–142. 301–305, auszugsweise wieder abgedruckt in: Haverkamp, A. (Hrsg.), Theorie der Metapher: WdF 389, Darmstadt 1983, 285–315; Neuausgabe Frankfurt a. M. 1998.

– *1981:* Arbeit am Mythos, Frankfurt a. M. 1981.

Bultmann, R. 1948: Neues Testament und Mythologie, in: *Bartsch, H. W.* (Hrsg.), Kerygma und Mythos (I), Hamburg 1948, 15–48.

Fabry, H.-J. 1999: Mythos „Schilfmeer", in: *Lange, A.* u. a. (Hrsg.), Mythos im Alten Testament und seiner Umwelt. FS *H.-P. Müller*: BZAW 278, Berlin New York 1999, 88–106.

Fränkel, H. 1962: Dichtung und Philosophie des frühen Griechentums, München 1962.

Friedrich, H. 1977: Struktur der modernen Lyrik, Taschenbuchausgabe Hamburg ^{7}1977.

Gadamer, H.-G. 1977: Poetica. Ausgewählte Essays, Frankfurt a. M. 1977.

– *1980:* Hegels Dialektik, Tübingen ^{2}1980.

– *1986:* Die Aktualität des Schönen. Kunst als Spiel, Symbol und Fest (1977), Taschenbuchausgabe Stuttgart 1986.

Harris, M. 1989: Kulturanthropologie (englisch 1987), Frankfurt a. M. 1989.

Haverkamp, A. 1983: Einleitung in die Theorie der Metapher, in: ders. (Hrsg.), Theorie der Metapher: WdF 389, Darmstadt 1983, 1–27. **[61]**

Heubach, A. 1974: Die homerische Frage: EdF 27, Darmstadt 1974.

Hübner, K. 1985: Die Wahrheit des Mythos, München 1985.

Jaspers, K. 1991: Von der Wahrheit, Taschenbuchausgabe München Zürich ^{4}1991.

Jolles, A. 1968: Einfache Formen, Tübingen ^{4}1968.

Jüngel, E. 1974: Metaphorische Wahrheit, in: *Ricoeur, P. / Jüngel, E.*, Metapher, München 1974, 71–122, wieder abgedruckt in: *Jüngel E.*, Entsprechungen. Gott – Wahrheit – Mensch, Tübingen ^{2}1986, 103–157.

Kaiser, O. 2003: Der Gott des Alten Testaments. Theologie des AT 3: Jahwes Gerechtigkeit, Göttingen 2003.

Kaschnitz, M. L. 1977: Zwischen Immer und Nie (1971), Taschenbuchausgabe Frankfurt a.M. 1977.

Keel, O. 1984: Deine Blicke sind Tauben: SBS 114/115, Stuttgart 1984.

Laube, M. 1999: Im Bann der Sprache. Die analytische Religionsphilosophie im 20. Jahrhundert: TBT 85, Berlin New York 1999.

Metzinger, Th. 1996: Niemand sein. Kann man eine naturalistische Perspektive auf die Subjektivität des Menschen einnehmen?, in: *Krämer, S.* (Hrsg.), Bewußtsein, Frankfurt a. M. 1996, 130–154.

Müller, H.-P. 1969: Ursprünge und Strukturen alttestamentlicher Eschatologie: BZAW 109, Berlin New York 1969.

– *1977:* Zum alttestamentlichen Gebrauch mythischer Rede. Orientierungen zwischen Strukturalismus und Hermeneutik, in: *Strolz, W.* (Hrsg.), Religiöse Grunderfahrungen: Veröffentlichungen der Stiftung Oratio dominica, Freiburg i. Br. 1977, 67–93.

– *1979:* Jenseits der Entmythologisierung. Orientierungen am Alten Testament, Neukirchen ^{2}1979.

– *1991a:* Mythische Elemente in der jahwistischen Schöpfungserzählung (1972 / 1991), in: ders., Mythos – Kerygma – Wahrheit: BZAW 200, Berlin New York 1991, 3–42.

– *1991b:* Eine neue babylonische Menschenschöpfungerzählung im Licht keilschriftlicher und biblischer Parallelen. Zur Wirklichkeitsauffassung im Mythos (1989), in: ders., Mythos – Kerygma – Wahrheit: BZAW 200, Berlin New York 1991, 43–67.
– *1991c:* Erkenntnis und Verfehlung. Prototypen und Antitypen zu Gen 2–3 in der altorientalischen Literatur (1982), in: ders., Mythos – Kerygma – Wahrheit: BZAW 200, Berlin New York 1991, 68–87.
– *1991d:* Das Motiv für die Sintflut. Die hermeneutische Funktion des Mythos und seiner Analyse (1985), in: ders., Mythos – Kerygma – Wahrheit: BZAW 200, Berlin New York 1991, 88–109.
– *1991e:* Babylonischer und biblischer Mythos von Menschenschöpfung und Sintflut (1986), in: ders., Mythos – Kerygma – Wahrheit: BZAW 200, Berlin New York 1991, 110–135.
– *1991f:* Die lyrische Reproduktion des Mythischen im Hohenlied (1976), in: ders., Mythos – Kerygma – Wahrheit: BZAW 200, **[62]** Berlin New York 1991, 152–171.
– *1991g:* Mythos, Ironie und die Sprache [sic, recte: der Standpunkt] des Glaubens (1975), in: ders., Mythos – Kerygma – Wahrheit: BZAW 200, Berlin New York 1991, 175–187.
– *1991h:* Mythos und Kerygma (1986), in: ders., Mythos – Kerygma – Wahrheit: BZAW 200, Berlin New York 1991, 188–219.
– *1992a:* Das Hohelied, in: *Müller, H.-P. / Kaiser, O. / Loader, J. A.*, Das Hohelied. Klagelieder. Das Buch Ester: ATD 16/2, Göttingen 1992, 1–90.
– *1992b:* Der Begriff „Rätsel" im Alten Testament (1970), in: ders., Mensch – Umwelt – Eigenwelt. Gesammelte Aufsätze zur Weisheit Israels, Stuttgart u. a. 1992, 44–68.
– *1992c:* Mantische Weisheit und Apokalyptik (1972), in: ders., Mensch – Umwelt – Eigenwelt. Gesammelte Aufsätze zur Weisheit Israels, Stuttgart u. a. 1992, 194–219.
– *1994:* König Mêšaʿ von Moab und der Gott der Geschichte: UF 26 (1994) 373–395.
– *1998a:* Menschen, Landschaften und religiöse Erinnerungsreste (1994), in: ders., Glauben, Denken und Hoffen, Münster 1998, 155–175.
– *1998b:* Mythos als Elementarform religiöser Rede im Alten Orient und im Alten Testament (1995), in: ders., Glauben, Denken und Hoffen, Münster 1998, 213–229.
– *1998c:* Albert Schweitzer und Rudolf Bultmann (1996), in: ders., Glauben, Denken und Hoffen, Münster 1998, 263–286.
– *1998d:* Anfänge der Religionskritik bei den Vorsokratikern, in: *Khoury, A. Th. / Vanoni, G.* (Hrsg.), „Geglaubt habe ich, deshalb habe ich geredet". FS *A. Bsteh*: Religionswissenschaftliche Studien 47, Würzburg Altenberge 1998, 281–295.
– *1998e:* Eine Parallele zur Weinbergmetapher [sic, recte: Weingartenmetapher] der [sic] Hohenliedes aus der frühgriechischen Lyrik, in: *Dietrich, M. / Kottsieper, I.*, „Und Mose schrieb dieses Lied auf". FS *O. Loretz*: AOAT 250, Münster 1998, 569–587.
– *1999:* „Tod" des alttestamentlichen Geschichtsgottes?: NZSTh 41 (1999) 1–21.
– *2001a:* History-Oriented Foundation Myths in Israel and its [sic] Environment, in: *Henten, J. W. van / Houtepen, A.* (Hrsg.), Religious Identity and the Invention of Tradition: Studies in Theology and Religion 3, Assen 2001, 156–168.
– *2001b:* „Jhwh gebe seinem Volke Kraft". Zum Hintergrund der alttestamentlichen Geschichtsreligion: ZThK 98 (2001) 265–281.
– *2002:* Noch einmal: Naturwissenschaft gegen Religion?: ZThK 99 (2002) 379–399.
– *2003a:* Feinde, Tiere und Dämonen, in: *Kiesow, K. / Meurer, Th.* (Hrsg.), Textarbeit. FS *P. Weimar*: AOAT 294, Münster 2003, 229–233.
– *2003b:* Psalmen und frühgriechische Lyrik: BZ 47 (2003) 23–42.
– *2003c:* Religion als Teil der Natur des Menschen: Archiv für Religionsgeschichte 5 (2003) 227–242. **[63]**
Nebel, G. 1959: Homer, Stuttgart 1959.

Nietzsche, F. 1973: Ueber Wahrheit und Lüge im aussermoralischen Sinne, in: *Colli, G. / Montinari, M.* (Hrsg.), Nietzsche. Werke III 2, Berlin New York 1973.

Pieper, J. 1953: Philosophia negativa. Zwei Versuche über Thomas von Aquin, München 1953.

Rad, G. von 1958: Hiob 38 und die altägyptische Weisheit (1955), in: ders., Gesammelte Studien zum AT: TB 8, München 1958, 262–271.

Ricoeur, P. 1986: Die lebendige Metapher: Übergänge 12, München 1986.

Schadewaldt, W. 1978: Anfänge der Philosophie bei den Griechen: Tübinger Vorlesungen 1, Frankfurt a. M. 1978.

– *1989:* Die frühgriechische Lyrik: Tübinger Vorlesungen 3, Taschenbuchausgabe Frankfurt a. M. 1989.

Singer, W. 2002: Der Beobacher im Gehirn, Frankfurt a. M. 2002.

Snell, B. / Franyó, Z. 1976: Frühgriechische Lyriker 3: Sappho, Alkaios, Anakreon: SQAW 24,3, Berlin 1976.

Soden, W. von 1989: „Als die Götter (auch noch) Mensch waren" (1969), in: ders., Aus Sprache, Geschichte und Religon Babyloniens: IUO. Dipartimento di studi asiatici. Series minor 32, Neapel 1989, 147–164.

Staiger, E. 1975: Grundbegriffe der Poetik, Taschenbuchausgabe München ³1975.

Stoellger, Ph. 2000: Metapher und Lebenswelt. Hans Blumenbergs Metaphorologie als Lebenswelthermeneutik und ihr religionsphänomenologischer Horizont: HUTh 39, Tübingen 2000.

Strub, Ch. 1991: Kalkulierte Absurditäten. Versuch einer historisch reflektierten sprachanalytischen Metaphorologie, Freiburg i. Br. München 1991.

Walde, Chr. 2000: Art. ‚Metapher', in: *Cancik, H. / Schneider, H.* (Hrsg.), Der Neue Pauly 8, Stuttgart Weimar 2000, 78–81.

Westermann, C. 1960: Grundformen prophetischer Rede, München 1960.

– *1996:* Der vorliterarische Bericht, in: ders., Das mündliche Wort: AzTh 82, Stuttgart 1996, 56–66.

Zenger., E. 1998: Einleitung in das Alte Testament, Stuttgart u. a. ³1998.

– *1999:* Das Mythische in den Psalmen 84 und 85, in: *Lange, A.* u. a. (Hrsg.), Mythos im Alten Testament und seiner Umwelt. FS *H.-P. Müller*: BZAW 278, Berlin New York 1999, 233–251.

Mythos und Mythisierung in den Psalmen

Erich Zenger, Universität Münster

1. Die Wahrheitsfrage als Leitperspektive im Denken von H.-P. Müller

Ein wenn nicht sogar *das* Hauptthema der wissenschaftlichen Arbeit von Hans-Peter Müller ist die Sprache als Medium der Aneignung und der Gestaltung von Wirklichkeit als Wahrheit. Sogar seine nicht immer leicht lesbaren Publikationen zur Syntax des Althebräischen waren letztlich von dieser Frage umgetrieben. Charakteristisch für ihn ist das von ihm wiederholt gebrachte[1] Zitat aus der „Summa theologiae" des Thomas von Aquin (STh I 16,2), Wahrheit sei „adaequatio rei et intellectus".[2] Auch seinen Beitrag „Mythos und Metapher", der den Ausgangspunkt meiner nachstehenden Beobachtungen bildet, schließt er mit dem Hinweis auf dieses Wahrheitskonzept und verdeutlicht es mit einem andren Abschnitt aus der „Summa", wobei die hermeneutische Grundposition von H.-P. Müller besonders deutlich wird. Zwar kann man diese Passage im oben abgedruckten Text des Beitrags ebenfalls nachlesen,[3] doch soll er hier nochmal

[1] Er zitierte die Passage auswendig im lateinischen Original auch in Seminarverstaltungen, die wir gemeinsam hielten, was unsere katholischen Studenten sehr beeindruckte.

[2] Der Vortrag, den er in der von ihm bei der Münsteraner Ringvorlesung im Wintersemester 1987/88 „Was ist Wahrheit?" hielt, ist nachgerade eine hermeneutische Relecture dieses Axioms: vgl. H.-P. Müller, Mythos – Kerygma. Zur Hermeneutik einer biblischen Theologie, in: Ders. (Hg.), Was ist Wahrheit?, Stuttgart 1989, 53–67; er selbst sagt ebd. 55: „Wahrheit ist, so der ältere Thomas, der von Aquino, ‚adaequatio rei et intellectus', d. h. ‚Anpassung von Sache und Vernunft' – nun aber nicht nur passive Anpassung der Vernunft an die Sache, sondern, womit wir freilich den hochmittelalterlichen Denkhorizont verlassen, aktive, wagemutige *Anpassung der Sache an die menschliche Vernunft*. Wahrheit ist Anverwandlung der Realität an das Menschgemäße, Assimilation der Umwelt zur menschlichen Eigenwelt"; dazu ebd. die Anm. 13: „Es wird nicht überflüssig sein, zu bemerken, dass es hier und im Folgenden nicht um eine historische Exegese des thomistischen Wahrheitsbegriffs geht."

[3] S. o. 90.

wiedergegeben werden: „Was die Welt, abgesehen von unserem Willen, sich durch Erkenntnis in sie einzunisten, ‚an sich' ist, wissen wir ohnehin nicht. Indem wir im eigenen Lebensinteresse ihr Bild entwerfen, entscheiden wir über die Welt – eine Einsicht, die zu einer künstlerisch-ästhetischen Auffassung von Religion führt. Wahrheit ist dann einerseits Anpassung unserer Vorstellungen und Begriffe an die Realität und – künstlerisch-religiös – Anpassung der Realität an unsere Vorstellungen und Begriffe. Thomas von Aquin konnte die Identifikation von *veritas* als *adaequatio rei et intellectus* auf entsprechend dialektische Weise interpretieren: ‚Wenn [...] die Dinge das Maß und die Richtschnur der Erkenntniskraft sind, besteht die Wahrheit darin, dass die Erkenntniskraft sich den Dingen angleicht [...], wenn aber die Erkenntniskraft die Richtschnur und das Maß der Dinge ist, dann besteht die Wahrheit darin, dass die Dinge sich der Erkenntniskraft angleichen – so wie der Künstler sagt, er schaffe ein wahres Werk, wenn es mit (den Regeln) der Kunst übereinstimmt' (STh I 21,2)."

Das Medium dieser *adaequatio* ist die Sprache, und im Bereich der Religion ist es die metaphorische und insbesondere die mythische Sprache, wobei die mythische Sprache eine Sonderform der metaphorischen Sprache darstellt. H.-P. Müller betont dies zu Recht mit besonderem Nachdruck: „Wie viel von religiöser Rede metaphorisch ist, machen wir uns meist nicht klar: selbst ‚Liebe Gottes, ist eine Metapher, die eine soziale Beziehung auf das gott-menschliche Verhältnis überträgt. Tatsächlich sind alle auf Gott bezogenen Begriffe, in denen sich religiöse Rede freilich nicht erschöpft, im engeren Sinne metaphorisch – eine Einsicht, mit der dem biblischen Bilderverbot entsprochen wird."[4] Da die Metaphern der religiösen Rede einerseits der konkreten Lebenswelt entstammen und da sie andererseits in ihrer Übertragung auf Transzendentes das „in sich" sprachlich Unausdrückbare auf menschliche Weise zum Ausdruck bringen, ist die religiöse Rede, nicht zuletzt in ihrer biblischen Sprachgestalt, ein signifikantes Paradigma des auf Lebensbewältigung bzw. Lebensoptimierung zielenden Bemühens um Wahrheit als *adaequatio rei et intellectus*. Dabei hat die mythologische bzw. mythische Metaphorik in der biblischen Überlieferung einen besonderen Stellenwert, vor allem in den geschichtstheologischen und in den prophetischen Texten, wie H.-P. Müller mehrfach erläutert und begründet hat.[5] Dass Metapher und Mythos in der

---

[4] Vgl. oben 79.

[5] H.-P. Müller, Mythos als Elementarform religiöser Rede im Alten Orient und im Alten Testament. Zur Theorie der Biblischen Theologie, in: Ders., Glauben, Denken und

Theo-Poesie der biblischen Psalmen eine besondere Rolle spielen, ist angesichts der Tatsache, dass die Poesie generell als poetische Verwandlung der Wirklichkeit die Vielfalt der sprachlichen und stilistischen Kunstmittel einsetzt, nicht weiter verwunderlich. Gerade die biblischen Psalmen konstituieren mit ihrem Gewebe aus (mythischen) Metaphern und theologischen Topoi eine zur faktisch vorgefundenen Welt fiktionale (nicht fiktive!) Gegenwelt, die ihren Lesern und Betern inmitten ihrer als gefährdet oder feindlich erlebten Welt Lebenskraft und Lebenshoffnung stiften will. H.-P. Müller charakterisiert dies in seinem oben abgedruckten Beitrag als „‚Magie' des Poetischen, die nicht so sehr die vorhandene Wirklichkeit abbildet als vielmehr eine eigene, mit fiktiven Elementen unterlaufene Welt schafft, nach deren ontologischem Status nicht gefragt wird, solange die dichterische Verzauberung anhält."[6] Sieht man mit H.-P. Müller eine der wesentlichen Funktionen des Mythos als einer Gattung (d. h. der mythischen Narration) und des jenseits des Mythos realisierten Mythischen als „Inbegriff der für den Mythos charakteristischen Motive der Wirklichkeitswahrnehmung, ihrer Inhalte wie ihrer Funktionen"[7] (d. h. der mythisierenden Metaphorik) darin, ätiologische und paradigmatische Ur-Geschehnisse oder prototypische Wirklichkeiten poetisch zu konstituieren, um den Lesern oder Hörern dieser mythischen Texte eine Partizipation an diesen Ur-Geschehnissen bzw. Ur-Wirklichkeiten zu ermöglichen, dann wird verständlich, wieso gerade die Psalmen als poetische und lyrische Texte sich des Mythos als Narration bzw. der mythisierenden Metaphorik bedienen. Dies geschieht in den Psalmen auf vielfältige Weise und in unterschiedlichen Kontexten. Die im Folgenden skizzierten Beispiele wollen Elemente einer Typologie dieser Präsenz des Mythos bzw. des Mythischen im Psalter zusammenstellen; dass angesichts des zur Verfügung stehenden Raums weder hinsichtlich der Texte noch hinsichtlich der Typen Vollständigkeit möglich ist, muss nicht weiter begründet werden.[8]

Hoffen. Alttestamentliche Botschaften in den Auseinandersetzungen unserer Zeit, ATM 1, Münster 1998, 213–29; DERS., Mythisierung geschichtlicher Ereignisse im Alten Testament und im Alten Orient, in: G. Oberhammer / M. Schmücker (Hg.), Mythisierung der Transzendenz als Entwurf ihrer Erfahrung (Österreichische Akademie der Wissenschaften. Phil.-Hist. Klasse. Sitzungsberichte, 706), Wien 2003, 185–202.

[6] Vgl. oben 85.

[7] Vgl. oben 75.

[8] Einen instruktiven Überblick zum Thema „Mythisches in Prophetie und Psalmen" bietet HUBERT IRSIGLER, Vom Mythos zur Bildsprache. Eine Einführung am Beispiel der „Solarisierung" JHWHS, in: Ders. (Hg.), Mythisches in biblischer Bildsprache. Gestalt und Verwandlung in Prophetie und Psalmen, QD 209, Freiburg 2004, 9–42.

2. Der Mythos als narrative Struktur (Pss 2; 82)

In seiner ursprünglichen Gestalt ist der Mythos eine „Göttergeschichte, also eine narrative Gattung, die zunächst in mündlicher und später in schriftlicher Form auftritt: Mündlicher wie schriftlicher Mythos erzählt stiftend und normativ vom Ursprung einzelner Dinge, des Menschen oder der Welt, um dadurch die Frage zu beantworten, warum Seiendes sein *darf* und nicht vielmehr Nichts sein muss."[9] Der Mythos legitimiert, warum etwas ist, wie es ist, indem er erzählt, wie es so geworden ist – und zwar durch göttliches Handeln. Für den Mythos ist deshalb die Spannung „Im Anfang/Einst (*in illo tempore*)" – „Heute" konstitutiv. Mit der Rezitation der mythischen Narration wird die in der mythischen Zeit spielende Göttergeschichte (quasi-sakramental) so vergegenwärtigt, dass sie die Gegenwart prägen und so weitere Zukunft ermöglichen soll.

Verständlicherweise ist der Mythos als eine in der mythischen Zeit spielende Göttergeschichte im Psalter keine häufig auftretende Redeform. Immerhin zeigen sich die beiden Psalmen 2 und 82 sowohl in ihrer Einzelmotivik als auch in ihrer Gesamtstruktur so stark von mythischen Vorstellungen bestimmt, dass man sie als legitimierende und normierende urzeitliche Göttergeschichten lesen kann. Zwar ist hier keine detaillierte Diskussion dieser beiden Psalmen möglich, doch sollen im Folgenden die für unsere Fragestellung wichtigsten Beobachtungen referiert werden.

Dass die in *Ps 2,1–9* entworfene Konzeption des Jerusalemer Königtums sich nicht nur in ihren Einzelmotiven intensiv an ägyptischen und neuassyrischen Königsvorstellungen inspiriert, sondern sich auch bzw. gerade in dem hier erzählten Zusammenwirken der das Völkerchaos bekämpfenden Gottheit und des in seiner Vollmacht ebenfalls gegen die Völker kämpfenden Königs ein altorientalisch und altägyptisch vorgegebenes Mythologumenon widerspiegelt, ist gerade in jüngster Zeit mehrfach aufgezeigt worden.[10] Mythische Motive sind vor allem in der als weltweites Chaos geschilderten Revolte gegen JHWH (!) und seinen Gesalbten (V. 1–3), in der Reaktion des im Himmel thronenden göttlichen Weltkönigs JHWH

---

[9] H.-P. MÜLLER, Mythos: vgl. oben 74.

[10] Vgl. u. a. KLAUS-PETER ADAM, Der Königliche Held. Die Entsprechung von kämpfendem Gott und kämpfendem König in Psalm 18, WMANT 91, Neukirchen-Vluyn 2001, 161–68; KLAUS KOCH, Der König als Sohn Gottes in Ägypten und Israel, in: E. Otto und E. Zenger (Hg.), „Mein Sohn bist du" (Ps 2,7). Studien zu den Königspsalmen, SBS 192, Stuttgart 2002, 11–15; ECKART OTTO, Politische Theologie in den Königspsalmen zwischen Ägypten und Assyrien. Die Herrscherlegitimation in den Psalmen 2 und 18 in ihren altorientalischen Kontexten, in: E. Otto/E. Zenger (Hg.), „Mein Sohn …" 34–51.

(V. 4–5), in der auf dem als kosmischen Weltberg gezeichneten Zion vollzogenen Salbung bzw. Formung[11] des Königs durch Jhwh (V. 6), in der Zeugung bzw. Geburt des Sohnes als Gottessohn (V. 7) und in seiner Beauftragung zur Weltherrschaft bis an die „Ränder der Erde" (V. 8–9) zu finden. Das spezifische Profil des Psalms besteht freilich darin, dass es hier nicht um die Amtseinsetzung eines bestimmten Königs geht, sondern um die urzeitliche Stiftung des Zionkönigtums, die der *aktuelle* König als Sprecher des Psalms im Stil einer Göttergeschichte erzählt, um sein eigenes Königtum zu legitimieren. Dementsprechend überlagern sich im Psalm, der die Gründungsgeschichte des Königtums in den drei Szenen V. 1–3. 4–6. 7–9 präsentiert, auch in sprachlicher Hinsicht Vergangenheits- und Gegenwartsperspektive, wobei die Ur-Zeit-Angabe אָז (V. 5a) und der Gegenwartsbezug הַיּוֹם (V. 7c) für das Verständnis des Psalms als Mythos, der die Gegenwart legitimiert, konstitutiv sind.[12] Angesichts dieser Funktion von Ps 2,1–9 ist es nicht verwunderlich, dass jene Redaktion, die den „messianischen Psalter" Ps *2–89 geschaffen hat, gerade den mythischen Psalm 2 als Proömium an den Anfang dieser Komposition gestellt hat. Dass auch Ps 89 als Schlusspsalm mit mythischen Elementen gestaltet ist, bestätigt seinerseits unsere „Lesart" von Ps 2,1–9.[13]

---

[11] Das kontroverse Problem des Verständnisses von נָסַכְתִּי in V. 6a kann hier nicht diskutiert werden. Falls man נָסַכְתִּי beibehält und als Qal-Form von נסך „bilden, formen, weben" (vgl. HALAT II 664: qal pt. pass. Jes 25,7; nif pf. Prov 8,23) liest, wird das Königtum hier sogar als „Schöpfungsakt" präsentiert – wie in VAT 170 19 / BE 13383, wo nach der Erschaffung des *lullû*-Menschen, der die Fronarbeit der Götter übernehmen soll, als zweite Menschenspezies der *māliku*-Mensch geschaffen wird, dem die Götter den Auftrag und die Waffen für den Kampf gegen das Chaos geben (vgl. dazu Werner R. Mayer, Ein Mythos von der Erschaffung des Menschen und des Königs, Or 56, 1987, 55–68; Hans-Peter Müller, Eine neue babylonische Menschenschöpfungserzählung im Licht keilschriftlicher und biblischer Parallelen – Zur Wirklichkeitsauffassung im Mythos, in: Ders., Mythos – Kerygma – Wahrheit. Gesammelte Aufsätze zum Alten Testament in seiner Umwelt und zur biblischen Theologie, BZAW 200, Berlin 1991, 43–61; Eckart Otto, Krieg und Frieden in der Hebräischen Bibel und im Alten Orient. Aspekte für eine Friedensordnung in der Moderne, Theologie und Frieden 18, Stuttgart 1999, 46 f.).

[12] Der Psalm beginnt bereits in V. 1 mit Suffixkonjugation: „Wozu haben getost / getobt die Völker ...". Auch אָז in V. 5 kann als mythische Zeitangabe „damals" = „*in illo tempore*" („in der Urzeit") verstanden werden: vgl. dazu Ps 93,2; Prov 8,22. Demgegenüber bezieht Klaus Koch, Der König (s. Anm. 10), 12 die Angabe auf David: „Mit *ʾaz* wird eine frühere Designation zum Herrscher dem *haj-jom* gegenübergestellt. Sie lässt sich am ehesten mit der Thronbesteigung Davids als Ahnherr der Dynastie in Beziehung setzen."

[13] Zum „messianischen Psalter" Ps 2–89 vgl. u. a. Hans Ulrich Steymans, Psalm 89 und der Davidbund. Eine strukturale und religionsgeschichtliche Untersuchung, ÖBS 27, Frankfurt 2005, 267–70 und 358–62; Erich Zenger, „Es sollen sich niederwerfen vor ihm alle Könige" (Ps 72,11). Redaktionsgeschichtliche Beobachtungen zu Psalm 72 und zum Pro-

Wie Psalm 2 erzählt auch *Psalm 82* einen urzeitlichen Mythos, der Gegenwart legitimieren und Zukunft ermöglichen soll. Diesmal ist es eine Göttergeschichte, die die göttliche Einzigkeit und Einzigartigkeit des Gottes JHWH narrativ präsentiert (Ps 82,1–7) und mit einer Schlussbitte (Ps 82,8) die geschichtliche Aktualisierung des urzeitlichen Mythos beschwört. Auch hier werden mehrere mythische Motive so zusammengestellt, dass der Psalm in V. 1–7 insgesamt eine mythische Narration bildet. Da es über diese Deutung von Ps 82 einen weitgehenden Forschungskonsens gibt, genügt es, die wichtigsten Merkmale von Ps 82 zu rekapitulieren.[14] Der höchstwahrscheinlich in nachexilischer Zeit komponierte Psalm erzählt in V. 1–7 eine Geschichte darüber, wie und warum JHWH zum einzigen „wahren" Gott geworden ist – und es so in Gegenwart und Zukunft sein muss. Aus regionsgeschichtlicher Perspektive beschreibt „der dramatische Ablauf dieses Psalms [...] nichts Geringeres als die Überwindung des Polytheismus auf der Grundlage des Polytheismus und unter seinen Bedingungen."[15] Der Psalm tut dies, indem er einen Mythos über den Tod aller Götter, verfügt durch den als einziger Gott „überlebenden" Gott JHWH, erzählt. Für diese seine mythische Göttergeschichte kombiniert Ps 82 mehrere mythische Vorstellungswelten: (1) das kanaanäische und altorientalische Pattern der Götterversammlung bzw. des himmlischen Thronrats mit einem Götterkönig an der Spitze (vgl. auch I Reg 22,19; Jes 6,1–3; Hi 1–2 sowie vor allem Ps 29,1–2. 9–10; 89,6–8); (2) die uranfängliche Zuweisung bestimmter Territorien der Welt an einzelne Gottheiten durch den Götterkönig bzw. den obersten Gott, mit dem Auftrag, für diese Territorien zu sorgen und sie zu regieren (vgl. Dtn 32,8 f.); (3) das in der altorientalischen Religionswelt mehrfach, im Einzelnen freilich unterschiedlich ausgeprägte Schema vom Aufstieg eines bestimmten Gottes zum Oberhaupt des Pantheons. Diese Vorstellungen werden in Ps 82 so aufgenommen, dass von einer Götterversammlung erzählt wird, die als Gerichtsverfahren in zwei Akten abläuft, wobei JHWH, der Gott Israels, als Hauptakteur mit unterschiedlichen Rollen auftritt: Er ist Ankläger der anderen Götter, stellt ihnen ein Ultimatum und verkündet angesichts ihrer offenkundigen Unfähigkeit, ihr göttliches Amt auszu-

gramm des messianischen Psalters Ps 2–89, in: E. Otto / E. Zenger (Hg.), „Mein Sohn ..." (s. Anm. 10), 66–93.

[14] Vgl. dazu ERICH ZENGER in: F.-L. Hossfeld / ders., Psalmen 51–100, HThKAT, Freiburg ²2001, 479–92 (Lit.).

[15] HANS-JOSEF KLAUCK, „Pantheisten, Polytheisten, Monotheisten" – eine Reflexion zur griechisch-römischen und biblischen Theologie, in: Ders., Religion und Gesellschaft im frühen Christentum. Neutestamentliche Studien, WUNT 152, Tübingen 2003, 28.

üben, das Todesurteil über sie – mit der Konsequenz, dass er selbst nun kraft dieses Urteils zum Gott schlechthin aufsteigt, der die Regierung über *alle* Territorien der Welt übernehmen muss bzw. wird. Anders als im polytheistischen Pattern steigt JHWH hier freilich nicht zum Oberhaupt eines Pantheons auf, das in der Sicht des Psalms ja nicht mehr existiert.

Auch in Psalm 82 überlagern sich wieder die Zeitperspektiven Vergangenheit – Gegenwart – Zukunft. Falls man – gegen MT – נצב in V. 1 – mit LXX und Vg. – als Suffixkonjugation lesen müsste, wäre die Vergangenheitsperspektive, die dann aber unbestreitbar in V. 5a gegeben ist, bereits gleich von Anfang an präsent und würde den Psalm damit offenkundig zum urzeitlichen Mythos machen. Die mythische Perspektive wird aber vor allem in der Schlussbitte V. 8 sichtbar, die um die Aktualisierung der (urzeitlichen) Göttergeschichte bittet; die mythische Dimensionierung wird in V. 8 auch dadurch unterstrichen, dass es um ein kosmisches Geschehen geht.

3. Mythisierung der Geschichtserinnerung (Pss 74; 114)

Es ist in der Forschung derzeit umstritten, wann erstmals das geschichtstheologische Konzept einer vom Exodus bis zur Landnahme reichenden Ursprungsgeschichte Israels vorliegt, das die Funktion hat, Israels gefährdete Existenz inmitten der Völkerwelt zu profilieren und zu legitimieren. Ob es bereits in spätvorexilischer Zeit ein von Ex bis Jos (gar mit Einschluss von Passagen aus Gen) reichendes (Jerusalemer) Geschichtswerk gab oder ob dieser Geschichtsbogen erstmals in der Exilszeit ausgezogen wurde,[16] braucht hier nicht weiter diskutiert zu werden. Klar ist jedenfalls, dass die Zerstörung Jerusalems und des Tempels sowie das damit gegebene Ende der Eigenstaatlichkeit nicht nur einen massiven Bruch in der nationalen und religiösen Identität Israels bedeutete, sondern zugleich die Frage nach der bleibenden Identität JHWHs als des Gottes Israels stellte. Vereinfacht gefragt: Bedeuteten die Ereignisse um 586 v. Chr. samt ihren Konsequenzen die Widerlegung der bislang als letztlich unzerstörbar proklamierten Bindung JHWHs an Israel als sein Volk bzw. an Zion / Jerusalem als den Ort seiner machtvollen Präsenz im Kosmos, oder gab bzw. gibt es eine Tiefendimension dieser Beziehung, die durch derart „kontingente“ Ereignisse nicht tangiert wurde? Auf diese Fragen hat Israel in

---

[16] Vgl. die Forschungsskizze bei ERICH ZENGER, Einleitung in das Alte Testament, Kohlhammer Studienbücher Theologie 1.1, Stuttgart [5]2004, 92–123.

mehreren Psalmen dadurch geantwortet, dass die Anfangsgeschichte Israels als mythische Ursprungsgeschichte gezeichnet wurde, deren bleibend fundierender Charakter durch „partielle" Katastrophen nicht aufgehoben werden könne, sondern sich im Gegenteil gerade in katastrophischen Zeiten „bewahrheiten" würde. Als Beispieltexte dieser Mythisierung der („konstruierten") Anfangsgeschichte Israels sollen – in der gebotenen Kürze – die Psalmen 74 und 114 kommentiert werden.

Psalm 74 ist ein in der Exilszeit entstandenes Volksklagelied,[17] das einerseits JHWH die Paradoxie vorhält, dass „seine Feinde" (vgl. Ps 74,4. 23) den Tempel profaniert und zerstört haben, und das ihn andererseits massiv bestürmt, dieser seiner Desavouierung vor dem Forum der Völkerwelt durch einen göttlichen Machterweis ein Ende zu setzen. Dass JHWH zu diesem Machterweis in der Lage, ja um seiner eigenen Göttlichkeit willen dazu sogar verpflichtet sei, entfaltet der Psalm in seinem Mittelteil V. 12–17, in dem die Geschichte Israels „Vom Exodus bis zur Landnahme" als ein Urzeitgeschehen charakterisiert wird, dessen prototypische Gründungsdimension ein für alle Mal (מִקֶּדֶם) wirkmächtig bleibt – wenn JHWH sie aktualisieren will. Gleich zweimal appelliert der Psalm mit dem Imperativ זְכֹר an JHWH (74,2. 18), sich seines „Anfangshandelns" an Israel und dessen Verhöhnung durch die Feinde zu erinnern, wobei 74,2 durch die Zeitangabe קֶדֶם „in der Urzeit" Exodus und Landgabe als mythisches Gründungsgeschehen qualifiziert:

> Erinnere dich deiner Gemeinde, die du in der Urzeit erworben hast,
> die du ausgelöst hast als Stamm für dein Erbland (74,2).

Was dieses Anfangshandeln für Israel und für die ganze Erde bedeutet, formuliert der „Grund-Satz" 74,12, der überschriftartig über 74,12–17 steht:

> Dennoch ist (und bleibt) Gott mein König von Urzeit her,
> Rettungen wirkend auf der Erde (74,12).

Die Angabe „von Urzeit her" (מִקֶּדֶם) schlägt den Bogen ausdrücklich nach Ps 74,2 zurück, d. h. gemeint sind Exodus und Landgabe. Dementsprechend folgt in 74,13–17 im beschwörenden Du-Stil eine Rekapitulation *dieses* Urzeitgeschehens, das in doppelter Weise mythisiert wird. Zunächst wird in 74,13–15 Israels Weg von Ägypten nach Kanaan in Aufnahme mythischer Vorstellungen als ein Machterweis JHWHs präsentiert:

---

17 Zu Ps 74 vgl. HOSSFELD / ZENGER, Psalmen 51–100, 355–72 (Lit.).

Du – du hast zerspalten in deiner Macht das Meer,
du hast zerschmettert die Häupter der Schlangen über dem Wasser.
Du – du hast zerschlagen die Häupter Leviatans,
du hast ihn zum Fraß gegeben dem Volk der Wüstentiere.
Du – du hast austrocknen lassen die immerfließenden Ströme (74,13–15).

Zwar wird dieser Abschnitt von verschiedenen Autoren schöpfungstheologisch gedeutet, wonach JHWH sich bei der Weltschöpfung als Chaosbesieger betätigt habe.[18] Für diese Deutung könnte man u. a. auf den Enuma elisch Mythos verweisen. Allerdings passen die Motive von Ps 74 eher zu der aus Ugarit bekannten Chaoskampftradition, die dort jedoch keine kosmogonische Funktion hat. Nach dem ugaritischen Baalmythos werden die Chaosmächte Meer, Meeresdrachen bzw. Meeresschlangen mit ihren vielen Köpfen, aber auch die als Wüstendrache vorgestellte todbringende Chaosmacht „Trockenheit" Jahr für Jahr von Baal besiegt, wodurch Baal sich als „König" des Landes und als Geber von Fruchtbarkeit und Verteidiger des Lebens erweist. Diese Vorstellungen werden hier auf JHWHs Handeln „in der Urzeit" Israels bei Exodus und Landgabe übertragen. V. 13–14 zeichnet Israels Durchzug durch das Meer als Götterkampf mit dem Chaosdrachen Pharao. Und analog wird in V. 15 der Durchzug durch den Jordan als „Wieder-Holung" bzw. als Abschluss des am Schilfmeer begonnenen Chaoskampfes zugunsten Israels geschildert. Die beiden Ereignisse, die einerseits das Ende von Israels tödlicher Bedrohung durch Pharao / Ägypten und andererseits den Beginn von Israels Leben im Verheißenen Land markieren, werden hier also durch ihre Mythisierung als Erweis von JHWHs universaler Macht und seiner *speziellen* Königsherrschaft über Israel präsentiert.

Dieses Anfangshandeln JHWHs zugunsten Israels wird in V. 16–17 noch weiter dadurch mythisiert, dass es als Ausübung der kosmischen Königsherrschaft charakterisiert und begründet wird:

Dein ist der Tag und ebenso dein die Nacht.
Du – du hast zugerichtet Mondleuchte und Sonne.
Du – du hast festgesetzt alle Grenzen der Erde.
Sommer und Winter, du – du hast sie gebildet (74,16–17).

[18] Vgl. KLAUS SEYBOLD, Die Psalmen, HAT I / 15, Tübingen 1996, 289 f.

Im Kontext des Psalms wird hier durch den Hinweis auf die auch trotz bzw. nach der mit der Tempelzerstörung über Israel hereingebrochenen katastrophischen Widerfahrnisse weiterhin gültigen kosmischen Ordnungen betont, dass diese Widerfahrnisse JHWHs mythische Macht nicht tangiert haben und tangieren können – und dass JHWH deshalb nach wie vor die Macht hat, sich als der Königsgott Israels wie „in der Urzeit" als rettender Gott (vgl. 74,12) zu erweisen. Die Mythisierung der Ursprungsgeschichte Israels ist hier also ein sprachliches Medium, das es Israel ermöglicht, gerade vor dem Forum der Völkerwelt (vgl. das Motiv des Völkerspotts in 74,10. 18. 22–23) am Bekenntnis zu JHWH als seinem König (vgl. 74,12) festzuhalten und sich so zugleich seiner ureigenen Identität zu vergewissern.[19]

Eine ähnliche Mythisierung der Ursprungsgeschichte Israels, wie wir sie eben in Psalm 74 skizziert haben, liegt auch in dem wohl erst in nachexilischer Zeit entstandenen *Psalm 114*[20] vor:

(1) Als Israel auszog aus Ägypten,
das Haus Jakobs aus wirr redendem Volk,
(2) da wurde Juda zu seinem Heiligtum,
Israel sein Herrschaftsbereich.

(3) Das Meer, es sah und floh,
der Jordan wandte sich rückwärts,
(4) die Berge hüpften wie Widder,
Hügel wie junge Lämmer.

---

[19] Zur Mythisierung in den Volksklagepsalmen vgl. nun auch OTHMAR KEEL, Das je verschiedene theologische Profil der Klagelieder und der Volksklagen, in: D. Böhler / I. Himbaza / Ph. Hugo (Hg.), L'Ecrit et l'Esprit. Etudes d'histoire du texte et de théologie biblique en hommage à Adrian Schneker, OBO 214, Fribourg / Göttingen 2005, 136–40.

[20] Zu Ps 114 vgl. besonders WILLEM S. PRINSLOO, Psalm 114: It is Yahweh who Transforms the Rock into a Fountain, JNSL 18, 1992, 163–76; BERNARD RENAUD, Les deux lectures du Ps 114, RevSR 52, 1978, 14–28; HERMANN SPIECKERMANN, Heilsgegenwart. Eine Theologie der Psalmen, FRLANT 148, Göttingen 1989, 150–57; NORBERT LOHFINK, Das tanzende Land und der verflüssigte Fels. Zur Übersetzung von Ps 114,7, in: A. Greve et al. (Hg.), ... dann werden wir sein wie die Träumenden. FS I. Baldermann. Siegen 1994, 199–222; ERICH ZENGER, A Poetical Etiology of Israel. Psalm 114 against the Background of the Kingship-of-YHWH-Psalms 29 and 96–98, in: M. Bar Asher et al., Shai le-Sara Japhet. Studies in the Bible, Its Exegesis, and Its Language, Jerusalem 2007, 381*–96*.

(5) Was ist dir, Meer, dass du fliehst,
Jordan, (dass) du dich rückwärts wendest,
(6) ihr Berge, (dass) ihr hüpft wie Widder,
ihr Hügel wie junge Lämmer?

(7) Vor dem Angesicht des Herrn tanze, du Erde,
vor dem Angesicht des Gottes Jakobs,
(8) der wandelt Fels in Wasserteich,
Felsplatte in Wasserquelle!

Auf der Ebene der Syntax lässt sich der Psalm deutlich in die vier Abschnitte V. 1–2. 3–4. 5–6. 7–8 gliedern,[21] die man auch als Strophen verstehen kann.

Die erste Strophe (V. 1–2) fasst „in kaum zu überbietender Abbreviatur“[22] die kanonische Ursprungsgeschichte Israels zusammen: Israel wurde durch den Exodus aus Ägypten zum Heiligtum und Herrschaftsgebiet[23] seines Gottes. Ausgangspunkt und Zielpunkt der „Ur-Geschichte“ Israels werden hier als ein einziges Geschehen zusammengeschaut, wobei zwar in V. 1 der Exodus als eine Tat Israels charakterisiert wird, V. 2 dann aber das Ergebnis als ein Israel zuteilgewordenes Widerfahrnis kennzeichnet: Israel *wurde sein* Heiligtum und *sein* Herrschaftsbereich. Dass statt des Gottesnamens oder einer Gottesbezeichnung hier das Pronominalsuffix steht, hängt mit der rhetorisch-poetischen Spannung zusammen, die der Psalm am Anfang aufbaut und die erst in der vierten Strophe aufgelöst wird.

Die zweite Strophe (V. 3–4) bietet in syntaktischer Hinsicht eine Aneinanderreihung von Handlungen in Vergangenheitsschilderung. Die Subjekte dieser Handlungen gehören jeweils paarweise zusammen (V. 3: „das Meer“ – „der Jordan“; V. 4: „die Berge“ – „Hügel“). Sie werden in ihren Handlungen personifiziert und auch dabei wieder paarweise einander zugeordnet: „Das Meer flieht“ – „der Jordan wendet sich rückwärts“; „die Berge hüpfen wie Widder“ – „Hügel wie junge Lämmer“. Dass „die Flucht des Meeres“ und „das Umkehren des Jordan“ das Durchqueren der beiden „Wassergrenzen“ Ägyptens (beim „Herausgehen“ aus Ägypten) und Kanaans (beim „Hineingehen“ in das Verheißene Land) durch

[21] Nach Wilfred G. E. Watson, Classical Hebrew Poetry. A Guide to Its Techniques, JSOT.S 26, Sheffield 1984, 189–90 besteht der Psalm aus vier Tetrakola, die zugleich vier Strophen bilden.

[22] Spieckermann, Heilsgegenwart (s. Anm. 20), 151.

[23] Der Plural מַמְשְׁלוֹתָיו ist zwar ungewöhnlich, kann aber als Plural der Intensität oder Plural der räumlichen Ausdehnung erklärt werden; LXX liest Singular ἐξουσία αὐτοῦ.

Israel bei Exodus und Eisodus evozieren sollen, ist unbestritten, d. h. wie in V. 1–2 werden auch hier Ausgangs- und Zielpunkt angegeben.[24] Dass sich die in V. 4 geschilderte Reaktion der Berge und Hügel auf die Sinai-Erzählung Ex 19 bezieht, ist auszuschließen, da רקד „hüpfen, springen" das Springen der jungen Tiere als Ausdruck ihrer Freude bezeichnet (Kontrast zur Flucht der Wasser in V. 3).

Die dritte Strophe (V. 5–6) ist in syntaktischer Hinsicht abermals eine Einheit. Es ist eine vierfach gegliederte Frage, die sich an die Akteure von V. 3–4 wendet. Die Strophe nimmt den Wortlaut von V. 3–4 auf, ersetzt aber das V. 3–4 einleitende Verbum ראה durch die Frage מַה־לְּךָ, außerdem sind die Präfixkonjugationen wohl präsentisch zu verstehen, sodass sich gegenüber V. 3–4 die Zeitperspektive verändert ([urzeitliche] Vergangenheit → Gegenwart). Die Frage greift also gezielt die Unbestimmtheit der vorangehenden Strophe auf und fragt nach dem Grund der gegensätzlichen Reaktion der Akteure (Flucht – Freude). In poetischer Hinsicht bedeutet dieser Wechsel von der Erzählperspektive der ersten beiden Strophen V. 1–2. 3–4 zur Gesprächsperspektive in der direkten Anrede an die Akteure zweifellos eine Dramatisierung. Dies wäre vor allem dann der Fall, wenn Sprecher dieser Frage nicht das poetische Ich des Psalmisten wäre, wie meist angenommen wird, sondern, wie H. Spieckermann vorschlägt, die in der nächsten Strophe angeredete „Erde".[25]

Die vierte Strophe (V. 7–8) ist einerseits Antwort auf die Frage von V. 5–6, aber die Strophe ist andererseits weit mehr, sowohl in formaler wie in inhaltlicher Hinsicht. Formal gibt sie nur indirekt die Antwort, indem sie die Erde auffordert, auch ihrerseits „vor dem Angesicht des אָדוֹן" und „vor dem Angesicht des Gottes Jakobs" zu „tanzen" (חול: dazu s. u.). Als Sprecher dieser Aufforderung gilt meist das poetische Ich des Psalmisten, der dann sowohl die Frage von V. 5–6 als auch die Antwort formulieren würde. Schließt man sich der oben skizzierten Auffassung von H. Spieckermann an, wären die Berge und die Hügel, also Elemente der Erde, die Sprecher dieser Aufforderung an die ganze Erde. Die Erde soll durch „Tanzen" ihrem „Herrn" Reverenz erweisen, der sich als „Gott Jakobs" geoffenbart hat – und *als solcher* der Gott der ganzen Erde sein

---

[24] V. 3 spielt auf Ex 14,21–22; 15,4–12 (Durchzug durch das Meer) und Jos 3,14–17; 4,23–24 (Durchzug durch den Jordan) an; in Jos 4,23 werden beide Geschehnisse ausdrücklich parallelisiert und Jos 4,24 gibt als Absicht JHWHs an, dass alle Völker der Erde erkennen sollen, dass die Hand JHWHs stark ist. Dass in V. 3 auch Vorstellungen vom Chaoskampf konnotiert werden, ist höchstwahrscheinlich; die beiden Verben נוס und סבב sprechen für diese Konnotationen.

[25] SPIECKERMANN, Heilsgegenwart (s. Anm. 20), 153.

will, wie dann die beiden Partizipialaussagen von V. 8 entfalten. Ob die beiden Partizipialaussagen eine Anspielung auf die „Wasserwunder" beim Exodus aus Ägypten (vgl. Ex 17,1–7; Num 20,1–13; Dtn 8,13) sein wollen, ist unsicher, da keinerlei *sprachliche* Gemeinsamkeiten mit den Pentateuchtexten vorliegen und da die Hauptaussage ja nicht einfach darauf abzielt, dass der Gott Jakobs aus dem Felsen Wasser hervorströmen lässt, sondern dass er Felsen in Wasserteiche und Wasserquellen „verwandelt" (הפך).[26] Es ist dagegen wahrscheinlich, dass der Psalm hier die deuterojesajanische Neufassung der Exodusüberlieferung aufnimmt, die den Exodus aus dem babylonischen Exil als einen wundervollen Weg durch die Wüste und über die Hügel verheißt – weil JHWH inmitten seines Volkes mitzieht und sich als Retter des Lebens erweist:

> Ich werde öffnen auf kahlen Hügeln Ströme
> und inmitten von Tälern Quellen (מַעְיָנוֹת)
> ich werde machen die Wüste zu einem Wasserteich (אֲגַם־מַיִם)
> und ausgetrocknetes Land zu Wasserquellen (Jes 41,18).

Diese auf den Exodus Israels aus Babylon bezogene Aussage[27] wird in Ps 114,8 zu einer „Wesensaussage" des Gottes Jakobs transformiert und generalisiert: Er erweist sein Gott-Sein darin, dass er „Fels in Wasser" verwandeln kann, d. h. Wüste in fruchtbares Land, Tod in Leben, Unheil in Heil.[28]

---

[26] In Ex 15,22–25; 17,1–7; Num 20,1–13 liegt der erzählerische Akzent auch noch darauf, dass Mose (und Aaron) die „Wasserwunder" wirken; nur in Dtn 8,15 ist JHWH der Geber des Wassers. Außerdem bewirkt die Wassergabe hier keine „Umwandlung" der Wüste in (bewässertes) Fruchtland bzw. in einen echten Lebensraum, was in Ps 114,8 die mit der Metapher angezielte Aussage sein dürfte.

[27] Die Metapher von den Wasserquellen, die die Wüste geradezu in ein Paradies verwandeln, ist ein zentrales Motiv der Theologie Deuterojesajas: Jes 43,20; 44,3; 48,21 (vgl. auch 35,6 f.). Dabei ist entscheidend: Die Wasserquellen entspringen überall dort, wo JHWH mit seinem aus dem Exil zurückkehrenden Volk hindurchzieht. Der Zweite Exodus wird so als Verwandlung und Neuschöpfung der Welt poetisch inszeniert. Vgl. zur Bedeutung der Wassermetaphorik bei Deuterojesaja vor allem: ULRICH BERGES, Gottesgarten und Tempel: Die neue Schöpfung im Jesajabuch, in: O. Keel/E. Zenger (Hg.), Gottesstadt und Gottesgarten. Zu Geschichte und Theologie des Jerusalemer Tempels, QD 191, Freiburg 2002, 69–98; ENRIQUE FARFAN NAVARRO, El desierto transformado. Una imagen deuteroisaiana de regeneración, AnBib 130, Rom 1992.

[28] Für dieses Verständnis von V. 7–8 ist wichtig, dass V. 8 nicht wie V. 3–6 eine finite Verbalform, sondern das Partizip הַהֹפְכִי bietet. Zu den inhaltlichen Implikationen ist nochmals zu betonen, dass V. 8 eine Metapher ist, die vor allem im Kontext der deuterojesajanischen Theologie verstanden werden muss.

Von der skizzierten Gesamtkomposition her kann Ps 114 als mythisierende Ätiologie Israels verstanden werden.[29] Er vergegenwärtigt den Ursprungsmythos Israels und dessen Funktion für die ganze Erde. Deshalb beschreibt er auch nicht die Reaktion Israels, sondern die Reaktion der Akteure, die Zeugen dieses auf der Weltbühne spielenden Geschehens sind. Die mythisierende Intention von Ps 114 wird noch deutlicher, wenn der Psalm vor dem Hintergrund von Psalm 29 gelesen wird.

Die semantischen und thematischen Beziehungen zwischen Ps 29 und Ps 114 sind offenkundig. Das Motiv vom Springen / Hüpfen der Berge und Hügel, das mit dem Springen junger Tiere verglichen wird, ist Ps 29,6 und Ps 114,4 gemeinsam, wenngleich sich die verglichenen Tiere unterscheiden. Aber an beiden Stellen bezeichnet das Hüpfen der Berge die Reaktion auf die machtvolle Gegenwart des Gottes Israels. Ebenso wird in Ps 29,8 und in Ps 114,7 das seltene Verbum חול = „beben / sich winden / tanzen"[30] verwendet, um die ehrfurchtsvolle Reaktion vor der Wirkmächtigkeit JHWHs auszudrücken; während es in Ps 29,8 um das Erschrecken von partikularen Erdregionen geht (die Wüste bzw. die Wüste von Kadesch), fordert Ps 114,7 die Erde, insbesondere alle Völker der Erde, auf, vor dem Gott Jakobs zu tanzen. Neben diesen lexematischen Beziehungen gibt es auch eine grundlegende strukturelle Gemeinsamkeit der beiden Psalmen, vor deren Hintergrund freilich das spezifische Profil von Ps 114 noch deutlicher wird. Beide Psalmen feiern das machtvolle Wirken des Weltherrschers JHWH für Israel.

Ps 29 zeigt den auf seinem Thron in seiner Königsresidenz sitzenden König JHWH (V. 1–2) bei der Ausübung seines Königtums. Von hier aus bekämpft er die Chaoswasser (V. 3–4. 10), von hier aus setzt er seine Weltherrschaft durch (V. 5–9), und von hier aus erweist er sich als segnender und rettender König seines Volkes.[31] Der Psalm spiegelt nicht, wie

---

[29] Zu diesem Begriff vgl. auch JAMES L. MAYS, Psalms, Interpretation. A Bible Commentary, Louisville 1994. Eine ähnliche Synthese liegt in Ex 19,5–6 vor; dieser Text wird in der neueren Forschung als post-P und post-Dtr bzw. als Element der Pentateuchredaktion beurteilt. In jedem Fall ist die Passage nachexilisch. Das spricht dafür, auch Ps 114 als nachexilisch einzuordnen; für nachexilische Datierung sprechen auch die Parallelisierung von Meerwunder und Jordanwunder in V. 3 und vor allem der starke Einfluss von Deuterojesaja auf unseren Psalm.

[30] Ob חול und חיל ursprünglich zwei unterschiedliche Verbalwurzeln mit unterschiedlicher Bedeutung sind oder ob es sich um zwei unterschiedliche Ausprägungen derselben Wurzel handelt, ist unklar; im Sprachgebrauch selbst lassen sie keinen Unterschied erkennen. Vgl. dazu die Diskussion bei RENAUD, Les deux lectures (s. Anm. 20), 24–27.

[31] Zu diesem Verständnis von Ps 29 und zur Abgrenzung gegenüber anderen Auffassungen vgl. besonders ERICH ZENGER, Psalm 29 als hymnische Konstituierung einer Gegen-

oft gesagt wird, ein Ritual wider, mit dessen Rezitation der Wettergott im Herbst aufgefordert worden wäre, die Regenzeit zu eröffnen, sondern er ist die poetische Konstituierung eines „Weltbilds", das JHWH als den königlichen Triumphator über alle Formen des Chaos feiert und so JHWHs die Welt erfüllende und dominierende Herrlichkeit kultisch vergegenwärtigt. Dazu überträgt der Psalm einerseits Eigenschaften bzw. Wirkweisen des kämpfenden Wettergottes Baal und des inmitten seines himmlischen Hofstaates residierenden Götterkönigs El auf JHWH und betont andererseits gleichwohl eine spezifische JHWH-Perspektive, die vor allem in V. 11 zum Ausdruck kommt, wenn das Volk JHWHs als Empfänger der Gaben JHWHs (עֹז und שָׁלוֹם) präsentiert wird. Spätestens in V. 11 wird klar, dass es in dem Psalm um JHWHs besondere Beziehung zu seinem Volk geht. Sie wird hier mit Hilfe einer Transformation kanaanäischer Theologie in JHWH-Theologie vollzogen.

In Ps 114 findet genau der umgekehrte Prozess statt: Hier werden die geschichtstheologischen Überlieferungen über die Ursprünge Israels mit gemeinaltorientalischen bzw. kanaanäischen Motiven überlagert und mythisiert, doch so, dass das Proprium Israels nicht verloren geht, sondern noch gesteigert wird. Das Ps 114 prägende Vorstellungsmuster ist der von seinem Tempel als seiner Königsresidenz aus die Welt beherrschende Gott Israels. Aber sein entscheidender Machterweis war bzw. ist der Exodus Israels, durch den JHWH sich Israel als seinen (lebendigen) Tempel geschaffen hat und von dem aus er nun sein Weltkönigtum ausübt. Seine beim Exodus Israels offenbar gewordene Schöpfermacht, die alle Hindernisse überwindet und Felsen in Wasser verwandeln kann, wird von Ps 114 für die Erde und die auf ihr wohnenden Völker universalisiert, sodass auch diese den Gott Israels als ihren Gott annehmen können.

Gerade die Zusammenschau von Ps 114 mit Ps 29 macht sichtbar, dass Ps 114 eine Ätiologie Israels und seiner Rolle in der Welt sein will.[32] Der Geschichtsbogen der kanonischen Ursprungsgeschichte Israels vom Exodus bis zur Landnahme wird hier auf ein einziges Geschehen reduziert, wonach Israel durch den Exodus zum besonderen Ort der Gottespräsenz im Kosmos erwählt wurde. Das Geschehen wird auf einer Weltbühne inszeniert, auf der das Meer, der Jordan, die Berge und die Hügel und sogar die Erde als Figuren auftreten, handeln und sprechen. Hauptakteur des Geschehens ist Gott, dessen Figur freilich erst am Schluss des

welt, in: K. Kiesow / Th. Meurer (Hg.), Textarbeit. Studien zu Texten und ihrer Rezeption aus dem Alten Testament und der Umwelt Israels, AOAT 300, Münster 2002, 569–83.

[32] Vgl. dazu ZENGER, A Poetical Etiology (s. Anm. 20).

Psalms erklärt wird: Es ist der Herr der Welt, der sich Israel erwählt, um an ihm sein Gott-Sein zu offenbaren, und der für dieses sein Wunderhandeln den Beifall der übrigen Akteure erhalten will bzw. erhält. Diese Ätiologie vollzieht eine Mythisierung der Geschichte, insofern sie das erzählte Geschehen zu einem Israel und die Weltordnung legitimierenden und normierenden Ur-Geschehen macht, dessen Wirkmächtigkeit durch die Rezitation des hymnischen Psalms beschworen wird.

4. Mythisierende Namen und Metaphern (Pss 46; 48; 133)

Insofern die Psalmen Poesie sind, ist das Spiel mit Metaphern und Assoziationen ein entscheidendes Mittel ihrer poetischen Technik. Dabei kann schon die einfache Verwendung eines einzigen als Metapher eingesetzten Wortes einen komplexen Sinnraum konstituieren. Des weiteren kann ein ausgeführtes Metaphernfeld oder ein Metaphernnetz sich wie ein vielschichtiger Bedeutungshorizont über einen ganzen Psalm oder Psalmenabschnitt legen. Und schließlich kann eine kunstvolle Metaphernkollage einem Psalm eine poetische Polyvalenz geben, die ihn zu einem wahren Kunstwerk macht. Dass sich für eine derartige „Polyphonie" auch bzw. gerade der Psalmen das Spiel mit mythischen Motiven anbietet, liegt auf der Hand. Aus der Fülle der Psalmenbeispiele können hier nur einige Zionspsalmen ausgewählt werden, in denen mythisierende Namen und Metaphern besonders intensiv auftreten.

Die in spätvorexilischer Zeit entstandene Primärfassung von *Psalm 46* (d. h. 46,2–8)[33] besingt den Zion als Ort von Geborgenheit und Lebensfülle, weil dort der Tempel königliche Residenz JHWHs ist und weil JHWH von dort aus das Chaos bekämpft und den Kosmos belebt. Während V. 2 und V. 8 als Rahmenverse dieser Primärfassung JHWH als Schutzgott mit der Metapher Stadt als von Mauern geschützter und bewachter Lebensraum sowie als Zufluchtsort auch für die im Umkreis der Stadt lebenden Menschen feieren, positionieren die dazwischen stehenden Verse 3–7 die

---

[33] Zu dieser literarkritischen These vgl. ECKART OTTO, Krieg und Frieden in der Hebräischen Bibel und im Alten Orient. Aspekte für eine Friedensforschung in der Moderne, Theologie und Frieden 18, Stuttgart 1999, 112–17; eine andere (mich nicht überzeugende) Primärfassung rekonstruieren nun CHRISTOPH UEHLINGER / ANDREAS GANDY, Vom Toben des Meeres zum Jubel der Völker. Psalterexegetische Beobachtungen zu Psalm 46, in: D. Böhler u. a., L'Ecrit (s. Anm. 19) 372–93.

Stadt inmitten eines kosmischen Weltbildes mit Bergen, Meeren, Königreichen und Völkern. Vor allem aber evozieren diese Verse mit den Motiven vom Chaoskampf und der Metapher vom brüllenden Löwen[34] eine mythische Dimension, die Zion / Jerusalem zum Ort mythischer Lebensfülle inmitten einer vom politischen Chaos bedrohten Welt macht. Dabei spielt der Psalm in V. 3–5 mit der für das Lebenswasser des Zion gewählten Bezeichnung נָהָר den nach Ausweis ugaritischer Texte offensichtlich kanaanäischen Namen des von Baal besiegten Chaoswassers Nahar ein.[35] Durch den Sieg über Nahar stieg Baal zum Götterkönig auf und erhielt zum Zeichen seiner Königsherrschaft auf dem Götterberg einen Palast. Dieser mythische Vorstellungskomplex wird in Ps 46 zwar nicht als Narration geboten (das ist also ein wichtiger Unterschied gegenüber den oben beschriebenen Psalmen 2 und 82), aber er bildet die Folie für die in V. 4–5 beschriebene Funktion des Zion:

> Es mögen toben, es mögen schäumen seine Wasser,
> es mögen beben die Berge bei seinem Übermut,
> Nahars Wasserläufe erfreuen die Gottesstadt,
> die heiligste der Wohnungen Eljons (46,4–5).

Dieser Abschnitt lässt sich mit Chr. Uehlinger und A. Grandy folgendermaßen verstehen: „Die alte exegetische *crux*, wo die Bezugsgröße der Suffixe 3. m. sg. in V. 4 liege (YHWH?, ein ungenannter bzw. hinter ימים sich verbergender Meeresgott Yamm?) lässt sich verstehen, wenn man sie als vorauslaufende Verweise auf *Nahar* interpretiert und die schwierige *casus pendens*-Konstruktion ‚Nahar: seine Wasserläufe' als ‚Nahars Wasserläufe' auflöst [...] Traditionsgeschichtlich bezeichnen im ugaritischen Mythos *zbl ym* ‚der Fürst Yamm / Meer' und *tpt nhr* ‚der Herrscher Nahru / Strom' ohnehin ein und denselben Gegner des Sturmgottes, und es gibt keinen Grund hier etwas anderes anzunehmen. Die besondere Pointe von V. 5 a besteht darin, dass die drohenden Chaoswasser Nahars in der Gottesstadt (d. h. Jerusalem) zu Kanälen umfunktioniert worden sind und nun zur Freude nicht nur der menschlichen Bewohnerschaft Jerusalems, sondern auch des in ihr residierenden höchsten Gottes fließen (V. 5 b)."[36]

---

[34] Zu dieser Konnotation von Ps 46,7 vgl. ERICH ZENGER, „Wie ein Löwe brüllt er ..." (Hos 11,10). Zur Funktion poetischer Metaphorik im Zwölfprophetenbuch, in: Ders. (Hg.), „Wort JHWHs, das geschah ..." (Hos 1,1). Studien zum Zwölfprophetenbuch, Herders Biblische Studien 35, Freiburg 2002, 33–45, 39 f.

[35] So mit UEHLINGER / GANDY, Vom Toben (s. Anm. 33) 383.

[36] UEHLINGER / GANDY, Vom Toben (s. Anm. 33), 383.

Wie das Abhängigkeitsverhältnis zwischen Ps 46,5 und Gen 2,10 ist, kann und braucht hier nicht näher erörtert zu werden; dass die mythisierende Motivik von Ps 46,5 durch Gen 2,10 eine zusätzliche Bedeutung erhält, ist aber unbestreitbar.

Die in Ps 46,2–8 eingespielte mythische Motivkonstellation ist auch im Zionspsalm *Psalm 87*[37] erkennbar. Auch hier wird der Mythos vom Chaossieger, dem auf dem Götterberg ein Palast-Heiligtum errichtet wird und in dessen Residenz ein paradiesischer / kosmischer Quell entspringt, der (Lebens-) Freude auslöst, nicht narrativ dargestellt, aber die mythischen Motive werden evoziert, um die Besonderheit des Zion zu feiern. Folgende mythisierende Elemente sind zu nennen: (1) Die Gottesstadt (V. 3) ist JHWHs „Gründung auf heiligen Bergen". Die Formulierung „heilige Berge" evoziert den mythisch-kosmischen Ur-Berg, der als Weltberg und Paradiesberg zugleich der Erde Festigung und Leben vermittelt. Der Zion übt diese Funktion dadurch aus, dass auf seiner Spitze die Gottesstadt mit der Residenz JHWHs „gegründet" (schöpfungstheologischer Begriff) ist. (2) In V. 4–6 werden fünf Namen von feindlichen Völkern / Ländern genannt, denen allesamt von JHWH, dem in Zion residierenden kosmischen König, ein Bürgerrecht auf dem Zion zugesprochen wird. Die Aufzählung der fünf Namen ist nicht exklusiv gemeint. Vielmehr ist der ganze Erdkreis intendiert, als dessen mythische Mitte („Nabel") der Zion proklamiert wird. Die genannten Namen markieren nämlich die vier Himmelsrichtungen West („Rahab" = Ägypten), Ost (Babel), Nord (Philistäa und Tyrus) und Süd (Kusch). (3) Auffallend ist, dass Ägypten in V. 4 mit dem in Jes 30,7 ausdrücklich auf Ägypten bezogenen mythischen Namen Rahab bezeichnet wird. Zwar scheint Jes 30,7 die mythische Konnotation von Rahab als das von JHWH bekämpfte und besiegte Meeresmonstrum nicht intendiert zu sein, aber Jes 51,9, wo „Rahabs" Durchbohrung bzw. Vernichtung als mythische Metapher für JHWHs Exodushandeln an der Chaosmacht Ägypten verwendet wird, spricht dafür, dass die friedliche „Einbürgerung" von Rahab = Ägypten in Ps 87 die Chaoskampfmotivik evozieren will. (4) Die gemäß Ps 87,7 auf den „heiligen Bergen" (87,2) entspringenden Wasserquellen erinnern stark an Ps 46,5 (und Gen 2,10).

Dass im Zionslied *Psalm 48* durch den dem Zion gegebenen Namen des Götterberges Zaphon, auf dem nach urgaritischer Tradition dem Baal nach seinem Sieg über seine (Chaos-) Feinde ein Königspalast errichtet

---

[37] Zu Ps 87 vgl. HOSSFELD / ZENGER, Psalmen 51–100 (s. Anm. 17), 548–63.

wurde, nicht nur eine mythische Aura eingespielt werden soll, sondern dem Zion und der auf ihm gelegenen „Gottesstadt" eine göttliche Mächtigkeit zugesprochen wird, ist weitgehender Konsens der Forschung und braucht hier nicht weiter erläutert zu werden. Die Rezeption des Baal-Mythos wird in Ps 48,2–3 ja bis in den Wortlaut hinein sichtbar,[38] wenn man den Psalmabschnitt und die Passage KTU 1.3 III, 28–31, wo Baal die Anat auffordert, zu ihm auf seinen Heiligen Berg zu kommen, nebeneinanderstellt:

> Kommt doch, und ich werde es offenbaren
> inmitten meines göttlichen Berges Zaphon,
> im Heiligtum, auf dem Berg meines Erbbesitzes,
> in der Lieblichkeit, auf dem Hügel des Sieges
> (KTU 1.3 III, 28–31).[39]

Ps 48, wo in V. 5–8 von einem (mythischen?) Sieg JHWHs über die feindlichen Völker erzählt wird, beginnt mit einem hymnischen Bild von JHWH als dem auf dem Zion als seinem Zaphonberg residierenden Götterkönig:

> Groß ist JHWH und sehr zu lobpreisen
> in unserer Gottesstadt.
> Der Berg seines Heiligtums ist ein wunderschöner Hügel,
> er ist die Wonne der ganzen Erde.
> Der Berg Zion ist das Bergmassiv Zaphon,
> er ist der Wohnsitz des Groß-Königs (Ps 48,2–3).

Was die kanaanäische Mythologie mit Baal und mit seinem Zaphonberg verbindet, all dies geschieht nach Meinung des Psalms „in Wirklichkeit" auf dem Zion und durch den Zionsgott JHWH, wie der Psalm in den folgenden Versen dann weiter erzählt. Für unseren Zusammenhang ist wichtig: Durch das Einspielen des Namens Zaphon wird hier eine mythische Metaphorik evoziert, die den ganzen Psalm imprägniert.

Auch der „Zionspsalm" *Psalm 133* gibt mit einem mythisch aufgeladenen Namen dem Zion und der dort versammelten kultischen Gemeinschaft eine besondere Bedeutung.[40] Der Psalm vergleicht die brüderliche

---

[38] Vgl. SPIECKERMANN, Heilsgegenwart (s. Anm. 20), 191.

[39] Übersetzung nach TUAT IV, 1143.

[40] Zur Funktion von Ps 133 in der Komposition des sog. Wallfahrtspsalters Ps 120–134 vgl. ERICH ZENGER, Die Komposition der Wallfahrtspsalmen 120–134. Zum Programm der Psalterexegese, in: M. Ebner / B. Heininger (Hg.), Paradigmen auf dem Prüfstand. Exegese wider den Strich, NTA 47, Münster 2004, 173–90.

Gemeinschaft bei den großen Wallfahrtsfesten in Jerusalem zunächst mit dem beseligenden und betörenden Duft der parfümierten Salbkegel auf den Häuptern der Teilnehmer von Festgelagen (133,2). Darauf lässt der Psalm einen zweiten Vergleich folgen, dessen Verständnis den Kommentatoren meist Schwierigkeiten bereitet:

> Wie Hermontau, der herabsteigt
> auf die Berge Zions (133,3ab).

Die traditionellen Probleme dieses Vergleichs beschreibt K. Seybold in seinem Psalmenkommentar folgendermaßen: „Das [...] Gleichnis führt in die profane Welt des Hermongebirges, seinen Bächen und Flüssen, die, von Tau und Regen gespeist, die unteren Regionen bewässern [...] Eigentlich ist hier von ‚den Bergen Zions' (𝔐) die Rede. Doch das ist eine schwer nachvollziebare Vorstellung, weshalb die Konjektur Gunkels, ‚Ijjon' statt ‚Zion' zu lesen (oder ציה u. ä.) viel für sich hat. Weit entfernt von Dan wären sie nicht, die Berge der Stadt ‚Ijjon' (äg. ʿAj[a]na, vgl. 1 R 15,20; 2 R 15,29), die den Hauptquellfluss des Jordans aus dem Hermon Nahr el-Ḥāṣbānī begleiten."[41] Aus „Ijjon" habe dann die Zionsredaktion des Wallfahrtspsalters „Zion" gemacht, wobei dann der in der „Primärfassung" von Ps 133 stehende Plural „*die* Berge", der eigentlich nicht zu *dem* Berg Zion passe, stehen blieb. Diese (auch von mir selbst früher vertretene[42]) Hypothese, die mit einer reichlich hypothetischen Textkonjektur arbeitet, erübrigt sich, wenn zum einen durch den Plural „die Berge Zions" wie in Ps 87,1 der Zion als „der (heilige) Berg" schlechthin, d. h. als der mythische Ur-Berg, auf dem der Tempel JHWHs liegt, qualifiziert wird, und wenn zum andern mit dem Namen „Hermon" mythisierend der Götterberg des „Baal-Hermon" (vgl. Jdc 3,3; I Chr 5,23) und die von diesem Götterberg „herbsteigende" wunderbare Fruchtbarkeit (vgl. dazu auch Ps 110,3) evoziert wird.[43] „Hermontau" wäre dann mythisierende Metapher für den gott-geschenkten Segen (vgl. dazu Hos 14,6), den JHWH auf den Zion hinbefohlen hat (133,3c).

---

[41] Seybold, Die Psalmen (s. Anm. 18), 500 f.

[42] Erich Zenger, Vom Segen der Brüderlichkeit. Überlegungen zum Verständnis des 133. Psalms, in: R. Mosis / L. Ruppert (Hg.), Der Weg zum Menschen. Zur philosophischen und theologischen Anthropologie. FS A. Deissler, Freiburg 1989, 173–182.

[43] Vg. zu dieser Sicht auch M. Rose, Je lève les yeux vers les montagnes, vers nos alpes de neige, que Dieu les protège!, in: D. Böhler u. a., L'Ecrit (s. Anm. 19), 205–309, 299.

5. Zusammenfassung

H.-P. Müller vertritt in seinem Beitrag „Mythos und Metapher“ die These: „Religion kann zwar ohne produktive Mythen, nicht aber ohne das Mythische sein.“[44] Gerade für die Psalmen-Poesie ist das Spiel mit mythischen Motiven und mit der literarischen Technik der Mythisierung konstitutiv, weil es dadurch gelingt, den kontingen Erfahrungen religiöse Tiefendimensionen zu geben. Die mythische Bildsprache durchbricht die Alltagssprache und ermöglicht so die Gestaltung und die Verwandlung der Wirklichkeit im Sinne jener *adaequatio rei et intellectus*, von der eingangs die Rede war.

44 Vgl. oben 77.

Handeln, Sprache, Religion, Theologie[1]

Hans-Peter Müller, In: Körtner, Glauben, 2000, 57–74

1. Voraussetzungen

Gestatten Sie mir, zunächst einige Voraussetzungen zu benennen, die für die Themenformulierung ebenso wie für die folgenden Erörterungen leitend sind!

1.1 Ich gehe davon aus, daß der Mensch in seinem Reden und Glauben, ja sogar in seinem strengen Denken immer zugleich und zuerst ein Handelnder ist. Entsprechend sucht er sich durch Sprache, Religion und Theologie in einer Umwelt, die zunächst feindlich ist, einzunisten. Dabei paßt er nicht nur sich seiner Umwelt, sondern auch die Umwelt den eigenen vitalen, emotionalen und rationalen Bedürfnissen an. Sprach- und Religionswissenschaft, aber auch Theologie sind zwar Geisteswissenschaften; aber sie haben gerade als solche, weil der Geist von einem Lebensinteresse geleitet wird, eine naturwissenschaftliche Affinität. Die Assimilation unserer Umwelt, die darüber zur Eigenwelt wird[2], begründet ein naturwissenschaftliches, genauer: ein verhaltenswissenschaftliches, ein humanethologisches Problem. Eine Vernachlässigung der naturwissenschaftlichen Dimension von Sprache und Handeln, aber auch von Religion und Theologie muß zu einem Geltungsverlust gerade der geisteswissenschaftlichen Fächer führen; d. h. das Vertrauen in die Kompetenz zur Deutung der Wirklichkeit geht noch mehr von den Geistes- zu den

[1] Erweiterte Fassung eines Vortrags, gehalten bei der 1. Jahrestagung der ‚Rudolf-Bultmann-Gesellschaft für Hermeneutische Theologie‘ am 3. Januar 1999 in Hofgeismar; Abschiedsvorlesung aus Anlaß meiner Emeritierung vor der Evangelisch-Theologischen Fakultät der Westfälischen Wilhelms-Universität Münster am 1. Februar 1999. – Abkürzungen nach TRE.

[2] Vgl. *H. Gipper*, Bausteine zur Sprachinhaltsforschung. Neuere Sprachbetrachtung im Austausch mit Geistes- und Naturwissenschaft, Düsseldorf ^{2}1969, S. 367 ff.

Naturwissenschaften über, wenn der Geist nicht einsehen will, daß er nicht nur der Natur gegenübersteht, sondern auch ihr Teil ist. [58]

1.2 Das gilt selbst in bezug auf das erkenntnistheoretische Problem, also für die Frage, was ich überhaupt wissen kann und wie ich das weiß, was ich zu wissen glaube. Auch das erkenntnistheoretische Problem muß unter systematischer Berücksichtigung empirischer Daten erörtert werden, also im Zusammenhang mit der Verhaltenswissenschaft und einer entsprechend empirisch arbeitenden Linguistik; erst danach sind die Positionen etwa der aufgeklärt-idealistischen Transzendentalanalytik einzubeziehen. Die Frage, was ich und wie ich wissen kann, ist nicht zu beantworten, wenn ich mir nicht zugleich darüber klar werde, wie ich in meiner Umwelt lebe und wie mein Sprechen und Denken durch mein Lebensinteresse bestimmt ist: was ich wissen kann, hängt von dem ab, was ich im Dienst meines Überlebens und für eine menschgemäße Lebensoptimierung wissen muß. Nicht zuletzt aber ist mein Denken durch die Grenzen der Möglichkeit bestimmt, das jeweils Gedachte im Dienste einer sozialen Lebensoptimierung auch mitzuteilen. Nicht erst Sprechen und Denken, schon unsere Wahrnehmung ist durch ihre Lebensdienlichkeit geprägt: was wir wahrnehmen und was wir über das Wahrgenommene sagen und denken, liegt in unserem Lebensprogramm begründet; so wirkt das Lebensinteresse selektiv auf unser sensuelles, geistiges und soziales Verhalten zurück, das sich als menschgemäß bewähren muß.

1.3 Diese grundlegenden Gesichtspunkte sind auch bei der Verhältnisbestimmung von Religion und Christentum zu berücksichtigen: die biblisch-christliche Botschaft ist vom Genus commune des religiösen Verhaltens des Menschen her zu verstehen. Zwar können wir niemals endgültig definieren, was Religion ist: tatsächlich ist der Religionsbegriff nicht nur jedes Theologen, sondern auch jedes Religionswissenschaftlers und Religionskritikers von der eigenen Religion her geprägt; auch ein christlich Glaubender kann freilich meist nicht einmal sagen, was ihn bewegt, der biblischen Botschaft Glauben zu schenken. Offenbar aber entspricht die christliche Botschaft – und sei es kontradiktorisch – einem ebenfalls nicht genau definierbaren religiösen Bedürfnis, das zu meinem Mensch-Sein und dessen biologischen Konditionen gehört. Daß es ein solches gemeinmenschliches religiöses Bedürfnis unter einer gemeinsamen biologischen Bedingtheit gibt, zeigt nicht nur die weitgehende Vergleichbarkeit menschheitlicher religiöser Vorstellungen wie etwa der vom persönlichen Gott, dazu die relative Ähnlichkeit der Überzeugungen von unserer Rettungs- bzw. Erlösungsbedürftigkeit sowie schließlich die Gemeinsamkeit einer entsprechenden Anthropozentrik des Wirklichkeitsbewußtseins. Menschheitlich gemeinsam sind auch die Probleme heutiger Religionen wie das Schwinden des Gottesbewußtseins in den Massen, der Verlust von Abhängigkeitsgefühl im technokratischen Allmachtswahn, nicht zuletzt aber auch die Folgen einer Minimalisierung und Bagatellisierung des Menschen, wie sie **[59]** spätestens seit der Erfindung des Hubble-Teleskops ein ins Unermeßliche expandierender Kosmos mit sich bringt. Daß diese gemeinsamen Probleme heutiger Religionen als ein schweres inneres Leiden erlebt werden, erweist gleichsam im defizitären Modus, daß wir natürlicherweise religiöse Wesen sind. Schon in den zwanziger Jahren schrieb Aldous Huxley: „Viel von der Rastlosigkeit und Unsicherheit, die so charakteristisch sind für unsere Zeit, ist wahrscheinlich dem chronischen Gefühl einer ungestillten Sehnsucht zuzuschreiben, dem die Menschen – von Natur religiös, aber durch die Umstände zu einer Existenz ohne Religion verdammt – ausgeliefert sind."[3]

1.4 Was kann unter diesen Voraussetzungen unter Theologie verstanden werden? – Theologie ist m. E. die ständige Reflexion auf den Platz des Menschen zwischen dem, was wir ‚Gott' nennen, und der kosmischen und irdischen, der unbelebten und belebten, der natürlichen und sozialen Wirklichkeit. Diesem Platz des Menschen zwischen Gott und Welt muß sein Handeln entsprechen, das wiederum Sprechen und Denken umfaßt; nicht nur in ihrer ethischen Disziplin, sondern in allen ihren Disziplinen ist Theologie selbst darum ein Handeln, genauer: ein Metahandeln, d. h. ein Handeln, das zum Handeln ermächtigt und es gleichzeitig in die Grenzen seiner Menschgemäßheit verweist. Ein solcher Theologiebegriff hat unter anderem den Vorteil, daß er die biblisch-christliche Botschaft und deren Interpretation in der Christentumsgeschichte zu den Botschaften anderer Religionen in ein unvoreingenommenes und ehrliches Verhältnis setzen kann. Dazu tragen nicht nur die gemeinsamen Positionen und Probleme bei; dazu werden die Fragen, die heute von der Erkenntnistheorie her und aus der gemeinsamen Lebensproblematik an die Religionen gestellt werden, auch positiv wirksam. Eine christliche Theologie der

[3] Proper Studies, London 1927, hier zitiert nach *A. Hardy*, Der Mensch – das betende Tier. Religiosität als Faktor der Evolution, Stuttgart 1975, S. 10.

Religionen als Basis eines interreligiösen Dialogs ist darum ein dringendes, lange vernachlässigtes Erfordernis. Die alttestamentliche Theologie mit ihrer Integration von spezifisch jahwistischen und altorientalischen Elementen kann entsprechend ein Paradigma sein: Baʿal konnte darum nur verzichtbar werden, weil JHWH die Funktionen eines Fruchtbarkeitsgottes übernahm; seine Stärke war, das Fremde integrieren zu können. Horizonte für den interreligiösen Dialog sind bekanntlich die praktischen Aufgaben der heutigen Menschheit wie die Ernährung der Weltbevölkerung, die Bewahrung der Schöpfung und des Völkerfriedens, die Durchsetzung der Menschenrechte, die Behebung des weltweiten Mangels an bezahlbarer Arbeit und so vieles andere. Für alle Religionen belastend ist aber auch der Funktionsverlust von bergenden Überlieferungen in den sich rasend verändernden Sozialwelten, der Zusammenbruch herkömmlicher Grundüberzeugungen bei gegenläufigem Fundamentalismus und vor **[60]** allem der Plausibilitätsverlust früherer Absolutheitsansprüche; eine Vielfalt möglicher Wirklichkeitszugänge, die auch gemeinsam keinen authentischen Begriff des Ganzen zu geben vermögen, ist zur fraglosen Voraussetzung von Glauben, Denken und Dialog geworden und läßt in weiterer Folge schlechthin alles als fraglich erscheinen.

2. Handeln

2.1 Was hier vom Vor-Recht des Handelns gesagt wird, ist nicht neu. Schon Johann Georg Hamann hat, wie Oswald Bayer[4] zeigt, alle menschlichen Lebensäußerungen einschließlich des Lernens und Lehrens wesentlich als Handlungen verstanden. Diese auch von Max Weber, Arnold Gehlen u. a. geförderte Fundamentaleinsicht ist aber erst eigentlich durch die moderne Humanethologie, insbesondere durch Jakob Johann von Uexküll[5] sowie Konrad Lorenz[6] und dessen Schüler, überzeugend be-

---

[4] *O. Bayer*, Religionsphilosophie zwischen Ethik und Ontologie als Sprachphilosophie, in: *M. M. Olivetti* (Hg.), Philosophie de la religion entre éthique et ontologie (Biblioteca dell' ‚Archivo di Filosofia' 14), Padua 1996, S. 387–401, hier S. 394; zu Weber und Gelen: a. a. O., S. 395 mit Anm. 46 und 47.

[5] *J. J. v. Uexküll*, Theoretische Biologie (1920), Berlin ^{2}1928 (stw 20, mit einem Vorwort von R. Bilz, Frankfurt a. M. 1973).

[6] *K. Lorenz*, Die Rückseite des Spiegels. Versuch einer Naturgeschichte menschlichen Erkennens, München 1973; *ders.*, Kants Lehre vom Apriorischen im Lichte gegenwärtiger Biologie (1941), in: *L. Eibl-Eibesfeldt* (Hg.), Konrad Lorenz. Das Wirkungsgefüge der Natur und das Schicksal des Menschen. Gesammelte Arbeiten, München / Zürich 1978, S. 82–109; ferner *K. Lorenz / F. Wuketits* (Hg.), Die Evolution des Denkens, München / Zürich 1983.

gründet worden. Danach lastet auf Gesellschaften und Gruppen ein ständiger Druck, im Dienste des Überlebens und der Lebensoptimierung zweckdienlich zu handeln. Kurzfristig freilich kann sich eine Gesellschaft oder Gruppe von diesem Druck auch befreien, etwa um über weiteres Handeln sprachlich zu kommunizieren und dabei Denkprozesse in Bewegung zu setzen: so bleiben umgekehrt Sprache und sogar strengeres Denken Teile eines Handlungskontinuums; entsprechend geht die insbesondere von Konrad Lorenz begründete Evolutionäre Erkenntnistheorie[7] davon aus, Denken aus seinen kollektiven und individuellen Handlungszusammenhängen, also aus den **[61]** Bedingungen seiner kommunikativen Möglichkeiten, zu begreifen.

2.2 Handlungstheorien aber implizieren Systemtheorien. Der Handelnde bildet zusammen mit der von ihm behandelten Wirklichkeit ein selbstrückbezügliches System. Wahrnehmen, Sprechen und Denken sind, wie nun mehrfach gesagt, als Handeln an der Wirklichkeit lebensinteressenorientiert: mein Wille, mich in der Umwelt einzunisten, d. h. die Umwelt als meine Eigenwelt zu assimilieren, entscheidet einerseits darüber, was ich überhaupt wahrnehme; andererseits läßt ein lebensinteressenorientiertes Sprechen und Denken nur solche Interpretationen der Wirklichkeit zu, die ihrem Lebenszweck dienen. Wahrnehmen, Sprechen und Denken fördern das Leben, dessen Interesse umgekehrt auf Wahrnehmen, Sprechen und Denken zurückwirkt; Wahrnehmen, Sprechen und Denken vollends verändern die Lebensinteressen in einer durch den Menschen ständig veränderten Welt.

So ist der Lebenszweck auch die Ursache für das Aufkommen und die Durchsetzung von Weltanschauungen, die sich rückwirkend am Lebenszweck bewähren und das Bewußtsein für die Menschgemäßheit von Lebensinteressen schärfen. Unser Sensorium und unser Intellekt sind nicht darauf eingestellt, die Wirklichkeit, wie sie ist, zu erkennen. Darum ist Immanuel Kants Ding-an-sich eine ebenso erhabene wie leere Idee.

---

[7] Eine gute Einführung in die Evolutionäre Erkenntnistheorie mit theologischer bzw. philosophischer Auseinandersetzung bieten *U. Lüke*, Evolutionäre Erkenntnistheorie und Theologie. Eine kritische Auseinandersetzung aus fundamentaltheologischer Perspektive (Edition Universitas), Stuttgart 1990 bzw. *K. R. Popper*, Die erkenntnistheoretische Position der Evolutionären Erkenntnistheorie (1986), in: *ders.*, Alles Leben ist Problemlösen, München / Zürich ²1996, S. 127–144 und *G. Pöltner*, Evolutionäre Vernunft. Eine Auseinandersetzung mit der Evolutionären Erkenntnistheorie (UB 449), Stuttgart u. a. 1993; vgl. zur naturwissenschaftlichen und philosophischen Auseinandersetzung die Aufsätze bei *W. Lütterfelds*, Transzendentale oder evolutionäre Erkenntnistheorie, Darmstadt 1987.

Daß sich jedes Urteil – unbewußt – an variablen Lebenserfordernissen zumindest mitbewähren muß, mag man diese in autonomer Weltgestaltung wie auch immer mißverstehen, kann man nur dann bedauerlich finden, wenn man, wie es etwa im Buddhismus der Fall ist, das Leben selbst für einen Unwert ansieht.

Allerdings bringt die Einsicht in die Selbstrückbezüglichkeit unserer Weltwahrnahme immer ein bestimmtes Maß an Skepsis mit sich. Sie begründet Kritik an überaffirmativen Erkenntnisansprüchen der Offenbarungsreligion, aber auch der Aufklärungsphilosophie und des klassischen Idealismus, während umgekehrt der romantische Geist – lebensbewußter – ohne ein Element skeptisch begründeten Relativismus nicht auskommt.

Zwar muß das menschliche Denksystem auf allen Komplexitätsstufen ein gewisses Maß an nüchterner Realitätsentsprechung in sich aufnehmen: hätten sich schon unsere prähumanen Ahnen beim Springen von Ast zu Ast über ein gewisses, zu vernachlässigendes Maß hinaus ständig in den Entfernungen geirrt, hätte es den Menschen nicht gegeben, und auch diese Vorlesung würde sich erübrigen. Dennoch kann es außerhalb eines solchen Elementarbereichs lebensdienliche Irrtümer geben; ja, der Lebenswille kann solche Irrtümer erzwingen, wie die tägliche Erfahrung lehrt.

So werden vor allem bestimmte Ereignisse, mögen sie anderen Augen auch als unbedeutend, ja negativ-wertig erscheinen, im Lebensinteresse **[62]** als normative Stiftungen zurechterzählt[8]. Dies geschieht zumindest überall da, wo sich das Lebensinteresse durch sie begründen und legitimieren kann. Es geschieht also nicht nur in Religionen. Das Zurechterzählen stiftend-normativer Ereignisse dient auch nicht nur hier einem Zurechtinterpretieren der Wirklichkeit. Zurechterzählen und Zurechtinterpretieren sind vielmehr die Intentionen von Erzählen und Verstehen überhaupt – sei es in der Politik und den sie begleitenden geschichtlichen Erkenntnisvorgängen, sei es in der Kunst des Wortes oder sei es im alltäglichen Gespräch. Auch was dem Pessimisten, der wie der Buddhismus immer auf ein Stück Lebensinteresse verzichtet, als sinnlos erscheinen mag, wird in einer relativen emotionalen und rationalen Autonomie gegenüber der sog. Realität noch als irgendwie sinnvoll im Sinne der Lebensförderung aufgenom-

---

[8] Vgl. zum folgenden *H.-P. Müller*, Rechtfertigung des Mythos in bibeltheologischer und hermeneutischer Hinsicht, in: *A. Bsteh* (Hg.), Christlicher Glaube in der Begegnung mit dem Hinduismus (Studien zur Religionstheologie 4), Mödling 1998, S. 63–78.

men. Was dennoch Widerspruch bleibt, muß zumindest ein sinnvollerer Widerspruch werden.

2.3 Wie auch immer: der Schluß vom Überleben einer Gattung auf die Realitätsentsprechung ihrer Wirklichkeitswahrnahme ist schon logisch unzulässig[9]. Unsere Wirklichkeitswahrnahme ist nun einmal vom Interesse am Überleben in der Realität bestimmt: so gewinnt sie ihre Überzeugungskraft keineswegs aus der Übereinstimmung ihrer Inhalte mit dieser Realität, die wir letztlich ohnehin nicht kennen; ihre Überzeugungskraft liegt vielmehr in ihrer Übereinstimmung mit dem Überlebensinteresse, einer Übereinstimmung, die wir wiederum allenfalls erahnen können. Dazu kommt, daß eine Selektion aufgrund erfolgreicher Wirklichkeitswahmahme im Lebensinteresse primär nur negativ für das Aussterben einer Gattung und nur im Umkehrrückschluß auch positiv für deren Überleben verantwortlich gemacht werden kann.

3. Sprache

3.1 Wie wir nur solche Eindrücke wahrnehmen können, die sich physiologisch in uns fortpflanzen, so können wir auch nur solche Erkenntnisse haben, die durch die sprachlichen Mittel unseres Denkens transportierbar sind – sei es zu anderen und dann rückwirkend zu uns selbst, sei es zu uns selbst und dann fortwirkend zu anderen. Sprache bildet eine Zwischenwelt der Wirklichkeit einerseits und deren Wahnnahme und Interpretation andererseits; sie tritt in die Lücke zwischen Objekt **[63]** und Subjekt, indem sie die Welt allererst sinnvoll wahrnehmbar und interpretierbar macht. Als Zwischenwelt von Wirklichkeit und Geist, Objekt und Subjekt ist Sprache gerade in ihrer grammatischen Struktur dem mathematischen Intermedium ähnlich. Sie ist freilich weniger anspruchbehaftet: die Logik der Sprache, auch der Grammatik, ist unschärfer; Sprache ist auch in ihrer Strukturiertheit widerspruchstoleranter. Schon in den Einzelsprachen überschneiden eine Vielfalt inhomogener Strukturen einander; eine logisch normierte Einheit und Geschlossenheit der Vernunft, wie sie selbst Aufklärung und Idealismus nur zu postulieren vermochten, findet nicht

---

9 Vgl. zum folgenden *E. v. Glasersfeld*, Einführung in den radikalen Konstruktivismus, in: *P. Watzlawick* (Hg.), Die erfundene Wirklichkeit. Wie wissen wir, was wir zu wissen glauben? Beiträge zum Konstruktivismus, München / Zürich ²1985, S. 16–38, bes. S. 22.

erst an der Vielfalt von Sprachen[10], sondern schon an jeder der jeweils in langer Überlieferung gebildeten Einzelsprachen ihre Gegeninstanz. Die von Sprache jeweils abhängige Vernunft wird vollends nur in einer Vielfalt von Vernünften wirklich, was wiederum die Romantik unvoreingenommener gesehen hat als Aufklärung und Idealismus.

Auch dieser Tatbestand hat einen biologischen Hintergrund. Das menschliche Leben, dem Sprache und Denken zu seiner Einnistung in die Umwelt dienen, bedarf dazu nicht des logisch strengsten Konstrukts. Im Gegenteil: sein Gewinn ist größer, wenn es dem Wuchern des Organischen und dessen immer ein wenig zufälligen physikalischen und chemischen Voraussetzungen mit zu entsprechen sucht. Gerade die Sprache ist insofern das Pendant einer bleibenden Unvollkommenheit unseres Ordnungswillens, der ohnehin zwischen Emotionen und Rationalität oszilliert; ja, sie ist das Pendant eines Zurückbleibens auch der Wirklichkeit hinter einer Strukturiertheit, die nur purer Rationalität als wünschenswert erscheinen mag.

3.2 Der weitgehenden Determination jeweiligen Denkens durch jeweilig überlieferte Sprache hat das Individuum wenig entgegenzusetzen. Dies gilt auch, wenn jenseits der Vielfalt von Einzelgrammatiken eine transformative Universalgrammatik im Sinne Noam Chomskys[11] als einer hypothetischen Vernunft in den Vernünften evolutiv vorprogrammiert ist. So scheinen gerade die fundamentalsten und erfolgreichsten philosophischen Entwürfe immer auch von der Struktur der Sprache abhängig, in der sie formuliert wurden. Die Welt ist keineswegs „alles, was der Fall ist", wie Ludwig Wittgenstein sagte[12], sondern vielmehr nur alles, was wir von Fall zu Fall über sie zu sagen und darum zu denken vermögen.

So hat René Descartes den Tatbestand des Denkens mit dem Dasein des **[64]** Denkenden verbunden: cogito (ergo) sum „ich denke, (also) bin ich"[13]. Hätte er wohl diese Verbindung auch dann hergestellt, wenn er nicht im Lateinischen und Französischen zu denken gelernt hätte,

---

[10] Vgl. Bayer, a. a. O. (Anm. 4), S. 387.

[11] Zu dem bekannten Konzept von *E. Lenneberg* (Biologische Grundlagen der Sprache [1972], [stw 217] Frankfurt a. M. 1977) hat Chomsky vor allem bei *R. W. Rieber* (Hg.), The Neuropsychology of Language, New York 1976, (deutsch in: *N. Chomsky*, Regeln und Repräsentationen, Frankfurt a. M. 1981, S. 187–217) Stellung nommen.

[12] *L. Wittgenstein*, Tractatus logico-philosophicus, (1921) London 1922, Satz 1.

[13] Vgl. zum folgenden *H.-P. Müller*, Zur Wechselbeziehung von Wirklichkeitswahrnahme und Sprache, in: *ders.*, Mythos – Kerygma – Wahrheit (BZAW 200), Berlin / New York 1991, S. 264–309, hier S. 274–284.

in Sprachen also, deren Sätze vom Subjekt her, der Bezeichnung des Handlungsträgers, konstruiert werden? Allein unter dieser grammatisch-logischen Voraussetzung mußte er den Vorgang des Denkens mit dem Denkenden als der Bedingung der Möglichkeit des Denkens verbinden. Hätte er dies aber auch getan, wenn er etwa ein Baske gewesen wäre, also in einer der sog. Ergativsprachen zu denken gelernt hätte? In einer Ergativsprache nämlich wird bei fientisch-transitiven Verbalaussagen wie cogito „ich denke" der Satz vom Objekt her, der Bezeichnung des Handlungsgegenstandes, konstruiert; was wir „Passiv" nennen, ist hier die merkmallosere, also selbstverständlichere Struktur. Hätte er, wäre er Baske gewesen, also den Vorgang des Denkens mit dem Zu-Denkenden verbunden: cogito (ergo) cogitandum est „ich denke, (also) muß es etwas geben, das bedenkenswert ist"? Dann wäre eher das Ich als die Wirklichkeit einem ontologischen Zweifel ausgesetzt gewesen, einem Anfangsverdacht über sein Dasein zumindest. Plausibilität hätte ja auch das gehabt: nicht nur unsere Vorstellung von der Welt ist die Konstruktion eines durch Sprache bedingten Denkens, sondern auch und vielleicht zuerst das Ich. Johann Wolfgang von Goethe hat sein literarisches Selbstportrait nicht umsonst „Dichtung und Wahrheit" genannt – „Dichtung" an erster Stelle. Wir konstruieren nicht nur eine Objekte-Welt, sondern in der Erkenntnistheorie, dem Nachdenken über das Denken, auch eben das Denken und damit dessen Subjekt. Das Subjekt ist ja möglicherweise sogar nur das Epiphänomen der auf Bewußtwerden drängenden Gesamtwirklichkeit; im Subjekt findet die Objekte-Welt das Bewußtsein ihrer selbst. Was hier wovon abhängig ist, das Denken vom Gedachten, so daß die Subjektivität ihr eigenes Konstrukt ist, oder doch eher das Gedachte vom Denken, das sich projektiv eine objektive ‚Welt' zurechtlegt, wissen wir nicht.

3.3 Wir wollen die Welt nicht primär erkennen, sondern in ihr leben. Daß unsere ‚Erkenntnis' in einer emotionalen und rationalen Wirklichkeitsassimilation besteht, bei der sich der menschliche Geist gleichsam pflanzenhaft verhält, läßt sich empirisch plausibel machen; dabei sind zugleich fundamentale linguistische Kategorien anwendbar. Wie experimentelle Beobachtungen zeigen, werden Objekte um so eher als wichtig, ja überhaupt als „real" angesehen, wenn sie sich einem Bedeutungs- und Sinnzusammenhang, einer ‚Syntax', einpassen lassen. Reizkonfigurationen, denen sich ein Ausdruck, ein ‚semantisches' Element, zuordnen läßt, zudem mehr Wirklichkeitscharakter **[65]** als ausdrucksfreie Konfigurationen. ‚Pragmatisch' ergibt sich, daß Geschehnisse und Dinge, die einen erwartungsvollen Umgang mit ihnen und darum eine zwischenmenschliche Verständigung über sie gestatten, nur selten als irrelevant oder gar irreal angesehen werden[14].

Was schon von einer aktiv zugreifenden Wahrnehmung gilt, erweist sich noch stärker an der Interpretation des Wahrgenommenen durch Sprache und Denken. Auch theoretische Konstrukte, die noch einmal unsere Wahrnehmung strukturieren und das Assimilierbare vom Inkommensurablen trennen, sind keineswegs gegen eine Steuerung durch Lebensinteressen versichert. Schon Immanuel Kant hat in diesem Sinne die Idealität von Raum und Zeit gelehrt; Zeit sei „eine reine Form der sinnlichen Anschauung"[15]. Insbesondere die dreidimensionale Raumstruktur, die ein Merkmal unserer Wahrnehmung ist, dient offensichtlich Lebensinteressen; im Kontext der modernen Physik erscheint sie als eine unter vielen Möglichkeiten. Selbst mathematische Urteile und ihre Fundierungen in mathematischer Logik sind in die Frage eingeschlossen, die Erwin Schrödinger in einem ähnlichen Zusammenhang gestellt hat: „Wie in aller Welt wollen wir entscheiden, ob ein allgemeiner Zug unsrer gesamten Erfahrung eher durch die Beschaffenheit unsres Geistes bedingt ist als durch eine Eigenschaft, die allen diesen objektiv existierenden Dingen in gleicher Weise eigentümlich ist"[16]?

Natürlich sollte man die ‚objektive' Existenz der Welt als Ursache unserer Wahrnehmungen nicht grundsätzlich in Frage stellen. Gleichwohl bleibt offen, wie die ‚subjektive' Normativität des Ich, die wir nur selten wahrhaben wollen, am Zustandekommen selbst einer mathematisch strukturierten Naturwissenschaft beteiligt ist. Hören wir dazu nochmals Schrödinger: „Der Grund dafür, daß unser fühlendes, wahrnehmendes und denkendes Ich in unsrem naturwissenschaftlichen Weltbild nirgends auftritt, kann leicht in fünf Worten ausgedrückt werden: es ist selbst dieses Weltbild"[17]

3.4 So ergibt sich: Nicht nur eine als Handlungstheorie konzipierte Erkenntnislehre, auch einschlägige sprachwissenschaftliche Erörterungen verweisen uns an den Zirkel von Erkenntnis und Lebensinteresse und

---

[14] Vgl. *M. Stadler / P. Kruse*, Über Wirklichkeitskriterien, in: *V. Riegas / Chr. Vetter* (Hg.), Zur Biologie der Kognition (stw 850), Frankfurt a. M. 1990, S. 133–158, hier S. 151–153.

[15] *I. Kant*, Kritik der reinen Vernunft, B 47; *ders.*, Werke in zehn Bänden. Sonderausgabe, hg. v. W. Weischedel, Darmstadt 1983, Bd. 3, S. 79.

[16] *E. Schrödinger*, Naturwissenschaft und Religion, in: *H.-P. Dürr* (Hg.), Physik und Transzendenz, Bern u. a. 1986, S. 171–182, hier S. 176.

[17] A. a. O. (Anm. 16), S. 171.

damit nochmals an die besonders von Karl R. Popper[18] philosophisch entfaltete Evolutionäre Erkenntnistheorie. Moderne verhaltens- und **[66]** sprachwissenschaftliche Forschungsergebnisse untermauern nun erst empirisch einige Positionen der aufgeklärt-idealistischen Transzendentalanalytik, speziell wohl die einer transzendentalen Subjektivität, deren eher skeptische Folgerungen freilich auch umgekehrt in einer verhaltenswissenschaftlich orientierten Linguistik leitend sein mögen. Wir werden auf eine Metawahrheit, eine Wahrheit über die von uns ermittelten ‚Wahrheiten', geführt: wenn ‚Wahrheiten' sich am Kriterium ihrer Lebensdienlichkeit ausweisen, sagen sie weniger über die Welt aus, die sie zum Gegenstand haben, als über den Menschen, der die Welt zum Gegenstand seines Einnistungswillens macht. Wie aber steht es um die Lebensdienlichkeit eben dieser Metawahrheit? Bringt die Wahrheit, daß wir uns mittels unserer ‚Wahrheiten' in die erkannte Welt einnisten wollen, den Lebenswillen zum Erlöschen? Ist man, weil man Absichten spürt, so verstimmt, daß man sich selbst gleichsam nicht mehr auf den Leim zu gehen bereit ist? Oder sehen wir uns durch die Einsicht, daß alles Erkennen dem Lebenswillen dient, in einem Lebenswillen bestärkt, der auch außermenschliches Leben in sich einbezieht? – In jedem Fall macht auch die Evolutionäre Erkenntnistheorie von dem, was sie erklärt, keine Ausnahme: auch sie kann den Zirkel von Erkenntnis und Lebensinteresse nicht verlassen, ist also keinesfalls selbst schon die Negation der Bedingtheit jeder Erkenntnis; sie ist vielmehr ein Teil des Phänomens, das sie erklären will, was sie zugleich bestätigen und relativieren mag.

4. Religion

4.1 „Allgemeine Begriffe und großer Dünkel sind immer auf dem Wege, unendliches Unheil anzurichten", soll Johann Wolfgang von Goethe gern gesagt haben[19]. Dies gilt um so mehr, wenn die betreffenden Begriffe Divergentes auf einen Nenner zu bringen suchen; es gilt also etwa vom Begriff „Religion" – auch abgesehen davon, daß wir ihn meist gemäß

---

[18] Etwa in: *K. R. Popper*, Objektive Erkenntnis. Ein evolutionärer Entwurf (englisch 1972), Hamburg 1973.

[19] Zitiert nach *Th. Mann*, Phantasie über Goethe, in: *ders.*, Schriften und Reden zur Literatur, Kunst und Philosophie 3, Frankfurt a. M. 1968, S. 54–85, hier S. 72.

unserem zufälligen Herkommen bilden. Den religiösen Menschen zeichnet ja nicht zuerst die Zustimmung zu bestimmten Gottesvorstellungen, Mythen und Normen oder die Teilnahme an Riten und Kulten aus, sondern zuvor und zugleich eine spezifische und doch schwer zu beschreibende Weise der Wirklichkeitswahrnahme und Weltinterpretation insgesamt, ein Daseinsgefühl, ein Verhaltensmuster, Merkmale also, die darum auch der Christ an anderen, nicht nur antiken Religionen als den seinen verwandt erkennt. Wie müßte auch ein Religionsbegriff beschaffen sein, der zugleich genetisch-historisch, funktional und erkenntnistheoretisch befriedigte? Welcher Religionsbegriff ließe sich mit dem Selbstverständnis des religiösen Menschen **[67]** vermitteln, der, was er glaubt und tut, schwerlich auf funktionale Faktoren oder gar auf dubiose Interessen zurückzuführen gestatten wird? Liegt nicht schon auf der Funktionsbestimmung als solcher der Verdacht, sie wolle religiöse Inhalte als falsches oder gar betrügerisches Wissen entlarven?

4.2 Die Zurückführung von werthaften Phänomenen auf vor allem weniger werthafte Faktoren, Reduktionen mithin, rufen ein Unbehagen hervor. Auch wenn man das Leben, dem alle Erkenntnisse, also auch die religiösen Überzeugungen dienen, nicht gerade für einen Unwert ansieht, kann die Erklärung von Religion aus einer Naturanlage, einem natürlichen Bedürfnis eine solche enttäuschende Reduktion sein. Sie muß es allerdings nicht. Wer will der menschlichen Gattung vorschreiben, welcher ihrer Naturanlagen sie folgen, welchem ihrer natürlichen Bedürfnisse sie sich verschließen soll? Wenn die Menschheit sich vorgeschichtlich ‚entschlossen' hat, religiös zu sein, werden einzelne Generationen, die sich als irreligiös verstehen oder mißverstehen, dagegen kaum etwas ausrichten.

Es ist der Maßstab, der die Phänomene schafft. Auf so etwas wie die Erzeugung des Erkenntnisgegenstandes aus Wertsetzungen vor aller Erfahrung bleiben wir für unser Leben und Handeln ohnehin angewiesen: das berechtigte Interesse der Vernunft liegt beim Praktischen, bei dem, was nach einem Diktum Immanuel Kants „durch Freiheit möglich ist"[20]. Die Frage ist, inwieweit uns die Wirklichkeit dabei entgegenkommt. Wie kontingent ist das Apriori, aus dem ich meine ‚Welt' konstruiere? Ihre tiefste Berechtigung hat Religion an dem, was ich die ‚Mythisierbarkeit der Welt' nenne. Ist sie die Ursache für das religiöse Bedürfnis des Menschen,

[20] *I. Kant*, Kritik der reinen Vernunft, B 828; *ders.*, a. a. O. (Anm. 15), Bd. 4, S. 673.

oder erzeugt das religiöse Bedürfnis eine Mythisierbarkeit der Welt? Finden wir einen zumindest latenten religiösen Weltsinn vor, oder ist die religiöse Wirklichkeitsinterpretation ein Zwangssystem, das wir der Welt auferlegen? Was wir vorher über die Selbstrückbezüglichkeit unseres Umgangs mit der Wirklichkeit gesagt haben, eröffnet den Raum des Religiösen ebenso, wie es ihn verschließt; aus der Selbstrückbezüglichkeit des menschlichen Erkenntnissystems läßt sich Religion sowohl legitimieren wie delegitimieren.– Letztlich kann nur Gott selbst eine Korrespondenz zwischen dem Sein der Wirklichkeit und dem Sinnverlangen des Menschen gewähren – womit wir freilich ein erstes Mal willkürlich aus dem erkenntnistheoretischen Zirkel hinaustreten.

4.3 Dafür, daß der Mensch seiner Religiosität nicht entkommt, will ich ein religionsgeschichtliches Beispiel geben, das allerdings eine Unentrinnbarkeit des Heiligen nur veranschaulichen, nicht beweisen kann. **[68]** In einigen Aufsätzen zu Rudolf Bultmann habe ich darzulegen versucht, daß eine konsequente Entmythologisierung das Ende von Religion und Christentum wäre[21]; Bultmann blieb glücklicherweise inkonsequent. So ist denn auch ein Ausgang des Menschen aus mythischer Unmündigkeit, der Weg vom Mythos zum Logos, wie ihn einerseits die griechischen Vorsokratiker, andererseits der alttestamentliche ‚Prediger Salomo' (Kohelet) zu gehen versuchten, ein Datum immer noch der Religionsgeschichte[22]; auch die Vorsokratiker und Kohelet mußten einer Mythisierbarkeit der Welt, einem latenten religiösen Weltsinn Rechnung tragen.

Mit dem Begriff ἀρχή „Anfang, Prinzip" wollten die ionischen Naturphilosophen zwar die erzählende, die mythische Weltdeutung durch die begriffliche ersetzen. Aber immer noch meint ἀρχή eine Weltsubstanz mit herrscherlichen Eigenarten[23]. Mit dem Begriff φύσις, als die er die ἀρχή

---

[21] *H.-P. Müller*, Mythos und Kerygma. Anthropologische und theologische Aspekte, ZThK 83, 1986, S. 405–435, wieder abgedruckt in: *ders.*, Mythos – Kerygma – Wahrheit (BZAW 200), Berlin / New York 1991, S. 198–219; *ders.*, Entmythologisierung und Altes Testament, NZSTh 35, 1993, S. 1–27, wieder abgedruckt in: *ders.*, Glauben, Denken und Hoffen. Alttestamentliche Botschaften in den Auseinandersetzungen unserer Zeit (Altes Testament und Moderne 1), Münster 1998, S. 179–202; *ders.*, Albert Schweitzer und Rudolf Bultmann. Theologische Paradigmen unter der Herausforderung durch den Säkularismus, ZThK 93, 1996, S. 101–123 = Glauben, Denken und Hoffen, S. 263–286.

[22] Vgl. *H.-P. Müller*, Plausibilitätsverlust herkömmlicher Religion bei Kohelet und den Vorsokratikern, in: *P. Pilhofer* u.a. (Hg.), Gemeinde ohne Tempel (WUNT) [sic], Tübingen 1999, S. 47–61.

[23] Vgl. *I. Fränkel*, Dichtung und Philosophie des frühen Griechentums, München 1962, S. 298 f.

identifizierte, ging schon Thales daran, den Bestand der Welt auf diese selbst, nicht auf ein urzeitliches oder gegenwärtiges Wirken der Götter zu gründen. Aber immer noch waren es vertraute Attribute göttlichen Seins, die er dabei auf die φύσις, die Natur übertrug: der Begriff ἀρχή bzw. φύσις impliziert, „daß weder etwas (scil. aus dem Nichts) entsteht, noch (etwas in das Nichts) vergeht, weil eine solche Substanz (τῆς τοιαύτης φύσεως) immer erhalten bleibt“[24]; das Deus-sive-natura Spinozas scheint vorweggenommen.

Vor allem: Die Identifikation der ἀρχή als τὸ ἄπειρον „das Unbegrenzte“ durch Anaximander kennzeichnet den Fortbestand einer Nötigung, das Ewig-Unendliche, aus dem alles Seiende hervorgeht, das sämtliche Welten umfaßt und in das alles Seiende zurückkehrt, nach wie vor im ehrfürchtigen Begriff seiner Unbegreiflichkeit zu erfassen[25]; **[69]** Anaximander hat damit zwar immer noch den Mythos verlassen, zugleich aber eine nachmythische, philosophische Religion begründet, die Funktionen des Mythos übernahm. Mit einem Aufklärungsimpuls scheint von vornherein dessen gleichsam ‚romantische‘ Aufhebung verbunden[26]. Auch spätere hellenische Naturphilosophen scheinen einem Bedürfnis zu folgen, trotz intellektueller Distanz vom Mythos sozial und geistig in das Gefüge der überlieferten Religion integriert zu bleiben. Ein endgültiger Ausgang aus dem, was als mythische Unmündigkeit erscheinen mag, ist nicht möglich.

---

[24] Bei Aristoteles, Metaphysik A 3. 986 b 6 = *H. Diels / W. Kranz*, Fragmente der Vorsokratiker I, [17]1974, S. 76 f: 11 A 12; Übersetzung nach *W. Capelle*, Die Vorsokratiker, Stuttgart 1968, S. 71. – Vgl. *A. Graeser*, Die Vorsokratiker, in: *G. Böhme* (Hg.), Die Klassiker der Naturphilosophie. Von den Vorsokratikern bis zur Kopenhagener Schule, München 1989, S. 7–28, hier S. 24.

[25] Vgl. *H.-P. Müller*, Anfänge der Religionskritik bei den Vorsokratikern, in: *A. Th. Khoury / G. Vanoni* (Hg.), „Geglaubt habe ich, deshalb habe ich geredet“. **[69]** Festschrift für A. Bsteh (Religionswissenschaftliche Studien 47), Würzburg / Altenberge 1998, S. 281–295.

[26] Wenig später schuf Platon, unabhängig von den mündlichen Überlieferungen, die schon für Homer und Hesiod nur *eine* ihrer Quellen unter anderen waren, den konstruierten Kunstmythos, d. h. wenig mehr als die narrative Einkleidung im Diskurs gewonnener Einsichten, die doch im Medium der Begriffe allein nicht zu fassen schienen. Die Stoiker vollends traten, den metaphorischen Gehalt mythischer Texte ahnend, deren Veralten – der Obsoletheit ihrer Gottesvorstellungen vor allem – durch allegorische Auslegung entgegen, offenbar in der Hoffnung, so deren dekodierten, logoskonformen Wahrheitsgehalt zu gewinnen; aber auch der Logos, der doch für die stoische Logik und Grammatik ontologisch und erkenntnistheoretisch grundlegend ist, bleibt bei allem Materialismus in der stoischen Kosmologie eine numinose Instanz pantheistischer Prägung.

5. Theologie

Ich bezeichne nun auf dem Hintergrund des Dargestellten drei Probleme gegenwärtiger christlicher Theologie und versuche dann eine theologische Zusammenfassung.

5.1 Es ist bekannt und aufs höchste zu bedauern, daß der Absolutheitsanspruch der biblisch-christlichen Botschaft mittels der Folgeansprüche der Kirchen viel Elend über die Menschheit und rückwirkend über das Christentum und die Kirchen selbst gebracht hat. Allein schon diese Einsicht zusammen mit den Aufgaben und Gefährdungen aller Weltreligionen macht eine christliche Theologie der Religionen als Basis eines interreligiösen Dialogs zu einem der dringendsten Desiderate. Wichtiger aber ist etwas anderes. Die Mythisierbarkeit der Welt, der latente religiöse Weltsinn, von dem wir sprachen, wird in Vorstellungen und Begriffen virulent, die das, was sie meinen, nur mittelbar, metaphorisch zur Geltung bringen können. Spätestens seit Immanuel Kant ist die wissenschaftliche Unvollziehbarkeit metaphysischer Urteile ausgemacht, obwohl gerade Kant auf der Unverzichtbarkeit metaphysischen Fragens bestand[27]. Biblische Befunde weisen in die gleiche **[70]** Richtung. Schon daß fast alle Themen der biblischen Botschaft in mehreren konkurrierenden Vorstellungen und Begriffen realisiert werden, zeigt, wie wenig einzelne Vorstellungen oder Begriffe hinreichen, das Gemeinte auszudrücken. Vorstellungen und Begriffe sind metaphorische Zeichen, die als Verweisungen auswechselbar sind, ja mehrfach sein müssen, wenn sie das zu-Bezeichnende geltend machen wollen. Das gilt auch von den Sätzen über Gott, den Schöpfer, von den alttestamentlichen Geschichtsbotschaften, von der Fundamentalmetapher des Kreuzes und der Auferstehung Christi und allem anderen. Die Feststellung mag zunächst schmerzlich berühren. Sie eröffnet aber einen Raum für eine Theologie der Religionen, die dazu anleitet, das Gespräch zwischen Glaubenden verschiedener Religionen gleichberechtigt und nicht etwa als versteckte Mission zu führen[28]. Ein

---

[27] *I. Kant*, Prolegomena zu einer jeden künftigen Metaphysik, die als Wissenschaft wird auftreten können: W. Weischedel, a. a. O. (Anm. 15), Bd. 5, S. 109–264, zur Fraglichkeit metaphysischer Urteile etwa S. 113, zur Unverzichtbarkeit **[70]** metaphysischen Fragens etwa S. 245.

[28] Vgl. *H.-P. Müller*, Das Evangelium und die Weltreligionen, in: *ders.* (Hg.), Das Evangelium und die Weltreligionen. Theologische und philosophische Herausforderungen, Stuttgart 1997, S. 9–21.

solches Gespräch wird positive Rückwirkungen auf uns selbst haben: wer sich mit anderen Religionen beschäftigt hat, vermittelt das Eigene nicht in entleerten Formeln behaupteten Wahrheitsbesitzes, sondern integrativ bereichert durch kongruente oder entgegenstehende Menschheitserfahrungen; jeder Mensch, so meinen wohl alle Religionen, steht in einem Verhältnis zur Transzendenz.

5.2 Für die Konzeption einer Theologie der Religionen als Basis eines interreligiösen Dialogs sollte auch der Befund leitend sein, daß weite Bereiche der biblischen Literatur nicht primär den Botschaften außerbiblischer Religionen entgegen-, sondern mit ihnen zusammenstehen[29], was ihrem konkreten Lebensbezug zugute kommt. Aus dem Alten Testament gehören hierher Themen wie Schöpfung und Weltgefährdung (Sintflut) sowie die literarische Hinterlassenschaft der ‚Weisheit', etwa die ‚Sprüche Salomos' (Proverbien) mit ihren Hilfen zur Lebensgestaltung. Aber auch Klage und Lob, Prophetie und Apokalyptik zeigen starke Berührungen von biblischer und außerbiblischer Religion.

Zumindest eins dieser Themen, das der Schöpfung, leidet allerdings unter Weltbildproblemen.Ich meine nicht, daß die biblischen Weltentstehungsvorstellungen durch astronomische und biologische Hypothesen ‚erledigt' wären, daß also der Begriff „Schöpfung" mit dem der „Entwicklung" oder „Evolution" als solchem schon in Widerspruch geriete. Ich denke vielmehr an die durch die Selektionstheorie motivierte Weltentwertung: was im Bereich der Zoogonie im Sinne von Gen 1 „gut", ja „sehr gut" schien, beruht danach auf halb zufälligen Genrekombinationen und Mutationen und einer jeweils nachfolgenden grausamen Selektion, innerhalb deren nur der erfolgreichste Egoismus **[71]** der durch ihn favorisierten Gene sich durchsetzt[30]. Wer wollte bestreiten, daß auch wir in diesem verhängnisreichen Wettkampf mitlaufen, ja, daß sogar unser selbstkritisches Erkennen der Vorteilsbeschaffung in diesem Wettkampf dient? Dies ist jedenfalls die schicksalhafte Befindlichkeit, in der wir uns vorfinden.

Deshalb muß christliche Ethik als Gegenbild solcher Selektion[31] entworfen werden. Sie entspricht darin einer theologia crucis, nach der das

---

[29] Vgl. zur Formulierung *C. Westermann*, Genesis. 1. Teilband (BK I 1), Neukirchen 1974, S. 27. Westermann denkt hier an die Themen Schöpfer und Schöpfung.

[30] Vgl. *R. Dawkins*, Das egoistische Gen (englisch 1976), Berlin u. a. 1978. Zur ethischen Auseinandersetzung, zugleich mit dem Behaviorismus: *F. Wuketits*, Zustand und Bewußtsein, Hamburg 1985, S. 277–291.

[31] Daß das Christentum „das Gegenprinzip gegen die Selektion" ist, formulierte *Th. Mann* als Quintessenz seiner Auseinandersetzung mit Friedrich Nietzsche: Nietzsches Philosophie im Lichte unserer Erfahrung, in: *ders.*, a. a. O. (Anm. 19), S. 21–48, hier S. 38.

Leben erhalten wird, wenn man bereit ist, es hinzugeben (Mt 10,39; 16,25). So gehört zum Einnisten in eine zunächst feindliche Umwelt, zu deren Assimilation als menschlicher Eigenwelt, eine ethische Korrektur selbst der eigenen Natur, wenn unser Handeln im Lebensinteresse ein im biblisch-christlichen Sinne menschgemäßes sein soll. Man mag es geradezu als die Natur des Menschen ansehen, daß er seine Natur zusammen mit seiner Befindlichkeit in der Eigenwelt menschgemäß korrigieren muß, um er selbst zu werden. Der Wunsch des Menschen, über die Natur in ihm und um ihn hinauszuwachsen, führt ihn insofern also auch in die Natur zurück; es ist die Natur des Menschen, sich der Natur zu widersetzen.

Dazu ermächtigt die biblisch-christliche Botschaft – nicht zuletzt in ihrer eschatologischen Hoffnung. Sie berührt sich nur formal mit einem idealistischen Optimismus Georg Wilhelm Friedrich Hegels, für den das Wirkliche als solches schon das Vernünftige war[32]; so realisiere sich die Vernunft zunächst geschichtlich in Institutionen, um sich am Ende auch im außersozialen, außerstaatlichen Bereich, in einem immanent-zielgerichteten Weltprozeß, der den ‚metaphysischen Karfreitag' einschließt, endgültig durchzusetzen. Die biblisch-eschatologische Hoffnung dagegen greift auf die Natur des Menschen und seiner Welt als Schöpfung eines weltüberlegenen Gottes zurück, die von Anfang an, originär auch ihre selbstkorrektive Erlösung implizierte. **[72]**

5.3 Neben das schöpfungstheologische tritt ein geschichtstheologisches Problem[33]. In letzter Zeit schrumpft, was noch in meiner Studienzeit weithin unbefragtes Proprium biblicum war, immer bedenklicher zusammen. Schon als solche unterscheidet die religiöse Geschichtserfahrung das biblische Israel nicht mehr von anderen antiken Völkern; allein die Kenntnis der Ilias, der moabitischen Mêšaʿ-Stele[34] und einschlägiger

---

[32] Etwa in der Vorrede zu: Grundlinien zur Philosophie des Rechts oder Naturrecht und Staatswissenschaft im Grundrisse (1821); *H. Glockner* (Hg.), Georg Wilhelm Friedrich Hegel. Sämtliche Werke, Bd. 7, Stuttgart 1928, S. 33. Im Grunde ist damit das Motiv von der ‚Wahrheit der Dinge' wieder aufgenommen. Gegen eine ἀλήθεια τῶν πραγμάτων hat schon Aristoteles geltend gemacht, Ort der ἀλήθεια seien nicht die Dinge, sondern das Denken: Metaphysik 6,4 1027b, Zu dem „unter den Scholastikern so berufene(n) Satz" „quodlibet ens est unum, verum, bonum" vgl. die schlüssige Widerlegung durch *I. Kant* in: Kritik der reinen Vernunft, B 113–116; *ders.*, a. a. O. (Anm. 15), Bd. 3, S. 123–125, Zitat B 113 (= S. 123).

[33] Vgl. zum Folgenden: *H.-P. Müller*, ‚Tod' des alttestamentlichen Geschichtsgottes. Notizen zu einem Paradigmenwechsel, in: NZSTh 41, 1999, S. 1–21.

[34] Vgl. *H.-P. Müller*, Die Inschrift des Königs Mesa von Moab, TUAT I 6, 1985, S. 646–650.

akkadischer, besonders assyrischer Texte[35] hätte uns freilich längst darüber belehren können, daß die Geschichte, insbesondere der Krieg, schon immer ein Feld früher religiöser Erfahrung war. Einschneidender aber ist, daß viele oder alle geschichtsbezogenen Kerygmata derzeit keiner historischen Nachfrage standzuhalten scheinen: das Eingreifen Jhwhs in die Geschichte ist für zeitgenössische Kritik angesichts von Spätdatierungen weithin nur noch das wunschbestimmte Gegenstück einer tatsächlichen Erfahrung der Ferne Gottes, der göttlichen Nicht-Intervention in die Geschichte zumindest. Zwar kommt die Vorstellung eines Heilsereignisses nur durch Metaphorisierung, d. h. durch Mythisierung von Geschichte und eine gegenläufige Historisierung einst mythischer Funktionen, zustande; Religion ist allemal – nach einer Formulierung Martin Nilssons – „der Protest des Menschen gegen die Bedeutungslosigkeit der Ereignisse"[36]. Aber das lebensdienliche Zurechterzählen der geschichtlichen Wirklichkeit darf sich nicht gar zu weit von dem entfernen, was sich aus historischer Sicht als realitätsentsprechend aufdrängt. Sonst müßte sich das geschichtsmythische Zeichen- oder Metaphernsystem derart gegenüber der Historie autonomisieren, daß die Interpretation das Zu-Interpretierende verdrängt. Linguistisch ausgedrückt: die biblischen Geschichtsbotschaften würden zu Signifikaten oder gar nur zu klingenden Signifikanten ohne Referenzbezug[37]. Keinem Glaubenswilligen aber wäre mit einem bloßen Sprachspiel geholfen, einem asemantischen Modell von Vorstellungen **[73]** und Begriffen, dem seine Interpreten keinen Referenzbezug mehr zutrauen. Mythisierbar wäre dann nicht mehr die Welt, sondern allenfalls deren literarisches Surrogat, an das der latente religi-

---

[35] Vgl. vorläufig *H.-P. Müller*, Die aramäische Inschrift von Tel Dan, ZAH 8, 1995, S. 121–139, bes. S. 137–139.

[36] *M. Nilsson*, Religion as Man's Protest against the Meaninglessness of Events, Opuscula Selecta III, Lund 1960, S. 391–464.

[37] Bei Verlust der zu bezeichnenden Referenz, einem geschichts ‚theologischen' Tod Gottes, müßte so etwas wie eine Schöpfer-, eine ποιητής-Funktion vom nunmehr unangefochten autonomen Menschen wahrgenommen werden. Was religiöse Funktionen von ästhetischen, philosophischen und säkularen ethischen Funktionen, die sie ablösen mögen, unterscheidet, ist aber gerade, daß in ihnen *nicht* der autonome ‚schöpferische' Mensch, ein ‚Poet' ohne Schöpfer, agiert. Zum Schöpfer als ποιητής und zur religiös-theologischen Rolle der Poesie, insbesondere nach J. G. Hamann, vgl. vielfach *O. Bayer*, zuletzt in: Erzählung und Erklärung. Eine Bestimmung des Verhältnisses von Theologie und Naturwissenschaften, NZSTh 39, 1997, S. 1–14.

öse Weltsinn vollständig überginge. Kann aber an die Stelle der ‚Heilsgeschichte' eine bloße Geistesgeschichte fiktiver Tradita treten [38].

5.4 Damit komme ich zu einer abschließenden Zusammenfassung. Die Mythisierbarkeit der Welt, ein latenter religiöser Weltsinn ist gerade diejenige Instanz, die einer mechanistischen Funktionalisierung von Religion ihre Grenze weist; beide verleihen den metaphorisch wirksamen religiösen Mythen, Vorstellungen und Begriffen und deren theologischer Reflexion ihre bleibende Geltung. Daran ändert auch der Tatbestand nichts, daß typisch religiöse Funktionen mit anderen Metaphernsystemen auch durch Kunst, Philosophie oder Ethik[39] wahrgenommen werden können; es handelt sich dabei ja oft um Pseudomorphosen religiöser Funktionen. Zugleich ist Widerspruchstoleranz im Verhältnis einander konträrer religiöser Urteile ein Gebot nüchterner Selbsteinschätzung – bis in den Bereich erkenntnistheoretischer Urteile über diese oder andere Urteile. Es wäre sinnlos, einen Dogmatismus, der sich bei religiösen Primärwahrheiten nicht mehr bewährt, nun auf das Feld einer erkenntnistheoretischen Metawahrheit zu verlagern. Metaphorische Zeichen (Signifikante) und die ihnen entsprechenden Vorstellungen und Begriffe (Signifikate) leisten das Zurechterzählen und Zurechtinterpretieren einer sich uns aufdrängenden, wenn auch letztlich unbekannten Wirklichkeit (Referenz); sie sorgen für die religiöse Sublimation der Wirklichkeit nach Maßgabe dessen, was unseren emotionalen und rationalen Lebensbedürfnissen als menschgemäß zumutbar erscheint. Die Bewahrheitung solcher Vorstellungen und Begriffe sowie ihrer Maßstäbe und deren Korrektur liegt freilich allein bei Gott, womit wir noch einmal aus dem erkenntnistheoretischen Zirkel heraustreten.

Zwar kann man innerhalb eines erkenntnistheoretischen Zirkels aufweisen, inwiefern der Mensch bei der Interpretation des Wahrgenommenen die Wirklichkeit verwandelt, inwiefern er sie insbesondere in seiner Religion zurechterzählt und zurechtinterpretiert; innerhalb der Selbstrückbezüglichkeit unseres Denkens werden wir der Unverzichtbarkeit von

---

[38] Daß die Probleme, die die Historiker anderer Religionen, etwa des Buddhismus, mit deren Gründungsmythen haben, ähnlich sind, hat schon *N. Söderblom*, Der lebendige Gott im Zeugnis der Religionsgeschichte, München / Basel ^{2}1966, S. 153–159, betont.

[39] Auf eine Substitution religiöser durch ethische Funktionen läuft bekanntlich das Denken Albert Schweitzers hinaus; vgl. *H.-P. Müller*, Albert Schweitzer und Rudolf Bultmann, a. a. O., (Anm. 21) und: *ders.*, Albert Schweitzer und die Religionsgeschichte, in: *ders.*, Das Evangelium und die Weltreligionen, a. a. O. (Anm. 28), S. 91–108.

Religion inne. Wenn wir aber religiös reden und denken **[74]** wollen, müssen wir den selbstrückbezüglichen Zirkel von Erkenntnis und Lebensinteresse, die einander bedingen, mutig verlassen. Ohne erkenntnistheoretische Deckung müssen wir bezeugen: Gott ist es, der die Lücke zwischen dem Sein der Wirklichkeit und unserem Sinnverlangen schließt; Gott ist es, der die Vorstellungen und Begriffe menschlicher Religion bewahrheitet und sie umgekehrt durch kritische Überbietung aufhebt. Dadurch befreit uns Gott zugleich von der Selbstbefangenheit, die durch alle unsere lebensdienlichen Einsichten geistert, nicht zuletzt aber auch von dem heimlichen Egoismus unseres Moralverhaltens; wenn irgendwo, dann liegt hier die Eigenart der biblisch-christlichen Botschaft begründet.

Erkenntnis und Interesse

Zu Hans-Peter Müllers humanethologischer Erkenntnistheorie als integrativem Schlüssel seines sprachwissenschaftlichen und exegetischen Werkes

ECKART OTTO, Universität München

Vor einem guten halben Jahrzehnt schickte mir Hans-Peter Müller einen Sonderdruck seiner am 1. Februar 1999 unter dem Titel „Handeln, Sprache, Religion, Theologie" an der Evangelisch-Theologischen Fakultät der Westfälischen Wilhelms-Universität Münster gehaltenen Abschiedsvorlesung und verband damals die Widmung mit den Worten „keine Abschiedsvorlesung".[1] Nun, wenige Jahre später, galt es von dem Wissenschaftler Hans-Peter Müller Abschied zu nehmen – nicht aber von seinem Werk, das sich durch eine Spannbreite der Kompetenz von der semitischen Sprachwissenschaft über exegetische Innovationen auf fast allen Gebieten der Literatur- und Religionsgeschichte der Hebräischen Bibel und der Epigraphik bis hin zu Grundsatzfragen insbesondere der Erkenntnistheorie zieht, die in klassischer Fächerdogmatik der Philosophie und Systematischen Theologie zugewiesen werden. Die Vielzahl der Gebiete allein, zu denen sich H.-P. Müller literarisch geäußert hat, macht noch nicht allein das Gewicht seines Werkes aus, sondern vor allem, dass diese so weit auseinanderliegenden Themenbereiche miteinander komplex vernetzt sind. Dies soll im Folgenden anhand seiner Abschiedsvorlesung von 1999 deutlicher werden, da in der Rezeption des Werkes von H.-P. Müller dieser für ein angemessenes Verständnis der ihn leitenden wissenschaftlichen Intentionen zentrale Aspekt wenig beachtet, wenn nicht voll-

---

[1] Siehe HANS-PETER MÜLLER, Handeln, Sprache, Religion, Theologie, in: U. H. J. Körtner (Hg.), Glauben und Verstehen. Perspektiven hermeneutischer Theologie, Neukirchen-Vluyn 2000, 57–74; wieder abgedruckt oben.

ständig übersehen wurde, obwohl H.-P. Müller die erkenntnistheoretischen Voraussetzungen seiner religionswissenschaftlichen und theologischen Spezialforschungen in einer Fülle von Beiträgen entfaltet hat.[2] Der Grund für die mangelnde Rezeption der erkenntnistheoretischen Voraussetzung seiner sprach- und religionshistorischen Studien ist unschwer zu erkennen, stellt sie doch eine prinzipielle Infragestellung eingefahrener erkenntnistheoretischer Voraussetzungen in den Geisteswissenschaften, insbesondere der Theologie dar. H.-P. Müller (im folgenden „Verfasser" genannt) selbst hat festgehalten, dass die Zurückführung von werthaften Phänomenen der Kulturgeschichte auf vor allem „weniger werthafte Faktoren" wie den der Sicherung von Lebensinteressen durch erfolgreiche Einnistung in eine feindliche Umwelt Unbehagen hervorrufe. Das gilt vor allem dann, wenn man fordert, dass die Lebensdienlichkeit als „Metawahrheit" Kriterium sein soll, an dem sich die „Wahrheiten" ausweisen müssen. Soviel ist deutlich, dass der Verfasser dem klassischen Selbstverständnis der Theologie in bezug auf ihre erkenntnistheoretischen Voraussetzungen diametral entgegensteuert und einer Evolutionären Erkenntnistheorie, die den Zirkel von Erkenntnis und Interesse als nicht überwindbar erklärt, folgt, da sich jeglicher Versuch, diesen Zirkel zu durchbrechen, als ein geistiges Manöver im Dienste der Überlebensinteressen interpretieren lasse.

Ehe wir diesen Grundsatzfragen der geisteswissenschaftlichen Erkenntnistheorie weiter nachgehen, soll aber zunächst auf die Vernetzung dieser erkenntnistheoretischen Grundlegung mit den sprach- und religionshistorischen Arbeiten des Verfassers eingegangen werden. In dem hier zu besprechenden Beitrag stellt der Verfasser die berechtigte Frage, ob Descartes bei anderen sprachhistorischen Voraussetzungen wie denen einer Ergativsprache den Tatbestand des Denkens mit dem Dasein des Denkenden in der Formel „cogito (ergo) sum" („ich denke [also] bin ich") verbunden hätte, und verneint dies, da die Voraussetzung dieses Rückschlusses eine Sprache sei, deren Sätze vom Subjekt her interpretiert werden. Wird in der Formel des „cogito (ergo) sum" aus dem Vorgang des Denkens auf ein denkendes Subjekt geschlossen, so führt das zu dem

[2] Ich verweise an dieser Stelle nur auf den Beitrag von Hans-Peter Müller, Bedarf die Alttestamentliche Theologie einer philosophischen Grundlegung?, in: J. Hausmann/H.-J. Zobel (Hg.), Alttestamentlicher Glaube und biblische Theologie. FS H. D. Preuß, Stuttgart 1992, 342–51 (wieder abgedruckt in: Ders., Glaube, Denken und Hoffen. Alttestamentliche Botschaften in den Auseinandersetzungen unserer Zeit, Altes Testament und Moderne 1, Münster 1998, 289–96).

Problem, die Objektwelt mit dem denkenden Subjekt zu vermitteln. Wenn Sprache und Denken, wie der Verfasser sagt, im Grundakt „Einnistung in die Umwelt" sind, läuft eine derartige Subjekt-Objekt-Differenzierung dem zuwider. Der Verfasser hat sich in mehreren Beiträgen der sprachhistorischen Dimension dieses Problems angenommen[3] und den Aufweis unternommen, dass die Subjekt-Objekt-Differenzierung eine Spätentwicklung der Sprachgeschichte sei. Der Wortschatz determiniere ebenso wie die Syntax einer Sprache die Apperzeption dessen, was als Wirklichkeit verstanden wird. Der Verfasser gehört, will man die Lager von ‚diachron' und ‚synchron-systematisch' arbeitenden Sprachwissenschaftlern aufmachen, konsequent zu den ersteren. Entsprechend führt er die Entwicklung semito-hamitischer Sprachen vor, deren Ausgangslage die Benennung im Nominalsatz gewesen sei, die sich zur Konjugation von Nomina und weiter zur Afformativkonjugation entwickelt habe, die auf dieser Stufe der Sprachentwicklung rein ergativisch syntagmiert gewesen sei. Die ergativische Afformativkonjugation habe der Vorbereitung von Handlungen an den bezeichneten Wahrnehmungsobjekten gedient. Aus akkusativisch syntagmierten Imperativen sei schließlich die Präformativkonjugation entstanden, die – einmal entstanden – dann auch auf die Afformativkonjugation zurückgewirkt habe. Die Präformativkonjugation begreife die Wirklichkeit nicht als zu behandelnde, sondern subjektorientiert als handelnde. Die akkusativische Morphosyntax deute nicht vom Objekt, sondern vom Subjekt her und habe eine Subjekt-Objekt-Differenzierung zur Voraussetzung. Die cartesianische Formel müsste also semitisch-ergativ umformuliert werden zu einem „cogito (ergo) cogitandum est" bzw. „cogitatio ergo cogitandum sive cogitatum est". Wird aus diesem sprachhistorischen Abriss die These gewonnen, Denken und damit Wahrheit sei als Anpassungsprozess an vorgegebene Objekte zu begreifen, so ist über den Verfasser hinausgehend zu fragen, ob nicht die sprachhistorische Entwicklung die kulturhistorische begleitet hat. Wiesen die ergativen Sprachformen auf die Objektwelt als eine zu bearbeitende, so musste mit zunehmendem Erfolg der Spezies Mensch in diesem Prozess der Bearbeitung der äußeren Natur auch eine Entwicklung der inneren folgen, die den Menschen sich selbstreflexiv als Subjekt begreifen ließ, ein Prozeß, der im cartesianischen Denken seine Spitze fand und stets auch

---

[3] Ich nenne nur Hans Peter Müller, Die Wechselbeziehung von Wirklichkeitswahrnahme und Sprache, in: Ders., Mythos – Kerygma – Wahrheit. Gesammelte Aufsätze zum Alten Testament in seiner Umwelt und zur Biblischen Theologie, BZAW 200, Berlin 1991, 264–309; vgl. dazu die Rezension in OLZ 91, 1996, 182–87.

nach Reintegration des denkenden Individuums in die natürlichen und sozialen Kontexte rief und in dieser Gegenbewegung seine vermittelnde Spitze in der Hegelschen Identitätsphilosophie fand. Man wird also fragen müssen, ob der Verfasser mit der These, Sprache und Denken dienten zur Einnistung des menschlichen Lebens in seine Umwelt, nicht einen sprach- und kulturhistorisch archaischen und längst überholten Stand zum Ausgangspunkt seiner erkenntnistheoretischen Überlegung macht, ist doch die Lebenserfahrung in der Moderne nicht mehr die der Einnistung in eine feindliche Umwelt, sondern die Umwelt selbst ist dem subjekthaften Gestaltungswillen des Menschen bis zur Unkenntlichkeit als einer natürlichen unterworfen.

Nun mag man einwenden, dass dieser Prozeß der Umformung der Umwelt nur den Überlebensinteressen der Menschen gedient habe, doch hat sich der Mensch damit einen Stand erarbeitet, der ihm ein hohes Maß der Transzendierung der Umwelt ermöglicht. Die Moderne ist aber kulturhistorisch erst dort zu sich selbst gekommen, wo der Mensch sich nicht nur von der Anpassung an das, was er, als Wirklichkeit interpretierend begreift, zu lösen vermag, sondern dessen inne wird, dass erst sein Denken Wirklichkeit konstituiert, indem er ihr Sinnhaftigkeit beizulegen vermag, andernfalls die äußere Wirklichkeit ein opakes Chaos wäre. Der Mensch verwandelt sich also nicht der äußeren Natur an, sondern verwandelt sie sich an. Hermann Cohen hat dies im Grundsatz in aller notwendigen Klarheit auf den Begriff gebracht:

> Die Vernunft ist die Quelle der Begriffe. Und der Begriff muß die Quelle sein; er darf niemals als Mündung gedacht werden für die induktiven Zuflüsse, die sich in ihm zusammenfänden. Die Vernunft ist also der Felsen, aus dem der Begriff entspringt und aus dem er entsprungen sein muss für die methodische Einsicht, wenn der Lauf unübersichtlich werden soll, den er im Stromgebiet der Geschichte nimmt.[4]

In zwei Richtungen ist weiterzufragen. Der ideenschöpferische Mensch schafft sich soziale Institutionen, die ihm im Ursprung, um mit dem

---

[4] Siehe HERMANN COHEN, Religion der Vernunft aus den Quellen des Judentums. Nach dem Manuskript des Verfassers neu durchgearbeitet und mit einem Nachwort versehen von Bruno Strauß, Frankfurt a. M. ²1929, 6; cf. dazu ECKART OTTO, Die hebräische Prophetie bei Max Weber, Ernst Troeltsch und Hermann Cohen. Ein Diskurs im Weltkrieg zur christlich-jüdischen Kultursynthese, in: W. Schluchter / F.W. Graf (Hg.), Asketischer Protestantismus und der „Geist des Kapitalismus". Max Weber und Ernst Troeltsch, Tübingen, 2005, 201–55, 235 ff.

Verfasser zu sprechen, das Einnisten in die feindliche Natur erleichtern sollten, dem Menschen aber, wie nach wie vor aktuell von Arnold Gehlen zu lernen, soweit von diesem Bemühen entlasteten, dass er die Beschäftigung der Lebenssicherung in höherer Kulturarbeit auch hinter sich lassen konnte.[5] Obwohl die Moderne gerade durch die Umbrüche in ihrem mit einer Agrarmoral verbundenen Institutionsgefüge gekennzeichnet ist,[6] was die Subjektivität des je einzelnen Individuums durch Verlust der Entlastung stark beansprucht, bleibt es doch dabei, dass, wie bereits Max Weber mit Entschiedenheit vertreten hat, individuelle Freiheit an institutionelle Voraussetzungen gebunden bleibt, wie umgekehrt noch die komplexen sozialen Gebilde in den Handlungen und Unterlassungen einzelner Menschen fundiert sind.[7] Diese Perspektivspannung zeigt an, dass die Gefahr der Reduktion von Ideenmächten einschließlich der Religion nicht so sehr aus der Notwendigkeit der Einnistung des Menschen in eine ihm feindliche Umwelt resultiert, sondern aus dem vom Menschen in der Synthese mit der äußeren Natur geschaffenen Zwischenwelt, zu der nicht allein die Sprache als Kulturleistung des Menschen, sondern vielmehr auch die sie unterfütternde soziale Welt der Institutionen gehört. Diese soziale Welt tritt dem Einzelnen so mächtig gegenüber, dass sie seine Wirklichkeitsapperzeption entscheidend filtert, so dass in linkshegelianischer Perspektive materialistischer Interpretation der Kulturgeschichte der Eindruck entstehen konnte, die Ideenwelt sei nur Funktion des durch die Ökonomie determinierten Ensembles gesellschaftlicher Verhältnisse. Die Reduzierung der Welt der Ideen auf die Funktion der Lebenssicherung dürfte nun ebenso zu einfach sein wie ein einseitiger Idealismus. Max Weber hat zu Recht zwischen dem Bedürfnis der Erfüllung materieller und ideeller Interessen unterschieden. Der Mensch will eben nicht nur im materiellen Sinne gut leben, sondern angesichts der unvermeidli-

---

[5] Siehe Arnold Gehlen, Urmensch und Spätkultur. Philosophische Ergebnisse und Aussagen, Bonn 1956, 42 ff.; ders., Die Seele im technischen Zeitalter. Sozialpsychologische Probleme in der industriellen Gesellschaft, Hamburg 1957, 70 ff.; ders., Anthropologische Forschung. Zur Selbstbegegnung und Selbstentdeckung des Menschen, Hamburg 1961, 69 ff.

[6] Siehe dazu David Riesmann et al., Die einsame Masse. Eine Untersuchung der Wandlungen des amerikanischen Charakters. Mit einer Einführung von H. Schelsky, rowohlts deutsche enzyklopaedie 72/73, Hamburg 1958, 120–201.

[7] Siehe dazu Wolfgang Schluchter, Individuelle Freiheit und soziale Bindung. Vom Nutzen und Nachteil der Institutionen für den Menschen, in: Ders., Unversöhnte Moderne, stw 1228, Frankfurt a. M. 1996, 256–78, sowie Karl-Siegbert Rehberg, Person und Institution. Überlegungen zu paradigmatischen Strukturen im Denken Max Webers, in: G. Albert et al. (Hg.), Das Weber-Paradigma. Studien zur Weiterentwicklung von Max Webers Forschungsprogramm, Tübingen 2003, 371–94.

chen Schmerz- und Leiderfahrungen auch sinnhaft. Max Weber hat einer krassen Reduktion von Ideen, die ihre soziale Macht in der Erfüllung ideeller Interessen einer Großzahl von Menschen erhalten, auf ihre politisch-ökonomischen Kontexte ebenso gewehrt wie einem krassen Idealismus:

> Frei von dem veralteten Glauben, daß die Gesamtheit der Kulturerscheinungen sich als Produkt oder als Funktion „materieller" Interessenkonstellationen *deduzieren* lasse, glauben wir unsererseits doch, daß die *Analyse der sozialen Erscheinungen und Kulturvorgänge* unter dem speziellen Gesichtspunkte ihrer *ökonomischen* Bedingtheit und Tragweite ein Prinzip von schöpferischer Fruchtbarkeit war und – bei umsichtiger Anwendung und Freiheit von dogmatischer Befangenheit – auch in absehbarer Zeit noch bleiben wird.[8]

Max Weber votiert für eine wechselseitige Kausalbeziehung zwischen den durch ideelle Interessen machtgewinnenden Ideen, die sich zu Weltbildern formieren, und den der Befriedigung materieller Interessen dienenden politisch-ökonomischen Kontexten:

> Jeder solche Erklärungsversuch [sc. des okzidentalen Rationalismus] muß, der fundamentalen Bedeutung der Wirtschaft entsprechend, vor allem die ökonomischen Bedingungen berücksichtigen. Aber es darf auch der umgekehrte Kausalzusammenhang nicht unbeachtet bleiben. Denn wie von rationaler Technik und rationalem Recht, so ist der ökonomische Rationalismus in seiner Entstehung auch von der Fähigkeit und Disposition der Menschen zu bestimmten Arten praktisch-rationaler *Lebensführung* überhaupt abhängig. Wo diese durch Hemmungen seelischer Art obstruiert war, da stieß auch die Entwicklung einer *wirtschaftlich* rationalen Lebensführung auf schwere innere Widerstände. Zu den wichtigsten formenden Elementen der Lebensführung nun gehörten in der Vergangenheit überall die magischen und religiösen Mächte und die am Glauben [sic] an sie verankerten ethischen Pflichtvorstellungen.[9]

---

[8] Siehe Max Weber, Die „Objektivität" sozialwissenschaftlicher und sozialpolitischer Erkenntnis, Archiv für Sozialwissenschaft und Sozialpolitik 19, 1904, 22–87, 42.

[9] Siehe Max Weber, Vorbemerkung, in: Ders., Gesammelte Aufsätze zur Religionssoziologie, Bd. I, Tübingen 1920, (1–16) 12.

Vor die Alternative gestellt, ob die Ideen ihren Ursprung innerhalb dieses Zirkels haben und Funktion der materiellen Interessen sind oder die ideellen Interessen innerhalb dieses Zirkels zwar mit jenem vernetzt, aber doch eigenursprünglich sind, hat Max Weber, wie seine letzte Studie zum antiken Judentum im Rahmen des Projektes der Wirtschaftsethik der Weltreligionen zeigt,[10] eindeutig für die letzte Option votiert und gegen Julius Wellhausen an zeitgenössische Wellhausen revidierende exegetische Lehrmeinungen anknüpfend in der Systematik der Studie einen substantiellen Gottesbegriff zum Ausgangspunkt genommen und damit seinen neukantianischen Voraussetzungen folgend[11] den Zirkel durchbrochen.

Tritt die Dialektik zwischen Idee und Gesellschaft vermittelnd in die Synthese des Menschen mit der äußeren Natur, so bleibt die Frage nach dem Status der Idee in der Universaliendialektik von Nominalismus und Realismus noch offen. Hier nun scheint der Verfasser im Zirkel von Erkenntnis und Lebensinteresse eine dem Realismus zuneigende Position einzunehmen. In der Alternative, die „Mythisierbarkeit der Welt“ als Ursache für das religiöse Bedürfnis des Menschen zu verstehen, oder aber als Erzeugnis des religiösen Bedürfnisses, das der Verfasser anthropologisch als Naturanlage werten will, sieht der Verfasser im historischen Stoff eine dem Menschen entgegenkommende Dimension des Religiösen zur Sprache gebracht. In zahlreichen Beiträgen zur Thematik des Mythos hat der Verfasser diese Dimension exegetisch zu erfassen gesucht. Der Mythos leiste die Verarbeitung von Erfahrungen der Macht in Natur und Vorgeschichte.[12] In den mythischen Göttern suche der Mensch eine Vermittlung mit den ihn ängstigenden und zugleich anziehenden Mächten, die er sich anverwandelt, indem er sie personalisiert und nach der Logik menschlichen Handelns agieren lässt. Was dennoch bedrohlich bleibe, werde im Antimythos wie der Sintflutgeschichte, als Überführung des Kontingent-Chaotischen ins Strukturierte der Mythenerzählung gebannt.[13] Voraus-

---

[10] Siehe dazu Eckart Otto, Einleitung, in: M. Weber, Die Wirtschaftsethik der Weltreligionen. Das antike Judentum. Schriften und Reden 1911–1920, Max Weber Gesamtausgabe I/21.1–2, Bd. 1, Tübingen 2005, 1–156, 90–98.

[11] Siehe dazu Sven Wöhler, Das heterologische Denkprinzip Heinrich Rickerts und seine Bedeutung für das Werk Max Webers. Die Einheit der modernen Kultur als Einheit der Mannigfaltigkeit, Diss. phil. Erfurt 2001.

[12] Siehe nur Hans-Peter Müller, „Jenseits der Entmythologisierung“. Orientierungen am Alten Testament, Neukirchen-Vluyn ²1979, 9 ff.

[13] Siehe dazu Hans-Peter Müller, Das Motiv für die Sintflut. Die hermeneutische Funktion des Mythos und seiner Analyse, ZAW 97, 1985, 295–316 (wieder abgedruckt in: Ders., Mythos – Kerygma – Wahrheit [s. o. Anm. 3], 88–109 [mit einem Nachtrag]); ders., Babylonischer und biblischer Mythos von Menschenschöpfung und Sintflut. Ein Paradig-

setzung sei, wie in den sprachhistorischen Studien begründet, dass die Subjekt-Objekt-Spaltung im Erkenntnisvorgang nicht wirksam sei. In der Entgegensetzung von Mythos und Antimythos sieht der Verfasser einen Hinweis auf ein ambivalentes Lebensgefühl, hinter dem der biologisch begründete Tatbestand stehe, dass die äußere Natur dem Menschen feindlich wie bedrohlich sei. Kann die Anverwandlung der äußeren Natur im Mythos, so fragt der Verfasser schließlich, ihre Funktion der Lebenssicherung verlieren, wird die Funktion der Assimilation des Fremden erst einmal kritisch durchschaut, oder steht dem Menschen eine zweite, postkritische Naivität offen? Und werden die Götter wie der eine Gott nicht als Funktionen der menschlichen Lebenssicherung erkennbar? Der Verfasser will dieser Konsequenz entgehen, indem er den erkenntnistheoretischen Zirkel zugunsten der Annahme hinter sich lässt, daß der Mythos zwar zur Bereitung eines Lebensraumes in der Natur für den Menschen beizutragen vermag, das Subjekt dieses „Prozesses einer Selbstverständigung des Seienden" aber als Gott definiert wird, der sich als transzendentes Subjekt mittels der Menschen zur Sprache bringt. Da auch das moderne Denken noch nicht erlöst sei, bedürfe der Mensch immer wieder der Gegensteuerung gegen Entmythisierung und Säkularisierung der Wirklichkeit – Max Weber spricht in diesem Zusammenhang von der Entzauberung – durch die Remythisierung der Wirklichkeit, die bereits im Alten Testament zu beobachten sei.[14] Die Annahme Gottes als transzendenten Subjekts eines Selbstverständigungsprozesses des Seienden als Gegenwurf gegen eine Reduktion des Religiösen auf eine Funktion der menschlichen Lebenssicherung ist ein ebenso kühner Gedanke des Verfassers wie die Feststellung in seiner Antrittsvorlesung, letztlich könne „nur Gott selbst eine Korrespondenz zwischen dem Sein der Wirklichkeit und dem Sinnverlangen des Menschen gewähren – womit wir freilich ein erstes Mal *willkürlich* aus dem erkenntnistheoretischen Zirkel heraustreten".[15] Was aber begründet diesen Akt der erkenntnistheoretischen „Willkür"? Auf den ersten Blick könnte man meinen, dass der Verfasser Kant folgend den Gottesbegriff in der Ethik verankern will, stellt er doch an anderer Stelle die Frage, ob unser selbstkritisches Erkennen „noch der Vorteilsbeschaf-

ma zur Frage nach dem Recht mythischer Rede, in: W. Strolz (Hg.), Vom alten zum neuen Adam. Urzeitmythos und Heilsgeschichte, Freiburg 1986, 43–68 (wieder abgedruckt in: H.-P. Müller, Mythos – Kerygma – Wahrheit [s. o. Anm. 3], 110–35).

[14] Siehe Hans-Peter Müller, Jenseits der Entmythologisierung (s. o. Anm. 12), 57 ff.

[15] Siehe oben, 129, Hervorhebung E. O.

fung in diesem Wettkampf [sc. der genetischen Selektion] dient".[16] Dies sei die schicksalhafte Befindlichkeit des Menschen. „*Deshalb*", so fährt der Verfasser fort, „muß christliche Ethik als Gegenbild solcher Selektion entworfen werden".[17] Doch dann biegt er noch den Aspekt der einer *theologia crucis* entsprechenden Ethik, nach der das Leben erhalten wird, wenn man bereit ist, es hinzugeben, in den Zirkel zurück, da noch die menschliche Korrektur seiner Natur „zum Einnisten in eine zunächst feindliche Umwelt" gehöre.[18] So bleibt der Verfasser bei der Aufforderung stehen, dass wir ohne erkenntnistheoretische Deckung bezeugen sollen, Gott sei es, der die Lücke zwischen dem Sein der Wirklichkeit und unserem Sinnverlangen schließe. Wenn wir „religiös reden und denken wollen, müssen wir den selbstrückbezüglichen Zirkel von Erkenntnis und Lebensinteresse, die einander bedingen, mutig verlassen".[19]

Doch will mir scheinen, dass die christliche Reflexionsgeschichte mehr Unterpfand für einen derartigen mutigen Schritt bereit hält, als der Verfasser zu erkennen gibt, auch wenn die Kategorie der Dezision, die den Verfasser nicht zuletzt mit Rudolf Bultmann[20] verbindet, nicht ausgeschlossen werden soll.[21] So ist zu fragen, ob im Gottesgedanken der christlichen Tradition nicht Momente enthalten sind, die den erkenntnistheoretischen Zirkel vernunftsnotwendig durchbrechen, da erst der Gottesgedanke die Ethik über die Selbstbezogenheit des Menschen hinausführt – nicht nur in dem Sinne, dass wie für H. Cohen die Sittlichkeit nicht nur pflichtmäßiges *Streben* bleiben soll, das in sich selbst genugsam wäre, das Ideal also nicht nur regulative Idee im kantischen Sinne bleibt, sondern das Ideal selbst Leben und Wirklichkeit hat in dem Sinne,[22] dass im Gottesge-

---

[16] Siehe oben, 132.

[17] Siehe oben, 132.

[18] A. a. O.

[19] Siehe oben, 136.

[20] Siehe nur RUDOLF BULTMANN, Wissenschaft und Existenz, in: Ehrfurcht vor dem Leben. FS A. Schweitzer, Bern 1955, 30–43 (wieder abgedruckt in: Ders., Glaube und Verstehen. Gesammelte Aufsätze, Bd. III, Tübingen [3]1965, 107–21).

[21] Dass auch E. Troeltsch der wertsetzenden Dezision bedarf, da eine nur historische Wertbildung (siehe dazu ERNST TROELTSCH, Zur religiösen Lage, Religionsphilosophie und Ethik, Gesammelte Schriften, Bd. II, Tübingen 1913, 703) zu einer – wie HEINRICH RICKERT (Die Grenzen der naturwissenschaftlichen Begriffsbildung, Eine logische Einleitung in die historischen Wissenschaften, Tübingen [2]1913, 635) formulierte – „Kulturschraube ohne Ende" führe, sei angemerkt.

[22] Siehe HERMANN COHEN, Religion der Vernunft (s. o. Anm. 4), 23 f. u. ö. Die Aporie, in die H. Cohen hineingeraten ist, „daß das, was als notwendiges Implikat einer übergeschichtlich verstandenen Vernunft aufgewiesen werden soll, sich faktisch sehr voraussetzungsreichen geschichtlichen Zusammenhängen verdankt" – so HANS LUDWIG OLLIG, Religion und Frei-

danken eine Idee aufgehoben ist, die das Verlassen des Erkenntniszirkels um des Gottesgedankens willen fordert. Diese Idee ist die der im trinitarischen Gottesgedanken gesetzten Überwindung der Zweckhaftigkeit des Handelns als entscheidende Handlungskategorie. In der Lehre von der immanenten Trinität wird das selbstreflexive Handeln Gottes – im Gegensatz zur ökonomischen, zweckhaft auf die Schöpfung gerichteten Trinität – als prinzipiell zweckfreies Handeln, als Ausdruck allmächtiger Souveränität Gottes begriffen. Um es in den Worten Søren Kierkegaards zu sagen:

> Nur was unendlich subjektiv seine Subjektivität unendlich in seiner Macht hat als Subjektivität, nur das hat keinen Zweck [...] Gott aufnötigen, daß er einen Zweck habe – und in derselben Sekunde wird er eigentlich von der Endlichkeit abhängig [...] Deshalb habe ich auch einen Verdacht gegen die Art und Weise, wie man den Ausdruck „Gott dienen" benutzt. Denn Gott kann man nicht dienen, wie man einer anderen Majestät dient, die, menschlich gesprochen, ein Anliegen, Zweck hat.[23]

In diesem Sinne ist Gott Imago der Freiheit schlechthin, die sich in der Freiheit des Gottesverhältnisses des endlichen Menschen realisiert, in der „Begeisterung des Ethikers in der Freude über Gott".[24] Das Alte Testament bringt diese Freiheit im Ersten Gebot verbunden mit dem Bilderverbot zur Geltung und befreit den Menschen, den Ethiker in der Begeisterung, in der Freude über Gott auch zu einer Kommunikation mit dem Mitmenschen, die eine zweckrationale Funktionalisierung des Anderen überwindet.[25] Ebendies hat I. Kant in der dritten Formel des Kategorischen Imperativs als ein vernunftgemäßes Verhalten zu erweisen gesucht:

---

heitsglaube. Zur Problematik von Hermann Cohens später Religionsphilosophie, MPF 179, Königstein 1979, 338 –, soll hier nicht weiter entfaltet werden, wohl aber, dass H.-P. Müller als Konsequenz seiner humanethologischen Erkenntnistheorie eine derartige Vernunft ebenso negiert wie die kantische Idee des „Dinges an sich".

[23] Siehe Søren Kierkegaard, Gesammelte Werke 41. Die Tagebücher, hg. von H. Gerdes, Bd. 5, Düsseldorf 1972, 325.

[24] Siehe Søren Kierkegaard, Die Tagebücher (s. o. Anm. 23), Bd. I, 1962, 147. Siehe dazu auch Klaus-Michael Kodalle, Die Eroberung des Nutzlosen. Kritik des Wunschdenkens und der Zweckrationalität im Anschluß an Kierkegaard, Paderborn 1988, 96 ff.

[25] So ist die Funktion, die das Bilderverbot in der Ontologiekritik in Th. W. Adornos negativer Dialektik (siehe die folgende Anm. 27) hat, gegenzulesen gegen die Funktion des Bilderverbots in menschlichen Beziehungen im Werk von Max Frisch, so in dem Roman „Stiller" oder dem Drama „Andorra".

> Handle so, daß du die Menschen sowohl in deiner Person als in der eines jeden anderen jederzeit zugleich als Zweck, niemals bloß als Mittel brauchst.[26]

Dass also ein „selbstkritisches Erkennen der Vorteilsbeschaffung in diesem Wettkampf [sc. der Genselektion] dient", wird von der Aufklärung als Wunschdenken überwunden, und tatsächlich – so Th. W. Adorno[27] – ist der Wunsch ein schlechter Vater des Gedankens, was seit Xenophanes eine der Generalthesen der europäischen Aufklärung ist, und sie gilt ungemildert noch heute – wie von Kierkegaard zu lernen – gegenüber den ontologischen Restaurationsversuchen.[28] So gegründet folge ich dem Verfasser gern auf seinem mutigen Sprung aus dem humanethologischen erkenntnistheoretischen Zirkel.

Mit Hans-Peter Müller hat die Alttestamentliche Wissenschaft nicht nur einen Kollegen von außergewöhnlicher Weite des Denkens verloren, sondern auch von großer Konsequenz in dem Bemühen, in seiner Erkenntnistheorie die Theologie für das Gespräch mit den Naturwissenschaften zu befähigen. Gerade die unerbittliche Konsequenz lädt zum Gespräch ein, das auch zukünftig zwischen den Polen eines immanenten Zirkels der Erkenntnistheorie und der den Zirkel hinter sich lassenden Perspektive des Gottesverständnisses oszillieren wird.

---

[26] Siehe Immanuel Kant, Grundlegung zur Metaphysik der Sitten, PhB 41, Leipzig ^{3}1947, 54. Zum biblisch-alttestamentlichen Entdeckungszusammenhang dieses von Kant als vernünftig begründeten Imperativs siehe Eckart Otto, Die Geburt des moralischen Bewußtseins. Die Ethik der Hebräischen Bibel, in: Ders. / S. Uhlig, Bibel und Christentum im Orient. Studien zur Einführung der Reihe „Orientalia Biblica et Christiana" [= OBC], OBC 1, Glückstadt 1991, 65–87.

[27] Siehe Theodor W. Adorno, Negative Dialektik, Gesammelte Schriften VI, hg. von R. Tiedemann, Frankfurt a. M. 1973, 7–400, 399.

[28] Siehe dazu Jaco Gericke, YHWH Unlimited: Realist and Non-Realist Ontological Perspectives on Theo-Mythology in the Old Testament, Zeitschrift für Altorientalische und Biblische Rechtsgeschichte 11, 2005, 274–95.

Kolloquialsprache und Volksreligion in den Inschriften von Kuntillet ʿAǧrūd und Ḫirbet el-Qōm

Hans-Peter Müller, ZAH 5/1, 1992, 15–51

I. Problem und Tatbestand

Die Inschriften von Kuntillet ʿAǧrūd (9.–8. Jh. v. Chr.) und eine der Inschriften von Ḫirbet el-Qōm (8. Jh. v. Chr.[1]) geben uns paradigmatische Gelegenheit, nach der Evidenz der althebräischen Epigraphik für ein vom literarischen Hebräisch des Alten Testaments unterschiedenes Alltagshebräisch in dessen Zusammenhang mit volksreligiösen Sprechakten und Vorstellungen zu fragen. Dabei ist das Hebräisch der genannten Inschriften einerseits für eine religiöse Umgangssprache, andererseits für Elemente des altisraelitischen Briefformulars[2] bezeichnend; dieses aber wurzelt seinerseits in einer situationsspezifischen Kolloquialsprache (colloquial

[1] Die uns hier interessierende 3. Inschrift von Ḫirbet el-Qōm ist wohl etwas älter als die beiden übrigen; vgl. D. Conrad, TUAT II 4, 1988, 556.

[2] Briefformularelemente haben in den Inschriften 5 und 6 von Kuntillet ʿAǧrūd A. Lemaire (Les écoles et la formation de la Bible dans l'ancien Israël [OBO 39], 1981, 27 f.) und M. Weinfeld (Kuntillet ʿAjrud Inscriptions and their [sic] Significance, in: Studi epigrafici e linguistici sul Vicino Oriente antico [= SEL] 1, 1984, 121–130, bes. 125 f.) aufgewiesen bzw. vorausgesetzt; vgl. J. Naveh, BASOR 235, 1979, 27–30, und D. A. Chase, A Note on an Inscription from Kuntillet ʿAǧrūd, BASOR 246, 1982, 63–67. Eine andere Frage ist, was Briefformularelemente auf Kruginschriften suchen: sollen Später-Vorbeireisende gegrüßt werden? – Zu Grußformeln in Briefen und zu inschriftlichen Segenswünschen vgl. neben anderen B. Couroyer, *BRK* et les formules égyptiennes de salutation, RB 85, 1978, 575–585, und J. H. Tigay, You Shall Have No Other Gods. Israelite Religion in the Light of Hebrew Inscriptions (Harvard Semitic Studies 31), 1986, 21–23, bzw. 23–33. Allgemein zum Briefwesen vgl. D. Pardee u. a., Handbook of Ancient Hebrew Letters (SBL, Sources of Biblical Study 15), 1984, und M. Görg – R. Kühschelm, Art. Brief/Briefformular, in: M. Görg – B. Lang, Neues Bibellexikon I 2, 1989, 325–327.

speech) mit deren kommunikativem Floskelbestand[3]. Ihre Eigentümlichkeit scheint die alltägliche Umgangssprache vor allem in der Satzgestalt, also der Syntax, zu entfalten.[16] Für eine vorwiegend pragmatische Sprachauffassung, der gerade die Alltagssprache anschauliche Paradigmen bietet, lassen sich dabei Syntax und Formgeschichte einerseits von einer Phänomenologie religiöser Sprechakte und den mit diesen verbundenen Vorstellungen andererseits nicht trennen; dazu müssen wir gelegentlich über die Evidenz, die die wenigen hier ausführlich behandelten Inschriften liefern, auch in bezug auf den Problembelang hinausschreiten.

1. Zwar enthalten auch die Erzählungen des Alten Testaments, etwa die an Dialogen mit formelhaften Wendungen so reiche Josephsgeschichte[4], umgangssprachliche Elemente, wie sich denn auch einige formgerechte semitische Briefsegmente und Brieffiktionen im Alten Testament (2 Kön 5,6; 10,2f.; Esra 1,2–4; 4,17–22; 5,7–17; Dan 3,31–4,34) und in Offb 2f. finden; umgekehrt mag in nicht-narrative Texte, etwa Prophetensprüche, Kolloquialsprache eingegangen sein, wo sich beides freilich viel weniger als in zitierter wörtlicher Rede aus Erzählungen abgrenzen läßt. Aber es handelt sich bei Gesprächen und Briefen des Alten Testaments natürlich um literarische Gestaltungen, die ein Umgangshebräisch nur mittelbar repräsentieren, während epigraphische Zeugnisse insbesondere gelegentlicher Art ein Popularhebräisch enthalten, das durch kein entsprechendes kulturelles Filter gegangen ist[5]. Für die wichtige Frage, inwieweit mit

---

[3] Vgl. bislang I. Lande, Formelhafte Wendungen im Alten Testament, Leiden 1946, sowie – stärker religionsgeschichtlich ausgerichtet – N. Nicolsky, Spuren magischer Formeln in den Psalmen (BZAW 46) 1927. Seither gibt es eine linguistische Diskussion zum Thema Alltagssprache u. ä. – Eine gleichsam noch experimentierende, kasuelle Offenheit und Redundanz der Terminologie – etwa der fließende Übergang zwischen Begriffen wie Alltagshebräisch, Popularhebräisch, Umgangssprache, Kolloquialsprache u. ä. für antike Befunde – ist im folgenden unvermeidlich, da die Unterscheidung von Erscheinungen, die sich in lebenden Sprachen relativ scharf voneinander trennen lassen, hier auf große Schwierigkeiten stößt; mangels hinreichender differenzierbarer Textmengen muß auch der soziolektale Gesichtspunkt unberücksichtigt bleiben. Eine ausführlichere Theorieerörterung wird späteren Arbeiten vorbehalten.

[4] In den Bereich des Kolloquialhebräischen gehört auch die von W. von Soden (Tempus und Modus im älteren Semitischen, in: H.-P. Müller [ed.], Babylonien und Israel. Historische, religiöse und sprachliche Beziehungen [WdF 633], 1991, 463–493, bes. 479[31]) an der Josephsgeschichte beobachtete häufige Verwendung des Partizips anstelle eines Verbum finitum. Zum prädikativen Partizip im Konversationsstil von Ri und 1 Sam vgl. T. Muraoka, Emphatic Words and Structures in Biblical Hebrew, Jerusalem – Leiden 1985, 22.

[5] Daß umgekehrt auch größere, religiös gewichtige Texte eine populäre Erzählsprache, insbesondere in retardierenden Randgebieten, repräsentieren können, scheint E. A. Knauf

alltagssprachlichen Strukturen Determinationen einer sozialschichtspezifischen Wirklichkeitswahrnahme verbunden sind, gibt das wenige Material natürlich keine sichere Handhabe.

Das hier zu erörternde Inschriftenmaterial kann dabei sprachlich und religionsgeschichtlich wegen seines hohen Alters ein besonderes Interesse beanspruchen; für die betr. lokale israelitische Volksreligion der frühen vorexilischen Zeit ist der durch die Inschriften repräsentierte populäre Polytheismus von hoher Bedeutung. Ihn sollte man, da er – wenn auch unterhalb einer Ebene offizieller Legitimation – weithin originär israelitisch sein dürfte, nicht als synkretistisch bezeichnen, als ginge es um eine kompromißhafte Konfliktbewältigung, die einer lokalen altisraelitischen Religion etwa aufgrund eines Wechsels ihres sozialen Milieus aufgenötigt worden wäre[6]. Vielmehr können die hier erörterten Inschriften in ihrem religiösen Gehalt **[17]** Reaktionen der „Provinz" gegenüber Vereinheitlichungstendenzen bezeugen, die sich zuerst in Monolatrie, viel später im Monotheismus äußern.

2. Von philologischem und linguistischem Belang ist das Kolloquialhebräisch zugleich im Blick auf darin vorfindliche Spuren althebräischer Dialekte. In ein alltägliches Kolloquialhebräisch gehen Dialektelemente eher ein als in das literarische Idiom: Umgangssprachen stellen oft ein Bindeglied zwischen volkssprachlichen Dialekten und literarischer Hochsprache dar; umgekehrt kann, was im Alten Testament bislang als reines Dialektmerkmal erschien, sich einer Interdependenz von Dialekt und Alltagssprache verdanken. Die geringere Wirksamkeit eines kulturellen Filters in Dialekten und Popularidiomen bewirkt u. a., daß hier und dort Atavismen

---

(War „Biblisch-Hebräisch" eine Sprache?, ZAH 3, 1990, 11–23, bes. 17) im Blick auf die Tell-Deir-ʿAllā-Inschrift vorauszusetzen; vgl. dazu Vf., Die Sprache der Texte von Tell Deir ʿAllā im Kontext der nordwestsemitischen Sprachen, ZAH 4, 1991, 1–31, bes. 4.

[6] Hierzu wäre noch aufzuarbeiten: N. P. Lemcke [sic. lege: Lemche], Early Israel. Anthropological and Historical Studies on the Israelite Society Before [sic] the Monarchy (SVT 37), 1985. – Die Monolatrie Altisraels war funktionell: sie bezog sich auf die Nation und ihre Kriege, ähnlich wie sich die des Kamoš bzw. ʿAštar-Kamoš in der Mêšaʿ-Inschrift KAI 181 auf das militärische Handeln der Nation beschränkte. Demgegenüber ist der Titel eines erhellenden Artikels von M. Weippert (Synkretismus und Monotheismus. Religionsinterne Konfliktbewältigung im alten Israel, **[17]** in: J. Assmann – D. Hardt, Kultur und Konflikt, 1990, 143–179), weil offenbar durch den Titel des Sammelbandes motiviert, ein wenig irreführend: abgesehen von der nationalpolitischen Funktion, die JHWH – wie (ʿAštar-)Kamoš – für sich allein reklamierte, dürfte die Religion Altisraels, vor allem einzelne lokale Ausprägungen und die Familialreligion, nicht monolatrisch gewesen sein, so daß „Synkretismus" hierzu als Alternative in Frage gekommen wäre.

bis hin zu Sprachrudimenten bewahrt werden bzw. sich widerspiegeln. Umgekehrt regeneriert sich die Literatursprache aus Dialekten und Popularidiomen, die danach mit ihren Atavismen sogar zu einem freilich nie kodifizierten kulturellen Filter beitragen können; Dialekte und Umgangssprache bieten so ein anschauliches Argumentationspotential gegen eine einseitig synchronische Analysetechnik.

Insbesondere in späten, z. T. sondersprachlichen biblischen Schriften wie Qohelet und dem Hohenlied mag man – neben Merkmalen einer außerhalb dieser Schriften für das Hebräische nicht bezeugten jeweiligen Gattungssprache[7] – nicht allein Fremdeinflüsse, sondern auch kolloquialsprachliche Züge finden, die lokale Dialektelemente divergenter Herkunft weiterentwickelten: natürlich stellen die Aramaismen dieser Texte in einer Zeit, da die Äquivalente des literarischen Bibelhebräisch aufhören, lebendige Sprache zu sein, vorwiegend das Merkmal einer Popularsprache dar; daneben aber haben umgangssprachliche und insoweit auch dialektale Elemente, zumal Dialekte oft älter sind als die gleichzeitige Hochsprache, auch zu den einschlägigen Atavismen dieser Bücher[8] beigetragen. Welche **[18]** Elemente des Qumran- und Mischnahebräisch zudem auf eine durch Dialekte unterlaufene populare Umgangssprache zurückgehen, etwa aus dem ehemals nordisraelitischen Raum[9], wäre weiter zu fragen.

---

7 Zum gattungssprachlichen Charakter Qohelets vgl. n. a. N. Lohfink, Kohelet (NEB), 1980, 9 f. Entsprechendes gilt für das Hohelied; dazu M. Fox, The Song of Songs and the Ancient Egyptian Love Songs, Madison / WI 1985, 186–190, wo es u. a. heißt: „... many linguistic features that appear us today as distinctively mishnaic most likely were present in one or more of the spoken, non-literary dialects of the First Commonwealth ...“; Fox denkt dennoch mit Recht an eine nachexilische Datierung des Hohenliedes, nämlich ins 4.–2. Jh. v. Chr.

8 Hierher gehört bei Qohelet etwa der stativische Gebrauch der Afformativkonjugation, auf den M. Eskhult (Studies in Verbal Aspect and Narrative Technique in Biblical Hebrew Prose [AUU. Studia Semitica Upsaliensia 12], 1990, 20. 26. 112 u. ö.) zuletzt wieder hingewiesen hat; vgl. die vorangehenden Einzelbeobachtungen B. Isakssons (Studies in the Language of Qoheleth with Special Emphasis on the Verbal System [AUU. Studia Semitica Upsaliensia 10], 1987), dessen Ergebnis ein beiliegendes abstract so zusammenfaßt: „The language of the book seems to be written in a popular Hebrew dialect, presumably located in the northern part of Palestine“; zu dem in Anm. 4 vermerkten prädikativen Gebrauch des Partizips statt eines Verbum finitum, nun für Iterativ bei Qohelet, und zwar als ein Zeichen für dessen Nähe „to spoken language“ vgl. das. 134–139, bes. 138. Die seinerzeit von M. Dahood (Canaanite-Phoenician **[18]** Influence in Qohelet, Bibl 33, 1952, 30–52. 191–221) vorgeschlagene sprachgeschichtliche Einordnung stellt also zumindest eine Vereinseitigung dar. Zu Atavismen im Hohenlied als Mitteln poetischer Stimmungsevokation vgl. Vf., Hld 4,12–5,1: ein althebräisches Paradigma poetischer Sprache, ZAH 1, 1988, 191–201.

9 So interpretiert M. S. Smith (The *Waw*-Consecutive at Qumran, ZAH 4, 1991, 161–164; vgl. Ders. [sic], The Origins and Development of the *Waw*-consecutive [Harvard Semi-

3. Die folgenden Erörterungen zu einem frühen nicht-literarischen Althebräisch können für die bezeichnete Fragestellung nur beschränkt verallgemeinerungsfähige Einzelbeobachtungen bieten. Die Sammlung aller oder auch nur vieler lexikalischer und grammatischer Merkmale, die das Inschriftenhebräisch vom Bibelhebräisch trennt, empfiehlt sich derzeit aber schon deshalb nicht, weil ständig neue Funde an bisherigen Selbstverständlichkeiten zu zweifeln lehren. Gleichwohl sind Verbindungen von so frühen Inschriften wie denen von Kuntillet ʿAǧrūd und Ḫirbet el-Qōm mit solchen Merkmalen des allermeist jüngeren Bibelhebräisch möglich, die innerhalb dieses Systems als Irregularitäten erscheinen, zumal wenn die ins Umgangshebräisch eingegangenen Dialektelemente eine gewisse Invarianz aufweisen.

Das gleiche gilt mutatis mutandis in bezug auf religionsgeschichtliche Beobachtungen. Da es sich bei Kuntillet ʿAǧrūd vermutlich um eine Straßenstation auf dem Wege nach Süden handelt[10], die zu gelegentlichen Frömmigkeitsäußerungen von Vorbeiziehenden verschiedener Provenienz die Möglichkeit bot, können freilich nur diejenigen der dort gefundenen Inschriften mit einiger Wahrscheinlichkeit für Israeliten in Anspruch genommen werden, in denen der Gottesname *jhw*(*h*) vorkommt.

Das Tetragramm wird im folgenden, wenn es sich um Bibelzitate handelt, die den Gott jüdischen und christlichen Glaubens im Auge haben, in Großbuchstaben wiedergegeben; in Zitaten aus Inschriften erscheint es wie andere Transkriptionen von Gottesnamen in Kleinbuchstaben.

Da eine Systematik der Darstellung eines Kolloquialhebräisch im Zusammenhang volksreligiöser Sprechakte und Vorstellungen zur Zeit noch nicht möglich ist, folgt unsere Erörterung kommentarartig einer vorgegebenen Reihenfolge der einzelnen Inschriften: in Abschnitt II entspricht die Numerierung 1–6 der Einzelabschnitte einer Reihenfolge der Inschriften von Kuntillet ʿAǧrūd, wie sie der Ausgräber **[19]** Z. Meshel in: Kuntillet ʿAjrud. A Religious Centre from the Time of the Judaean Monarchy

---

tic Studies 39], 1991, 50. 58) das weitgehende Fehlen von Konsekutivtempora in 4QMMT und des Imperfectum consecutivum in der Tempelrolle als ein hier fortlebendes Merkmal zumindest des nachexilischen Kolloquialhebräisch, so daß die Konsekutivtempora einer eher literarischen Sprache zuzurechnen wären. Zum ursprünglich umgangssprachlichen Charakter der im Mittelhebräischen häufigen Pl.-mask.-Endung /*-în*/ vgl. M. H. Segal, A Grammar of Mishnaic Hebrew, 1927 = 1986, § 281, zu ihrem möglichen Charakter als „northernism" UT 10. 11[1]; vgl. Anm. 149.

[10] Vgl. zuletzt Weippert, aaO. (Anm. 6) 156. Auf andere Auffassungen einzugehen, ist hier nicht der Ort; vgl. Anm. 138.

on the Border of Sinai (Katalog Nr. 175 des Israel-Museums vom Frühjahr 1978) gewählt hat; die kommentarartige Erörterung bedingt, daß auch viele Details, die außerhalb der hier behandelten Problematik für das philologische und religionsgeschichtliche Verständnis der Inschriften von Interesse sind, einbezogen werden. Unsicherheit haftet den folgenden Erörterungen allerdings durch das Fehlen einer wissenschaftlichen Edition der betr. Inschriften an; leider konnte sich der Verfasser auch nicht durch eigenen Augenschein von strittigen Lesungen etc. eine Überzeugung verschaffen.

4. Der Textbestand der hier behandelten Inschriften von Kuntillet ʿAǧrūd, zu dem die Quellenlage, dazu Zweifelhaftes und Strittiges in der folgenden Kommentierung erörtert wird, ist der folgende:

1. *lʿbdjw bn ʿdnh brk hʾ ljhw*

2. *šmʿjw bn ʿzr*

3. *… b̊rk . jmm . wjšbʿw …*
   … h̊jṭb . jhwh …

4. *wbzrḥ … ʾl wjmsn hrm*
   brk bʿl bjm mlḥ[mh]
   lšm ʾl bjm mlḥ[mh]

5. *ʾmr . ʾ… h… k . ʾmr . ljhl[l ʾl] wljwʿšh w… brkt . ʾtkm*
   ljhwh . šmrn . wlʾšrth

6. *[ʾmr]*
   ʾmrjw ʾ̊
   mr l . ʾdn̊[j]
   hšlm . ʾ[t]
   brktk . l[j]
   hwh tmn
   wlʾšrth . jb
   rk . wjšmrk
   wjhj ʿm . ʾd[n]
   j … k

7. *[brktk] ljhwh htmn wlʾšrth*

8. *kl ʾšr jšʾl mʾš ḥnn … wntn lh jhw klbbh*

Einige weitere inschriftliche Befunde aus Kuntillet ʿAǧrūd, u. a. Alphabetelemente, auf die wir im folgenden nicht zurückkommen, sind hier nicht aufgeführt.

[20] Der Text der 3. Inschrift von Ḫirbet el-Qōm lautet:

> *ʾrjhw . hʿšr . ktbh*
> *brk . ʾrjhw . ljhwh*
> *wmṣrjh . lʾšrth . hwšʿ lh*
> *lʾnjhw*
> *lʾšrth*
> *wlʾ[š]rth* (?)

II. Formeln des Segnens aus Kuntillet ʿAǧrūd

1. Das Syntagma *brk hʾ l jhw* „Segensträger (sei) er durch jhw" der 1. Inschrift von Kuntillet ʿAǧrūd[11] hat mit wechselnden Personenbezeichnungen und mit der Langform des Gottesnamens Jhwh an Ri 17,2; 1 Sam 15,13; 23,21; 2 Sam 2,5; Ps 115,15; Rut 2,20; 3,10 oder mit der Gottesbezeichnung *ʾēl ʿæljôn* an Gen 14,19 seine bibelhebräische Entsprechung, wobei im Fall von Ri 17,2; Rut 2,20; 3,10 eher Alltäglichkeit, im Fall von 1 Sam 15,13; 2 Sam 2,5 eher rituell-feierliche Anlässe, im Fall von 1 Sam 23,21 die dramatische Situation eines ritterlich-politischen Lebens und im Fall von Gen 14,19; Ps 115,15 ein kultischer Sitz im Leben vorliegt; die vielfältig beheimatete Formel war, wie die Belege im Erzählzusammenhang zeigen, als solche literaturfähig. Das gleiche Syntagma findet sich in *brk ʾrjhw ljhwh* der 3. Inschrift von Ḫirbet el-Qōm; s. u. IV 1. – Auffällig ist jeweils die Voranstellung des Prädikats im Nominalsatz und die adverbielle Bezeichnung der Gottheit als Quelle einer Segenskraft, die der Segnende mittels des

[11] *bārûk*, das hier mit „Segensträger" wiedergegeben wird, hat nicht eigentlich passivische Bedeutung (vgl. J. Pedersen, Israel. Its Life and Culture I–II, Nachdruck 1964, 199). Vielmehr wirkt sich bei *bārûk* in so altertümlichem, formelhaftem Gebrauch noch aus, daß das Ptz. qal „Passiv" *qāṭûl* die Dehnungsstufe des beschreibenden Adjektivs *qatul* ist: so dienen *bārûk*, *ʾārûr* u. ä. einer eher adjektivischen Zustandsbeschreibung; vgl. zur ergativischen Funktion von *qāṭûl* Anm. 23. – Für die Transkriptionen zu den Inschriften 1–3 können wir immer noch Meshel (aaO. [I 3]) folgen. Zu Inschrift 1 vgl. M. Weinfeld, Nachträge zu den Inschriften von ʿAǧrūd (neuhebr.), in: Shnaton. An Annual for Biblical and Ancient Near Eastern Studies V–VI, 1978–1979, 237–239, bes. 238/9; für die freundliche Beschaffung dieses Artikels danke ich Herrn Kollegen A. Zaborski (Krakau).

Segensspruchs zu deren Vermittlung an den Adressaten in Anspruch nimmt[12]. **[21]**

Insofern liegt in *ljhw* so etwas wie ein l^e-auctoris vor[13], obwohl der Auctor der Sprechhandlung der menschliche Segensspender, dagegen *jhw*(*h*) zwar personhaft vorgestellt, aber auch auf der Ebene des Gesprochenen keineswegs der Handlungsträger, sondern lediglich die Instanz ist, deren Segenskraft der Segensspender auf den Gesegneten überträgt[14]. Die Funktion des Nominalsatzes ist jussivisch: eine indikativisch-jussivische Bedeutungsambivalenz letztlich archaischer Syntagmen wird nach ihrer jussivischen Seite hin vereindeutigt; zum jussivischen Gebrauch der Afformativkonjugation in einem Segensspruch s. u. V 1, zur jussivischen Kurzform der Präformativkonjugation II 6. Bei allen genannten Belegen von *b*(*ā*)*r*(*û*)*k* handelt es sich also um einen Zuspruch von Mensch zu Mensch mit letztlich magischen Funktionen.

2. Die 2. Inschrift von Kuntillet ʿAǧrūd enthält lediglich Namen, die für unseren Zweck nichts erbringen.

---

[12] Vgl. zu Sprachformen und Vorstellungen vom Segen (und Fluch) Vf., Ursprünge und Strukturen alttestamentlicher Eschatologie (BZAW 109), 1969, 131 ff.; Ders. [sic], Segen im Alten Testament. Theologische Implikationen eines halb vergessenen Themas, ZThK 87, 1990, 1–32, bes. 3–19 (= Ders., Mythos – Kerygma – Wahrheit. Gesammelte Aufsätze zum Alten Testament in seiner Umwelt und zur Biblischen Theologie [BZAW 200], 1991, 220–252, bes. 222–238); der hier vorliegende Artikel stellt eine Ergänzung der letztgenannten Arbeit mit außerbiblischem Material dar. Daß u. a. göttliche Instanzen auch für einen Fluch mobilisiert werden können, zeigt der Fluch über einen möglichen Grabschänder in der phönizischen Inschrift KAI 30,4; an die Stelle von *l*- scheint [sic] hier *bn jd* „durch die Hand (= Macht)" (vgl. Vf., Die phönizische Grabinschrift aus dem Zypern-Museum KAI 30 und die Formgeschichte des **[21]** nordwestsemitischen Epitaphs, ZA 65, 1975, 104–132, bes. 111–114). *l^eJHWH* erscheint bei Flüchen, soweit ich sehe, allerdings niemals; vgl. aber Anm. 37.

[13] Schon wegen des Häufigkeitsbefundes, den die o. g. Belege mit *bārûk JHWH* im Bibelhebräischen darstellen, dürfte die von M. O'Connor (The Poetic Inscription from Khirbet el Qôm, VT 37, 1987, 224–230) zu der betr. Inschrift vorgeschlagene vokativische Deutung des *l*- unwahrscheinlich sein; vgl. Anm. 117 und 123.

[14] Nur entfernt ist darum auch die Verwendung von l^e- + Dependens zur Bezeichnung des Urhebers bei Verben im Passiv (GKa § 121 f.; KBL^3 s. v. l^e- I 24) zu vergleichen, was auch zu M. Weipperts genitivischer Wiedergabe „ein Gesegneter des El-Eljon ist Abram" Gen 14,19 (Zum Präskript der hebräischen Briefe von Arad, VT 25, 1975, 202–212, bes. 210 f.) zu sagen ist: der wirksame Sprechakt des menschlichen Segnens unter Inanspruchnahme der Kraft einer Gottheit ist von der beschreibenden Prädikation eines Menschen als *b^erûk* + GN „Gesegneter des GN" funktionell verschieden. Zu den l^e- entsprechenden akkadischen Wendungen s. u. V 3.

3. An Zeile 1 der 3. Inschrift ... *b̊rk . jmm . wjšbʿw* ... ist auffällig, daß das Satzsubjekt der ersten Wendung weder eine Person, noch ein Gegenstand ist, sondern das Halbabstraktum „ihr Tag"; wenn wir die Analogie von *bjm mlḥ[mh]* „am Kriegstag" in Z. 2f. der 4. Inschrift anwenden dürfen, ist *jm* auch hier der Kriegstag, wobei sich das Suffix *-m* „ihr" wohl auf die Krieger bezieht[15], denen die Formel *brk . jmm* „gesegnet (sei) ihr Tag" Sieg herbeiwünscht. Sind sie es auch, die nach *wjšbʿw* schwören (qal *ŠBʿ* [sic, lege *ŠBʿ*] I) oder zum Schwören veranlaßt werden (hiph)?

4. Zur 4. Inschrift s. u. VI.

5a. Die 5. und die 6. Inschrift folgen einem Briefformular[16], das zuerst ein doppeltes Rahmenstück vorsieht; in den genannten Inschriften[17] entsprechen einander: **[22]**

Inschrift 5	Inschrift 6
ʾmr ʾ... h... k.	*[ʾmr] ʾmrjw*
ʾmr ljhl[l ʾl] wljwʿšh . w...	*ʾmr l . ʾd̊n[j]*
„So spricht ... (hiermit):	„So spricht ʾmrjw (hiermit):
sprich zu jhllʾl ...".	sprich zu meinem Herrn: ..."

Es sind dies dieselben Präskriptelemente, die wir im Akkadischen seit altbabylonischer Zeit, also auch in Mari, in umgekehrter Reihenfolge wiederfinden:

---

15 Vgl. mit *jmm* „ihr (pl. mask.) Tag" die arabische Wendung *jaum al-ʿArab*, pl. *aijām al-ʿArab* für den Kriegstag bzw. die Kriegstage; dazu W. Caskel, *Aijām al-ʿArab*. Studien zur altarabischen Epigraphik (Islamica 3/5), 1930.

16 Für Literatur zum Briefformular vgl. Anm. 2. Zum Briefformular der bis dahin veröffentlichten Ostraka von ʿArad Weippert, VT 25 (Anm. 14); die beiden hier behandelten Briefformulare sind mit denjenigen der von uns besprochenen Texte nicht konform. Dagegen stimmt das Formular des Briefostrakons von Ḥorvat ʿUza (Ḫirbet Ġazze), das I. Beit-Arieh und B. Cresson (An Edomitic Ostracon from Ḥorvat ʿUza, Tel Aviv 12, 1985, 96–101) veröffentlicht **[22]** haben (vgl. ZAH 1, 1988, 139; W. Zwickel, Das „edomitische" Ostrakon aus Ḫirbet Ġazze (Ḥorvat ʿUza), BN 41, 1988, 36–40), insbesondere mit der 6. Inschrift von Kuntillet ʿAǧrūd (s. u. III) überein. Für eine unterscheidende Typologie der Briefformulare ist hier nicht der Ort.

17 **[22]** Vgl. zur Transkription von Inschrift 5 außer Meshel, aaO. (I 3), n. a. A. Lemaire, Les écoles (Anm. 2), 26, und K. Jaroš, Hundert Inschriften aus Kanaan und Israel, 1982, 58 (Nr. 30); zur Transkription von Inschrift 6: Weinfeld, Shnaton V–VI (Anm. 11), 237; Chase, aaO. (Anm. 2); Weinfeld, SEL 1 (Anm. 2), 125; zu den Inschriften 5, 6 und 8: J. M. Hadley, Some Drawings and Inscriptions on two Pithoi from Kuntillet ʿAjrud, VT 37, 1987, 180–211; die Diss. phil. der Vf.in: Yahweh's Asherah in the Light of Recent Discovery, Cambridge U. K. 1989, war mir bislang nicht zugänglich.

ana PN (*bēlīja* u. ä.) *qibīma*
umma PN-*ma*

„Zu PN (meinem Herrn o. ä.) sprich:
so (spricht) PN: …"[18].

Insofern in der hebräischen Afformativkonjugation *ʾmr* „Perfekt im Koinzidenzfall" vorliegt („spricht [hiermit]"), vergegenwärtigt sich der Absender des Briefes bei dessen Empfänger, wie es in der Botensendung geschieht, aus der die Gattung Brief hervorgegangen zu sein scheint[19]; das „Perfekt im Koinzidenzfall", im weiteren Sinne genommen, kann geradezu als Paradigma für die Situationsgebundenheit der **[23]** Umgangssprache gelten. Die gleiche Vergegenwärtigung leisten die entsprechenden akkadischen Nominalsätze des Briefpräskripts: so schon das altakkadische *enma* PN *ana* PN „so PN an PN"[20], dem in späteren altakkadischen und in altassyrischen Briefen sowie in mittelbabylonischen Briefen aus Ugarit u. ö. – in gegenüber dem o. g. Schema wiederum umgekehrter Reihenfolge – *qibīma* folgt, so daß sich die in der Botenaussendung wurzelnden Wendungen „so PN: zu PN sprich" ergeben[21]; letzterem Formular entspricht die im Ugaritischen selbst gebrauchte Sequenz: *tḥm* PN *l* + PN

[18] Vgl. E. Salonen, Die Gruss- und Höflichkeitsformeln in babylonisch-assyrischen Briefen (StOr 38), 1967, 16 u. ö., zu Mari 51–54.

[19] Die Afformativkonjugation *ʾmr* kann in diesem Element des Briefformulars – wie in der genetisch mit ihm zusammenhängenden profanen und prophetischen Botenformel – zunächst sowohl präterital, als auch im Sinne des „Perfekts im Koinzidenzfall", das insofern formal nicht auf die 1. Person beschränkt ist, verstanden werden. Was C. Westermann (Grundformen prophetischer Rede, 1960, 71/2) dazu von der prophetischen Botenformel sagt, gilt auch von *ʾmr* im Briefkopf; zum Verhältnis von Boten- und Briefsendung vgl. den Hinweis auf 1 Kön 19,9 f. gegenüber V. 14 bei O. Eißfeldt, Einleitung in das Alte Testament, ⁴1976, 24: offenbar war der Brief ursprünglich aber umgekehrt ein aide mémoire für den Boten. Dem Akt der Botschaftsübermittlung entspricht es aber, wenn A. J. Bjørndalen (Zu den Zeitstufen der Zitatformel … כה אמר im Botenverkehr, ZAW 86, 1974, 393–403) der präsentischen Bedeutung einen Vorrang gibt, was auch von der durch D. U. Rottzoll, (Die *KH ʾMR* …-Legitimationsformel, VT 39, 1989, 323–340, bes. 327–330) jetzt eigens unterschiedenen „Im-Namen-des-Formel" gelten kann, die eine Botensendung nicht (mehr) voraussetzt.

[20] Salonen, aaO. (Anm. 18) 12. Vgl. zu Ebla die entsprechende Wendung im Brief des Enna-Dagan von Mari: *en-ma En-na-da-gan* e n *Ma-ri*ki NI-*na* e n *eb-la*ki „so E., der Herr von Mari, an den Herrn von Ebla"; G. Pettinato, Bollettino militare della campagna di Ebla contro la città di Mari, OrAnt 19, 1980, 231–245, bes. 238, vgl. D. O. Edzard, Neue Erwägungen zum Brief den Enna-Dagan von Mari (TM.75.G.2367), SEb 4, 1981, 89–97, bes. 90. – Zur entsprechenden Formel in der Amarna-Korrespondenz vgl. Salonen 62 (Nr. 3).

[21] Salonen, aaO. (Anm. 18) 12. 55. 71 f.

rgm „Botschaft des PN: zu PN sprich“[22]. Diese Reihenfolge der Elemente – Absender, Empfänger + Imperativ eines Verbum dicendi – kehrt im groben in unseren Inschriften wieder.

b. Es folgt, dem Formular des Briefpräskripts entsprechend (s. u. III), in der 5. Inschrift eine Segensformel: *brkt . ʾtkm ljhwh . šmrn . wlʾšrth* „ich segne euch durch jhwh von Samaria und durch seine Aschera“.

Die aktivische Wendung *brkt . ʾtkm .* [sic] *ljhwh* entspricht der soeben erörterten ergativischen Formel *brk hʾ ljhw*[23] allenfalls funktionell: an erster Stelle steht jeweils die aktivische (*brkt*) bzw. ergativische (*brk*) Bildung von *BRK* II „segnen“; an zweiter Stelle wird der Segensempfänger ebenfalls verschieden bezeichnet: dort im Akkusativ, hier im Nominativ; erst an dritter Stelle wird in beiden Formeln als Adverbial mit *l-* in gleicher Weise die göttliche Quelle der Segenskraft benannt.

Das aktivische *brkt*[24] ist 1. sing. AK pi, hier ebenfalls als „Perfekt im Koinzidenzfall“, nicht als präteritales Perfekt[25], gebraucht: „ich segne (hiermit)“. Gegen eine präteritale Übersetzung spricht schon die Zugehörigkeit der Wendung zum Briefpräskript, nicht also zum Briefkorpus, in dem vergangenheitsbezogene Informationen vorwiegend zu erwarten wären. Das Übersetzungselement „… hiermit“ entspricht der deiktischen Konnotation der Bildung, die zugleich für den situationsspezifischen

---

[22] Vgl. KTU 2.10:1–3; 2.16:1–3; 2.21:1–3; 2.34:1 f.; 2.39:1 f.; 2.46:1–3; 2.49:1–3; 2.71:1 f. Das Werk: J. L. Cunchillos-Illari, Estudios de epistolografia Ugaritica (Institucion San Jeronimo, Fuentes de la cienca bíblica), Valencia 1989, war mir nicht zugänglich.

[23] Vgl. zur Übersetzung Anm. 11. Zur ergativischen Morphosyntax der älteren semitisch-hamitischen Afformativkonjugation vgl. Vf., Das Bedeutungspotential der Afformativkonjugation. Zum sprachgeschichtlichen Hintergrund des Althebräischen, ZAH 1, 1988, 74–98. 159–190, speziell zum Fortleben einer alten Ergativfunktion bei *qāṭûl* (Ptz. qal „Passiv“) < *qatul* das. 183 f., entsprechend zu Nominalsätzen mit Partizipien Vf., Zur Wechselbeziehung von Wirklichkeitswahrnahme und Sprache, in: Ders., Mythos (Anm. 12), 264–309, hier 274–284, bes. 279.

[24] Da lange Endvokale in den Inschriften von Kuntillet ʿAǧrūd bezeichnet werden, wie *wjšbʿw* „sie (ließen?) schwören“ 3,1, *ʾd*[*n*]*j* „mein Herr“ 6,9/10’ (vgl. *l . ʾdn̊*[*j*] 6,3’), *wjhj* „und er sei“ 6,9’, die Personennamen *ʾdnh* 1 und *jwʿšh* 5,1, die Gottesnamenformen *jhw* 1; 8 (vgl. **[24]** *-jhw* als theophores Element in Personennamen wie *ʾrjhw* und *ʾnjhw* el-Qōm 3,1. 2. 4) und *jhwh* 3,2; 5,2; 6,5/6’; 7 (el-Qōm 3,2) sowie die in Anm. 51 aufgezählten Suffixbildungen zeigen, hat das Endmorphem /*-ti*/ für die 1. sing. AK offenbar noch einen kurzen Vokal; vgl. *š̊l̊ḥ . šl̊ḥ̊t* „ich sende (hiermit)“ in Z. 1 des Untertexts auf dem Palimpsestpapyrus von Murabaʿāt (7. Jh. v. Chr.), aber auch – in einem Übergangsstadium – *klt* „ich maß ab“ KAI 200,8 (eine Konjektur *klt*<*j*> erübrigt sich) gegenüber *nnqtj* „ich bin unschuldig“ das. Z. 11. Langes /*-î*/ in /*-tî*/ für 1. sing. AK findet sich dagegen in *šlḥtj* „ich sandte“ Arad-Ostrakon 16,4.

[25] **[24]** Zusammenstellungen der jeweils bis dahin vorgeschlagenen Übersetzungen von *brkt* finden sich bei Weippert, VT 25 (Anm. 14), 209, und Couroyer, aaO. (Anm. 2) 576; vgl. auch Hadley, VT 37 (Anm. 17), 183.

Charakter umgangssprachlicher Wendungen bezeichnend ist. Offenbar gehört auch diese Floskel ursprünglich der gesprochenen Sprache an. **[24]**

Die Verbindung *brkt. ᵓtkm* der 5. Inschrift mit ihrem pluralischen Objekt hat freilich an dem kultischen Ausdruck *bēraknû ᵓætkæm* „wir segnen euch (hiermit)" in dem Maᶜᵃlôt-Psalm 129,8 b eine Entsprechung in der 1. pl. Vergleichbar mag auch *hinnē bēraktî ᵓôtô* „siehe, ich segne ihn (hiermit)" Gen 17,20 P sein, obwohl dabei zumindest futurische *Kon*notation vorliegt, die vielleicht durch *hinnē* angezeigt ist, da der gemeinte Ismael ja noch nicht lebt.

Stimmen insoweit offenbar der Segen unserer Inschrift mit dem von Ps 129,8 b und Gen 17,20 P relativ weitgehend überein, so ist doch die Verbindung von singularischer, aktivischer 1. sing. AK *bēraktî* „ich segne (hiermit)" + Objekt + *lᵉ*- mit Benennung der Gottheit[26] – auch im Gegensatz zu *bārûk* + Benennung des Gesegneten + Benennung der Gottheit – offenbar weder liturgie- noch literaturfähig geworden[27]. Wir finden die Verbindung *bēraktî* + Objekt + *lᵉ*- mit Gottesnamen, und zwar im Blick auf den Einzeladressaten mit singularischem Objekt, dagegen in einer Reihe epigraphischer Zeugnisse[28], die Briefform aufweisen: in den unmittelbaren Zusammenhang mit Inschrift 5 gehören dabei die gleichen Wendungen mit sing. Suffix *-k* „dich" nicht nur in Inschrift 6 von Kuntillet ᶜAǧrūd, sondern auch in dem edomitischen Ostrakon von Ḥorvat ᶜUza mit Z. 2 f.,

---

[26] Nicht zu vergleichen sind natürlich die berichtenden Wendungen *wajᵉbārᵃkû kol-haqqāhāl lᵉJHWH* „da pries die ganze Gemeinde JHWH" 1 Chr 29,20 und *wajᵉbārᵃkû hāᶜām lᵉkōl hāᵓᵃnāšîm* „da segnete das Volk alle Männer" Neh 11,2, worin *lᵉ*- – wie in aramäischen Dialekten – das direkte Objekt markiert; vgl. Couroyer, aaO. (Anm. 2) 576.

[27] Dies wäre um so auffälliger, wenn das deklarativ-ästimative Piᶜᶜel *bēraktî* die Wendung *bārûk* + *lᵉ*- mit Gottesnamen voraussetzt, wie Weippert, VT 25 (Anm. 14), 211, mit Verweis auf E. Jenni (Das hebräische Piᶜel, 1968, 216 f.) darlegt. Da *bārûk* + *lᵉ*- mit Gottesnamen auch biblisch sehr häufig bezeugt ist (vgl. S. 20), legt sich für einen davon abgeleiteten Gebrauch des Piᶜᶜel *BRK* II zwar ein Vergleich mit den von Couroyer, aaO. (Anm. 2) 583, genannten ägyptischen Wendungen nahe. Diese aber sind nur als religionsphänomenologische Parallelen relevant: hier wie dort wird die Kraft der Gottheit für das menschliche Segnen in Anspruch genommen, was zur Vergleichbarkeit der sprachlichen Ausdrucksmittel führt; an eine sprachliche Abhängigkeit der betr. epigraphischen Texte von einer ägyptischen Phraseologie ist nicht zu denken.

[28] Vgl. die Belege bei Weippert, VT 25 (Anm. 14), bes. 208 f., Couroyer, aaO. (Anm. 2), bes. 575, und B. Margalit, The Meaning and Significance of Asherah, VT 40, 1990, 264–297, bes. 276. Speziell *brkt* „ich segne (hiermit)" + Pronominalsuffix + *l*- mit Gottesnamen findet sich noch in dem phönizischen Briefpapyrus aus dem ägyptischen Saqqāra KAI 50,1 f. (vgl. Anm. 29), in einem Elephantine-Ostrakon (RHR 130, 1945, 20) und in den Hermopolis-Papyri (*brktk[j] lptḥ* „ich segne dich durch Ptaḥ" 1,2; 2,2; 3,1 f.; 4,2; 6,1 f.; 8,1 f.).

in dem phönizischen [25] Briefpapyrus KAI 50 aus Saqqāra mit Z. 2 f.[29] und in den Arad-Ostraka 16,2–3; 21,2 f; 40,3; die Belege zeigen, daß die Wendung tatsächlich dem Brief*präskript* angehört, das sich in den Inschriften 5 und 6 von Kuntillet ʿAǧrūd verselbständigt hat. Eine morphosemantische und syntaktische, wenn auch nicht lexikalische Entsprechung hat *brkt* „ich segne (hiermit)" an der Wendung *š̊l̊ḥ . šl̊ḥ̊t̊ . ʾt šlm bjtk*[30] „ich sende (hiermit) gewiß das Wohlergehen deines Hauses (d. h. deinem Hause)" im Untertext des Palimpsestpapyrus von Murabaʿāt aus dem 7. Jh. v. Chr.[31]. Das vor angehende *ʾ̊m̊r̊ ... jhw . lk* „Wort des ... -jhw an dich"[32] und das folgende *wʾt* „und nun" weisen auch diese Formel als Teil eines Briefpräskripts aus; s. u. III 3. Das Verb *ŠLḤ*, das wie akkadisch *šapāru(m)* „senden" auch speziell für die briefliche Kommunikation steht[33], wird wie *bērakti* als „Perfekt im Koinzidenzfall" gebraucht. Zu fragen wäre, ob das „Perfekt im Koinzidenzfall" auch in dieser Wendung zunächst umgangssprachlich verwurzelt war.

---

[29] L. Delekat (Ein Papyrusbrief in einer phönizisch gefärbten Konsekutivsprache aus Ägypten [*KAI 50*], Or. 40, 1971, 401–409, bes. 404) möchte in *brktk l-* „eine speziell für den Briefstil geprägte Formel" sehen; Briefstilformeln pflegen aber letztlich auf die Kolloquialsprache zurückzugehen, so daß seine Zuordnung auf die unsere hinausläuft.

[30] *bjt* /*bajt*/ im Unterschied zu kontrahiertem *bt* /*bêt*/ scheint, zumindest wenn es noch relativ spät auftritt, judäisch zu sein, da sich in Randlagen ältere, hier urkontrahierte Bildungen, vielleicht auch historische Orthographien länger halten. So hält sich frühes nordisraelitisches /*aj*/ statt des späteren /*ê*/ noch in *bjt* des Beth-Sean- und des Tell-Qasīle-Ostrakons sogar in Status constructi, während die Samaria-Ostraka schon durchweg die Kontraktionsform *jn* /*jên*/ verwenden; in der Mêšaʿ-Inschrift finden sich historische Diphthongschreibungen in Ortsnamen (*djbn* Z. 21. 28 [vgl. Δαιβων LXX, *hdjbnj* 1/2] und *ḥwrnn* 32) und einmal in der Suffixbildung *bbjth* 25 gegenüber *bbth* 7 und den Status constructi *bt* 23. 27, letzteres im Ortsnamen *bt bmt*, während in den Hiphʿil-Bildungen *hšʿnj* 4 und *wʾšb* 13 /*aw*/ zu /*ô*/ kontrahiert ist. Beispiele für spätes /*aj*/ im Judäischen sind *bjt* KAI 191 B 1 (Silwān-Grabinschrift) und vor allem *l̥pnjk* „vor dir" Arad 7,6, der Status constructus *bjt hrpd* KAI 194,5 (Lakiš) gegenüber *ʾlk* „zu dir" Arad 3,9.

[31] Photographie und Text: R. Hestrin, Inscriptions Reveal. Documents from the time [sic] of the Bible, the Mishna and the Talmud (Katalog Nr. 100 des Israel-Museums aus dem Winter 1973), Nr. 32; vgl. Jaroš aaO. (Anm. 17) 73/4 (Nr. 51).

[32] Zu der ähnlichen Brieferöffnungsformel aus Ugarit s. o. II 5a; neben der dort wiedergegebenen ausführlichen Formel findet sich die einfachere: *tḥm* PN *l* + PN „Botschaft des PN an PN" KTU 2.6:1 f. u. ö.; ähnlich in späteren mit dem Papyrustext etwa gleichzeitigen akkadischen Briefen: *amat / abat šarri ana* PN „Wort des Königs an PN" (Salonen, aaO. [Anm. 18] 81 f.). An eine „Orakelnotiz" ist deshalb für den kurzen Text von Murabaʿāt also keineswegs zu denken; auch das Briefkorpus gibt für eine solche Annahme keinen eigentlichen Anhalt (gegen Jaroš, aaO. [Anm. 17] 74).

[33] Zu *ŠLḤ* für das Brief-Senden vgl. mit Objekt *sēpær* 2 Sam 11,14; 2 Kön 5,5, mit *ʾiggᵉrôt* Neh 6,19. Zu akkadischem *šapāru(m)* für das Brief-Senden vgl. jetzt CAD Š I s. v. 2b.

Daß Segenswünsche brieflich vermittelt werden, setzt die akkadische Verbindung von *šapāru(m)* „senden" mit dem Objekt *karābu(m)* „Segen(sgruß)" in ABL 407:6 f. voraus[34]. Im **[26]** Unterschied davon [sic] scheint die Verbindung von *šapāru(m)* mit dem Objekt *šulmu(m)*, das hebräischem *šālôm* entspricht, für die Bedeutung „das Wohlergehen mitteilen", d. h. brieflich über das eigene Wohlergehen Auskunft erteilen, vorbehalten; s. u. III 2, wo sich auch ein Hinweis auf *ašpur* „ich sende > schreibe (hiermit)" für den Koinzidenzfall findet.

Feierlich-liturgisch konnte von *BRK* II offenbar lediglich die 1. pl. *bēraknû* „wir segnen (hiermit)" verwendet werden, was neben Ps 129,8 b noch die Wendung *bēraknû mibbêt JHWH* „wir segnen euch (hiermit) vom Hause Jhwhs her" Ps 118,26 b bezeugt, wo eben *mibbêt JHWH* den Kultbezug kenntlich macht. Lediglich in einem der nicht-jüdischen Hermopolis-Papyri steht eine Ps 129,8 b entsprechende Briefwendung in der 1. pl.: *brknkn lpth* „wir segnen euch (hiermit) durch Ptaḥ" 5,1 f.

Größere liturgische Feierlichkeit – im Vergleich mit den genannten Adverbialen mit *l*ᵉ- „durch" – scheint aber auch die Wendung *b*ᵉ*šēm JHWH* „im Namen Jhwhs" von Ps 129,8 b zu haben, die hier wie in den Wendungen mit *l*ᵉ- die göttliche Quelle der menschlich vermittelten Segenskraft bezeichnet. Speziell zum liturgischen Kontext des Segnens „im Namen Jhwhs" sind Dtn 10,8; 21,5, wo es den Leviten, 2 Sam 6,18, wo es dem an der Lade opfernden David zusteht, zu vergleichen[35]; liturgisch ist auch die Wendung *bārak habbā*ʾ *b*ᵉ*šēm JHWH* „gesegnet im Namen Jhwhs sei, wer da kommt"[36] Ps 118,26 a[37].

c. Die Gottheiten, die als Quellen der schriftlich übermittelten Segenskräfte in Anspruch genommen werden, sind in Inschrift 5 *jhwh šmrn* „jhwh von Samaria" und *ʾšrth* „seine Aschera". Mit *jhwh šmrn* steht der *jhwh tmn* „jhwh von Theman" der 6. Inschrift in Opposition, womit wieder-

---

[34] Vgl. jetzt S. Parpola, Letters from Assyrian Scholars to the King Esarhaddon and Assurbanipal (AOAT V 1/2), 1970/1983, wo ABL 407 die Nr. 61 entspricht; aus dem Brief erfahren wir, daß der Gebrauch der Segensformel des Briefpräskripts an einem astrologisch ausgezeichneten *ūmu ša tāderti* „Tag der Düsternis" keinen Erfolg verspricht, wofür Parpola 2, 66, akkadische Parallelen bietet.

[35] Vgl. H. A. Brongers, Die Wendung *b*ᵉ*šēm jhwh* im Alten Testament, ZAW 77, 1965, 1–19, bes. 8 f.

[36] Auch hier ist *b*ᵉ*šēm JHWH* adverbielle Bestimmung von *bārûk*, nicht von *habbā*ʾ, also nicht: „Gesegnet sei, der im Namen Jhwhs kommt"; gegen S. H. Blank, HUCA 32, 1961, 75–79, u. v. a.

[37] Reziprokes Fluchen *b*ᵉ*šēm JHWH* „im Namen Jhwhs" wird in 2 Kön 2,24 von Elisa erzählt; vgl. das Fluchen *bēʾlōhāw* „bei seinem Gott" seitens Goliaths 1 Sam 17,43. Segnen und Fluchen *lipnê JHWH* „vor Jhwh" erscheinen, jeweils in literarischen Zusammenhängen, Gen 27,7 bzw. Jos 6,26; 1 Sam 26,19. Vgl. Anm. 12.

um *ljhwh htmn* einer 7. Inschrift zu vergleichen ist; die Deutung von *šmrn* als Genitiv zu *jhwh*, der dann „jhwh von Samaria" hieße, hat aufgrund des soeben bezeichneten Oppositionsverhältnisses die frühere partizipial-attributive Interpretation „der uns behütet" verdrängt, die sich allenfalls auf die häufige, auch in der 6. Inschrift bezeugte Verbindung von *BRK* II „segnen" und *ŠMR* „behüten" berufen könnte[38].

Stehen *jhwh šmrn* und *jhwh tmn* also einander gegenüber[39], so wird man, da es sich auch bei *tmn* um eine Landschaftsbezeichnung handelt, *šmrn* als Nomen terrae, [27] nicht als Stadtnamen zu deuten haben[40]. Eine solche wohl schon autochthone Landschafts- und Staatsbezeichnung war als *Sāmirīna* die in neuassyrischen Zeugnissen übliche Bezeichnung für Nordisrael. Staatsname liegt vermutlich ebenfalls vor in *mælæk š.* „König von S." 1 Kön 21,1; 2 Kön 1,3 und in *ʿēgæl š.* „Jungstier von S." als Jhwh-Repräsentant Hos 8,6. Nomen terrae ist hebräisches *šōmrôn* auch in der deuteronomistischen Verbindung *ʿārê š.* „die Städte S." 1 Kön 13,32; 2 Kön 17,24; 23,19, die die Funktion Samarias als Provinzhauptstadt seit der Einnahme durch Sargon II vorauszusetzen scheint, zumal diese bis zur Zeit Nehemias sogar für Jerusalem zuständig blieb. Auch der Pl. *hārê š.* „die Berge S." Jer 31,5 scheint, im Gegensatz zum Sing. *har š.* Am 4,1; 6,11 (3,11 cj.), die Funktion von hebräischem *šōmrôn* als eines assyrischen Provinznamens vorauszusetzen. Die Wendung *ʾlhj jršlm* „Gott Jerusalems" aus einer Inschrift von Ḫirbet Bêt Lej[41] ist also nicht zu vergleichen[42].

d. Ich stimme vielen Interpreten der betr. Inschriften von Kuntillet ʿAǧrūd und der 3. Inschrift von Ḫirbet el-Qōm, darunter zuletzt M. Weippert[43], darin zu, daß *ʾšrth* nicht ein aus dem Alten Testament bekann-

---

[38] Charakteristisch ist, daß auch Meshel darin seine Meinung geändert hat; vgl. Hadley, VT 37 (Anm. 17) 183. Weitere Lit. in KBL³ s. v. *ŠMR* I (S. 1462a).

[39] Die Opposition von *jhwh šmrn* versus *jhwh (h)tmn* verwehrt es uns aber, in den Inschriften von Kuntillet ʿAǧrūd mit M. Gilula (Zu *JHWH Šomrôn* und seiner Aschera [neuhebr.], Shnaton 3, 1978/9, 129–137), D. Conrad u. a. Zeugnisse einer spezifisch nordisraelitischen Frömmigkeit zu suchen. Conrad (TUAT 114, 1988, 562) glaubt, auf nordisraelitische Formen der Personennamen hinweisen zu können, womit er wohl die statistischen Möglichkeiten einer geographisch differenzierten Prosopologie für Altisrael überschätzt.

[40] Bedeutsam ist in diesem Zusammenhang auch, daß das Alte Testament 1 Kön 16,32 nur einen Tempel für Baʿal (vgl. 2 Kön 10,18 ff., bes. V. 27), nicht ein Heiligtum Jhwhs für die Stadt Samaria voraussetzt. Archäologisch ist der Tempel bislang nicht nachgewiesen; vgl. H. Weippert, Palästina in vorhellenistischer Zeit (Handbuch der Archäologie. Vorderasien II 1), 1988, 621 f. – Vgl. zum folgenden KBL³ s. v. *šōmrôn* B 2. 3 mit Lit.

[41] J. Naveh, Inscriptions in a Burial Cave, IEJ 13, 1963, 74–92; vgl. Hestrin, Inscriptions (Anm. 31), Nr. 79; Jaroš, aaO. (Anm. 17) 90 (Nr. 73).

[42] Gegen Hadley, VT 17 (Anm. 17) 183.

[43] Synkretismus (Anm. 6), 157. 170/140; zu Margalit vgl. Anm. 54.

tes Kultobjekt[44], sondern – schwerpunktmäßig zumindest – die Göttin Aschera[45] bezeichnet. Ich beschränke mich dabei **[28]** auf eine philologische Argumentation und lasse die Interpretation der sich mit der 5. Inschrift von Kuntillet ʿAǧrūd überschneidenden Zeichnung, über deren Zusammenhang mit der Inschrift nichts Sicheres gesagt werden kann, aus dem Spiel[46].

---

44 So definierte Meshel in dem S. 18/9 genannten Katalog „his asherah" als „cella or symbol", offenbar beeinflußt durch eine Herleitung von *ʾ^{a}šērā* von akk. *aširtu(m)* I / *ʾašru(m)* III, ugar. *ʾṯr* und phön. *ʾšr* II „(heiliger) Ort", wozu auch die phön. Wendung *lʿštrt bʾšrt ʾl ḥmn* „für ʿAstarte am Heiligtum Els / des Gottes von ḥmn" KAI 19,4 zu stellen ist, dazu u. a. *lrbt lʿštrt ʾšr qdš ʾz ʾš pʿl* … „der Herrin ʿA. gehört dieser heilige Ort, den … machte" KAI 277,1/2 (vgl. E. Lipiński, The Goddess Aṯirat in Ancient Arabia, in Babylon [sic] and in Ugarit, OrLovPer 3, 1972, 101–119). A. Lemaire hatte zu *lʾšrth* in Z. 3 der 3. Inschrift von Ḫirbet el-Qōm in: Les inscriptions de Khirbet el-Qōm et l'Ashérah de JHWH, RB 84, 1977, 598–608, bes. 606[55], und sogar im Blick auf *pæsæl hāʾ^{a}šērā* 1 Kön 21,7 an „une représentation figurée (sculptée ou fondue) d'un arbre sacré" gedacht. Er hält grundsätzlich an der Interpretation als Kultobjekt fest, obwohl er das Problem dadurch neutralisiert, daß er in der Göttin Aschera eine Personifikation des betr. Kultobjekts sieht: „le sanctuaire et les objects sacrés sont facilement hypostasiés" (608); ebenso danach F. J. Gonçalves, L'expédition de Sennachérib en Palestine dans la littérature hébraïque ancienne, ÉtBibl N. S. 7, 1986, 80 ff., bes. 83. Im Anschluß an Lemaire hält umgekehrt J. A. Emerton (New Light on Israelite Religion: The Implications of the Inscriptions from Kuntillet ʿAjrud, ZAW 94, 1982, 1–20, bes. 15) „some kind of wooden Symbol of the goddess Asherah" für wahrscheinlich; ähnlich W. A. Maier III, ʾAšerah: Extrabiblical Evidence (HSM 37), 1986, 168–173, bes. 171 (Lit. 180–187), und Hadley, Yahweh's Asherah (Anm. 17), 96 f. 112 ff., dazu Chr. Frevel, ZAW 103, 1991, 265[11].

45 Alttestamentliche Belege für *ʾ^{a}šērā* als personhafte Gottheit sind bekanntlich die Verbindungen *miplæṣæt lāʾ^{a}šērā* „Schandbild für die A." 1 Kön 15,13 (2 Chr 15,16), *pæsæl hāʾ^{a}šērā* „Bild der A." 2 Kön 21,7, dazu wohl auch *bāttîm* / *battîm lāʾ^{a}šērā* für die umstrittenen **[28]** „Gewänder für die A." 2 Kön 23,7 (vgl. Parallelen in KBL[3] s. v.) und die als sekundär verdächtige Wendung *n^{e}bîʾê hāʾ^{a}šērā* „Propheten der A." 1 Kön 18,19, womit wiederum *ú-ma-an ^{d}A-ši-rat* „(Orakel spendender) Gelehrter der A." aus einem akkadischen Brief aus Taʿanak (15. Jh. v. Chr.) zu vergleichen ist. Auf gleiche Kategorienzugehörigkeit weist auch die der hier diskutierten Verbindung ähnliche Wendung *labbaʿal w^{e}lāʾ^{a}šērā* „für den Baʿal und die A." 2 Kön 23,4 (vgl. 1 Kön 18,19), wie auch bei der Verbindung *labbaʿal w^{e}lāʿaštārôt* Ri 2,13 (vgl. 10,6) niemand am Charakter der *ʿaštārôt* als göttlicher Personen zweifelt. Freilich ist zuzugestehen, daß – zumindest in volkstümlicher Vorstellung – die Grenze zwischen einem Kultobjekt als bloßem numinosen Machtträger, aber auch einem numinosen Naturgegenstand wie etwa einem Baum und einer göttlichen Person als fließend angesehen werden können; vgl. U. Winter, Frau und Göttin. Exegetische und ikonographische Studien zum weiblichen Gottesbild im Alten Israel und in dessen Umwelt (OBO 53), 1983, 551–560, zur symbolischen Identität von Baum und Aschera R. Hestrin, The Lachish Ewer and the ʾAsherah, IEJ 37, 1987, 212–223, bes. 215, und Dies. [sic], Understanding Asherah, BAR 17/5, 1991, 50–59, bes. 52. Dazu kann sich die Bedeutung bzw. die Bedeutungsakzentuierung zu *ʾ^{a}šērā* im Laufe der Zeit geändert haben.

46 Anders etwa Margalit, aaO. (Anm. 28) 275. 277. 288–291. 295, mit Hinweis auf Gilula, aaO. (Anm. 39), u. a. – Ein Großteil des unbewußten Widerstandes gegen eine Identifikation

Für eine Übersetzung von *lʾšrth* mit „durch seine (scil. jhwhs) Aschera" spricht, was zunächst die Identifikation von -*ʾšrt*- als die bekannte Göttin angeht, (1.) die syntaktische Parallelität von *ljhwh* und *lʾšrth* in Inschrift 5, 6 und 7 von Kuntillet ʿAǧrūd, die auf gleiche Kategorienzugehörigkeit beider Bezeichnungen hinweist, zumal *jhwh* und -*ʾšrt*- in ganz ähnlichen formelhaften Segenssprüchen als Segensquellen in Anspruch genommen werden[46a]. Die im Adverbial mit *l*- in Segenssprüchen und bezüglichen Wendungen bezeichnete Segensquelle aber ist (2.) in der Bibel immer eine göttliche Person[47]. Nichtpersonale Segensquellen werden dagegen, soweit es sich um formelhaften Gebrauch handelt, im Genitiv (*birkat šāmajim* „Segen des Himmels" u. ä. Gen 49,25), im Adverbial mit *min* (*m*ᵉ*bōrækæt... mimmægæd šāmajim* „gesegnet mit der Köstlichkeit des Himmels" u. ä. Dtn 33,13) u. ä. angegeben[48]. Als Segensquelle, deren Kraft der Segnende im Segensspruch **[29]** in Anspruch nimmt, kommt wohl auch sachlich ein Kultobjekt nicht in Frage[49].

Dürfte schon insoweit die Identifikation von **ʾšrh* als die Göttin Aschera[50] gesichert sein, so kommt es nun auf die Interpretation von *-h* als

---

der beiden Gestalten unterhalb der Inschrift als *jhwh* und Aschera dürfte entfallen, wenn man sich klarmachte, daß ein populärer Polytheismus originär israelitisch war; s. o. S. 16 f. So läßt die Argumentation Lemaires (RB 84 [Anm. 44], 608) deutlich erkennen, wie stark sie am Postulat der Kompatibilität eines vorausgesetzten Monotheismus mit dem Inschriftenbefund orientiert ist; merkwürdig ist, daß dieses Vorurteil auch noch bei Winter (aaO. [Anm. 45] 490. 560) nachwirkt.

[46a] Korrekturzusatz: Vgl. jetzt G. Braulik, Die Ablehnung der Göttin Aschera in Israel, in: M. Th. Wacker – E. Zenger (edd.), Der eine Gott und die Göttin (QD 135), 1991, 106–136, bes. 111–117, hier 112.

[47] Vgl. die S. 20 genannten Belege mit Anm. 12.

[48] Personale Segensquellen können allerdings ebenso wie inpersonale Segensquellen auch im Genitiv *b*ᵉ*rûk JHWH* „Gesegneter Jhwhs" Gen 24,31 u. ö., *birkat JHWH* „Segen Jhwhs" Ps 129,8, vgl. *m*ᵉ*bōrækæt JHWH* Dtn 33,13) oder in Adverbialen mit *min*- u. ä. (*mēʿim JHWH* in der freien Segensformulierung 1 Kön 2,33 b; vgl. *mēʾēl ʾābîkā* Gen 49,25 aα und *miššēm rôʿē / ʾæbæn jiśrāʾēl* V. 25 aβ cj.) genannt werden.

[49] Vgl. Margalit, aaO. (Anm. 28) 276, gegenüber Emerton, aaO. (Anm. 44) 15, wo es heißt: „people are blessed by Yahweh and the wooden Symbol for the goddess Ashera". – Anders war die Vorstellung offenbar in Babylonien, wo der Tempel Etemenanki VAB 4,64 III:53 oder eine vor Marduk aufgestellte Kesselpauke ABL 625 r.3 als Segensspender in Anspruch genommen werden konnten; vgl. CAD K s. v. *karābu* 1a. Auch im islamischen Volksglauben haftet die *baraka* genannte Segenskraft an Menschen und Dingen, wodurch die letzteren zum Fetisch werden; vgl. R. Kriss – H. Kriss-Heinrich, Volksglaube im Bereich des Islam I: Wallfahrtswesen und Heiligenverehrung, 1960, 4 u. ö. Daß „Segen" in einem materiellen Gegenstand beschlossen ist, allerdings nicht, daß er von ihm ausgeht, setzt Jes 65,8aβ voraus.

[50] A. Angerstorfers Lesung von *ʾšrth* als *ʾAširtāh* (Ašerah als „consort of Jahwe" oder Aširtah, BN 17, 1982, 7–16) erübrigt sich m. E. durch die im folgenden bestärkte Interpretation

Suffix der 3. mask. sing. an. Die Bezeichnung des Suffixes */ô/* < **/-au/* < **/-ahu/* durch <-*h*> nach singularischem Nomen entspricht einem gleichzeitigen epigraphischen Häufigkeitsbefund[51]. Gegen die betr. Interpretation von <-*h*> kann (1.) nicht angeführt werden, daß das Alte Testament Personennamen, auch Gottesnamen nicht mit Pronominalsuffixen verbinde[52]. Immerhin erscheint in dem ugaritischen Text KTU 2.31:41, freilich in zerstörtem Kontext, die klar lesbare Suffixbildung *l ʾṯrtj* „für meine Aschera", wozu außer *ʿnth* „seine ʿAnat" KTU 1.43:13[53] die ugaritischen Genitivverbindungen *rbt ʾṯrt jm* „die Herrin Aschera des Meeres" oder *ʾṯrt ṣrm wʾlt ṣdjnm* „die Aschera der Tyrener und (die?) Göttin der Sidonier" KTU 1.14 IV 38 f.[54] zu stellen sind. Für eine mögliche Verbindung von **ʾšrh* und *ʿnt* mit einem **[30]** Pronominalsuffix haben M. Weinfeld[55]

---

von *-h* als Suffix der 3. mask. sing., zumal *a-ši-ir-ta/i/e*, z. T. im Wechsel mit *aš-ra-ti* bzw. *a-ši-ra-ti*, nur als theophores Element in Personennamen aus Amarna vorkommt.

51 Zum Gebrauch von <-*h*> für das Suffix 3. mask. sing. vgl. *lh* „ihm" Kuntillet 8, *klbbh* „nach seinem Herzen (Wunsch)" daselbst, *ktbh* „hat es geschrieben" el-Qōm 3,1, *hwšʿ lh* „er ist ihm zu Hilfe gekommen" das. Z. 3. Später wird <-*h*> durch <-*w*> verdrängt; vgl. Z. Zevit, Matres Lectionis in Ancient Hebrew Epigraphs (ASOR, Monograph Series 2), 1980, 24 b, dazu *bw* „bei ihm" Ketef Hinnom 1,11 und der Pl. *pnjw* „sein Antlitz" das. 1,18; 2,9. Zum diffuseren Befund in nicht-hebräischen nordwestsemitischen Inschriften vgl. W. R. Garr, Dialect Geography of Syria-Palestine 1000–586 B. C. E., 1984, 101–104 u. ö.

52 Gegen Lemaire, RB 84 (Anm. 44) 605; Who or what [sic] was [sic] Yahweh's Asherah?, BAr 10/6, 1984, 42–51, bes. 47; Ders. [sic], öfter; Emerton, aaO. (Anm. 44) 14; Winter, aaO. (Anm. 45) 490; Jaroš, aaO. (Anm. 17) 59 (vgl. S. 49 zu *dwdh* KAI 181,12) u. v. a.

53 Vgl. J. C. de Moor, An Anthology of Religious Texts from Ugarit, Leiden 1987, 170[18]. 188[5], mit Hinweis auf die vergleichbare Wendung *ʿnt gṯr* „Anatu of Gathru" KTU 1.108:6, wobei de Moor *gṯr* mit der Doppelgottheit *gṯr wjqr* identifiziert.

54 Vgl. GesB[18] 112. – Durch diesen Aufweis von Belegen für die Verbindung des Gottesnamens *ʾᵃšērā* bzw. *ʾṯrt* mit Pronominalsuffixen dürfte auch die Motivation für den Versuch Margalits (aaO. [Anm. 28], bes. 276 f.; vgl. Ders. [sic], Some Observations on the Inscription and Drawing from Khirbet el-Qōm, VT 39, 1989, 371–378, bes. 374) fortgefallen sein, *ʾᵃšērā* und *ʾṯrt* KTU 1.3 I 14–15 appellativisch als „wife, consort" < „she-who-follows-in-the-footsteps (of her husband)" zu deuten. M. E. scheint sich das Nacheinander von *ʾṯt* „Frau" und *ʾṯrt* „Aṯirat" im Parallelismus membrorum KTU 1.3 I 14–15 aus einer Steigerung zu ergeben: keine Frau, nicht einmal Aṯirat vermag das genannte heilige Gefäß anzuschauen bzw. hat jemals ein solches gesehen (vgl. A. Caquot u. a., Textes ougaritiques I: mythes et légendes, 1974, 155[12]); **[30]** selbst eine bloße „ballast variant" *ʾṯrt* „Ehefrau" gäbe nach *ʾṯt* „Frau" dagegen im Blick auf das heilige Gefäß kaum einen Sinn. Auch Margalit gesteht in bezug auf *ʾšrth* in den Inschriften von Kuntillet ʿAǧrūd die Möglichkeit zu, „that the divine name Asherah is implicit" (277), wie er umgekehrt „the absence of a nominal form *ʾšrh* denoting ‚wife, consort' " in der hebräischen Bibel nicht bestreitet (278. 285 gegenüber 287). Zu einer alternativen Etymologie von *ʾᵃšērā* vgl. Anm. 44.

55 SEL 1 (Anm. 2), 121.

und S. Schroer[56] auf eine von J. Wellhausen[57] vorgeschlagene Konjektur zu Hos 14,9 aufmerksam gemacht, die statt des unverständlichen masoretischen Textes eine Lesung *ʾnj ʿntw wʾšrtw* „ich bin seine (scil. Ephraims) ʿAnat und seine Aschera“ ergibt, was auch zum folgenden Teilvers hervorragend paßt[58]. Falls die freilich umstrittene moabitische Verbindung *dwdh* KAI 181,12 – entsprechend *dôdî* „mein Geliebter“ Jes 5,1 u. ä. – „ihres (Gottes) Dôd“ bedeutet[59], läge eine weitere syntaktische Parallele vor. Entsprechend wird sogar der Gottesname Jhwh mit spezifizierenden Genitiven verbunden: *JHWH ṣᵉbāʾôt* „Jhwh der Heere“ hat als Genitivverbindung gerade an *jhwh šmrn* „jhwh von Samaria“ und *jhwh tmn* „jhwh von Theman“ in Kuntillet ʿAǧrūd eine Parallele. Das Pronominalsuffix als Genitiversatz aber läßt sich in allen diesen Fällen von nominalen Genitiven syntaktisch nicht trennen. Singulär ist *ʾšrth* „seine Aschera“ auch (2.) insofern nicht, als das Pronominalsuffix hier eine Zugehörigkeit zu einer anderen Gottheit, nicht wie in allen vorangehenden Beispielen zu Verehrern der Gottheit anzeigt: eine solche persönliche, wenn man so will: erotische Zugehörigkeit bezeichnet der Genitiv *-jhw* in der Gottesbezeichnung *ʿntjhw* „ʿAnat Jahus“ von Elephantine AP 44,3, wobei man am Charakter von *ʿnt* als Namen einer eigenständigen Göttin wegen des entsprechenden *ʿntbjtʾl* „ʿAnat von Bethel“ oder, wieder im Sinne persönlicher Zugehörigkeit: „ʿAnat des (Gottes) Bethel“, **[31]** AP 22,125[60] keinen

---

56 In Israel gab es Bilder (OBO 74), 1987, 44.

57 Die kleinen Propheten, ^{4}1963, 134; dazu jetzt O. Loretz, ʿAnat – Aschera (Hos 14,9) und die Inschriften von Kuntillet ʿAjrud, SEL 6, 1989, 57–65, wo S. 61. 65^{43} auch auf KTU 1.43:13 und 2.31:41 bezug genommen wird.

58 Für eine Kontextverbindung von Jhwh und Aschera, zu denen, gleichsam als Ambiente beider, nach mutmaßlichem *wᵉʾittô* noch *ribᵉbôt qōdæš* „Myriaden von Heiligen“ kommen, hat Weinfeld (SEL 1 [Anm. 2], 124) ferner auf eine Konjektur H. S. Nybergs (ZDMG 92, 1938, 320 ff.) zu Dtn 33,2 hingewiesen, die statt des wieder unverständlichen masoretischen Textes mit Veränderung eines einzigen Buchstabens, nämlich Austausch des <*d*> durch das schon in der althebräischen Schrift ähnliche <*r*>, auf *mîmînô ʾšrt lāmô* „zu seiner (scil. Jhwhs) Rechten: Aschera“ führt.

59 Das Problem bei einer Lesung von *dwdh* KAI 181,12 als /*dôd*/ „Geliebter“ + Suffix, wobei zu /*dôd*/ an ein Epitheton des in einer ganz ähnlichen Phraseologie Z. 17/8 erwähnten *jhwh* zu denken wäre, liegt in der Frage, ob in der Mêšaʿ-Inschrift bereits mit innersyllabischer Pleneschreibung gerechnet werden kann; ein Etymon */*dawd*/ kann bei einer Bedeutung „Geliebter“ nicht vorliegen. Eine Pleneschreibung scheint, mit <-*h*->, in dem Ortsnamen *mhdbʾ* Z. 8 vorzuliegen; vgl. zum Problem Anm. 30. Mit einem „David“ vergleichbaren Lexem ist *dwdh* deshalb nicht zu verbinden, weil /*dāwid*/, meist defektiv geschrieben, selbst eine nach dem Muster von *nāśîʾ* oder *māšîᵃh* künstlich vokalisierte Form von *dôd* sein dürfte, was uns an den Ausgangspunkt zurückführt.

60 Vgl. Weippert, Synkretismus (Anm. 6), 156. 171^{38}. 171/2^{40}. – Daß *ʿnt* in *ʿntbjtʾl* ein Gottesname, kein Appellativum ist, wofür zeitweise verschiedene Vorschläge gemacht wurden (vgl.

Zweifel haben sollte. Umgekehrt schließt (3.) die Interpretation von <-*h*> als Suffix 3. mask. sing. eine Deutung von -*ʾšrt*- auf ein Kultsymbol, auf eine Aschere, noch einmal aus: „*seine* Aschere" könnte sich, wenn an ein Kultsymbol gedacht wäre, mit seinem Suffix nicht auf *jhwh* beziehen[61]; JHWH wird, wie Weippert[62] bemerkt, nicht durch eine Aschere als stilisierten Baum, sondern am ehesten durch eine Mazzebe repräsentiert. Die Aschere ist immer nur ein Aschera-Symbol, und auf Aschera kann sich das Suffix -*h* in *lʾšrth* nach den Kontexten von Kuntillet ʿAǧrūd und Ḫirbet el-Qōm nicht beziehen, womit wir zur Interpretation von -*ʾšrt*- als Bezeichnung der bekannten Göttin zurückgelangen.

Auch die von Z. Zevit[63] vorgeschlagene, n. a. von D. Conrad[64] übernommene Erklärung von -*th* in *lʾšrth* als doppelte Femininendung geht in die Irre: bei den masoretischen Bildungen aus der Kategorie der Ortsnamen, die Zevit aufführt, handelt es sich nicht um doppelte Feminin-endung, sondern um die Morphemgruppe /-*ā́t-ā*/ zur Kodierung des Femininums im Casus obliquus (Genitiv = Akkusativ) einer diptotischen Deklination, wofür inzwischen S. Segert, mit einigen ugaritischen und bekannten arabischen Parallelen, den hebraistischen Einzelnachweis geführt hat[65]. Wo semantisch-syntaktisch weder Casus obliquus noch Akkusativ vorliegt, haben wir es mit Fossilen eines generellen Eintretens des Casus obliquus oder des Akkusativs für den Nominativ[66] zu tun: Casus

---

WbMyth 1, 237), geht auch aus der Erwähnung eines Gottes Bethel, ^{d}*Ba-a-a-ti-ilî*^{meš}, und der Göttin ^{d}*A-na*$^{?}$*-ti-Ba-*⸢*a*⸣*-*[*a-ti-il*]*î*^{meš} im Vertrag zwischen Asarhaddon von Assyrien und Baʿal von Tyrus hervor; vgl. R. Borger, Die Inschriften Asarhaddons, Königs von Assyrien (AfO, Beiheft 9), 1956, 107–109; Ders. [sic], Anath-Bethel, VT 7, 1957, 102–104. – Weniger eindeutig sind die Bezeichnungen *ʾšmbjtʾl* AP 22,124 und *ḥrmbjtʾl* 7,7.

[61] Kein argumentatives Gewicht für die Begründung einer Übersetzung von *lʾšrth* mit „durch seine Aschera" hätte dagegen, um dies der Vollständigkeit halber hinzuzufügen, der Hinweis auf die Verbindung von *ʾašērîm* mit Pronominalsuffixen, die sich auf Israel beziehen, etwa *ʾašērǣkā* „deine Ascheren": nicht nur ist das auf Israel bezogene Suffix nicht unmittelbar mit dem auf JHWH bezogenen vergleichbar; vor allem auch bezeichnet der Pl. *ʾašērîm* im Gegensatz zu dem sehr viel selteneren *ʾašērôt* gerade die Ascheren als Kultsymbole, nicht eine Mehrzahl von Ascheragöttinnen, deren Pl. sich einer Ironisierung des paganen Göttinnendienstes zu verdanken scheint.

[62] Synkretismus (Anm. 6), 157.

[63] The Khirbet el-Qōm Inscription Mentioning a Goddess, BASOR 255, 1984, 39–47, bes. 45 f.

[64] TUAT II 4, 1988, 557 Anm. 3a zu Inschrift 3 von Ḫirbet el-Qōm.

[65] Diptotic Geographic Feminine Names in the Hebrew Bible, ZAH 1, 1988, 99–102.

[66] Das ist bei den von Zevit, aaO. (Anm. 63) 46, benannten Nomina in Subjektstellung *ʾēmā́tā* Ex 15,16, *ʿæzrā́tā* Ps 44,27 und *jᵉšûʿā́tā* Jona 2,10 der Fall, dazu wohl auch in *wᵉʾattā bêt-læḥæm ʾæprā́tā* „und du, Bethlehem Ephrat" Mi 5,1; regelrechter Akkusativ liegt dagegen vor in *wajjēræd … timnā́tā* Ri 14,1, vgl. Gen 38,12 f.

obliquus für Nominativ findet sich bekanntlich auch in der hebräischen Mask.-Pl.[sic]-Endung /-*îm*/ statt der ursprünglichen Nominativendung mask. pl. /-*û*(*m*)/; das Eintreten eines semantisch-syntaktisch funktionslosen Akkusativs für den singularischen Nominativ bei einzelnen Lexemen, insbesondere in archaisierend-poetischen Texten, ist ferner in BLe § 65 s. t. mit alttestamentlichen Beispielen belegt, wozu hier bereits auf die Verwendung **[32]** der Akkusativendung „als Zierart" im späteren Populararabisch als Parallele verwiesen wurde. – Freilich könnte man einen Augenblick erwägen, ob nicht auch in *lʾšrth*, da *ʾšrth* in Kuntillet ʿAǧrūd und Ḫirbet el-Qōm nur nach *l*- erscheint[67], Casus obliquus einer diptotischen Deklination in Funktion des in semitischen Sprachen nach Präpositionen geforderten Genitivs vorliegt; die Verbindung hätte dann etwa an *bᵉtimnā́tā* Ri 14,1 f. eine Entsprechung. Eine Casus-obliquus-Endung als Atavismus käme theoretisch auch bei einem Gottesnamen in Frage. Dagegen spricht aber wiederum, daß wir in so frühen Inschriften für die fossilen kurzen Kasusendungen keinen Vokalbuchstaben <-*h*> erwarten dürfen[68]; die Länge des unbetonten Endvokals der Morphemgruppe /*ā́t-ā*/ in der masoretischen Bibel[69] ist hingegen ebenso sekundär und offenbar spät wie die Länge des aus der Akkusativendung /-*a*/ einer triptotischen Deklination abgeleiteten ebenfalls unbetonten Vokals bei „*h*-locale"; beide Längen werden sich masoretischem Systemzwang verdanken, der kurzes */-*a*/ am Wortende nicht kennt[70]. So wird man zu *lʾšrth* weder an eine Bildung mit doppelter Femininendung, noch mit einem Casus-obliquus-Morphem denken dürfen.

Gegen die Eigenständigkeit einer Göttin Aschera spricht auch nicht, daß in der sogleich zu erörternden 6. Inschrift von Kuntillet ʿAǧrūd auf den Segensspruch, der „jhwh von Theman" und „seine Aschera" als Segensquellen in Anspruch nimmt, singularische Wendungen folgen, die offen-

[67] Das von Angerstorfer (aaO. [Anm. 50] 14) für eine weitere 1. Zeile von Inschrift 4 von Kuntillet ʿAǧrūd ohne Quellenangabe oder Autopsiebefund in Anspruch genommene אשרת[ה] kann ich nicht verifizieren.

[68] Offenbar kurzes Endmorphem scheint auch in *brkt* unbezeichnet zu bleiben, wie in Anm. 24 ausgeführt ist.

[69] Die Längung von /*a*/ in der altertümlichen Femininendung /-*ā́t*/ beim Personennamen *šimʿāt* und entsprechenden Nomina beruht wie die des ersten /*a*/ in *timnā́tā* u. s. w. auf Tondehnung.

[70] Dagegen handelt es sich bei *bllh* „in der Nacht" KAI 181,15 wohl um /*ā́*/ als einer nach *b*- redundanten Adverbialendung (vgl. S. Segert, Die Sprache der moabitischen Königsinschrift, ArOr 29, 1961, 197–267, bes. § 3.351; 4.3131,35; 5.341; 7.2): dabei ist /-*ā́*/ wie im betr. Fall des Akkadischen (vgl. GAG § 113 d) aus /-*ia*/ bei einer auf /-*i*/ endenden Wurzel, nämlich **lailai* (KBL³ s. v.), abzuleiten.

bar allein *jhwh*s Segen zuwenden: speziell für denjenigen Segen, der durch die Sequenz *jbrk . wjšmrk* „er segne und behüte dich" vermittelt wird, und für das geleitende und beschützende Mit-Sein, das die Worte *wjhj ʿm . ʾd[n]j* „er sei mit meinem Herrn" zusprechen, ist *ein* Gott, nämlich *jhwh* zuständig; beides läßt sich, weil von personaler Funktionalität, nicht wie der dynamistische Fruchtbarkeitssegen, den die vorher erörterten Wendungen offenbar meinen, auf zwei göttliche Aktanten verteilen[71] **[33]**

Die epigraphische Evidenz für Aschera vermehrt sich derzeit für das Ekron des 7. Jh.s v. Chr., wo unter 15 Kruginschriften mehrfach *lʾšrt* „(heilig) für Aschera" erscheint. Die Ausgräber T. Dothan und S. Gitin wollen offenlassen, ob es sich um Althebräisch, Phönizisch oder gar Philistäisch handelt, was freilich für den Tatbestand einer Verehrung der Aschera, für die offenbar Öl aus den Krügen einer heiligen Stätte gespendet wurde, nichts austrägt[72]. Natürlich stellen diese Zeugnisse keine unmittelbare Evidenz für eine israelitische Ascheraverehrung dar.

6. Der Wendung *brkt . ʾtkm ljhwh . šmrn . wlʾšrth* von Inschrift 5 entspricht in Z. 5/6' der 6. Inschrift von Kuntillet ʿAğrūd: *brktk . l[j]hwh tmn wlʾšrth* „ich segne dich durch jhwh von Theman und durch seine Aschera"; auf die formale Übereinstimmung der Verbindung *brktk . ljhwh* mit Briefpräskripten von Ḥorvat ʿUza und Arad wurde oben bei 5 b hingewiesen.

Es folgen die jussivisch-finiten Wendungen *jbrk . wjšmrk wjhj ʿm . ʾd[n]j ... k* „er (jhwh) segne und behüte dich, und er sei mit meinem Herrn ... ". Der entscheidende syntaktische Unterschied gegenüber allen bisher behandelten Segensformeln besteht darin, daß hier *jhwh* als Subjekt jussivischer Verbalsätze zu denken ist: zwar ist es auf der Ebene des Sprechens

---

[71] Daran, daß in Kuntillet ʿAğrūd neben *jhwh* eine andere Gottheit erscheint, kann man noch weniger Anstoß nehmen, wenn sich die von K. A. D. Smelik (Historische Dokumente aus dem alten Israel, 1987, 144 oben) erwähnten zwei Graffiti verifizieren lassen, die neben *jhwh* (einen?) *bʿl* nennen. Daß die 4. Inschrift von Kuntillet ʿAğrūd (s. u. VI) mit ihren Erwähnungen Els und Baʿls [sic] als ein Zeugnis israelitischer Frömmigkeit in Anspruch genommen werden kann, ist freilich unwahrscheinlich. Im Grunde aber ist das Nebeneinander von Gott und Göttin, wo man nicht auf die Vorstellung des androgynen Charakters *eines* Gottes ausweicht, mit dem Anthropomorphismus in der Gottesvorstellung gegeben; wo nicht eine regelrechte Göttin **[33]** den leeren Platz ausfüllt, finden sich Ersatzfiguren wie etwa die hypostasierte „Frau Weisheit". Gleichsam säkularisiert kehrt dieses Nebeneinander in den theomorphen Steigerungen wieder, die die Erospartner, vor allem freilich die junge Frau, im Hohenlied erfahren (vgl. Vf., Die lyrische Reproduktion des Mythischen im Hohenlied, ZThK 73, 1976, 23–41 = Ders. [sic], Mythos [Anm. 12], 152–171).

[72] Vgl. BA 53, 1990, 232; BAR 16/2, 1990, 41. 59 mit Anm. 18; freundlicher Hinweis von E. Zenger. Zu Göttinnenfigurinen als Grabbeigaben im Juda der Eisen-II-Zeit vgl. R. Wenning, Wer war der Paredros der Aschera? Notizen zu Terrakottastatuetten in eisenzeitlichen Gräbern, BN 59, 1991, 89–97.

(pragmatisch) noch der menschliche Segensvermittler, der die Kraft des auf diese Weise namhaft gemachten Gottes in Anspruch nimmt; aber es mag auf der Ebene des Gesprochenen (grammatisch) deutlicher werden, daß Gott der durch den Menschen Segnende ist[73]. Für die aus Num 6,24 jedermann geläufige, jetzt auch von den Silberamuletten aus einer Grabhöhle des Ketef Hinnom bei Jerusalem[74] für das 6. Jh. v. Chr. (?) bezeugte formelhafte Verbindung singularischer, auf *jhwh* als Subjekt bezogener Jussive von *BRK* II und *ŠMR*[75] ist unsere Inschrift der älteste Beleg. Ob daraus zu schließen ist, daß der **[34]** liturgische Gebrauch einer solchen Formel auf ein eher umgangssprachliches Segnen zurückgeht[76] oder ob umgekehrt der liturgische Gebrauch älter d. h. schon aus den Amuletten von Ketef Hinnom zu erschließen ist und sekundär ins Alltägliche überwechselte, muß einstweilen offenbleiben. – Die Formel *HJH* *ʿim* oder *ʾēt*/*æt*- + Personenname „mit PN sein" hat nach der Isaaks- (Gen 26,3. 24) und Jakobsüberlieferung (28,15. 20; 31.3 [sic, lege 31,3]; 32,10) in der Fami-

---

73 Daß zwischen Segens- und Fluchsprüchen mit dem Subjekt Allāh und solchen, die eine Aussage über den Gesegneten / Verfluchten machen, noch heute in Palästina ein Unterschied gesehen wird, ergibt sich, wenn der arabische Folkloreforscher T. Canaan (The Curse in Palestinian Folklore, JPOS 15, 1935, 235–279, bes. 237–239) mit der terminologischen Unterscheidung von *daʿwah*, pl. *daʿwāt*, für die ersteren, *masabbah* für letztere im palästinischen Arabisch recht behält.

74 Dazu zuletzt G. Barkay, The Priestly Benediction on the Ketef Hinnom Plaques (neuhebr.), Cathedra 52, 1989, 37–76; A. Yardeni, Remarks on the Priestly Blessing on two Ancient Amulets from Jerusalem, VT 41, 1991, 176–185, beides mit Lit., dazu D. Conrad, TUAT II 6, 1991, 929.

75 Sowohl in der 6. Inschrift von Kuntillet ʿAǧrūd als auch auf den Silberamuletten hat das erste der beiden Verben, nämlich *jbrk*, anders als in Num 6,24 kein Suffix bei sich. An den betr. Zeilenenden ein <*k*> zu ergänzen, so daß sich *jbr*[*k*]/*k* ergibt, besteht dennoch kein Anlaß, obwohl am abgebrochenen Ende der betr. Z. 14 des 1. Amuletts für <*k*> Platz wäre, **[34]** während am Ende der betr. Z. 5 des 2. Amuletts der vorhandene Platz eher als unbeschrieben erscheint; gegen Yardeni, aaO. (Anm 74) 178. 181, von der wir uns aber im Blick auf eine paläographisch begründete eher etwas spätere Datierung („the very end of the first-temple period, meaning the early 6th century B. C. E."; S. 180) gern unterrichten lassen, wohingegen der Ausgräber Barkaj an das 7. Jh. v. Chr. dachte. Der Typ der Grabanlagen, in denen die Amulette gefunden wurden, weist ebenfalls in die Zeit des ersten Tempels, wobei allerdings keramisch bezeugte spätere Phasen der weiter verwendeten Grabanlagen in etwas jüngere Zeit gehören, etwa Phase 2 in die babylonisch-persische Periode (6.–5. Jh.); vgl. F. Dexinger, Die Funde von Gehinnom, Bibel und Liturgie 59, 1986, 259–261; T. Vuk, Neue Ausgrabungen in Jerusalem – Ketef Hinnom, Bibel und Kirche 42, 1987, 30–36, bes. 30. 32; R. Reisner, Der Priestersegen aus dem Hinnomtal, Theol. Beiträge 18, 1987, 104–108, bes. 106; freundliche Literaturhinweise von E. Zenger.

76 Dagegen denkt Yardeni, aaO. (Anm. 74) 181, zu beiden Bezeugungen an „some sort of cultic practice which included this pair of words already at that period", wobei Yardeni die Inschriften von Kuntillet ʿAǧrūd in das 9. Jh. datiert.

lialreligion ihren Platz[77], in die in der vorliegenden Inschrift wohl auch die Beziehung des Schreibers zu seinem „Herrn“ gehört; das Mit-Sein scheint durch den Bedeutungszusammenhang als *ŠMR* „behüten“ interpretiert zu werden (vgl. Gen 28,15. 20). Auch hier bleibt die zeitliche Priorität zwischen den betr. Genesiserzählungen und der Inschrift trotz modischer Spätdatierung der ersteren offen.

wjhj ist der einzige auch morphologisch spezifizierte Jussiv in den hier erörterten Segenssprüchen. Neben den jussivischen Nominalsätzen nach dem Schema *bārûk X* u. ä.[78], jussivisch gebrauchten Afformativkonjugationen (s. u. V 1) und den jussivischen Präformativkonjugationen *jbrk . wjšmrk* kennzeichnen sie performatorische Sprechakte zum Zweck einer letztlich magischen Übertragung von göttlichen Segenskräften.

7. Eine der Wendung *brktk . l[j]hwh tmn* in Z. 5/6' der 6. Inschrift ganz ähnliche Zeile fand zuerst M. Weinfeld, der sie zunächst noch mit Inschrift 8 in Verbindung brachte[79]. Weippert ergänzt zu [*brktk*] *ljhwh htmn wlʾšrth*[80], welche Zeile wir hier als 7. Inschrift führen.

Die zweifache Erwähnung eines „jhwh von Theman“ im Zusammenhang mit dem Motiv des Kommens Jhwhs von Theman Hab 3,3 mag der Keniterhypothese neuen Auftrieb geben – zumal im Zusammenhang mit der Diskussion über das tief im Süden zu suchende *tꜣ šꜣśw* **[35]** *jhwꜣ* „Land der jhwꜣ-Nomaden“, worin *jhwꜣ* freilich Territorialbezeichnung ist[81], und dem an Ex 3,14 erinnernden theophoren Element *ʾhj(w)* in den späteren (vor-?) nabatäischen Personennamen *ʿbdʾhjw* und *ʿbdʾhj*[82].

8. Zu einer 8. Inschrift aus Kuntillet ʿAğrūd s. u. V 1.

9. Das Segnen gehört – wie reziprok das Fluchen – in den Handlungsbereich der magischen Manipulation von Kräften, ursprünglich der Fruchtbarkeit, die in dem Maße, wie archaische Mentalität zwischen Überna-

---

[77] Für den Platz der Wendung in der Familialreligion vgl. noch Rut 2,4, ferner *ʿimmānû-ʾēl* Jes 7,14 (Geburtsorakel).

[78] Vgl. zu anderen jussivischen Nominalsatztypen bei der Übermittlung des Segens Vf., Ursprünge (Anm. 12), 133 f.

[79] Shnaton V–VI (Anm. 11), 237; vgl. D. Conrad, TUAT II 4, 1988, 563, Anm. 5 a.

[80] Synkretismus (Anm. 6), 171[40]. In dem auffälligen <*h*-> in *htmn* vermutet Weippert eine Dittographie des auslautenden <-*h*> von *ljhwh*.

[81] Vgl. etwa M. Weippert, Semitische Nomaden des 2. Jt.s. Über die *šꜣśw* der ägyptischen Quellen, Bibl 55, 1974, 265–280. 427–433; Ders. [sic], Art. Jahwe, RLA V, 1976–1980, 246–253, bes. 250; M. Görg, Zur Geschichte der *šꜣśw*, Or 45, 1976, 424–428, u. a.

[82] J. Euting, Sinaitische Inschriften, 1891, Nr. 156. 472.

türlichem und Natürlichem überhaupt unterschied, nach Art der arabischen *baraka*[83] nur als relativ übernatürlich angesehen wurde; darum konnte vom segnenden Menschen auch die Dynamis einer sonst als personhaft vorgestellten Gottheit auf den zu Segnenden übertragen werden. Kraftströme werden mittels verbaler und nonverbaler performatorischer Akte in Richtungen gelenkt, die menschlicher Wohlfahrt zukömmlich sind: fließen diese gewöhnlich zufällig, ja chaotisch, so oktroyiert ihnen das Segnen (und Fluchen) im Grunde nicht anders als zweckrationales Handeln so etwas wie eine menschgemäße Notwendigkeit [sic]; insofern dient das segnende Handeln zuerst des Menschen, dann Gottes der Kontingenzverminderung – oder, stellt man die Wirksamkeit segnenden Handelns zweifelnd in Frage, doch zumindest einer subjektiven Kontingenzbewältigung[84] (s. u. V 2). Umgekehrt sucht der uns geläufige wissenschaftlich-technische Weltumgang die durch die Naturgesetze gegebenen Notwendigkeiten zu überlisten; freilich kann er dabei in der Zuversicht, menschlicher Wohlfahrt zu dienen und darin etwas „Notwendiges“ zu tun, seinerseits Kontingentes produzieren, dessen Unwahrscheinlichkeit es weiterer Beeinflussung entzieht.

III. Eine Grußformel aus Kuntillet ʿAǧrūd

1. Die 6. Inschrift von Kuntillet ʿAǧrūd enthält nach dem zum Briefformular gehörigen oben analysierten doppelten Rahmenstück **[36]**

[*ʾmr*] *ʾmrjw*	„So spricht ʾmrjw:
ʾmr l. ʾdn̊[*j*]	Sprich zu meinem Herrn:“

[83] Vgl. J. Chelhod, La *baraka* chez les Arabes on l'influence bienfaisante du sacré, RHR 148, 1955, 68–88; Kriss – Kriss-Heinrich, aaO. (Anm. 49), ähnlich Petersen (aaO. [Anm. 11] 182 ff.) zu hebr. *bᵉrākā*. In eigentlich theologischen Arbeiten wird der archaisch-magische Hintergrund der alttestamentlichen Segensvorstellungen leicht unterschätzt; anders etwa in: S. Mowinckel, Psalmenstudien V: Segen und Fluch in Israels Kult- und Psalmendichtung, 1923, und vor allem J. Hempel, Die israelitischen Anschauungen von Segen und Fluch im Lichte altorientalischer Parallelen, ZDMG 79, 1925, 20–110 (= Ders. [sic], Apoxysmata [BZAW 81], 1961, 30 ff.); es sind dies zugleich diejenigen Arbeiten, die vor C. Westermann dem Thema „Segen“ überhaupt einen eigenständigen Stellenwert zubilligten (vgl. den kurzen Forschungsüberblick bei Westermann, Der Segen in der Bibel und im Handeln der Kirche, 1968, 23–28).

[84] Einen allgemeineren Zusammenhang von Religion und Kontingenzbewältigung hat H. Lübbe (Religion nach der Aufklärung, 1986) hergestellt.

eine von B. A. Chase[85] unter Alphabetelementen entzifferte Grußformel, nämlich den leicht asyndetischen Nominalsatz

hšlm ʾ[*t*]   „Geht es dir gut?“,

der die 4. Zeile der Inschrift bildet. Ein entsprechendes doppeltes Rahmenstück und eine gleiche Grußformel enthält auch das edomitische Ostrakon von Ḥorvat ʿUza[86]:

ʾm̊r̊. lmlk.   „So spricht lmlk:
ʾmr. lblbl.   Sprich zu blbl:
hšlm. ʾt.   Geht es dir gut?“

Darauf folgt im Ostrakon von Ḥorvat ʿUza, eigentümlicher Weise [sic] in Frageform umgesetzt, die aus der 6. Inschrift von Kuntillet ʿAǧrūd u. ö. bekannte Segensformel

whbrktk lqws   „Und soll ich dich segnen durch Qaus?“

sowie nach

wʿt   „Und nun: … “

der eigentliche Briefinhalt.

In dem phönizischen Briefpapyrus KAI 50 aus Saqqāra findet sich noch einmal ein ähnliches Formular: hier stehen nach einer Adressenangabe, die an den vorgenannten Texten keine Entsprechung hat, und den Formularelementen

ʾmr. lʾḥtj. ʾršt.   „Sprich zu meiner Schwester ʾršt:
ʾrm [sic, lege *ʾmr*]. *ʾḥtk. bšʾ*. So spricht deine Schwester bšʾ:“

als etwas vermehrte Grußformel die Nominalsatzphrasen

wšlm. ʾt.   „Ja, geht es dir gut?
ʾp. ʾnk. šlm.   Auch mir geht es gut.“

und wieder die Segensformel

brktk. lbʿl. ṣpn   „Ich segne dich durch Baʿl [sic] Ṣaphon“,

---

85 aaO. [sic] (Anm. 2).

86 Vgl. Anm. 16.

[37] woran sich ohne weitere Überleitung der eigentliche Briefinhalt anschließt.

2. Die Frage nach dem Wohlergehen des Adressaten hat auch im akkadischen Briefformular Parallelen: schon in altakkadischen Briefpräskripten findet sich die Wendung *sulumki sūbilim* [sic, lege *śulumki śūbilim* vel *šūbilim*] „dein Wohlbefinden teile mir mit"; in altbabylonischer Zeit kann es mit Präteritum für den Koinzidenzfall heißen: *ana šulmīka ašpur(am) šulumka šupram* „deines Wohlbefindens wegen schreibe ich dir (hiermit); über dein Wohlbefinden schreibe mir"[87]. Entsprechend finden sich Formeln wie PN *šulum ša* PN *bēlīšu išāl* „PN fragt (hiermit) nach dem Wohlbefinden PN.s, seines Herrn"[88], falls die Wendung nicht schon einfach „PN sendet (hiermit) Grüße …" bedeutet[89].

Daß es sich bei *w/hšlm ʾt* um eine zunächst alltagssprachliche, dann ins Briefformular übergegangene Wendung handelt, zeigt das Dialogelement *hᵃšālôm ʾattā ʾāḥî* „geht es dir gut, mein Bruder" [sic] 2 Sam 20,9[90]. Gleiche rein nominale Syntax liegt vor in *hᵃšālôm jēhûʾ* „geht es Jehu gut?" 2 Kön 9,22 (vgl. V. 31), in *hᵃšālôm ʾᵃbîkæm* … „geht es eurem … Vater gut?" Gen 43,27 und in *hᵃšālôm bôʾǽkā* „bedeutet dein Kommen Gutes?" 1 Kön 2,13. Doch kann die betr. Person auch wie in der jussivischen Grußfloskel *šālôm lᵉkā* Ri 6,23; 19,20; Dan 10,19 (*šālôm lākæm* Gen 43,23) mit *lᵉ*-angeschlossen werden: *hᵃšālôm lô* „geht es ihm gut?" Gen 29,6; *(hᵃ)šālôm lannaʿar lᵉʾabšālôm* „geht es dem jungen Mann Absalom gut?" 2 Sam 18,29. 32; *hᵃšālôm lāk hᵃšālôm lᵉʾîšék hᵃšālôm hajjālæd* „geht es dir, deinem Mann und dem Jungen gut?" 2 Kön 4,26[91]. Fragender Einwortsatz liegt vor in *hᵃšālôm*

---

[87] Salonen, aaO. (Anm. 18) 12. 21 (CC. DD). 32 (Nr. 16. 17). 36 (Nr. 25. 26). 42 (Nr. 40) u. ö.; vgl. zur ersten der beiden Wendungen allein 31 (Nr. 15). 33 (Nr. 21. 22). 35 (Nr. 24). 36/7 (Nr. 27) u. ö.

[88] Salonen, aaO. (Anm. 18) 105 f.; es handelt sich um Zeugnisse der neubabylonischen, neuassyrischen und spätbabylonischen Sprachperiode.

[89] Vgl. CAD Š I s. v. *šâlu* A 1g, insbesondere zu der unter 1' zitierten ganz ähnlichen Wendung aus UCP 9 76 Nr. 95:2 u. ö. – Nur im abgeleiteten Sinne des Segnens oder Grüßens ist es sinnvoll, wenn *šâlu(m)* „fragen" mit Objekt *šulu(m)* [sic. lege *šulmu(m)*] + PN in Briefen auch von Göttern ausgesagt wird; Beispiele bei Salonen, aaO. (Anm. 18) 110/1, ferner EA 96:6; 97:3 (CAD das.: „may the gods be concerned wich your and your family's health"; weitere Belege).

[90] Vgl. Beit-Arieh – Cresson, aaO. (Anm. 16) 97, ferner hierzu und zum folgenden KBL³ s. v. *šālôm* 4a.

[91] Die Wendung *ŠʾL* + *lᵉ*- mit Nomen oder Pronominalsuffix + *lᵉšālôm* meint dagegen trotz der im Kontext von Gen 43,27 darauf folgenden, soeben zitierten Frage zumindest an einigen Belegstellen wie vielleicht schon akkadisches *šâlu(m) šulum ša* PN eher „jmd. Wohlergehen wünschen" > „jmd. begrüßen", wie die freilich etwas anders syntagmierte Formel

„geht es gut?" oder allgemeiner „wie steht's?" 2 Kön 5,21; 9,17. – Die bejahende Antwort kann bibelhebräisch lauten *šālôm* „es steht gut" Gen 29,6; 2 Kön 4,26 (vgl. 1 Kön 2,13) oder etwa *šālôm l^{eʿ}abd^ekā l^{eʾ}ābînû* „deinem Knecht, unserem Vater, geht es gut" Gen 43,28. Vermutlich weist auch das phönizische *ʾp ʾnk šlm* „auch mir geht es gut" KAI 50,2 auf eine solche Bejahung innerhalb des mündlichen **[38]** Begrüßungszeremoniells zurück[92]. Akkadisch entspricht ihr als Briefformel das stativische *šalmāku* „ich bin wohl" bzw. *šulmu* / *šulum* (*ana*) *jâši* „mir geht es gut" o. ä. Der Sequenz *wšlm ʾt* – *ʾp ʾnk šlm* entspricht in umgekehrter Reihenfolge *šalmāku* – *šulumka šitapparam* „ich bin wohl; über dein Wohlbefinden schreibe mir" ARM I 129:5 f.[93]. – Eine mögliche verneinende Antwort auf die Frage nach dem Ergehen ist *mā haššālôm* „wie kann es gut gehen?" 2 Kön 9,22; vgl. auch 2 Sam 18,32 b.

In allen diesen Fällen gehören die relativ syntaxschwachen Formulierungen in kurzen Nominalsätzen wie

h/wšlm ʾt bzw. *h^ašālôm ʾattā*

und

ʾp ʾnk šlm

in den Bereich sprachlicher Atavismen einer alltagssprachlich standardisierten Floskelsprache[94]. Ist es die Syntaxschwäche, die den Äußerungen ihren intimen, emotionalen und verbindlichen Charakter verleiht?

Ps 122,6 a im Vergleich mit der gleich syntagmierten, ebenfalls auf Jerusalem bezogenen Infinitivkonstruktion Jer 15,5 zeigt; gegen G. Gerlemann, Art. *ŠʾL*, THAT II, 841–844, bes. 842, und KBL³ s. v. *ŠʾL* qal 1 d, die an „nach jmd.s Ergehen fragen" denken. Dagegen bedeutet die Wendung *ŠʾL l^ešālôm* + genitivisches Dependens zumindest in 2 Sam 11,7 offenbar tatsächlich „nach jmd.s Ergehen fragen" (vgl. Anm. 104), während dasselbe mit *jhwh* als Subjekt in Arad-Ostrakon 18,2/3 durch "*jhwh* möge für NN.s Wohl sorgen" zu übersetzen ist.

92 Vgl. Delekat, aaO. (Anm. 26) 404. – Als Antworten auf die begrüßende Frage nach dem Ergehen sind die zuletzt genannten Wendungen von dem begrüßenden Zuruf *šālôm* 2 Sam 18,28, der einen noch heute üblichen jussivischen Einwortsatz darstellt, funktionell zu unterscheiden.

93 AHw s. v. *jâši(m)* 1 a, s. v. *šulmu* 3 f.; vgl. Salonen, aaO. (Anm. 18) 15, wo sich weitere Formulierungen finden; zu ARM I 129:5 f. das. S. 52.

94 Die Zustandsschilderung in Nominalsätzen scheint in der Frühgeschichte der Sprachen überhaupt älter zu sein als die verbale Beschreibung und die verbale Handlungsschilderung, wie denn die meist eine ohnehin ältere Funktion der Benennung und (attributiven oder genitivischen) Beschreibung realisierenden Nomina archaischer sind als die beschreibenden oder schildernden Verben; vgl. Vf., Die Konstruktionen mit *hinnē* „siehe" und ihr sprachgeschichtlicher Hintergrund, ZAH 2, 1989, 45–76, bes. 72; Ders. [sic], Zur Wechselbeziehung von Wirklichkeitswahrnahme und Sprache, in: Ders. [sic], Mythos (Anm. 12), 264–309, bes. 271–274; [sic]

Typisch kolloquialsprachlich ist jedenfalls die Reziprozität der beiden hier untereinandergeschriebenen Wendungen.

3. Auf die das Wohlergehen des Adressaten und – im zweiten Fall – des Absenders betreffenden Formeln folgen im Ostrakon von Ḥorvat ʿUza und in KAI 50 eigentliche Segensformeln, die das Wohlergehen des Adressaten herbeiwünschen; die Identität von Segen und Gruß[95] wird dadurch besonders deutlich. Die betr. Formulierungen wurden oben unter II 5 b (6) besprochen.

Umgangssprachlich ist in dem edomitischen Ostrakon von Ḥorvat ʿUza und in dem phönizischen Briefpapyrus von Saqqāra KAI 50 auch das an die „und-Anschlüsse" in europäischen Umgangssprachen erinnernde *w-* in *whbrktk* bzw. *wšlm ʾt*. Zu *whbrktk* ist die aus Ri 6,13 a; 2 Sam 14,13 bekannte Funktion von *wᵉ-* zur Weiterführung eines Gesprächsbeitrags durch eine Frage zu vergleichen, die so mit *wᵉ-* **[39]** eingeleitet wird[96]; zu phönizischem *w-* speziell vor einer verbalen Segensformel mit *BRK* II vgl. auch *wbrk bʿl krntrjš ʾt ʾztwd* „und es segne Baʿl [sic] krntrjš den A." KAI 26 C III 16/17" [sic] (vgl. zum Fluch *wmj* ... „und wer immer ..." KAI 24,13, ferner 26 C IV 13). Das ebenfalls weiterführende *w-* in *wšlm ʾt* KAI 50,2, auf dessen umgangssprachlichen Charakter schon W. Röllig hingewiesen hat[97], mag darüber hinaus wie *wᵉ-* in *wᵉloʾ-ḥēqær* „und ist unbegreiflich" Ijob 36,26 b[98], wo *wᵉ-* allerdings zusätzlich durch den Parallelismus membrorum motiviert ist, und wie *-ma* speziell in akkadischen Nominalsätzen[99] Prädikatsanzeiger sein[100]; Prädikatsanzeiger ist auch *w-* vor *ʾdmh* in dem rhetorischen Frage-Antwort-Spiel *wmh ʾphw ʾdm wʾdmh hwʾ* „und was ist er denn, der Mensch? *Erde* ist er" 1QH 10,4; vgl. ferner *wᵉ-* in *wᵉhājᵉtā* nach den

---

95 Vgl. Westermann, Segen (Anm. 83), 61–65.

96 So Lande, aaO. (Anm. 3) 52; vgl. ferner Ijob 10,9 b im Verhältnis zu V. 9a. Zum Charakter von *-hbrktk* als Frage vgl. Zwickel, aaO. (Anm. 16) 38. Das von Beit-Arieh – Cresson (aaO. [Anm. 16] 98) als edomitisch angenommene Hiph *BRK* II könnte dagegen auch hier nach den semitischen Parallelen, die die aktivische Bedeutung „segnen" manchmal im G-Stamm, nordwestsemitisch fast ausschließlich im D-Stamm, im Arab. im 2. und 3. Stamm (vgl. äth. *bāraka*) realisieren, nur die für das Hiph übliche Kausativbedeutung „ich lasse dich segnen" (vgl. m. W. lediglich äth. *ʾabāraka*, allenfalls noch *ʾastabāraka* als Kausativ des passivischen *tabāraka*) haben. Das mhebr. Hiph *BRK* „ein Reis, eine Weinrebe ziehen" < „ein ‚Knie' bilden" ist denominativ zu *bæræk* „Knie" oder *bōræk* „krummgebogenes Holz", wobei wir den etymologischen Zusammenhang von *BRK* II mit *bæræk* offenlassen.

97 KAI II, S. 68.

98 Vgl. KBL³ s. v. *wᵉ-* 24.

99 Vgl. GAG § 123aβ.

100 Die von Röllig (aaO. [Anm. 97]) bezeichneten zwei Möglichkeiten sind also nicht einmal alternativ.

Subjekten Jes 9,4. – Die Funktion von *w-* als mündlich-umgangssprachliche Frageeinleitung kann in *wšlm ʾt* die Fragepartikel als verzichtbar erscheinen lassen, zumal in der gesprochenen Sprache die Intonation zusätzlich die Frage kenntlich macht.

Daß das im Ostrakon von Ḥorvat ʿUza ebenso wie auf dem Untertext des Palimpsestpapyrus von Murabaʿāt an die Segensformel anschließende *wʿt* „und nun" – bekanntlich die Floskel, mit der vom Briefpräskript zum Briefkorpus übergeleitet wird – dem Formelgut mündlicher Botschaften und somit der Kolloquialsprache entstammt, beweist 1 Sam 25,7: hier, bei Erteilung des Auftrags zu einer mündlichen Botschaft, verbindet *weʿattā* ebenfalls einen offenbar konventionellen Segensspruch, der die Funktion eines Grußes hat (V. 6), mit dem aufgetragenen Botschaftsinhalt[101]. Ursprünglich diente (*we-*)*ʿattā* offenbar der Weiterführung eines Gesprächsbeitrags, speziell einer Anrede, nach der Bezeichnung der *besprochenen* Situation, einer Exposition, um von ihr her in die gegenwärtige *Sprech*situation zurückzuführen[102].

In *hšlm ʾt* (*hašālôm ʾattā*), *wšlm ʾt* und *ʾp ʾnk šlm* ist *š*(*ā*)*l*(*ô*)*m*, insbesondere wenn wir *w-* als Prädikatsanzeiger verstehen dürfen, Prädikat zu *ʾ*(*a*)*t*(*tā*) bzw. *ʾnk*; das gleiche gilt von *šālôm* in der jussivischen Wendung *ʾattā šālôm ûbêtekā šālôm* **[40]** *wekōl ʾašær-lekā šālôm* „du, dein Haus und alles, was dir gehört, (seien) in Ordnung" 1 Sam 25,6, während in dem bejahenden Ausdruck *šālôm* Gen 29,6; 2 Kön 4,26 das Prädikat einen Einwortsatz bildet[103]. In der Frage *hašālôm lô* u. ä., wozu *hašālôm* 2 Kön 5,21 wieder Einwortsatz ist, bildet umgekehrt *šālôm* das Subjekt und *le-* + Dependens der betroffenen Person das adverbiale Prädikat[104]; dazu ist jussivisches *kol-hāʿām jihjæ šālôm* 2 Sam 17,3 zu vergleichen. Oder ist in emotionalen Primitivsätzen wie diesen eine Unterscheidung von Subjekt und Prädikat überhaupt noch inadäquat und besser durch eine Thema-Rhema-Gliederung zu ersetzen?

---

101 Vgl. H. A. Brongers, Bemerkungen zum Gebrauch des adverbialen *weʿttā* im Alten Testament, VT 15, 1965, 289–299, bes. 296; Weippert, VT 25 (Anm. 14), 206 u. ö.

102 Vgl. Lande, aaO. (Anm. 3) 46–52; E. Jenni, Zur Verwendung von *ʿattā* „jetzt" im Alten Testament, ThZ 28, 1972, 6–12, bes. 8.

103 Zur Verwendung eines Substantivs als Prädikatsnomen vgl. GKa § 141 c.

104 Dagegen ist die Verbindung von *šālôm* mit der Bezeichnung der betroffenen Person in den Wendungen *RʾH ʾæt-šelôm* + Genitiv „nach jmd.s Befinden sehen" Gen 37,14 und *lādaʿat ʾæt-šelôm ʾæstēr* „E.s Befinden zu erkunden" Est 2,11 die eines Substantivs mit Genitiv-Attribut, der eine archaische Weise der Beschreibung zugrunde liegt; vgl. Anm. 91. Aus der attributiven oder genitivisch-relativischen Beschreibung hat sich offenbar überhaupt erst die eigentliche Prädikation entwickelt; vgl. Vf., ZAH 2 (Anm. 94), 66–69; Wechselbeziehung (Anm. 94), 271 mit Anm. 16.

IV. Segen für einen Toten? – Die 3. Inschrift von Ḫirbet el-Qōm

1. Die Zeilen 1/2 dieser im Detail schwer entzifferbaren Inschrift offenbar aus der Mitte des 8. Jh.s v. Chr.[105] lauten:

ʾrjhw . hʿšr . ktbh	„ʾrjhw, der reiche (?)[106], hat es geschrieben;
brk .̊ ʾrjhw . ljhwh	gesegnet sei ʾrjhw durch jhwh“.

Ist die Übersetzung von Z. 1 richtig, so könnte es sich bei der etwa auch im Hohenlied häufigen Voranstellung des Subjekts vor das Prädikat in Verbalsätzen weniger um einen syntaktischen Aramaismus, als vielmehr um ein alltagssprachliches Merkmal handeln; ist dieses gleichzeitig ein Atavismus, so könnte das Aramäische freilich umgekehrt selbst einen altsemitischen Zug bewahrt haben, also darin nicht vom Akkadischen oder letztlich vom Sumerischen beeinflußt sein.

Die Anbringung des Segensspruchs für einen Toten in dessen Grab hat jetzt an der Beigabe der oben (II 6) erwähnten Silberamulette mit Texten, die Num 6,24–26 ähnlich sind, eine Parallle[107]; Segenssprüche in Grabinschriften oder überhaupt im **[41]** Zusammenhang mit Gräbern sind zwar wesentlich seltener als Fluchsprüche, aber keineswegs analogielos[108]: vielleicht sogar hat *ʾrjhw* die Inschrift in der Grabhöhle angebracht, weil er

---

[105] Vgl. den Forschungsüberblick, u. a. mit den bis dahin erstellten Autographen, bei Zevit, BASOR 255 (Anm. 63), 39–42; Zevits eigenes Autograph S. 43 setzt viele Doppelschreibungen von Buchstaben voraus. Wir folgen weithin der Transkription von J. M. Hadley, The Khirbet el-Qom Inscription, VT 37, 1987, 50–62, bes. 51. 61. Zur Datierung vgl. unsere Anm. 1.

[107] Da die Zeilen 4–6 des 1. Amuletts andere Wendungen enthalten, die an biblische Texte erinnern, genauer: später in solche eingegangen sind (Dtn 7,9; Dan 9,4; Neh 1,5), muß es freilich **[41]** nicht der Charakter des Num 6,24–26 vorwegnehmenden Textteils als Segensspruch sein, der ihn zur Aufnahme in die Amulette empfahl; das gilt insbesondere, wenn man die Amulette mit den Phylakterien (vgl. Ex 13,9; Spr 6,21) vergleicht, die keineswegs Num 6,24–26 oder andere Segenssprüche enthalten (vgl. aber Dexinger, aaO. [Anm. 75] 261 mit Anm. 10). Hat der Besitzer die Amulette zu seinen Lebzeiten um den Hals getragen? Nach Wenning (aaO. [Anm. 72] 91 f.) meinen auch die den Toten beigegebenen Göttinnenstatuetten den Segen gewährenden persönlichen Schutzgott des Toten, der ihm wie im Leben in der als bedrohlich empfundenen Situation im Grab beistehen soll“. – Zu Goldamuletten, die in Hellas den Toten „als Wegweiser und Erkennungsschein“ mitgegeben wurden, vgl. G. Pfohl, Griechische Inschriften als Zeugnisse privaten und öffentlichen Lebens (Tusculum), ²1980, 42.

[108] Damals bekannte Flüche und Segenssprüche im Zusammenhang mit Gräbern habe ich in ZA 65 (Anm. 12), 120–124, aufgeführt; speziell zu Segenssprüchen für den Toten vgl. S. 124 (Hinweis auf KAI 267; 269) und S. 132[133].

später in ihr begraben zu werden hoffte[109]; so wären Schreiber und Segensempfänger, dessen Tod damit gleichsam vorweggenommen wäre, identisch. Oder hat der Schreiber sich durch eine Inschrift in einer fremden Grabhöhle segnen wollen, weil der Segen an einem numinosen Ort als besonders wirksam gedacht wäre, so wie man noch heute Juden an Gräbern von *ṣaddîqîm* beten sieht?

Damit steht die Frage im Zusammenhang, wie sich die Inschrift zu dem sorgfältigen nach unten gerichteten Handeindruck verhält. Wie noch im heutigen orientalischen Aberglauben ist es offenbar einerseits eine apotropäische Macht, andererseits der Segensgestus, der durch die Hand symbolisiert wird[110]. Oder soll man **[42]** spezieller die von den Ägyptern ihren mumifizierten Toten beigegebenen Hand- oder Fingeramulette vergleichen[111]?

In jedem Fall setzt die Erwähnung der Gottheit in der Wendung *brk*̊. *ʾrjhw*. *ljhwh* „gesegnet sei ʾrjhw durch jhwh" in Z. 2, wenn es sich um die Segnung eines Toten handelt, ebenso wie die Verwendung von Num 6,24–26 als Grabbeigabe voraus, daß die Wirkungsfähigkeit Gottes

---

[109] Dagegen ist m. E. weder eine Deutung von *ktbh* als Pi („hat es schreiben lassen"; so Lemaire, RB 84 [Anm. 44], 600) noch die Übersetzung „seine Inschrift" (Zevit, BASOR 255 [Anm. 63], 43 f.) notwendig: kausatives Pi ist sowohl allgemein, als auch vor allem zu *KTB*, wo die Pi-Bildungen Jes 10,1 mit anderer Bedeutung verwendet werden (vgl. E. Jenni, Das hebräische Piʿel, 1968, 160 f.), unwahrscheinlich; „seine Inschrift" setzt eine asyndetische Auffassung von Z. 1 voraus („Uryahu, the prosperous, his inscription"; Zevit), was man vielleicht nicht annehmen sollte, wenn es eine Alternative gibt. – *-h* „es" hat faktisch deiktischen Charakter („dies"); die Häufigkeit deiktischer Elemente ist auch bei uns umgangssprachlich.

Allerdings schließt auch die Auffassung von *ktbh* als Qal, wie Jaroš (BN 19 [Anm. 106], 33) andeutet, einen metonymischen kausativen Sinn nicht völlig aus; das Entsprechende gälte, wenn man *ktbh* als „seine Inschrift" deutete. Bekanntlich werden Grabinschriften gern dem Toten in den Mund gelegt: KAI 9; 11; 13; 14; 35; 54; 59; 226, der dann eben den betr. Text im eigenen Namen hat schreiben *lassen*; vgl. zum teilweisen Ich-Stil jetzt auch die in Baghdader Mitteilungen 21, 1990, 461–470, veröffentlichte assyrische Grabinschrift der Königin Jabâ aus Nimrūd / Kalḫu, Z. 5–11.

[110] Ähnlich Margalit, VT 39 (Anm. 54), 373. Zu vergleichen wäre die „Hand Gottes", die die Juden, bzw. die „Hand der Fāṭima", die die Muslime, bzw. die „Hand der Maria", die die orientalischen Christen an die Wände und Türen ihrer Häuser malen oder als Amulette tragen, um Segen als Unheilsabwehr oder Schutz zu erfahren; nach unten gerichtet sind auch die am Hals getragene Amuletthand und die den fünf Fingern entsprechenden fünf Amulettanhängsel (vgl. R. Kriss – H. Kriss-Heinrich, Volksglaube im Bereich des Islam II: Amulette, Zauberformeln und Beschwörungen, 1962, 2–10, speziell zu in Farbe abgeklatschten Handabdrücken S. 6 und Abb. 10. 11, ferner Bd. I [Anm. 49], Abb. 57).

[111] Vgl. etwa Art. Amulett, RÄR 26–31; Kriss – Kriss-Heinrich, aaO. II (Anm. 110) 1 ff., und die Hinweise bei F. Stolz in: O. Keel (ed.), Monotheismus im Alten Israel und (in) seiner Umwelt (BB 14), 1980, 172, und bei Hadley, VT 37 (Anm. 105), 62.

zumindest für die hier artikulierte Volksfrömmigkeit nicht an der Todesgrenze endet – umgekehrt kann die Ausdehnung einer gängigen Segenspraxis auf Tote, wenn schon nicht bewußt-doktrinale, so doch emotional-postulative Vorstellungen einer postmortalen Fortexistenz gefördert oder allererst hervorgerufen haben.

2. Vor Schwierigkeiten stellt auch Z. 3. Während *brk* . *ʾrjhw* . *ljhwh* Z. 2 dem Syntagma *brk hʾ ljhw* in Inschrift 1 von Kuntillet ʿAǧrūd entspricht, ist in bezug auf *wmṣrjh* . *lʾšrth* . *hwšʿlh* [sic] Z. 3 sowohl der syntaktische Anschluß an Z. 2, als auch die Bedeutung und Funktion seiner Einzelelemente strittig.

aα. Faßt man *hwšʿlh* [sic] als perfektische Afformativkonjugation – „hat er ihn gerettet" oder eher „ist er ihm zu Hilfe gekommen"[112] –, so müßte es sich bei Z. 3 um eine Begründung zu Z. 2 handeln: durch sein Gerettet-Werden hätte *ʾrjhw* schon zu Lebzeiten, falls Totensegnung vorliegt, die Intensität seiner Beziehung zu Gott und damit seine Empfänglichkeit für Segenskräfte bewiesen, die also selbst im Tode nicht verschwendet wären; entsprechende berichtende und beschreibende Begründungen, die die damit verbundenen Segenssprüche legitimieren, sind im Alten Testament relativ häufig[113]. *w-* „und" hätte dann relativische und dabei – etwa in volkstümlicher Diktion[114] – faktisch begründende Funktion.

β. Fraglich ist, wie man sich dabei das Nebeneinander *jhwh*s und seiner Aschera vorzustellen hat. Gäbe man nämlich *lʾšrth* mit „durch seine Aschera" wieder, so setzte dies voraus, daß *jhwh* die Hilfe Ascheras bei seinem Retten in ähnlicher **[43]** Weise in Anspruch genommen hätte, wie die Segensspender in den oben erörterten Inschriften von Kuntillet ʿAǧrūd

[112] Die akkusativische Übersetzung von *-lh*, also „ihn", in *hwšʿlh* „hat er ihn gerettet", muß nicht einen Aramaismus voraussetzen, zumal die Markierung des direkten Objekts durch *l*(*ᵉ*-) erst seit dem Reichsaramäischen üblich wird; vgl. S. Segert, Altaramäische Grammatik, 1975, § 6.5.2.3.6 und 7.2.3.6. Zwar erwartet man, wie Ps 34,7; 44,8; 59,3 zeigen, bei einer Verbindung von hiph *JŠʿ* mit *mṣrjh* „vor seinen Feinden" das akkusativische Pronominalsuffix (nota *hôšîʿēnî* Ps 59,3). Aber auch im Alten Testament wird hiph *JŠʿ* auch mit *lᵉ*- konstruiert, was die Übersetzung „jmd. zu Hilfe kommen" nahelegt; vgl. KBL³ s. v. *jšʿ* hiph 3. Einen Aramaismus machen ja auch geographische Erwägungen unwahrscheinlich. – Beruht am Ende die Unterscheidung von direktem und indirektem Objekt, vor allem im bezug auf kolloquialsprachliche Befunde, ohnehin auf einer recht willkürlichen Abstraktion? Vgl. zur Veranschaulichung Segert, aaO. § 7.2.3.4; 7.2.3.6.

[113] Vgl. Vf., Ursprünge (Anm. 12), 151–157; Segen (Anm. 12), 14–18 bzw. 233–237.

[114] KBL³ s. v. *wᵉ*- II spricht hierzu von „Parataxe des ‚mündlichen' Stils statt Hypotaxe". Beispiele für einen relativischen Anschluß durch *wᵉ*-, freilich bei adjektivisch gemeinten Wendungen, hat jüngst auch H.-J. Hermisson (Deuterojesaja, BK XI 7, 1987, 76) aufgeführt.

die Kraft *jhwh*s und Ascheras bei der Vermittlung von Segen an die Adressaten mobilisierten. Da der syntaktische Zusammenhang von *l'šrth* in der Inschrift von Ḫirbet el-Qōm ein anderer ist als in derjenigen von Kuntillet ʿAǧrūd, empfiehlt sich ein Analogieschluß von einer Inschrift zur anderen noch viel weniger, als dies angesichts des lokalen Abstands und der sachlichen Differenz zwischen beiden ohnehin der Fall ist. Wie auch hätte man sich die Mitwirkung der Aschera bei der Rettung *'rjhw*s vorzustellen? So mag man, hier einem beiläufig gemachten Vorschlag Zevits folgend, *l'šrth* anders als in den Inschriften von Kuntillet ʿǧrūd im Sinne von „um seiner Aschera willen" verstehen[115]. Unter diesen Voraussetzungen wären die Zeilen 2 und 3 bei geichem relativischem Verständnis des mit *w-* eingeleiteten Satzteils zu übersetzen: „Gesegnet sei 'rjhw durch jhwh, der ihm vor seinen Feinden um seiner Aschera willen zu Hilfe gekommen ist"; das Adverbial mit *l-* hätte, zumal *lᵉ-* ohnehin als „allgemeinster Relationalis" zu gelten hat, „der sich je nach dem Kontext … in seinen unterschiedlichen Funktionen entfaltet"[116], im Zusammenhang mit hiph *JŠʿ* eine andere Funktion als im Zusammenhang mit pi *BRK* II, in dem es an den oben besprochenen Belegen erscheint.

b. Faßt man *hwšʿlh* [sic] als Imperativ, so bestände die Möglichkeit, *l'šrth* als Vokativ aufzufassen: „und vor seinen Feinden, o Aschera, rette ihn / komm ihm zu Hilfe"[117]; das Femininmorphem /*-î-*/ beim Imp. sing. braucht ja in der Schrift, die

[115] Zevit, BASOR 255 (Anm. 63), 46, mit Hinweis auf das Jes 55,5 bβ parallel nach *lᵉmaʿan* V. 5 bα gebrauchte *lᵉ-*; der Vorschlag ist allerdings nicht in Zevits Übersetzung S. 43 eingegangen. Zur ähnlichen Funktion von *lᵉ-* zur Markierung eines Sonderfalls des Dativus commodi, der gewöhnlich den von einem Vorgang günstig Betroffenen kodiert, vgl. einstweilen KBL³ s. v. *lᵉ-* I 8, dazu *'azkîr rahab ûbābæl lᵉjôdᵉʿāj* „ich nenne Rahab und Babel um derer willen, die mich kennen" Ps 87,4 (vgl. B. Duhm, KHC XIV, 1899, 218; Zürcher Bibel) und *lšm 'l* „um des Namens Els willen" in Z. 3 der 4. Inschrift von Kuntillet ʿAǧrūd (s. S. 48 mit Anm. 146). Verwandt ist auch die Verwendung von *lᵉ-* zur Markierung einer Beweggrundangabe Gen 4,22; Jes 36,9; vgl. BDB s. v. *lᵉ-* 5 g im Zusammenhang mit 5 h, ferner KBL³ *lᵉ-* I 23, jeweils mit weiteren Belegen. – Aus *l'šrth* in Z. 5' der Inschrift läßt sich nichts gewinnen, ebensowenig aus *wl'*[*š*]*rth* Z. 6'.

[116] So demnächst E. Jenni, Die hebräischen Präpositionen 1: Die Präposition Beth, 1992, 20–36, bes. 24; der Vf. war so freundlich, mir die betr. Abschnitte seines Manuskripts vorab zur Einsicht zur Verfügung zu stellen, wofür ich ihm herzlich danke. Den Gegensatz von *lᵉ-* und *bᵉ-* bestimmt Jenni S. 31 f. als „ungleichgestellt" :: „gleichgestellt", „getrennt" :: „verbunden"; auf *lᵉ-* wendet er die Kategorien „Diversiv-Relationalis" (:: „Unitiv-R.") und „Discretiv" (:: „Kombinativ") an; ihnen ist eine Bedeutung „um … willen" leichter subsumierbar als einer direktionalen Bedeutung von *lᵉ-*, wie sie bisher angenommen wurde.

[117] O'Connor (aaO. [Anm. 13] 228 f.) möchte nicht nur *ljhwh* als Vokativ auffassen, sondern auch bei Voraussetzung der auch von Zevit vorgeschlagenen Lesung *brkt* in Z. 3 entweder „May you bless Uriah, O Yahweh, / And from his enemies, O Asherata, save him" oder

Vokalbuchstaben im Wortinneren noch kaum kennt, nicht zu erscheinen. Die Schwierigkeit liegt hier aber nicht nur bei der schwachen hebräischen Bezeugung einer Funktion von *l*ᵉ- als Vokativanzeiger; vor allem ist, wie oben unter II 5d gesagt, die Annahme einer doppelten Femininendung in *ʾšrth* nicht angezeigt. **[44]**

c. Oder sollte man auf Lemaires Konjektur[118] zurückkommen, der mit Annahme eines Schreibfehlers, wie er im Halbdunkel des Grabes unterlaufen konnte, Z. 2/3 als *brk ʾrjhw ljhwh wlʾšrth mṣrjh hwšʿlh* [sic] zu lesen vorschlägt? <*lʾšrth*> wäre dann gegen den Befund zwischen <*w*> und <*mṣrjh*> zu stellen. Als Übersetzung böte sich an: „Gesegnet sei ʾrjhw durch jhwh und durch dessen Aschera. Vor seinen Feinden hat er ihn gerettet" oder allenfalls „… rette ihn". Aber darf man, auch unter den genannten Bedingungen, mit der falschen Anordnung eines ganzen Wortes rechnen[119]?

So bleibt die oben unter a gegebene Interpretation die noch am wenigsten problematische.

V. Jussivische Afformativkonjugation

1. Eine 8. Inschrift von Kuntillet ʿAǧrūd wurde erstmals von Weinfeld[120] wiedergegeben: *kl ʾšr jšʾl mʾš ḥnn … wntn lh jhw klbbh* „alles, was er von jemand begehrt, möge er ihm gewähren (?), … und jhwh möge ihm geben, was er wünscht (wörtlich: nach seinem Herzen)".

Entgegen der verbreiteten Ansicht, daß Modi nur von der (Kurzform der) Präformativkonjugation gebildet werden können[121], liegt in *ḥnn* ein weiteres Beispiel[122] für den formelhaften Gebrauch der Afformativkon-

---

„You have blessed Uriah, O Yahweh. / O Asherata, may you save him from his enemies" übersetzen; vgl. Anm. 13 und 123, gegen die Lesung *brkt* vgl. Hadley, VT 37 (Anm. 105), 61 (4).

[118] RB 84 (Anm. 44), 599. 602; ihm will Weippert (Synkretismus [Anm. 6], 171⁴⁰) folgen. Vgl. auch Margalit, VT 39 (Anm. 54), 372 f., der zwischen Z. 2 und 3 noch einen ganzen Satz ergänzen will.

[119] Vgl. Winter, aaO. (Anm. 45) 489.

[120] Shnaton V–VI (Anm. 11), 237; SEL 1 (Anm. 2), 125; vgl. Hadley, VT 37 (Anm. 17), 187 f.

[121] So urteilt R. Meyer (HGr, § 64,1 a), die Afformativkonjugation verfüge entsprechend ihrer nominalen Natur nicht über Modi; vgl. aber auch daselbst § 101,6 a. Anders J. Joosten, Biblical Hebrew *w*ᵉ*qaṭal* and Syriac *hwā qāṭel*, S. 1–14 dieses Heftes [scil.: ZAH 5/1, 1992].

[122] Zum Vorkommen einer jussivischen Afformativkonjugation im Nordwestsemitischen als einem semitisch-hamitischen Fossil vgl. Vf., Assertorische und kreatorische Funktion im althebräischen und semitischen Verbalsystem, Aula Orientalis 2, Barcelona 1984, 113–125; Ders. [sic], ZAH 1 (Anm. 23), 184–190; Ders. [sic], *wa-*, *ha-* und das Imperfectum consecutivum, ZAH 4, 1991, 144–160, bes. 157 mit Anm. 77–81 (Lit.), zur jussivischen Afformativkonjugation ohne *w*ᵉ- im Althebräischen Joüon § 112 k (j), jetzt P. Joüon – T. Muraoka, A

jugation für den Jussiv vor[123], der dabei nicht durch einen Indikator *w*ᵉ- als sog. Perfectum consecutivum ausgewiesen wird. Da auch das folgende *wntn* aktivisch ist, wird man gegen Weinfeld **[45]** („may it be favoured")[124] auch in *ḥnn* die geläufige aktivische Bedeutung „möge er ihm gewähren" finden wollen, obwohl das zugehörige Subjekt dem Adverbial *mʾš̌* „von jemand" entnommen werden muß[125]; Weinfelds Übersetzung dagegen würde einer ergativischen Morphosyntax der altsemitischen Afformativkonjugation entsprechen, der eine Wiedergabe durch unpersönliches Passiv genügt („may it be ..."). Wie auch immer: der jussivische Gebrauch der Afformativkonjugation erweist sich als Atavismus: er begegnet, ohne den für den stativischen Prekativ des Akkadischen charakteristischen Indikator *lū*, offenbar schon im Eblaitischen[126]; nordwestsemitisch erscheint er in alten Idiomen wie der Sprache von Amarna, dem Ugaritischen und in dem teilweise altertümlichen Phönizischen[127]. Besonders interessant im Blick auf unsere Inschrift ist, daß jussivisches Perfekt im Arabischen in Segens- und Fluchsprüchen relativ häufig ist[128]; auch das Äthiopische und das Syrische können die Afformativkonjugation in Wunschsätzen verwenden[129].

Als Atavismus ist der jussivische Gebrauch der Afformativkonjugation mit demjenigen von Nominalsätzen verwandt, den wir oben unter II 1 besprachen. Die

---

Grammar of Biblical Hebrew III: Syntax, 1991, § 112 k (j) [sic, frt. legendum: § 112 k (1)], dazu I. W. Provan, Past, Present and Future in Lamentations III 52–66: The Case for Precative Perfect Re-Examined, VT 41, 1991, 166–175.

123 Dagegen repräsentiert die freilich ungewöhnlich vokalisierte Wendung *ʾælôhîm joḥnᵉkā bᵉnî* „Gott segne dich, mein Sohn" Gen 43,29 im literarisch anspruchsvollen Hebräisch der Josephsgeschichte die standardisiertere Grammatik; vgl. zur gleichen Wurzel noch *wiḥunnækkā* [sic, lege *wijḥunnækkā*] Num 6,25. – Prekativische Bedeutung wollte O'Connor (aaO. [Anm. 13] 228) auch der von ihm vorausgesetzten 2. mask. sing. *brkt* in Z. 2 der 3. Inschrift von Ḫirbet el-Qōm zuschreiben – sicher zu Unrecht, wie der oben unter II 5 b aufgewiesene Befund zeigt; vgl. Anm. 117.

124 SEL 1 (Anm. 2) 126.

125 Ähnlich muß man, falls der Text nicht gestört ist, das Subjekt zu *haššôʾᵃpîm* oder *haššâpîm* und *jaṭṭû* Am 2,7 a aus dem Suffix *-ām* in *ʿal-mikrām* V. 6 b entnehmen; die Beispiele lassen sich vermehren.

126 Vgl. Vf., Eblaitische Konjugation in Personennamen und Kontexten. Beobachtungen zu Morphologie und Pragmatik, in: L. Cagni (ed.), Ebla 1975–1985. Dieci anni di studi linguistici e filologici (Istituto universitario orientale. Dipartimento di studi asiatici, Series minor XXVII), Neapel 1987, 101–122, bes. 102 f.

127 Vgl. Vf., Aula Orientalis (Anm. 122), 121.

128 Vgl. schon H. Bauer, Die Tempora im Semitischen, 1910, 40.

129 Vgl. zum Äthiopischen A. Dillmann, Grammatik der äthiopischen Sprache, 1899, § 199 e; Brockelmann-VG II § 16 b. Zum Syrischen vgl. C. Brockelmann, Syrische Grammatik, ¹¹1968, § 208.

Afformativkonjugation ist aus der Konjugation von Adjektiven hervorgegangen[130]; sie hat sich erst relativ spät auf fientische Verben ausgedehnt, woraus sich u. a. ihre präterital-aktivische Verwendung als sog. jungsemitisches Perfekt ergab. Die seltene jussivische Verwendung der Afformativkonjugation ist ein Fossil ihres Gebrauchs auf einer frühen Sprachstufe, die den Ausdruck des Seins noch nicht von dem des Sollens unterschied; diese Verwendungsweise ist vom Nominalsatz und der Adjektivkonjugation auf das fientische Verb übertragen worden, wo nun auch die aktivische Afformativkonjugation statt der präterital-indikativischen eine intemporal-jussivische Bedeutung annahm.

Jussivisch ist auch das Perfectum *wntn* „und er möge geben".

2. Formgeschichtlich gehört auch die 8. Inschrift von Kuntillet ʿAǧrūd zum performatorischen Sprachvorgang des Segnens – wenn auch nicht mittels formelhafter Wendungen. Sprache ist darin ganz unmittelbar Ersatz unterlassener Handlungen: sie betrifft nicht lediglich Begriffe und Vorstellungen, die wir von der Welt bilden, sondern soll unmittelbar auf die von ihr bezeichneten Gegenstände wirken. Daß so die Popularsprache als Vehikel einer freilich bis heute lebendigen archaisch-religiösen **[46]** Praxis gebraucht wird, liegt auf der Hand. Nicht mehr archaisch dagegen ist ein Sprachverständnis, wonach das Signifikat der Sprache nicht die Wirklichkeit (Referenz), sondern eben nur die Begriffe und Vorstellungen sind, die der Sprecher und der Hörer mittels Sprache bilden[131]: kontingenzbewältigend etwa kann darum die Sprache nur als ein Akt der Wirklichkeitsassimilation seitens ihrer Teilnehmer im Kommunikationsprozeß[132], nicht im Blick auf die Wirklichkeit an sich wirken; selbst die

---

130 Vgl. hierzu und zum folgenden außer meinen in Anm. 122 zitierten Arbeiten auch: Vf., Die Konjugation von Nomina im Althebräischen, ZAW 96, 1984, 245–263.

131 Es sei in diesem Zusammenhang daran erinnert, daß die Unterscheidung von Signifikanten (σημαίνοντα), Signifikaten (σημαινόμενα) und Referenz auf den Stoiker Zenon zurückgeht: die Signifikate seien nur etwas Ausgesagtes (λεκτόν), das seine Geltung lediglich innerhalb des sprachlichen Systems, nach dessen Regelsystem beanspruchen kann; nur das sprachliche System, nicht eine Ordnung der Dinge selbst sei an den Regeln der Logik zu messen. So gewinnt die Sprache um ihrer selbst willen Interesse (vgl. M. Pohlenz, Die Begründung der abendländischen Sprachlehre durch die Stoa [Nachrichten von der Gesellschaft der Wissenschaft [sic] zu Göttingen, phil.-hist. Kl., N. F. Fachgruppe 1: Nachrichten aus der Altertumswissenschaft 3: 1938–39], 1939, 151–198, bes. 157 f. 163; Ders. [sic], Die Stoa. Geschichte einer geistigen Bewegung [I], 1948, 39); die im Mittelalter und in der frühen Neuzeit diskutierte Frage nach einer Wahrheit der Dinge, d. h. einer Realadäquanz auch der Logik, erscheint schon hier, nicht erst durch I. Kant als um ihren Gegenstand gebracht (vgl. Vf., Wirklichkeitswahrnahme [Anm. 23], 268–270. 305–307).

132 „Segen" gehört zu den Begriffen, die schon als solche einen Wahrheitsanspruch erheben – wie etwa der Begriff „Glück" und andere Begriffe, die synthetische Urteile und vor

sprachliche Unterscheidung von Sein und Sollen ist dabei ein Vorgang kollektiver Subjektivität (vgl. II 9).

3. Anders als bei den Segensformeln mit *brk* „Segensträger (sei)" und *brkt* „ich segne (hiermit)" in der 1. bzw. 5. und 6. Inschrift von Kuntillet ʿAğrūd, wo die Gottheit als Segensquelle durch ein Adverbial mit *l-* (auctoris) bezeichnet wird, aber ebenso wie in Z. 7' ff. der 6. Inschrift (vgl. II 6) erscheint der göttliche Segensspender hier als Subjekt eines Verbalsatzes[133]: auf der Ebene des Sprechens bleibt es der Mensch, der – mit der Gottheit als Mittelsursache – segnet; auf der Ebene des Gesprochenen aber mag so die Aktivität des Gottes deutlicher zur Sprache kommen. Im Akkadischen scheint diese Formulierungsweise bei weitem den Vorzug zu genießen, etwa in der seit altbabylonischer Zeit gebrauchten Wendung GN *liballiṭka* „GN möge dich am Leben erhalten" u. ä.[134] oder in der zu späterer Zeit häufigen Formel GN *u* GN *ana bēlīja likrubū* „GN und GN mögen meinen Herrn **[47]** segnen"[135]. Mit der adverbiellen Nennung der segnenden Gottheit wie *lʿJHWH* sind allenfalls Wendungen wie (*ina*) *maḫar* GN *akrub* „vor GN segne ich (hiermit)" und die Verwendung von *ina pani* GN, d. h. vor dem betr. Gottesbild[136], zu vergleichen.

VI. Anhang: Hymnisches

Daß die 4. Inschrift von Kuntillet ʿAğrūd[137], in der der Gottesname *jhwh* nicht vorkommt, von einem Israeliten stammt, ist unwahrscheinlich; ob

allem Werturteile implizieren; ersteres gilt von den Oberbegriffen wie etwa „Säugetier", letzteres in besonderem Maße von dem Begriff „Wahrheit". Wahrheit oder Unwahrheit läge nicht erst in einem Urteil über Segen oder Glück: wer die Begriffe „Segen" oder „Glück" auch nur im abgeschwächtesten Sinne assertorisch gebraucht, setzt voraus, daß es so etwas gibt; selbst fragender oder verneinender Gebrauch geht davon aus, daß, wenn schon nicht das Begriffene, so doch die Begriffe subjektiver Kontingenzbewältigung dienen oder doch wenigstens einmal gedient haben, so daß an die Stelle einer objektiven Wahrheit unterhalb der Satzebene immer noch eine subjektive, genauer: funktionale tritt.

[133] Zu Nominal- und Verbalsätzen mit dem Subjekt der segnenden Gottheit vgl. Vf., Ursprünge (Anm. 12), 138–140.

[134] Salonen, aaO. (Anm. 18) 14. 20 ff., zu den späteren Perioden passim; S. 17–19. 58 f. 82–85 finden sich Aufzählungen der in solchen Grußformeln gebrauchten Götternamen.

[135] Salonen, aaO. (Anm. 18) 86. 94 ff.

[136] Salonen, aaO. (Anm. 18) 31 (Nr. 13. 15). 33 (Nr. 21. 22). 35 (Nr. 23. 24). 36/7 (Nr. 27). 39–41 (Nr. 34–39) u. ö.; CAD s. v *karābu* 3:2'; zu ähnlichen ägyptischen Formeln Couroyer, aaO. (Anm. 2) 583.

[137] Transkription nach: Weinfeld, SEL 1 (Anm. 2), 126.

es sich um Althebräisch oder Phönizisch handelt, ist nicht zu entscheiden und vielleicht angesichts des Alters und der Kürze des Textes zu fragen nicht einmal sinnvoll. Der Stil der Inschrift ist hymnisch, woraus natürlich nicht auf den Charakter der Stätte von Kuntillet ʿAǧrūd als Heiligtum geschlossen werden kann[138]; es handelt sich freilich nur um die Aneinanderreihung von Wendungen, wie sie auch in Hymnen vorkommen.

Die Epiphanie Els in Z. 1 erinnert an Epiphanieschilderungen JHWHs, wie wir sie aus Dtn 33,2; Ri 5,4 f; Am 1,2; Mi 1,3 f.; Hab 3,3; Ps 68,8 f. (vgl. Jes 60,2; 63,19) u. a. kennen: *wbzrḥ ... ʾl wjmsn hrm* „als El ... aufschien, zerflossen die Berge". *zrḥ* „aufscheinen" muß sich, wie die überwiegende Zahl der biblischen Belege zeigt, ursprünglich auf den Sonnenaufgang bezogen haben[139]. Dem entspricht der Tatbestand, daß die biblischen Epiphanieschilderungen formal den Schilderungen eines als Auszug dargestellten Aufgangs astraler babylonischer Götter, etwa in Hymnen auf Šamaš (IV R 17, Z. 1–14; V R 50+51, Z. 1 ff.; K. 2769+3025, Z. 3 ff.) oder Sîn (CT XV 17, Z. 5 ff.), ähnlich sind[140]. Freilich überwiegt in der Bibel die Anschauung einer Gewitter- und Vulkanepiphanie; daß daneben das Siderische nicht ganz verschwunden ist, zeigt der Gebrauch von *zrḥ* für die Jahweepiphanie Dtn 33,2; Jes 60,2, wobei aber schon die Bezeichnung der Ausgangsorte des aufscheinenden Gottes Dtn 33,2αβγ[141] den siderischen Vorstellungsrahmen sprengt. – Daß beim **[48]** Erscheinen des Gottes die Berge „zerflossen", wobei wir *wjmsn* nach dem infinitivischen Temporaladverbial *bzrḥ* als das eher literarische Imperfectum consecutivum deuten[142], sagt mit niph *MSS* auch Mi 1,4 aus; an ein Zerfließen

[138] An ein „religious centre from the time of the Judaean monarchy" dachte Meshel; vgl. S. 18 mit Anm. 10. Vermittelnd ist die Ansicht H. Weipperts, aaO. (Amn. 40) 618: „Die Bauten, die etwa während 850–750 v. Chr. auf der *Kuntilet ʿAǧrūd* standen, haben Reisende wohl nicht nur als Wegstation, sondern auch als Pilgerheiligtum aufgesucht."

[139] Vgl. F. Schnutenhaus, Das Kommen und Erscheinen Gottes im Alten Testament, ZAW 76, 1964, 1–22, bes. 9; danach KBL³ s. v. *ZRḤ* I qal.

[140] Vgl. schon A. Schollmeyer, Sumerisch-babylonische Hymnen und Gebete an Šamaš (Studien zur Geschichte und Kultur des Altertums, 1. Erg.bd.), 1912 (hier Nr. 2, 1 und 10), und F. Stummer, Sumerisch-akkadische Parallelen zum Aufbau der alttestamentlichen Psalmen (Studien zur Geschichte und Kultur des Altertums II I/II), 1922, bes. 34–68, der auf den formgeschichtlichen Zusammenhang zwischen den Herrlichkeitsschilderungen babylonischer Astralgötter und den Schilderungen der Epiphanie JHWHs bis hin zu syntaktischen Entsprechungen in Ri 5,4 f.; Ps 68,8 f. m. W. zum ersten Male aufmerksam gemacht hat.

[141] Zu V. 2aδ, den letzten drei Wörtern vor dem Atnaḥ, vgl. den in Anm. 58 referierten Konjekturvorschlag Nybergs.

[142] Dem Imperfectum consecutivum entsprechen syntaktisch die den Subjekten nachgestellten Afformativkonjugationen in Ri 5,4 f.; Ps 68,8 f. Ob es sich bei <*-n*> in *wjmsn* um Nûn energicum oder Nûn paragogicum handelt, läßt sich nicht exakt entscheiden: da Nûn

oder Versinken der Berge ist auch bei *nāzᵉlû* Ri 5,5 gedacht[143]. Auch hierin hat der biblische JHWH den El[144] unserer Inschrift abgelöst.

Wie JHWHs Gewitterepiphanie oft mit seinem kriegerischen Eingreifen verbunden ist, etwa indem er metereologische Phänomene als Waffen gegen seine und Israels Feinde einsetzt (vgl. Ri 5,4 f. mit V. 20[145]), so wird in Z. 2 Baʿl [sic] „am Kriegstag", d. h. offenbar wegen seines kriegerischen Eingreifens gepriesen, während Z. 3 wieder El mit dem Kriegstag verbindet: *brk bʿl bjm mlḥ[mh] lšm ʾl bjm mlḥ[mh]* „gelobt sei Baʿl [sic] am Kriegstag um des Namens Els willen (?)[146] am Kriegstag"; vgl. o. II 3. – Zum kriegerischen Charakter Baʿls [sic], der dabei das Wetter im Kampf gegen andere Götter einsetzt, ist KTU 1.4 VII 27 ff. zu vergleichen, dazu für Hadads Funktion als Gewittergott der bekannte akkadische Hymnus IV R 28, Nr. 2, dem allerdings kriegerische Motive fehlen[147]. Zum kriege-

paragogicum statistisch eher der Langform der Präformativkonjugation ohne Copula *wᵉ*- zugehört, wie die umfassende Untersuchung von J. Hoftijzer (The Function and Use of the Imperfect Forms with Nun Paragogicum in Classical Hebrew [Studia Semitica Neerlandia 21], 1985, 2–4 u. ö.) wieder bekräftigt, ist ersteres wahrscheinlicher; wir hätten dann ein weiteres Beispiel für alten Modus energicus ohne nachfolgendes Suffix vor uns (vgl. *tšlḥnh* Ri 5,26 u. ä.; B. K. Waltke – M. O'Connor, An Introduction to Biblical Hebrew Syntax, 1990, 517[63] [Lit.]). Wie berechtigt der Terminus „energicus" dabei ist, der eine semantische Entscheidung impliziert, wäre weiter zu fragen; vgl. R. J. Williams, Energic Verbal Forms in Hebrew, in: J. W. Wevers – D. B. Redford [edd.], Studies an the Ancient Palestinian World, Presented to Professor F. V. Winnett (Toronto Semitic Texts and Studies 2), 1972, 75–85, bes. 84 f.

143 Vgl. KBL³ s. v. *NZL*, wo „rieseln, fließen" als Hauptbedeutung angegeben ist.

144 Warum Weinfeld, der in SEL 1 (Anm. 2), 126, beide Stellen zitiert, das zweifache *ʾl* der Inschrift appellativ mit „God" übersetzt, weiß ich nicht; *ʾl* ist wie *bʿl* Z. 2 eher Eigenname, worauf allerdings die Großschreibung in Meshels Übersetzung hinweist.

145 Zum überlieferungsgeschichtlichen Verhältnis von V. 19–22 zu 4 f. vgl. Vf., Der Aufbau des Deboraliedes, VT 16, 1966, 446–459, bes. 448 f. 454 f.: erst waren es die Sterne, nun ist es JHWH, der einen (Gewitter-) Regen sendet, durch den Sisera offenbar zum Umkehren gezwungen wurde.

146 Vgl. die in ähnlichem Zusammenhang, nämlich in bezug auf ein Rettungshandeln JHWHs vor Feinden, gebrauchte Wendung *lʾšrth* „um seiner Aschera willen" in Z. 3 der 3. Inschrift von Ḫirbet el Qōm; dazu S. 43 mit Anm. 115 und 116. In Z. 3 der 4. Inschrift von Kuntillet ʿAǧrūd wird *lšm ʾl* offenbar ähnlich gebraucht wie später die nachdeuteronomische Wendung *lᵉmaʿan šᵉmî* „um meines Namens willen" u. ä. im Hebräischen. Im übrigen bestätigen beide Belege die zur semantischen Bestimmung von *lᵉ*- und *bᵉ*- von E. Jenni erhobene methodische Forderung, „daß immer beide in Relation gesetzte Größen berücksichtigt werden, nicht nur das von der Präposition abhängige Nomen"; „Gehe hin in Frieden (*lšlwm* / *bšlwm*)!" ZAH 1, 1988, 40–46, bes. 41.

147 Vgl. J. Jeremias, Theophanie. Die Geschichte einer alttestamentlichen Gattung (WMANT 10), 1965, 79; Vf., Ursprünge (Anm. 12), 20. Ein eindrückliches babylonisches Beispiel für eine kriegerische Geschichtsintervention, bei der eine Mehrzahl assyrischer Götter allerlei metereologische Erscheinungen im Kampf des Assyrerkönigs gegen den Kassi-

rischen Charakter eines offenbar wildstierhaften **[49]** El, der danach Israel aus Ägypten geführt hat, vgl. Num 24,8 > 23,22; neben ihm ist JHWH – in einem religionsgeschichtlichen Intermedium (?) – auf die Rolle dessen reduziert, der eine Flußoase mit kostbaren Bäumen bepflanzt Num 24,6 b (vgl. Gen 2,8, ferner Ps 104,16).

Die Konkurrenz Baʿls [sic] und Els „am Kriegstag" nach Inschrift 4 von Kuntillet ʿAǧrūd bezeichnet danach, insbesondere wenn zwischen Z. 1 einerseits und Z. 2 und 3 andererseits ein Zusammenhang besteht, das Stadium, in dem Baʿl [sic] den älteren El in der Rolle des epiphanen Gewitter- und Kriegsgottes abzulösen im Begriff ist. Leider wird nicht anschaulich, welche Beziehung zwischen dem Kriegshandeln Baʿls [sic] (Z. 2) und dem Els (3) durch den Ausdruck *lšm* „um des Namens willen(?)" hergestellt wird: muß Baʿl [sic] schon für einen deus otiosus wirksam werden? Num 24,6. 8 setzt dagegen voraus, daß JHWH, der in den o. g. Epiphanien die Rolle Baʿls [sic] übernimmt, den „Stier" El noch nicht aus seiner geschichtlich-kriegerischen Funktion verdrängt hat. Wie auch immer: in Inschrift 4 von Kuntillet ʿAǧrūd wird offenbar El, obwohl auch dessen Epiphanie (Z. 1) „am Kriegstag" (3) geschieht, nach Z. 2 von einem kriegerischen Baʿl [sic], nicht von JHWH in einen Schatten gestellt, der im übrigen dem kanaanäischen Baʿl [sic] dem Typ nach ähnlich oder ähnlich geworden ist[148].

VII. Kolloquialsprachliche Merkmale der Texte; linguistische Folgerungen

Das zugestandenermaßen beschränkte Material, dessen Auflistung lediglich auf ein bislang wenig erörtertes Problem aufmerksam machen will, ließ folgende kolloquialsprachliche Merkmale erkennen, die sich z. T. mit volksreligiösen Sprechakten und Vorstellungen verbinden; wir weiten die

---

tenkönig **[49]** Kaštiliaš IV einsetzen, ist hingegen der Anfang des Tukulti-Ninurta-Epos; E. Ebeling, Bruchstücke eines politischen Propagandagedichts aus einer assyrischen Kanzlei (MAOG 12,2), 1938; vgl. W. G. Lambert, AfO 18, 1957/8, 38 ff.

[148] Daß JHWH „von Hause aus eine Gottheit des Hadad-Typus gewesen ist", setzt M. Weippert (Synkretismus [Anm. 6], 157 f.) voraus. Die Frage ist, ob die Vulkan- und die Gewitterepiphanie ursprünglich zusammengehören, was C. Westermann (Das Loben Gottes in den Psalmen, 1953, 70 f.) seinerzeit bestritten hatte; gehört zu JHWH ursprünglich die mit dem Sinai verbundene Vulkanepiphanie, so könnte ihm die Gewitterepiphanie nachträglich zugewachsen sein.

Deutung des jetzt auf das Wesentlichste reduzierten Befundes dabei zugleich noch ein wenig aus.

- Kurze formelhafte Nominalsätze wie *b(ā)r(û)k* PN *l*ᵉ-GN, die freilich vielfältig beheimatet sein werden, und das „Perfekt im Koinzidenzfall" *b(ē)r(a)kt(î)* (*š̊l̊ḥt*) als Paradigma der Situationsgebundenheit der Umgangssprache werden einmal kolloquialsprachlich gebraucht gewesen sein, ehe sie literarisch u. ä. wurden[149]. Beide Wendungen dienen der wortmagischen Übermittlung von Segenskräften, wie sie offenbar alltäglich geschah; insbesondere in dem zitierten Nominalsatz **[50]** sind Indikativ und Jussiv, d. h. assertorische und kreatorische Funktion, noch nicht voneinander geschieden.
- Auf einer ursprünglichen Ungetrenntheit des Ausdrucks des Seins und des Sollens beruht auch der ebenfalls atavistisch-umgangs-sprachliche (magische) Jussivgebrauch der Afformativkonjugation in Segenssprüchen.
- In fest geprägten alltagssprachlichen Wendungen wie dem Nominalsatz *h(ᵃ)š(ā)l(ô)m* + Nominativ liegt eine Schwäche der syntaktischen Verknüpfung vor, die gleicherweise einen umgangssprachlich konservierten Atavismus darstellen mag[150]; in solchen Wendungen verhalten sich Frage und Antwort syntaktisch reziprok.
- Da die Mittel syntaktischer Verknüpfung in der Umgangssprache ohnehin wenig variabel sind, wird insbesondere *w(ᵉ)-* „und" vielfältig verwendet: etwa zur Weiterführung eines Gesprächsbeitrags durch eine Frage, als Prädikatsanzeiger oder zum relativischen (dabei auch begründenden) Anschluß.
- Zum Formelgut für die Weiterführung eines Gesprächsbeitrags, speziell bei der mündlichen Botschaftsübermittlung und von daher im Briefformular, gehört auch *w(ᵉ)ʿ(a)t(tā)* „und nun".
- Weit zurück in die primitivsten Anfänge des Sprechens reichen die Einwortsätze (Holophrasen) mit ihrer oft stark emotionalen Tönung.
- Aus dem Altsemitischen in Umgangssprachen eingegangen mag die Voranstellung des Subjekts vor das Prädikat in Verbalsätzen sein.
- Pragmatisch ist für die Kolloquialsprache der geringe Abstand zwischen Sprechsituation und mitgeteiltem Inhalt charakteristisch, da Sprechen

[149] Umgekehrt scheinen Konsekutivtempora vorwiegend einer literarischen Sprache anzugehören; vgl. Segal, aaO. (Anm. 9) § 157, der umgekehrt den Gebrauch der einfachen Tempora statt der Konsekutivtempora der Umgangssprache (popular speech), nicht allein aramäischem Fremdeinfluß zuschrieb. Vgl. Anm. 9.

[150] Hierher gehört auch die in Anm. 112 bemerkte geringe Unterscheidung von direktem und indirektem Objekt.

und Denken hier noch in geringerem Maße die Unterbrechung eines interaktionellen Handlungskontinuums darstellen. Dagegen ist das magische Sprechen ein erster Versuch, Handlungen durch Sprache nicht nur zu unterbrechen, sondern zu ersetzen; dessen Unzulänglichkeit besteht darin, daß das Wort als unmittelbar an der Wirklichkeit (Referenz) wirksam gedacht wird.

Aus dem Dargestellten sind folgende linguistische Folgerungen zu ziehen:

- Gegen eine überzogene Synchronie in der Sprachbetrachtung ist u.a. auf die gleichzeitige Multiplizität verschiedener Ausprägungen der gleichen Sprache als Literatursprache mit ihren je spezifischen Gattungsidiomen einerseits und der einem weniger wirksamen kulturellen Filter unterliegenden Kolloquialsprache mit ihren Atavismen (redundanten Fossilen und dysfunktionellen **[51]** Rudimenten)[151] und Neologismen andererseits, dazu auf deren Nähe zu Dialekten u. ä. zu verweisen; solche Ausprägungen der gleichen Sprache unterliegen einer wechselseitigen Interferenz, die eine strenge Systemkohärenz der Gesamtsprache wie ihrer Sonderbildungen ausschließt[152].
- Eine solche Interferenz widerlegt auch die Voraussetzung einer geradlinigen Evolution der Gesamtsprache und ihrer Einzelausprägungen; neben der Evolution gibt es – wie in der organischen Natur – zeitweise rückschreitende „Involutionen". Offenbar verfügt jede Gesamtsprache in ihren Einzelausprägungen, abgesehen vom ständigen kontaktsprachlichen Einfluß, über einen Vorrat latenter Strukturen von labiler Plastizität, aus dem je nach Bedeutungssbedarf abgerufen wird, wobei das bislang Unregelmäßige durch funktionellen Erfolg zur Regel werden kann.
- Eine pragmatische Sprachbetrachtung, die Sprechen und Denken und die von ihnen geleistete Wirklichkeitsassimilation als Teile eines interaktionellen Handlungskontinuums versteht, das sie gleichzeitig unterbricht, mündet in eine humanbiologische Verhaltenswissenschaft, die den letzten Horizont etwa für die beobachtete Indikativ-Jussiv-Ambiguität oder für die dem Sprechen zugeschriebene magische Wirkung u.a. bildet; Sprachwissenschaft wird, wenn es gelingt, verschiedene

---

[151] Zum Charakter von Atavismen als redundanten Fossilen und dysfunktionellen Rudimenten vgl. Vf., Zur Theorie der historisch vergleichenden Grammatik, dargestellt am sprachgeschichtlichen Kontext des Althebräischen, demnächst in FS W. Leslau.

[152] So können einzelne bislang als Spezimen des mittelhebräischen Systems angesehene Merkmale, wie die in Anm. 9 erwähnte Pl.-mask.-Endung /*-în*/, was die Umgangssprachen angeht, früher zu datieren sein.

Sprachfamilien und -stämme in die Untersuchung einzubeziehen, auf diese Weise zum Bindeglied zwischen Geistes- und Naturwissenschaft.

Zusammenfassung (abstract):

Der Artikel untersucht die Inschriften von Kuntillet ʿAǧrūd und die 3. Inschrift von Ḫirbet el-Qōm nach kolloquialsprachlichen Merkmalen und Elementen einer volkstümlichen Religiosität in früh-vorexilischer Zeit. An einem begrenzten, daher gründlicher zu erarbeitenden Materialbefund soll nicht nur ein neues philologisch-linguistisches Problemfeld erschlossen werden, sondern zugleich an wenigen Paradigmen der Zusammenhang von alltagssprachlicher Syntax und umgangssprachlichen Sprechakten, mit denen sich spezifische religiöse Vorstellungen verbinden, erörtert werden. Darüber hinaus will die Arbeit eine philologische und religionsgeschichtliche Exegese der genannten Texte und eine linguistische Analyse der in ihnen gegenwärtigen religiösen Vorgänge, insbesondere des Segnens und Grüßens, bieten. U. a. wird bekräftigt, daß sich *lʾšrth* nicht auf das aus dem Alten Testament bekannte Kultobjekt, sondern – schwerpunktmäßig zumindest – auf die Göttin Aschera bezieht.

Linguistik und Religionsgeschichte

Hans-Peter Müllers grammatische und formgeschichtliche Analyse von Inschriften aus Kuntillet ʿAǧrūd und Ḫirbet el-Qōm

Udo Rüterswörden, Universität Bonn

Die Bedingungen, unter denen sich uns die Vergangenheit erschließt, sind zuweilen durch die großen Ereignisse und Umbrüche der Gegenwart bedingt. Ein Beispiel für den Bereich der Archäologie Palästinas ist die Chance zu Sondierungen in bisher unzugänglichem Terrain, die sich israelischen Altertumswissenschaftlern nach dem Sechs-Tage Krieg ergab. Die Fragen, die geklärt werden sollten, richteten sich auf die Verkehrswege der judäischen Könige nach Elath und Ezion-Geber und auf den Verlauf der Südgrenze des Königreichs Juda.[1]

Ein Knotenpunkt von Wüstenwegen, Kuntillet ʿAǧrūd („the solitary hill of the water-wells"), war schon Edward Palmer aufgefallen, der den Ort 1869 besuchte; Alois Musil kam 1902 dort hin aufgrund eines Gerüchts, eine antike Inschrift sei gefunden worden, fand aber nichts. Die Bedeutung des Ortes im Altertum ergab sich aus den nahe gelegenen Quellen: „At the foot of the hill are a number of shallow wells. Today their yield is low and the water of poor quality, but none the less this is one of the few perennial water sources in this arid region."[2] Zeev Meshel berichtet über seine Grabungskampagnen: „Between October 1975 and May 1976 we carried out three seasons of excavations, with the help of volunteers, most of them kibbutz members, who experienced the extremes of the desert climate, the solitude and the feeling of isolation, which must have been the lot of those who lived here in ancient times."[3]

---

[1] Zeev Meshel, Kuntillet ʿAjrud. A Religious centre from the time of the Judaean Monarchy on the Border of Sinai (The Israel Museum Cat. n. 175), Jerusalem 1978.

[2] Meshel, a. a. O., s. v. „The Site" (Die Publikation ist nicht paginiert).

[3] Meshel, ebd.

Die Ausgrabungen brachten Funde zu Tage, die nicht unbedingt die Ausgangsfragen zu klären halfen, sondern die Archäologie, Bibelexegese und Religionsgeschichte mit neuen, unerwarteten Fragestellungen konfrontierten und zu Diskussionen führten, die bis heute kontrovers bleiben. Ausgelöst wurden sie durch Inschriften, die den Gottesnamen nennen, teils in Verbindung mit einem Toponym (תמן bzw. שמרן), teils neben dem Ausdruck אשרתה.

Ließ sich die erstgenannte Sprachregelung als ein Polyjahwismus[4] deuten, der Jahwe verschiedene lokale Erscheinungsformen zuordnet, eine Praxis, die Dtn 6,4 ablehnt, so bleibt die Frage, was „seine Aschera" bedeutet. Damit verwob sich alsbald die Frage, was überhaupt unter „Aschera" in Inschriften, bildlichen Darstellungen und im Alten Testament zu verstehen ist. Die umfassende Antwort hat Christian Frevel in seiner zweibändigen, sich über 1000 Seiten erstreckenden Dissertation gegeben, ein vergnüglich zu lesendes Werk der Dekonstruktion, das uns die Lücken unseres Wissens drastisch vor Augen stellt.[5] Zur Form אשרתה bemerkt er:

> Wie allgemein bekannt, gibt es grundsätzlich drei Möglichkeiten, das *ʾšrth* zu erklären: (1) Gegen die vermeintlich geltenden Regeln der Hebräischen Grammatik meint *ʾšrth* eine personale Größe, die Göttin Aschera, und in den Inschriften ist eine Paarrelation zwischen YHWH und Aschera zum Ausdruck gebracht. (2) *ʾšrth* steht in den Inschriften für das Kultsymbol Aschere, das der Göttin Aschera zuzuordnen ist. Auch hier wird durch das Suffix eine Paarrelation zwischen Aschera und YHWH angezeigt. Der Unterschied zu (1) liegt lediglich darin, daß die beiden Größen nicht direkt, sondern über das Objekt miteinander verbunden sind. Die Göttin wird YHWH „beigeordnet". (3) *ʾšrth* bezeichnet in den Inschriften ein Kultsymbol. Das Suffix zeigt an, daß dieses Kultobjekt YHWH zugeordnet ist. Es ist damit analog zu YHWHs Mazzebe, YHWHs Altar oder ähnlichen Konstruktionen zu deuten.[6]

Frevel weist darauf hin, dass die Diskussion festgefahren scheint, vor allem im Hinblick auf das grammatische Problem. Insofern ist der Hinweis auf

---

4 Herbert Donner, „Hier sind deine Götter, Israel!", in: Ders., Aufsätze zum Alten Testament aus vier Jahrzehnten, BZAW 224, Berlin 1994, 67–75.

5 Christian Frevel, Aschera und der Ausschließlichkeitsanspruch YHWHs, Beiträge zu literarischen, religionsgeschichtlichen und ikonographischen Aspekten der Ascheradiskussion, BBB 94,1/2, Weinheim 1995.

6 Frevel, a. a. O., 898; vgl. ferner John Adney Emerton, „Yahweh and His Asherah": The Goddess or Her Symbol? VT 49, 1999, 315–37; Judith M. Hadley, The Cult of Asherah in Ancient Israel and Judah: Evidence for a Hebrew Goddess, UCOP 57, Cambridge 2000.

die Arbeit von Hans-Peter Müller, der die wesentlichen Argumente für die erste Position gebündelt hat, nach wie vor relevant. Gegen die dritte Position spricht, dass Jahwe nicht durch eine Aschere, etwa einen stilisierten Baum, sondern durch eine Mazzebe symbolisiert wird: „Die Aschere ist immer nur ein Aschera-Symbol“.[7] Das Problem, wie in semitischen Sprachen an einen (Götter-) Namen noch ein enklitisches Personalpronomen gefügt werden kann, erörtert Hans-Peter Müller mit einem Verweis auf das Ugaritische. Allerdings sind die ugaritischen Belege in ihrer Lesung und Deutung umstritten.[8]

Eine Alternative, gleichsam ein Fall 1b, bestünde in der Wandlung vom Namen zum Nomen. Zu denken wäre an רוּחַ אֱלֹהִים in Gen 1,2[9], die אֲנָשִׁים בְּנֵי־בְלִיַּעַל in Dtn 13,14,[10] und die beiden in Dtn 7,13 genannten Größen שְׁגַר־אֲלָפֶיךָ וְעַשְׁתְּרֹת צֹאנֶךָ, die auch als Göttinnen bekannt sind.[11] Für das Akkadische wäre auf ištaru zu verweisen; da das Wort an einer Anzahl von Belegen nicht der Göttinnenname, sondern ein Nomen mit der Bedeutung „Göttin“ ist, findet sich das Wort auch in den Wörterbüchern, wobei der Hinweis von einiger Relevanz ist, dass ištaru auch mit einem enklitischen Personalpronomen versehen werden kann.[12]

Wenn also Jahwe ein weiblicher Gegenpart an die Seite gestellt wird, stellt sich die Frage nach dem Träger einer solchen Vorstellung. Hans-Peter Müller spricht von einem durch die Inschriften repräsentierten populären Polytheismus und vermutet: „Vielmehr können die hier erörterten Inschriften in ihrem religiösen Gehalt Reaktionen der ‚Provinz‘

---

[7] Hans-Peter Müller, Kolloquialsprache und Volksreligion in den Inschriften von Kuntillet ʿAǧrūd und Ḫirbet el-Qōm, ZAH 5 (1992), 15–51, 31.

[8] Martin Heide, Die theophoren Personennamen der Kuntillet-ʿAǧrūd Inschriften, WO 32, 2002, 110–20, 110 Anm. 2.

[9] S. dazu Werner H. Schmidt, Die Schöpfungsgeschichte der Priesterschrift, Zur Überlieferungsgeschichte von Gen 1,1–2,4a und 2,4b–3,24, WMANT 17, Neukirchen-Vluyn ³1973, 84.

[10] Zu Belial als Antagonist Gottes s. S. David Sperling, Art.: Belial, in: Dictionary of Deities and Demons in the Bible, hg. von K. van der Toorn / B. Becking / P. W. van der Horst, Leiden ²1999, 169–71.

[11] Karel van der Toorn, Art.: Sheger, in: Dictionary of Deities and Demons in the Bible, 760–62.

[12] AHw 399 f.; CAD 7, 273 f.; s. a. Udo Rüterswörden, Von der politischen Gemeinschaft zur Gemeinde, Studien zu Dt 16,18–18,22, BBB 65, Frankfurt a. M. 1987, 26; Johannes Renz, Die althebräischen Inschriften 2, Zusammenfassende Erörterungen, Paläographie und Glossar, in: Ders. / Wolfgang Röllig, Handbuch der althebräischen Epigraphik II / 1 Darmstadt 1995, 91–93 mit nachdrücklichem Hinweis auf die Abhandlung von Hans-Peter Müller.

gegenüber Vereinheitlichungstendenzen bezeugen, die sich zuerst in Monolatrie, viel später im Monotheismus äußern."[13] Das Gegensatzpaar: Offizielle Religion versus Volksreligion ist später von Jörg Jeremias und Friedrich Hartenstein aufgenommen worden, mit Ergebnissen, die sich mit Müllers Analyse nicht in jedem Fall zur Deckung bringen lassen.[14] So wäre „Jahwe von Samaria" die offizielle Bezeichnung des Reichsgottes und somit der offiziellen Religion zuzuordnen.[15]

Dabei lassen sich Zweifel nicht völlig unterdrücken, und es stellt sich die Frage nach dem Charakter und dem Zweck der Inschriften. Hierbei ist der Nachweis, den Hans-Peter Müller führt, wertvoll, dass wir es mit Formularen zu tun haben, die am Anfang von Briefen stehen. Eine andere Möglichkeit hätte darin bestehen können, sie auf ein anderes Element der alltäglichen Lebenswelt, den Gruß, zurückzuverfolgen, der ebenfalls den Segenswunsch kennt, wie es etwa die Begegnung des Boaz mit seinen Untergebenen in Ruth 2,4 nahelegt:

וַיֹּאמֶר לַקּוֹצְרִים יְהוָה עִמָּכֶם וַיֹּאמְרוּ לוֹ יְבָרֶכְךָ יְהוָה

Doch zeigt sich bei näherem Hinsehen, dass wir es bei den Inschriften aus Kuntillet ʿAǧrūd viel eher mit einem Briefformular zu tun haben; für die Einzelheiten sei auf die Abhandlung selbst verwiesen. Die Texte sind linguistisch von erheblichem Interesse, da wir ein Stück Alltagssprache vor uns haben – strenggenommen handelt es sich natürlich nicht um gesprochene, sondern um verschriftete Sprache, doch sind diese Texte nicht durch den Filter der alttestamentlichen Überlieferung gegangen.

Es bleibt indes die Frage: Welchen Sinn haben Briefformulare? Es handelt sich wohlgemerkt nicht um Briefe, und vor allem fällt der Schriftträger auf, da wir es nicht etwa mit Ostraka zu tun haben, sondern mit vollständigen Vorratskrügen, die mit Inschriften und Zeichnungen versehen wurden. Die Annahme „Sollen Später-Vorbeireisende gegrüßt werden?" wagt Hans-Peter Müller auch nur in Frageform zu formulieren;[16] wie der Lagerplatz des Wadi Mukatab und andere Orte im Sinai

---

[13] Müller, a. a. O., 16 f.

[14] Jörg Jeremias / Friedhelm Hartenstein, „Jahwe und seine Aschera", „Offizielle Religion" und „Volksreligion" zur Zeit der klassischen Propheten, in: Religionsgeschichte Israels, Formale und materiale Aspekte, hg. von B. Janowski / M. Köckert, Veröffentlichungen der Wissenschaftlichen Gesellschaft für Theologie 15, Gütersloh 1999, 79–138.

[15] Jeremias / Hartenstein, a. a. O., 113 f. 118.

[16] Müller, a. a. O., 15 Anm. 2.

zeigen[17],scheint diese Frage nicht ganz unberechtigt. Den Charakter des Ortes bestimmt Hans-Peter Müller als Straßenstation auf dem Wege nach Süden, „die zu gelegentlichen Frömmigkeitsäußerungen von Vorbeiziehenden verschiedener Provenienz die Möglichkeit bot.“[18] Diese Deutung ist m. E. die wahrscheinlichste und wird z. B. von Johannes Renz[19] und Christian Frevel[20] vertreten.

Für die Skizzen auf den Krügen, die Hans-Peter Müller – zu Recht – bei seiner Analyse unberücksichtigt ließ, kommt Christian Frevel zu einer Kombination von zwei Möglichkeiten:

> C) Die Zeichnungen sind als Vorlagenskizzen für die Wandmalereien zu deuten. Die Malereien intendieren damit keinerlei Dekoration der Pithoi, die Krüge sind lediglich als ‚Skizzenblock‘ benutzt worden.
>
> D) Die Malereien sind ‚spontan‘, allerdings in mehreren Anläufen von kunstfertigen Besuchern der Karawanserei auf die Krüge aufgetragen worden. Zum Teil haben die Zeichnungen keine über das Moment des ‚Zeitvertreibs in der langweiligen Wüste‘ hinausgehende Intention, zum Teil kommt ein religiös konnotierter Aussagewille hinzu.[21]

Für die Inschriften legt sich ein vergleichbares Verständnis nahe[22] – die Isolation des Standortes haben ja schon die Ausgräber empfunden. Ist aber der Gegensatz: „Spontan versus planvoll formuliert“ sinnvoll?

Es gibt Texte, die Hans-Peter Müller nicht in seine Überlegung mit einbezogen hatte, dazu gehören die Personennamen und die Alphabete. Im Onomastikon des Ortes kommt Aschera als theophores Element nicht vor, sondern ausschließlich Jahwe.[23] Es ist eine schwierige Frage, wie aussagekräftig der statistische Befund ist, doch bei einer gelebten Volksreligion, die sich inbrünstig vor[24] Aschera Segen wünscht, hätte man vielleicht doch den einen oder anderen Personennamen erwarten können,

---

[17] Avraham Negev, Art.: Inscriptions in Southern Sinai in the Hellenistic, Roman, and Byzantine Periods, in: The New Encyclopedia of Archaeological Excavations in the Holy Land, hg. von E. Stern / A. Lewinson-Gilboa / J. Aviram, Bd. 4, Jerusalem 1993, 1400–1403.

[18] Müller, a. a. O., 18.

[19] Johannes Renz, Die althebräischen Inschriften 1, Text und Kommentar, in: Ders. / Wolfgang Röllig, Handbuch der althebräischen Epigraphik I / 1, Darmstadt 1995, 48–50.

[20] Frevel, a. a. O., 865.

[21] Frevel, a. a. O., 894, vgl. 897.

[22] Frevel, a. a. O., 897.

[23] Heide, a. a. O., 116.

[24] Zur Deutung des ל vor dem Gottesnamen s. Renz, Die althebräischen Inschriften 2, Zusammenfassende Erörterungen, 30 f.; Ernst Jenni, Die hebräischen Präpositionen Band 3, Die Präposition Lamed, Stuttgart 2000, 77.

der mit Aschera gebildet ist. Dies ist indes nicht der Fall. Die Alphabete sind interessant, weil in einem Fall, KAgr(9):9, ein Alphabet regelrecht über die vorherige Inschrift herübergeschmiert ist.[25] Sakrosankt waren die Inschriften nicht.[26]

Dies gilt wohl für eine andere Gruppe von Denkmälern, die Hans-Peter Müller bei seiner Betrachtung ausgelassen hatte, die Steinschalen, die bis zu 200 kg wiegen. Eine trägt in ihrer Weiheformel auch den Segen ברך הא ליהו[27], markanterweise nur mit Jahwe, aber dieses eine Mal nicht mit Aschera formuliert.[28]

Der Gegensatz wird auch auf den Krügen selbst deutlich; die meisten tragen einen oder zwei Buchstaben, die vor dem Brand eingeritzt wurden. Zeev Meshel dachte bei der Signatur קר an קרבן, bei י über den Zahlwert „10“ an den Zehnten[29]; beiden Annahmen hat Johannes Renz indes widersprochen.[30] Einen offiziellen Charakter hat die Inschrift לשר ער auf einem der Krüge.[31]

Ohne Zweifel ist die Entgegensetzung heuristisch fruchtbar, doch ist die weitergehende Frage, ob die planvoll formulierten Texte sich auf Jahwe zentrieren, während sich die spontanen auch der Aschera öffnen, nur schwer zu entscheiden. So gibt es einige Überschneidungen in den Motiven auf der Wandbemalung des Gebäudes und den Motiven der Vorratskrüge – die damit verbundenen Fragen sind indes nach wie vor kontrovers.[32] Zudem findet sich „Jahwe von Teman“ neben „Aschera“ auch auf einer Putzinschrift, die von Zeev Meshel rekonstruiert wurde[33] und in dieser Form Hans-Peter Müller und Johannes Renz noch nicht zugänglich war. Die Inschrift soll der Buchstabenform nach phönizisch sein. Es

---

25 S. dazu Johannes Renz, Texte und Tafeln, in: Ders. / W. Röllig, Handbuch der althebräischen Epigraphik III Darmstadt 1995, Tafel IV.

26 Merkwürdig ist auch eine Anzahl ovaler Zeichen auf einem der Krüge, die teilweise die Zeichnung der Kuh mit säugendem Kalb überschneiden; die Elemente haben die Folge 4-3-2-1; eine Rechenübung? Vollständig zu sehen ist dies bei Zeev Meshel, Art.: Teman, Ḥorvat, in: The New Encyclopedia of Archaeological Excavations in the Holy Land, 1458–64, 1462.

27 KAgr(9):3.

28 Abbildung bei Meshel, Teman, 1461.

29 Meshel, Kuntillet ʿAjrud, s. v. The Inscriptions.

30 Renz, Die althebräischen Inschriften 1, Text und Kommentar, 52–54.

31 KAgr(9):2.

32 Frevel, a. a. O., 865–912. Eine aufschlussreiche Deutung der Bilddarstellungen bieten Jeremias / Hartenstein, a. a. O., 87–111.

33 Meshel, Teman, 1462; s. a. Shmuel Aḥituv, Handbook of Ancient Hebrew Inscriptions, The Biblical Encyclopaedia Library VII, Jerusalem 1992, 159.

könnte sich so verhalten haben, dass Elemente der Innendekoration und Beschriftung der Anlage spontan auf den Krügen nachgeahmt wurden, vielleicht auch nur zum Teil. Etwas mehr Klarheit wird vielleicht die definitive Publikation der Ausgrabung schaffen.

Die Funde von Kuntillet ʿAǧrūd trugen wesentlich zur einem neuen Verständnis einer Grabinschrift aus Ḫirbet el-Qōm bei.[34] An einer umstrittenen Stelle legte sich die Lesung לאשרתה nahe, eine Lesung, der auch Hans-Peter Müller gefolgt ist. Manches an der Inschrift[35] war – und bleibt – merkwürdig. Im Onomastikon der Texte aus Ḫirbet el-Qōm, soweit sie sich der Fundstätte zuordnen lassen,[36] kommt Aschera nicht vor.[37] Eine andere Merkwürdigkeit besteht darin, dass die Inschrift möglicherweise ergänzt wurde.[38] Die größten Probleme liegen jedoch in dem Untergrund der Inschrift, der nicht ausreichend geglättet ist und wegen seiner Kratzer und Striche die Lesung der Inschrift ungemein erschwert. Zudem sind einige Buchstaben der ersten zwei Zeilen nachgezogen, was wie eine Schattierung wirkt. Ist dieses Verfahren schon recht ungewöhnlich, so fällt in der dritten Zeile auf, dass viele Buchstaben doppelt geschrieben sind.

Als Ursache wird auf die schlechten Lichtverhältnisse in der Grabkammer hingewiesen[39], doch zeigen die anderen beiden Inschriften dieser Anlage keine vergleichbaren Auffälligkeiten.[40]

Auf die syntaktischen Probleme, die die dritte Zeile bereitet, hat Hans-Peter Müller nachdrücklich hingewiesen; bei einem Text aus dem Alten Testament wären sicherlich Kriterien für einen literarischen Nachtrag zu gewinnen; ist aber die Zurückhaltung einer solchen Annahme bei einem inschriftlichen Zeugnis grundsätzlich immer angebracht?[41]

Dass die Lesung der Grabinschrift Kom(8):3 nicht völlig sicher ist, wird in Rechnung zu stellen sein; gleichwohl hat Hans-Peter Müller mit dem

---

[34] Zu dem Fundort s. William G. Dever, Art.: Qôm, Khirbet El-, in: The New Encyclopedia of Archaeological Excavations in the Holy Land 4, 1233–35.

[35] Kom(8):3. S. dazu die Kommentierung bei Renz, Die althebräischen Inschriften 1, Text und Kommentar, 199–217.

[36] Renz, ebd.

[37] Heide, a. a. O., 116.

[38] S. dazu das Referat der These Mittmanns bei Renz, a. a. O., 211. Anm. 1.

[39] Renz, a. a. O., 202; vgl. Hans-Peter Müller, a. a. O., 44.

[40] S. die Photographien bei Shmuel Aḥituv, a. a. O., 114–15.

[41] Die merkwürdige Häufung der Doppelschreibungen könnte dies auch vom epigraphischen Befund nahelegen. Sachlich ergibt sich die Frage, warum Aschera dann nachgetragen worden sein soll.

hier wieder abgedruckten Aufsatz einen Beitrag zum Verständnis der Inschriften aus Kuntillet ʿAǧrūd und Ḫirbet el-Qōm geleistet, der mit linguistischen und formgeschichtlichen Analysen ein wichtiges Problem der altisraelitischen Religionsgeschichte klären hilft.

Genesis 22 und das *mlk*-Opfer

Erinnerung an einen religionsgeschichtlichen Tatbestand*

Hans-Peter Müller, BZ 41, 1997, 237–46

In der gegenwärtigen Auslegung von Gen 22,1–13 wird die durch V. 1 und die jüngeren Verse 15-18[1] betonte Intention, von einer Gehorsamsprobe zu erzählen[2], zuweilen so stark betont, daß dahinter der Inhalt der göttlichen **[238]** Forderung fast völlig verschwindet[3]. Entsprechend werden die religionsgeschichtlichen Parallelen zur Auslösung des Kinderopfers weitgehend oder ganz außer Acht gelassen, obwohl das Material dazu sich nicht nur vermehrt, sondern auch an Eindeutigkeit gewonnen hat[4]. Insbe-

---

* Bibliographische Abkürzungen nach TRE. Ferner werden gebraucht: GAG³ = *W. von Soden*, Grundriß der akkadischen Grammatik (AnOr 33), Rom ³1995; PPG = *J. Friedrich – W. Röllig*, Phönizisch-punische Grammatik (AnOr 46), Rom 1970.

[1] Ursprünglich endete die Erzählung mit V. 13. – V. 14 fügt eine Namensätiologie hinzu, in der eine damals offenbar allbekannte Ortsbezeichnung erklärt wird: so wird ein Bergheiligtum legitimiert, bei dem wir uns den Altar von V. 9 denken sollen; die Opferstätte wird auch in V. 2 erst sekundär in eine unklare Beziehung zum „Land Morija" gebracht. – V. 15-18 werden schon durch *šēnīt* „zum zweiten Mal" in V. 15 als Anhang ausgewiesen: außerhalb des erzählerischen Spannungsbogens wird ein Zusammenhang zu den Väterverheißungen hergestellt, wie die meisten Exegeten annehmen; vgl. etwa *E. Blum*, Die Komposition der Vätergeschichte (WMANT 57), Neukirchen 1984, 320 und ff. – V. 19 schließlich trägt in Anknüpfung an 21,31–34 nach, daß Abraham den Befehl von V. 2 in Beerseba [sic] empfangen hat; so kehrt er dahin zurück.

[2] So nach dem Vorgang *G. von Rad*s und *W. Zimmerli*s vor allem *C. Westermann*, Genesis. 2. Teilband: Gen 12–36 (BK I 2), Neukirchen 1981, 429–447, bes. 434; ihm ist etwa *Blum*, Komposition (s. Anm. 1) 327 f, gefolgt. Obwohl Westermann „die sachlich nächste Parallele zu Gen 22,1" im „Hiobprolog" findet (S. 436), lehnt er eine Vorbildfunktion Abrahams ab (447), womit freilich die Nähe zur Hiobrahmenerzählung Ijob 1 f; 42,10–17 als ganzer geringer würde.

[3] Nach dem kurzen forschungsgeschichtlichen Überblick *Westermanns* (Genesis [s. Anm. 2] 432 f) wurde die These, daß Gen 22 „von der Ablösung des Menschenopfers durch das Tieropfer handelte, … abgewiesen und nicht wieder erneuert"; entsprechend urteilt er: „die Erzählung … handelt nicht primär von einem Kinderopfer" (433, ähnlich 436).

[4] So wird etwa in *Westermanns* „Exkurs über das Menschenopfer (Kinder-Opfer)" S. 437 f zwar das „Kinderopfer für den Moloch" erwähnt; auf das punische Lexem *mlk*(*t*) und die

sondere die punischen Belege für das *mlk*-Opfer und vielleicht auch das „*Tnt*-Zeichen" lassen nämlich auf einen schon kanaanäischen Ritus zurückschließen, der für den Inhalt der göttlichen Forderung in Gen 22,2 den Stoff lieferte. Anstelle des nach Ex 22,28 b (vgl. 13,2[5]) ursprünglichen Erstgeborenenopfers ist auch in Ex 13,13 b. (15bβ); 34,20bα die Auslösung des Erstgeborenen vorgeschrieben. Opfer und Auslösung sind wie fast das ganze Sakrifizialwesen kanaanäischen Ursprungs. Bei der Auslösung des Erstgeborenenopfers lag auch ein wichtiges Anliegen von Gen 22,1–13.

I

1. Ein ätiologischer Mythos für das kanaanäische, hier phönizische Kinderopfer wird nach Philo Byblius (Sanchunjaton) bei Euseb, Praep. ev. I 10,33. 44; IV 16,11 erwähnt[6] So hat nach I 10,33 Kronos, der in I 10,44 = IV 16,11 mit El identifiziert wird, dann aber euhemeristisch zum vergöttlichten, d. h. astralisierten König entmythisiert ist, anläßlich einer Seuche „seinen einzigen Sohn" (τὸν ἑαυτοῦ μονογενῆ ψἱόν) seinem Vater Uranos als Brandopfer dargebracht[7], dazu sich selbst beschnitten[8]. Beides (?) hat er damit auch seinen „Mitkämpfern" als Pflicht auferlegt; denn nach I 10,44 = IV 16,11 hat das Opfer des Kronos bei den Phöniziern[9] einen „Brauch der Alten" begründet, wonach die Herrscher einer **[239]** Stadt oder eines

ausgiebige Diskussion über hebr. *mōlæk*, pun. *mlk* u. ä. aber nimmt der Vf. weder hier noch im Literaturverzeichnis S. 437 Bezug.

[5] Was in Ex 13,2 konkret mit *qaddeš* „heilige!" gemeint ist, bleibt m. E. unklar; offenbar soll verschleiert werden, daß es sich um ein (symbolisches?) Opfer handelt (vgl. zu pi *qdš* mit Objekt Opferteile Ex 29,27).

[6] Vgl. zum folgenden *O. Eißfeldt*, Art und Aufbau der phönizischen Geschichte des Philo von Byblos; *Ders.* [sic], Textkritische Bemerkungen zu den in Eusebius' Praeparatio evangelica enthaltenen Fragmenten des Philo Byblius, in: *Ders.*, Kleine Schriften III, Tübingen 1966, 398–406. 407–411. Auf den Text Philo Byblius' als „ein interessantes Gegenstück und vielleicht das Prototyp" von Gen 22 hat schon *H. Gunkel* (Genesis [HK I 1], Göttingen [6]1964, 242) aufmerksam gemacht.

[7] Nur eine Variante des Stoffes bietet offenbar I 10,21, wo der Sohn des Kronos Σαδιδος (< *ʾΙαδιδος „Geliebter" [?]) heißt; s. u. IV 2 mit Anm. 48 und 49.

[8] Sohnesopfer und Beschneidung lassen einen der Gottheit demütig angebotenen Verzicht auf Nachkommenschaft assoziieren, ersteres zumindest partiell, letzteres symbolisch: man opfert ein Äußerstes, um ein Äußerstes abzuwehren. Daß auch Abraham nach Gen 22 mit seiner Gehorsamstat Gott einen solchen Verzicht – kontextuell angesichts der Sohnes- und Mehrungsverheißung – anbietet, kann man vermuten.

[9] Während Praep. ev. I 10,44 nach 42 als Zitat aus Philo Περὶ ʾΙουδαίων (Text ?; vgl. *Eißfeldt*, Kl. Schr. III (s. Anm. 6) 402. 409 f) erscheint, gibt sich IV 16,11 – wie I 10,33 nach 9,20 – als Zitat aus Philos Φοινικικὴ ἱστορία; daß I 10,44 = IV 16,11 aber von einem phöni-

Volkes „ihr liebstes Kind (τὸ ἠγαπημένον τῶν τεκνῶν) … als Sühnemittel den rachsüchtigen Gottheiten (Rachedämonen) zum Opfer übergeben". Aus Porphyrius, der sich in De abstinentia II 56 auf Philo B. beruft, zitiert wiederum Euseb, Praep. IV 16,6[10]: danach opfern die Phönizier in großer Not „etwas (ihnen) sehr Liebes (φιλτάτων τινά) aufgrund eines Beschlusses (ἐπιψηφίζοντες[11]) dem Kronos", wobei nun aber der ursprünglich Opfernde von I 10,33 zum Opferempfänger wird.

2. Von dem Erstgeborenenopfer, das der Moabiterkönig Mêšaᶜ nach 2 Kön 3,27 darbringt, und von den Opfern in Notsituationen, die Philo B. im Auge hat, unterscheidet sich die Gehorsamstat Abrahams dadurch, daß sie einem Befehl gehorcht und nicht die Absicht enthält, den Gott, wie es auch bei dem Sühnopfer von Mi 6,7 vorausgesetzt zu sein scheint, durch einen außerordentlichen Einsatz zum rettenden Eingreifen zu bewegen. Umgekehrt ist ersteres auch bei Agamemnon der Fall, wenn er, um aus einer gefährlichen Flaute zu kommen, seine Tochter Iphigenie der Artemis opfern will; zugleich aber ist auch dieses Opfer einerseits durch einen göttlichen Befehl motiviert, der durch den Seher Kalchas vermittelt wird, sowie andererseits wie das Opfer Abrahams durch ein Tieropfer ausgelöst worden[12].

3. Mit dem Opfer der Tochter Jephthas Ri 11,30–40 wiederum ist das der Iphigenie als ein (freilich verhindertes) Jungfrauenopfer zu vergleichen; als Gelübdeerfüllung hat es immerhin auch etwas von einer Gehorsamstat wie der von Gen 22. Eine Gelübdeerfüllung sieht auch eine offenbar ältere Gestalt der Iphigeniesage vor: danach gelobt Agamemnon, das Schönste, das im Laufe des Jahres geboren werde, der Artemis zu opfern; die Erfüllung geschieht auch hier aufgrund einer tragischen Überraschung, die etwas von der bitteren Unbedingtheit göttlichen Forderns erahnen läßt[13]. – Da Jephthas Opfer nach dem Sieg geschieht, wenn auch

---

zischen, nicht von einem „jüdischen" Brauch handeln, geht schon aus der Bezugnahme auf „Kronos, den die Phönizier El nennen", an beiden Stellen hervor.

[10] Offenbar bezieht sich Porphyrius hier schon auf die Φοινικικὴ ἱστορία des Sanchunjaton-Philo, die Euseb, Praep. IV 16,11, erwähnt.

[11] Vgl. zu dieser Übersetzung von ἐπιψηφίζοντες die französische Paraphrase zur Stelle von *O. Zink*, Eusèbe de Césarée, La préparation évangélique. Livres IV–V,1–17 (Sources chrétiennes 262), Paris 1979, 167: „qu'ils désignaient par un vote".

[12] Euripides, Iphigenie in Aulis, 98 ff. 128 ff. 691 ff. 884 f. 1541 ff.

[13] Euripides, Iphigenie im Taurerlande, 20 ff; griechischer Text und deutsche Übersetzung: *E. Buschor* (hrsg. von G. A. Seeck), Euripides. Sämtliche Tragödien und Fragmente IV, München 1972, 6 ff. *U. von Wilamowitz-Moellendorff* (Der Glaube der Hellenen I, Berlin, 1931,

aufgrund eines Gelübdes, das JHWH in einer Notsituation engagieren sollte, ist es darüber hinaus auch mit der Opferung Polyxenes, der Tochter des Trojanerkönigs Priamos, zusammenzustellen: das Opfer geschieht am Grab des Achilles, weil der Tote es als Sühne fordert[14]; die Unbedingtheit seines Racheverlangens verpflichtet wie die einer göttlichen Forderung – ganz abgesehen davon, daß die Opferung offenbar in beiden Fällen eine schreckliche Ereigniskette, die doch noch gut ausging, durch einen außerordentlichen Einsatz auch zum Abschluß bringen muß. **[240]**

II

1. Für die Kinderopfer der Punier, deren kanaanäisch(-phönizisch)er Hintergrund zugleich die Folie zu Gen 22,1–13 ist, erschließen sich die relevanten Gesichtspunkte zunächst aus der Semantik von punischem *mlk*(*t*) mit den lateinischen Umschriften *molch*-, *morc*(*h*)- und *moch*- aus dem algerischen Ngaus. Die Punier waren die kolonisatorischen Nachfahren der Phönizier, bei denen die kanaanäische Religion, mit der Gen 22,1–13 sich zu einem Teil auseinandersetzt, ihre Eigentümlichkeiten am deutlichsten ausgeprägt hat. Punisches *mlk* ist, wie ich in Anlehnung an O. Eißfeldt[15] in ThWAT IV, 1984, 957–968, gezeigt zu haben glaube[16], Nomen actionis zum Kausativ (Jiphʿil), also eine *maqtil*(*at*)-Bildung, von *jlk* < **wlk* in der Bedeutung ‚Darbringung'; *mlkt* ist dazu bedeutungsinvariantes Femininum. Das Jiphʿil von *jlk* wird auch in der phönizischen Wendung *wjlk zbḥ* „und sie werden ein Schlachtopfer darbringen" KAI 26 II 19 aus

182) hielt dies für die ältere Form der Sage, wobei er den Namen „Iphigenie" auf eine schwere Geburt deutete. – Nach der Andeutung des Arcanums bei Euripides, I. im Taurerland, 34 ff, bringt I. dort selbst Menschenopfer dar. Nach Herodot 4, 103 gilt das Opfer freilich der Iphigenie, die dabei offenbar mit Artemis identifiziert wird; nach Pausanias II 35,2 führte Artemis den Beinamen „Iphigenie". So waren oder wurden Opferempfänger und (verhindertes) Opfer identisch.

[14] Euripides, Hekabe, 107 ff. 218 ff. 391 ff. 521 ff.

[15] Molk als Opferbegriff im Punischen und Hebräischen und das Ende des Gottes Moloch (BRGA 3), Halle 1935.

[16] Vor allem zur nachfolgenden Literatur vgl. *J. Hoftijzer – K. Jongeling*, Dictionary of the North-West Semitic Inscriptions II: M–T, Leiden 1995, s. v. mlk_5, 640–644, ferner *D. Smelik*, Moloch, Molekh or Molk-Sacrifice. A Reassessment of the Evidence Concerning the Hebrew Term molekh, in: SJOT (1995) 133–142, und *Vf.*, Art. Malik, in: K. van der Toorn u. a. (Hrsg.), Dictionary of Deities and Demons in the Bible (DDD), Leiden 1995, 1005–1012, bes. 1006 f. Eine ausführliche Auseinandersetzung mit abweichenden Ansichten, die eine Monographie erforderte, ist hier nicht möglich. – Der einzige phönizische Beleg für *mlk* findet sich in RES 367, einer Inschrift, deren Echtheit bestritten wird.

Karatepe im entsprechend technischen Sinn gebraucht[17]. Die mutmaßliche Vokalisation /*maulik*/ > /*môlik*/ > /*môle/ēk*/[?][18] entsprechend masoretischem *mōlæk* und ὁ Μολοχ in Lxx zu 2 Kön 23,10; Jer 32,35 mit Vokalassimilation[19]) ist hinter den Umschriften *molch*- u. ä. zu erkennen; der Wegfall von /*i*/ in der Stammsilbe ist als Folge später Sprachverwahrlosung, die auch hinter dem Wechsel /*l*/ > /*r*/ und im Wegfall von /*l*/ kenntlich ist, um so leichter zu erklären, als das /*i*/ des Kausativstamms hier wie in allen semitischen Sprachen außer dem Hebräischen kurz ist; die Andeutung eines in seiner Qualität freilich unsicheren Vokals bietet die punische Schreibung *mlʾk* Hofra 54,2[20]. Dagegen empfiehlt sich eine Verbindung von *mlk* mit **malk* / **milk* „König" oder dem Gottesnamen Malik weder von der phönizisch-lateinischen Vokalisation *molch*- u. ä. her; noch ließe sich die feminine Formvariante *mlkt* auf diese Weise erklären[21]. Morphologische und **[241]** semantische Schwierigkeiten würde aber auch der Gedanke an eine *qutl*-Bildung von *mlk* machen: weder ein Nomen actionis zu einem Verb mit Imperfektvokal /*u*/ (*jaqtul*), noch ein Abstraktum zu einer Adjektivform *qatul* der Wurzel *mlk*[22] ergäbe eine plausible Deutungsmöglichkeit.

---

[17] Vgl. *W. von Soden* in einer Rezension zu Eißfeldt (vgl. Anm. 15): ThLZ 61 (1936) 45 f.

[18] Eine Tondehnung beim Wechsel /*i*/ > /*e*/ zu /*ē*/ ist im Phönizisch-Punischen nicht obligatorisch; vgl. PPG § 82; *St. Segert*, A Grammar of Phoenician and Punic, München 1976, § 36. 44.

[19] Neben *molch*- ist ὁ Μολοχ, das auch bei Aquila, Symmachus und Theodotion, dazu als Μολωχ in der Suda erscheint, gegen die Annahme geltend zu machen, *mōlæk* sei nach *bōšæt* „Schande" vokalisiert, wobei *mōlæk* in älteren Teilen der LXX mit ἄρχων oder βασιλεύς wiedergegeben wurde: dasselbe Lexem ist einmal transkribiert, ein andermal (falsch) übersetzt worden, vgl. *Eißfeldt*, Molk (s. Anm. 15) 36.

[20] Vgl. aber auch den Hinweis auf R. Charliers Deutung von *mlʾk* als „(göttlicher) Bote" bei *Hoftijzer – Jongeling*, Dictionary (s. Anm. 16) 640.

[21] Zu *G. C. Heider*, The Cult of Molek. A Reassessment (JSOT.S 43), Sheffield 1985, bes. 93–194, *J. Day*, Molech. A God of Human Sacrifice in the Old Testament (UCOP 41), Cambridge 1989, u. a. Insbesondere zu den Tophet-Inschriften der Insel Motye (Mozia) westlich von Sizilien, die aus dem Zeitraum zwischen der 1. Hälfte des 6. und den ersten Jahrzehnten des 5. Jh.s vor Chr. stammen, ist einerseits auffällig, daß in Inschrift Nr. 31 als Äquivalent zu *mlk bʿl* „Darbringung anstelle eines Säuglings" dabei *mtnt* „Gabe" erscheinen kann; auch letzteres schließt ein Verständnis von *mlk* als Gottesepithet aus. Vgl. *M. G. Amadasi Guzzo*, Das Tofet von Motye und das Problem des Molk-Opfers (italienisch 1986), in: W. Huß (Hrsg.), Karthago (WdF 654), Darmstadt 1992, 370–393, bes. 376. 384 f. 388/9. 391.

[22] Vgl. zu den Funktionen von hebräischen *qutl*-Bildungen, die sich kaum von denen der phönizisch-punischen unterscheiden dürften, *H. Bauer – P. Leander*, Historische Grammatik der hebräischen Sprache des Alten Testaments, Halle 1922, 460 f; zu akkadischen *purs*-Bildungen für Abstrakta von Adjektiven, bisweilen auch von Nomina actionis statt *pirs* vgl. GAG³ § 55 d 3 a.

Daß *mlk* in RES 367 I 2 (echt?); CIS I 307,3 f; KAI 105,2 f u. ö. als Objekt von *ndr* „geloben“ verwendet wird, entspricht Ri 11,30–40 und der zugehörigen o. g. Parallele der Iphigeniesage.

Von den Verbindungen mit *mlk*(*t*), das nur sehr selten bzw., im Fall von *mlkt*, nie ohne attributive Näherbestimmungen gebraucht wird, meint das in Karthago[23], Constantine (Algerien) und Altiburos (= Hanšir Madaina, Tunesien) bezeugte *mlk ʾdm* zumindest ursprünglich „ein Opfer eines Menschen“. Allerdings kann der kultische Terminus technicus auch metonymisch für ein Ersatzopfer gebraucht worden sein; daß er häufig durch *bšrm* u. ä. „anstelle seines Fleisches (d. h. Kindes)“[24] ergänzt wird, zeigt ausdrücklich, daß auch ein Substitutsopfer – in gleichsam konservativem Sprachgebrauch – noch als „Opfer eines Menschen“ bezeichnet wurde. Neben *b-šr* mit Pronominalsuffix weist wohl auch *bʿl* „statt eines Säuglings“ KAI 61 A 1 f; 98,2 u. ö.[25] auf die Auslösung hin. *b-* „anstatt“ ist hier und dort im Altsüdarabischen metonymisch zum sog. Beth pretii[26] oder stellt umgekehrt eine Ausgangsbedeutung dar, zu der das Beth pretii metonymisch ist; semantische Wandlungen verlaufen selten (uni-) linear.

Der Begriff *-šr-* „Fleisch“, der in der Bedeutung des ‚eigenen Fleisches und Blutes‘ in hebräisch *šeʾēr beśārō* Lev 18,6; 25,49 eine Entsprechung hat[27], wird spezifiziert, wenn *bšrm* in Kombinationen wie *mlk ʾdm bšrm bnʿ tm* „Opfer eines Menschen statt seines Fleisches, seines makellosen Sohnes“ KAI 107,4, *mlk ʾdm bš(ʾ)rm btm* KAI 105,3; 106,2 oder auch in bloßem *bšrm btm* KAI 104,2 f erscheint. *btm* scheint dabei infolge Assimilation des /*n*/ auf **bn tm* zurückzugehen, wie es auch die offenbar mit *bšrm btm* gleichbedeutende Verbindung **[242]** *bšrm bn tm* CIS I 3746,6/7; 4929,3 (5741,8)[28]

---

[23] CIS I 194,1; 380,1; 2613,1; 5684,1 (*mlkt bʿl*; 5685,1 und wohl auch 3789,1 f (*mlkt bʿl*); weitere Belege vom Tophet von Karthago, auch zu *mlkt bʿl* bei *F. Mazza*, Su alcuni epigrafi da Cartagine, RSFen 5 (1977) 131–137; vgl. *M. L. Uberti*, Le Stele e le epigrafi, RSFen 6 (1978) 69–76, bes. 73–75, und *Amadasi Guzzo*, a. a. O. (Anm. 21) 376–378.

[24] *mlk bšr-* mit Pronominalsuffix ist von karthagischem *ʾš ndr knmj … bšrj* „was gelobte Knmj … statt seines Fleisches“ KAI 79,3–6 her zu interpretieren. Was gemeint ist, geht aus KAI 162,2 hervor, wo *b̊šrm* parallel zu *b̊ṣmḥ* „statt seines Sprosses“ erscheint, womit wiederum *b̊trb̊t* „anstelle von Nachwuchs (?)“ in Z. 4/5 der gleichen Inschrift zu stellen ist. Entsprechend bedeutet *b̊ṣmḥ šʾrm* KAI 163,3 „statt eines Sprosses ihres (?) Fleisches“.

[25] Belege bei *Hoftijzer – Jongeling*, Dictionary (s. Anm. 16) 643.

[26] Zu *b-* „anstatt“ vgl. *J.-G. Février*, RHR 143 (1953) 15 f; JA 1955, 5 f. Auch *M. Höfner* (Altsüdarabische Grammatik [PLO XXIV], Leipzig 1943, S. 142) dachte dazu an das arab. *Bāʾu-ṯṯamani* (= Beth pretii); vgl. *Röllig*, KAI II, 76.

[27] Vgl. HALAT, s. v. *šeʾer* 3 (S. 1283).

[28] Vgl. *J. Hoftijzer*, Eine Notiz zum punischen Kinderopfer, in: VT 8 (1958) 288–292, ferner *Röllig*, KAI II, 114 f, und A. van den Branden, RSFen 9 (1981) 14 – jeweils mit klei-

nahelegt; *bšrm bnʿ tm* KAI 107,4 unterscheidet sich von *bšrm bn tm* nur durch das Pronominalsuffix <-ʿ> in *bnʿ*[29].

Wodurch die Auslösung geschah, wird durch die Wendungen *mlk ʾmr* „Darbringung eines Lammes" KAI 61 B 1 f u. ö.[30] = *molchomor* in den lateinischen Transkriptionen der Inschriften von Ngaus[31] und das paraphrasierende *agnum pro vikario*[32] bezeichnet. Als genetivische Apposition zu *mlk*, *mlk ʾdm* und [*nṣ*]*b mlk bʿl* (KAI 98,2) erscheinen schließlich noch die bislang unzureichend gedeuteten Wendungen *ʾzrm* (*h*)*ʾš*, *ʾzrm ʾšt* u. ä.[33], die auch allein vorkommen. (*h*)*ʾš* und *ʾšt* bezeichnet die Unterscheidung „männlich" gegen „weiblich". Speziell die neupunische Wendung *bmlk*

---

neren Abweichungen der Interpretation. Gegen *H. P. Roschinskis* Deutung von *bnt-* als einer aus *pnt-* „vor" entwickelten Bildung (Punische Inschriften zum MLK-Opfer und seinem Ersatz, in: TUAT II 4 [1988] 606–620, hier 608) ist geltend zu machen, daß in keiner der betr. Inschriften statt des <*b*-> ein <*p*-> erscheint; auch läßt sich *bnʿ tm* KAI 107,4 mit seinem <-ʿ-> nicht von punisch *p*/*bnt-* „vor" KAI 69,13 // 74,8 her erklären. *bšrj bntj* CIS I 5507,3 f; 5695,4 f gäbe in einer Bedeutung „vor ihm (dem Weihenden)" ebensowenig Sinn wie *bntm* und *bnʿ tm* in gleicher Bedeutung: wozu müßte betont werden, daß das Opfer „vor" dem Dedikanten vollzogen wird? Es ist selbstverständlich, da es durch die Namensnennung des Dedikanten bezeichnet ist. Vgl. *Hoftijzer – Jongeling*, Dictionary (s. Anm. 16) 1218, zu Roschinski: „less prob(able) interpretation". – Zur regressiven Assimilation des /*n*/ im Phönizischen, auch über Wortgrenzen hinweg, vgl. *J. Sanmartín*, Über Regeln und Ausnahmen: Verhalten des vorkonsonantischen /*n*/ im ‚Altsemitischen', in: M. Dietrich – O. Loretz (Hrsg.), Vom Alten Orient zum Alten Testament (FS W. von Soden) (AOAT 240), Kevelaer – Neukirchen 1995, 433–466, bes. 437–440.

29 Daß das Pronominalsuffix 3. m. sg. in der Wendung *bšrm bnʿ* einmal <-*m*>, das andere Mal <-ʿ> < <-ʾ> lautet, ist auffällig, aber nicht unmöglich; vgl. Hofra 4,4; 104,2 f. – Eine Determination von *tm* nach dem suffigierten *bnʿ* ist ebensowenig nötig wie etwa bei *ʾl* „diese" in den Wendungen *hbtm ʾl* „diese Häuser" KAI 4,2 f u. ä. (PPG § 288 b) oder *ʾlnm hqdšm ʾl* „diese heiligen Götter" 14,22. – *Van den Branden*, a. a. O., (s. Anm. 28) schlägt die Worttrennung *bn ʿtm* vor.

30 Belege bei *Hoftijzer – Jongeling*, Dictionary (s. Anm. 16) 641 f; zu *ʾmr*₃ „Lamm" daselbst 78.

31 Erstpublikation *J. et P. Alquier – J. B. Chabot*, Stèles votives à Saturne découvertes près de N'gaous (Algérie), in: CRAI 1931, 21–27; vgl. Text und Kommentar von *J. G. Février*, Le rite de substitution dans les textes de N'gaous, in: JA 250 (1962) 1–10. – Das /*o*/ in der 1. Silbe ist freilich eine Schwierigkeit, da die Isoglossen zu einem möglichen *ʾmr* = *-omor* „Lamm" sämtlich /*i*/ haben, etwa akkadisch *immeru*(*m*). Das /*o*/ der 2. Silbe in *-omor* dürfte auf Vokalassimilation zurückgehen. Beruht /*o*/ in der 1. Silbe bereits auf Assimilation an *molch*-?

32 So Ngaus 3,6; 4,4 – Zum Formelbestand des *mlk*-Opfers von Ngaus gehört auch die im gleichen Zusammenhang begegnende Sequenz *anima pro anima*, *sanguis pro sanguine*, *vita pro vita* (2,3 f; 3,3 f, dazu in anderer Reihenfolge 4,2 f), die ebenfalls die Auslösung eines Opfers durch ein anderes bezeichnet.

33 Belege bei *Hoftijzer – Jongeling*, Dictionary (s. Anm. 16) 642 f. *Roschinski* (Pun. Inschr. [s. Anm. 28] 609) denkt an „ein numidisches/berberisches Wort" und vergleicht berberisch *izimer* „Lamm"; vgl. aber Anm. 34.

ʾzrm (h)ʾš / *ʾšt* scheint für das algerische Guelma charakteristisch zu sein. Immerhin zeigt die Kombination *mlk ʾdm ʾzrm ʾš … bšrm btn* Hofra 37,2 f ebenso wie die Stellung von *ʾzrm* als Objekt zu *nšʾ* „darbringen", *pgʿ* „einlösen" und wohl auch zu *ndr* „geloben"[34], daß es sich bei *ʾzrm* am ehesten um die Bezeichnung eines Opfers handelt. Kombinationen wie *nṣb mlkt bʿl* CIS I 5684,1 *nṣb mlk bʿl* (*ʾzrm*)[35] u. ä. bezeugen, daß die Stätte des *mlk* durch eine Votivstele (*nṣb*) bezeichnet wurde, **[243]** unter der sich Überreste von Opfern finden[36], obwohl die Stele auch selbst als Substitut *bšrj* „statt meines Fleisches" KAI 79,5 f, ja *bmlk ʾšrm* „statt eines *mlk ʾz(š)rm* [sic] -Opfers" 167,2 f angesehen werden konnte.

2. Die Funktionen des *mlk*-Opfers entsprechen, wo sie aus den Inschriften erkennbar sind, denen in den o. g. erzählenden Texten. So kennzeichnet die Wendung *nṣb mlkt bmṣrm* „Stele der Darbringung(en) in Nöten"[37] CIS I 198,4 die Notsituation, aus der das Opfer als Appell an die Gottheit befreien soll, was an die unter I 2 genannten Parallelen und an die Nachricht zu den phönizischen Kinderopfern bei Euseb, Praep. ev. I 10,(33.) 44; IV 16,(6.) 11 erinnert. – Als Dank für die Gebetserhörung und für empfangenen Segen erscheint das *mlk*-Opfer in KAI 110,4. Mit der Funktion eines solchen Dankopfers als Gelübdeerfüllung und dem Gebrauch von *ndr* „geloben" mit Objekt *mlk* (s. o. I 3) ist die Wendung *ex voto* Ngaus 1,6 u. ä. zu vergleichen.

---

34 Belege bei *Vf.*, ThWAT IV, 959. – Zu *nšʾ ʾzrm* „ein *ʾzrm*-Opfer darbringen" vgl. *llnšʾ* (sic, lege]*lnšʾ*) *ʾzr* Deir ʿAllā I 12; auch im Ugaritischen scheint *uzr* eine Opferart zu bezeichnen.

35 Belege bei *Hoftijzer – Jongeling*, a. a. O. 750.

36 Vgl. zur Faktizität karthagischer Kinderopfer außer den Zeugnissen antiker Autoren und Darstellungen auf Stelen die Hinweise auf archäologische Befunde bei *G. Huß*, Geschichte der Karthager (HAW III 8), München 1985, 538 f; zu Befunden an vielen anderen Orten *E. Lipiński*, Art. MOLK, in: Ders. (Hrsg.), Dictionnaire de la civilisation phénicienne et punique, 1992, 296 f, jeweils mit Lit.

37 Vgl. *Hoftijzer – Jongeling*, Dictionary (s. Anm. 16) 643. 677; die Deutung von *mṣr*₁ als „distress" empfiehlt sich, u. a. wegen der hebräischen Isoglosse *meṣārīm* (Plural!) Klgl 1,3 (vgl. *hammēṣar* Ps 118,5), m. E. eher. – Die Kinderopfer scheinen in Karthago in Zeiten der Bedrohung zugenommen zu haben, vgl. *L. E. Stager*, Carthage. A view [sic] from Tophet, in: H. G. Niemeyer (Hrsg.), Phönizier im Westen, Mainz 1982, 115–166, bes. 158; *Roschinski*, Pun. Inschr. [s. Anm. 28] 606. Dagegen denkt *S. R. Wolff* (Child sacrifice [sic] at Carthage – Religious rite [sic] or population [sic] control [sic]?, in: BArR 10 [1984] 31–51) mit anderem Häufigkeitsbefund an Proportionalität zur Bevölkerungszunahme.

III

Da die *mlk*-Opfer oft der *Tnt*[38] und ihrem Partner Baʿal Ḥammôn dargebracht werden, mögen für deren Interpretation auch die auf Votivstelen mit dem Begriff *mlk* häufig vorkommenden ‚Zeichen der *Tnt*' herangezogen werden, obwohl das Symbol keineswegs immer oder vorwiegend auf Tnt[39] bezogen scheint. – Die Bedeutung von Symbolen kann sich freilich diachron ändern. Sie ist auch synchron einer noch größeren Polysemie unterworfen, als es bei Texten der Fall ist; daher entfalten Symbole noch stärker als Texte einen Teil ihrer Bedeutung erst im Bewußtsein des jeweiligen Betrachters. Entsprechend umstritten ist die Interpretation des *Tnt*-Zeichens.

Mit einigen guten Gründen jedoch hat W. Huß[40] das als Viereck, Dreieck oder Trapez dargestellte ‚Baitylon' und die astralen Symbole, vor allem aber die **[244]** anthropomorphe oder anthropomorphisierte Figur im Zentrum des *Tnt*-Zeichens auf „die Unsterblichkeit … des Kindes" bezogen, „das dem Götterpaar geopfert worden ist und dessen durch die Errichtung der Stele gedacht wird"; so stelle das Zeichen der *Tnt* „eine memoria des heroisierten Kindes" dar, „die kundtut, daß das Kind, das durch die Flammen des *mlk* gegangen ist …, die Unverletzlichkeit des Lebens erlangt hat". Diachronie und Synchronie hat unlängst F. Bertrandy[41] in dem Urteil zusammengebunden, „que le <signe de Tanit> pourrait être le fruit d'une synthèse entre plusieurs symboles exprimant deux

---

[38] Die neupunische Schreibung *tjnt* KAI 164,1 u. ö. ebenso wie die griechischen Transkriptionen θινιθ 175,2, θεννειθ 176,1 f u. ä. und wohl auch der antike Ortsname *Thinissut* legen eine Aussprache *Tinnit* nahe. Für die früher übliche Aussprache *Tanit* sprechen, da die Göttin in Karthago als *Tnt blbnn* „T. auf dem/vom Libanon" verehrt wurde (KAI 81,1) und auf einer Inschrift aus Sarepta eine *Tnt-ʿštrt* erwähnt wird (s. *J.-B. Pritchard*, The Tanit Inscription from Sarepta, in: Niemeyer [Hrsg.], Phönizier [s. Anm. 37] 83–92), libanesische Ortsnamen wie *ʿAqtanīt*, *ʿAïtanīt* und *Kafr Tanīt*, die Pritchard, a. a. O. 91, erwähnt. – Liegt ein Lautwechsel *Tanit* > *Tinnit* vor? – Zu *Tnt* im kanaanäischen Pantheon vgl. *F. O. Hvidberg-Hansen*, La déesse Tnt. Une étude sur la religion canaanéo-punique, Kopenhagen 1979, I 127–143; II 156–163.

[39] Zum *Tnt*-Zeichen als sakralem Ideogramm in Verbindung mit dem *mlk*-Opfer vgl. *C. Picard*, Les représentations du sacrifice *molk* sur les stèles de Carthage, in: Karthago 18 (1975–1976, erschienen 1978) 5–116, hier 8–11, wo auch Interpretationen des *Tnt*-Zeichens referiert werden.

[40] Geschichte (s. Anm. 36) 537.

[41] Les représentations du „signe de Tanit" sur les stèles votives de Constantine. IIIe–Ier siècles avant J.-Ch., in: RSFen 21/2 (1993) 3–28, hier 19; ganz ähnlich *G. Garbini*, I Fenici. Storia e religione (IOU.SMDSA XI), Neapel 1980, 179, allerdings mit dem Zusatz „Ma il ‚segno di Tanit' è anche il simbolo della dea diventata grande a Cartagine … ".

concepts fondamentaux: la vie et la fécondité. Ce sont les deux principes mênes des croyances religieuses phéniciennes et puniques, exprimées dans le sacrifice *molk* et le rite du passage de la victime par le feu".

Um einen ‚rite de passage' handelt es sich erst eigentlich, wenn das Kind durch ein Tieropfer ausgelöst wird: nun kommt die Wirkung des Opfers dem Kind und wohl auch seinen Eltern schon in diesem Leben als Unverletzlichkeit und als Fruchtbarkeit und Wohlfahrt schaffender Segen zugute[42]; der Wunsch, gesegnet zu werden, erscheint als Schlußformel auch von Votivinschriften mit *mlk* sehr häufig. Entsprechend urteilt Bertrandy zu den mlk-Opfern auf dem Tophet von Constantine: „Le *molk* ou le *molkomor* ne seraient plus alors qu'un rituel magique destiné à satisfaire des besoins matériels du dédicant"[43]. In der familialen Votivreligion erhalten sich sonst längst obsolete Riten; hier soll in elementarer Weise die Darbringung von Leben das Leben stärken. Daß das Leben via negationis gestärkt werden muß, ist wohl letztlich die Folge einer humanbiologischen Fehlanpassung, die der religiösen Perzeption wie jedem Versuch einer Wirklichkeitsassimilation zugrunde liegt: die bruchlose Einnistung des Menschen in eine partiell lebensfeindliche, vor allem unseren emotionalen und rationalen Bedürfnissen entgegenstehende Umwelt scheint nicht möglich; nur auf dem Weg einer Selbstverneinung, wie sie das Menschenopfer und seine Auslösung darstellen, meint der frühantike Mensch die Wirklichkeit durch deren Götter für sich gewinnen zu können.

IV

1. Die Abschaffung des Kinderopfers durch dessen Auslösung ist nach Gen 22 das Ergebnis einer Gehorsamsprobe, mit deren Bestehen der erste der Patriarchen einen religiösen Fortschritt errang, durch den Israel sich von seinen Nachbarn abzuheben beanspruchte. Die prophetisch-deuteronomi(sti)sche Polemik gegen Kinderopfer wie 2 Kön 23,10; Jer 32,35 (vgl.

[42] Zu ähnlichen Funktionen des Durchschreitens und Überspringens von (Oster- und) Sonnenwendfeuern vgl. *W. Mannhardt*, Wald- und Feldkulte II, Berlin 1905 (= Darmstadt 1963), 302–344.

[43] A. a. O. (s. Anm. 40) 20. – Man kann freilich fragen, welche archaischen (etwa auch prähumanen) Verhaltensmuster dabei eine pseudorationale Rechtfertigung erfuhren; einen Versuch in dieser Richtung hat für einen anderen Kulturbereich *W. Burkert* (Homo necans. Interpretation altgriechischer Opferriten und Mythen (RVV 321, Berlin – New York 1972) unternommen; vgl. das folgende.

Dtn 18,10) atmet denselben Geist; *lammōlæk*[44] bzw. *hammōlæk*[45] werden dabei – wie ὁ Μολοχ **[245]** (LXX) und Moloch (Vulg) – aus Mißverständnis oder Entstellung zu einem ungewöhnlicherweise determinierten[46] Schimpfnamen für einen fremden Gott. Offenbar entstammen die Polemik gegen das Kinder- bzw. *mōlæk*-Opfer und Gen 22, dessen Leitvokabel *nsh* „erproben" V. 1 die deuteronomi(sti)sche Paränese vorausgesetzt[47], derselben Zeit.

2. Einige Wendungen des masoretischen Texts und der LXX zu Gen 22 erinnern auffällig an Formulierungen bei Euseb, Praep. ev. I 10,33. 44; IV 16,6. 11, die wir zum phönizischen Kinderopfer zitierten; welche Zwischeninstanzen dabei vermittelten, wissen wir nicht. Die emotionale Wendung *ʾæt-jeḥīdkā* „deinen einzigen" Gen 22,2 entspricht dem ähnlich konnotierten auf Kronos (= El) als vergöttlichten König (?) bezogenen τὸν ἑαυτοῦ μονογενῆ υἱόν „seinen einzigen Sohn" Praep. I 10,33, das durch die zweimalige Aufnahme von μονογενής in 10,44 (= IV 16,11) hervorgehoben wird. Das Lexem *jāḥīd* kehrt phönizisch in dem Nomen ʾΙεούδ wieder, das in I 10,44 = IV 16,11 dem Geopferten beigegeben ist[48], wobei hinzugefügt wird, daß der μονογενής bei den Phöniziern „noch jetzt" so genannt wird. LXX hat statt *jeḥīdkā* freilich τὸν ἀγαπητόν, was mit dem folgenden ὃν [sic, lege ὃν] ἠγάπησας „den du liebst" eine unschöne Redundanz ergibt[49].

---

44 Lev 18,21; 20,2–4; 2 Kön 23,10; Jes 30,33; Jer 32,35.

45 So in der Wendung *znh ʾaḥarē hammōlæk* „hinter dem Môläk herhuren" Lev 20,5.

46 Daß hebräisches *lmlk* ursprünglich **le-mlk* „als ein *mlk*-Opfer" lautete (so nur noch im vorliegenden Text von 1 Kön 11,7 statt des zu konjizierenden *lemilkom*) und mit punisch *mlk* zusammenhängt, scheint mir schon deshalb immer noch als relativ wahrscheinlich, weil die Determination eines Gottesnamens in *lammōlæk* bzw. *hammōlæk* (Anm. 44 f), der nicht wie „der Baal" Ri 6,25 u. ö. oder „der El" Ps 68,20 f eine unmittelbar plausible Appellativbedeutung hat, eben doch Schwierigkeiten macht. Mit hebräisch **le-mlk* ist syntaktisch *leʿōlāh* „als Brandopfer" Gen 22,2 und *leʾāšām* als „Schuldopfer" zu vergleichen; vgl, *Eißfeldt*, Molk (s. Anm. 15) 38 f.

47 Vgl, *Westermann*, Genesis II (s. Anm. 2) 436.

48 Zu den Textvarianten von ʾΙεούδ – in Mskr. D nach FGH III C, S. 814: 13 - vgl. O. *Eißfeldt*, Sanchunjaton von Berut und Ilumilku von Ugarit (BRGA 5), Halle 1952, 19/20³; *K. Mras*, Eusebius Werke 8: Die Praeparatio evangelica 1 (GCS), Berlin 1954, 52. 193, dazu wieder *Eißfeldt*, Kl. Schr. III (s. Anm. 6), 409 f, dem wir uns aber nicht anschließen (vgl. Anm. 49).

49 Dem unter den Varianten zu ʾΙεούδ Praep. I 10,44 = IV 16,11 erscheinenden ʾΙεδούδ u. ä. liegt offenbar phön. **jedûd* (zur Vokalisation PPG §§ 76 b; 85) „Geliebter" zugrunde (vgl. *Gunkel*, a. a. O. [s. Anm. 6] 242). Hat also auch τὸν ἀγαπητόν LXX, das zu *jeḥīdkā* MT nicht paßt, an der Geschichte des Stoffs einen Hintergrund, den eben die Textgeschichte von Praep. ev. 1 10,44 (= IV 16,11) mit ihrem Wechsel von ʾΙεούδ zu ʾΙεδούδ erkennen läßt? Zu einer Entscheidung für ʾΙεδούδ statt ʾΙεούδ, wie *Eißfeldt* (s. Anm. 48) sie vorschlägt, besteht

Beide Wendungen werden zudem durch das zweimalige τοῦ υἱοῦ σου τοῦ ἀγαπητοῦ δι' ἐμέ „deinen von mir geliebten Sohn" in V. 12 und 16, wo der masoretische Text jeweils wieder *ʾæt-binkā ʾæt-jᵉḥīdkā* hat, zugleich aufgenommen und abgewandelt. Der vierfache Gebrauch von Bildungen von ἀγαπᾶν entspricht dabei dem ebenfalls emotionalen τὸ ἠγαπημένον τῶν τεκνῶν „ihr liebstes Kind", das sich in Praep. I 10,44 = IV 16,11 auf phönizische Obere bezieht; vgl. τῶν φιλτάτων τινά „etwas (ihnen) sehr Liebes" IV 16,6. Nicht ohne Gewicht ist auch, daß sowohl das Opfer Abrahams (LXX: Gen 22,2 f. 6–8. 13) wie auch das Opfer des Kronos Praep. I 10,33 mit ähnlichen Lexemen, nämlich ὁλοκάρπωσις (*ʿōlāh*) bzw. dem Verb ὁλοκαυτοῦν, ausdrücklich als „Brandopfer" bezeichnet werden, während die Sätze zu den Opfern der Phönizier in Praep. I 10,44; IV 16,6. 11, die durch I 10,33 ätiologisch begründet werden, ohne **[246]** entsprechende Begriffe auskommen; immerhin erwähnen I 10,44 = IV 16,11 zum Opfer des Kronos mit βωμός gegenüber θυσιαστήριον Gen 22,9 LXX den Altar.

3. Als deutlich war, daß Abraham die Gehorsamsprobe zu bestehen gewillt ist, verzichtet Gott auf deren Vollendung; im Zusammenhang mit den religionsgeschichtlichen Parallelen ergibt sich abschließend daraus, „daß wir in der Erzählung den ἱερὸς Λόγος von der Aufhebung des Menschenopfers vor uns haben"[50]. Der *ʾᵆlōhīm* von Gen 22 ist ein weltüberlegener Gott, dessen Begriff und Anschauung weder – wie *An(u)* „Himmel", *Šamaš* „Sonne" oder *Ršp* „Seuche" – in die von Naturphänomenen „zurückübersetzt"[51], noch unmittelbar mit der Vorstellung einer lebens- und menschenfeindlichen oder -freundlichen Wirklichkeit identifiziert werden können. Zwar kennen auch die Hellenen und die Punier die Auslösung von Menschenopfern[52], im Grunde war ja schon das Kinderopfer ein Ersatz für die Selbstpreisgabe. Aber erst die größere Transzendenz des Gottes Israels macht plausibel, daß der Mensch sich die göttli-

---

um so weniger Anlaß, wenn der genannte Wechsel überlieferungsgeschichtlich bedingt ist; vgl. *E. Lipiński*, Sacrifices d'enfants à Carthage et dann le munde sémitique Orientale, in: *Ders.* (Hrsg.), Studia Phoenicia VI: Carthage, Leuven 1988, 151–186, hier 158 mit Anm 31.

50 So m. E. immer noch zu Recht *O. Procksch*, Theologie des Alten Testaments, Gütersloh 1949, 53.

51 *J. Assmann* (Maʿat. Gerechtigkeit und Unsterblichkeit im altem Ägypten, München 1990, 23; vgl. *Ders.* [sic] in BuK 49 [1994] 79) spricht in diesem falle von „primärer Religion".

52 Nach Curtius Rufus 4 3,23 (1. Jh. nach Chr.) war es in Tyrus ein bereits seit Jahrhunderten aufgegebener Brauch, einen freigeborenen Knaben dem Saturn (Kronos) zu opfern. In Karthago dagegen sind tierische Ersatzopfer vor allem für die frühe Stadtgeschichte archäologisch bezeugt; vgl. *F. Rakob*, Die internationalen Ausgrabungen in Karthago (1985), in: *Huß*, a. a. O. (Anm. 21), 46–75, bes. 57 f.

che Zuwendung nicht erst durch eine extreme Selbstverneinung – wie immer symbolisch – gewinnen muß. Wenn es infolge humanbiologischer Fehlanpassung keine bruchlose Einnistung in die Umwelt gibt, so hat der Gott der Bibel den Menschen doch angenommen, ehe dieser ein fremdes menschliches oder tierisches Leben für sich darbringt; die Lebensdienlichkeit der biblischen Religion ist insofern weniger mediatisiert als die der Religionen der Umwelt Israels.

Münster, 20. Februar 1996. Hans-Peter Müller.

Opfer, Kinder und *mlk*

Das Menschenopfer und seine Auslösung

Michaela Bauks, Universität Koblenz

In mehreren Aufsätzen hat sich Hans-Peter Müller mit dem Menschenopfer auseinandergesetzt.[1] Ausgehend von dem Begriff *mlk*, den er nicht etwa als ein Götterepitheton, sondern durch „Weihegabe“ oder „Darreichung“ übersetzt hat, ist er auf philologischer, religionsgeschichtlicher und theologisch-systematischer Ebene dem umstrittenen Topos nachgegangen. Sein besonderes Interesse galt dabei nicht etwa den zahlreichen biblischen Belegen zum Molekopfer[2], das es für ihn in dieser Form als Opfer an die Gottheit Molek ja auch gar nicht gab, sondern vielmehr Gen 22, Jdc 11 und II Reg 3, die er auf der Folie der in punischen Weihinschriften belegten Kinderopferpraxis untersucht hat.

Hans-Peter Müllerist es gelungen, in seinem nur 10 Seiten zählenden Aufsatz „Genesis 22 und das *mlk*-Opfer“ – wie es ihm wunderbar zueigen war – kleinste philologische und religionsgeschichtliche Detailbeobachtungen in ihrer Gewichtigkeit hervorzuheben, sie an einen klassischen und viel diskutierten Text des Alten Testaments anzulegen und systematisch auszuwerten. Mit größter Präzision stellt er sich in diesem Aufsatz nämlich einem theologischen Problem: dem Handeln Gottes in seiner das

---

[1] Genesis 22 und das *mlk*-Opfer, BZ 41, 1997, 237–46; Die Opfer für Tannit und Baal Hamon, in: M. Münter-Elfner (Hg.), Von der Höhlenkunst zur Pyramide. Vorzeit und Altertum, Kunst und Kultur 1, Mannheim 1997, 486–89; Punische Weihinschriften und alttestamentliche Psalmen im religionsgeschichtlichen Zusammenhang, Or 67, 1998, 477–96; Der Umgang mit dem Negativ-Numinosen in der phönizisch-punischen Religion, in: A. Lange / H. Lichtenberger / K. F. D. Römheld (Hg.), Die Dämonen, Tübingen 2003, 108–21.

[2] Vgl. dazu zuletzt Udo Rüterswörden, Die Stellung des Deuteronomisten zum alttestamentlichen Dämonenwesen, in: A. Lange / H. Lichtenberger / K. F. D. Römheld (Hg.), Die Dämonen, Tübingen 2003, 197–210 und das darauf eingehende Votum von Hans-Peter Müller, Umgang, 115 mit Anm. 27, bei der inhaltlichen Bestimmung dieser Texte sei noch kein Fortschritt erzielt worden.

menschliche Denken übersteigenden Dimension. Es geht hier nicht um den Gott der Heilsgeschichte, der Verheißungen und der großen Taten, kurzum den guten Gott, sondern es geht um den Gott, der fordert und den Menschen darin an seine eigenen Grenzen führt. Diese Ambivalenz im Gottesbild bedarf einer genauen systematischen Rekonstruktion, um das Opfer als Gabe mit dem Paradoxon der grundsätzlichen Bereitschaft zur Annahme von Menschenopfer zu erklären. Der Aufsatz nimmt die Herausforderung, die dem Bibeltext inne ist, ernst. Er zeigt klar auf, dass die Brisanz der Aqeda-Erzählung nicht zu schmälern ist. Es geht um das Thema Menschenopfer und seine theologische Aussagekraft. Zwei gegenläufige systematische Kategorien legt er seinen Überlegungen zugrunde:

1. Selbstverneinung als Weg zu Gott
2. Lebensdienlichkeit als Imperativ des Handelns.

Ausgehend von der philologischen Beoabachtung, dass pun. *mlk*(*t*), in lat. Umschrift *molch-*, *morc*(*h*)- oder *moch-* als ein Kausativ von *jlk* < **wlk* in der Bedeutung „Darreichung“ (vgl. Karatepe, KAI 26 II 19)[3] zu verstehen ist und nicht etwa von **malk* / **milk* (d. h. heb. *mælæk*) abgeleitet werden kann, setzt er bei der Verwendung dieses Begriffs eine Opferart und nicht etwa ihren göttlichen Adressaten voraus.[4] Der angenommenen Vokalisation *maulik* / *môlik* / *molēk* entspricht s. E. *molæk* MT bzw. griech. ὁ μολοχ, wie es in II Reg 23,10 oder Jer 32,35 LXX belegt ist. Da *mlk* in RES 367 I 2; CIS I 307,3; KAI 105,2 f. als Objekt von *ndr* „geloben“ verwendet ist, kann es auch an Erzähltraditionen wie Jdc 11 und den Iphigeniestoff rückgebunden werden.In Karthago ist ausdrücklich *mlk ʾdm* als „Opfer eines Menschen“ belegt. Als kultischer terminus technicus bezeichnet der Begriff aber auch „Ersatzopfer“, deren Stätte eigens durch eine Stele

---

[3] So schon Wolfgang von Soden, Rez. zu Otto Eissfeldt, Molk als Opferbegriff, in ThLZ 61, 1936, 46; vgl. Wolfgang Röllig, KAI II, 37. 42 zu KAI 26 II 19 וילך זבח לכל „und brachte ein Schlachtopfer dar für alle“; vgl. ders., Art. Menschenopfer, RlA V, 1980, 600 ff. und zuletzt Johannes Friedrich / ders., Phönizisch-punische Grammatik, AnOr 55, Rom 1999, § 202 b.

[4] Die These stammt von Otto Eissfeldt, Molk als Opferbegriff im Punischen und Hebräischen und das Ende des Gottes Moloch, Halle 1935; vgl. ders., Moloch, RGG[3] IV, 1960, 1089 f. Zur Diskussion um die Opferung (G. C. Heider; J. Day) oder lediglich die Übereignung (so M. Weinfeld) von Kindern an einen Gott (Melqart, Milkom, Aschtar, Malik oder Adad-Milki) vgl. Rainer Albertz, Religionsgeschichte Israels in alttestaementlicher Zeit, GAT 8/1, Göttingen 1992, 297–302, der selbst die Deutung des *mlk*-Opfers als Darbringung ablehnt und stattdessen rituelle Kinderweihen für Molek (=Adad) annimmt (298 ff.). Zur Kritik an Eißfeldt vgl. schon Jürgen Ebach / Udo Rüterswörden, *adrmlk*, „Moloch“ und *baʿal adr*. Eine Notiz zum Problem der Moloch-Verehrung im Alten Israel, UF 11, 1979, 219–26.

gekennzeichnet ist.[5] Opfer als Gabe infolge eines Gelübdes in der Not sind ebenso belegt wie die Wendung *nṣb mlkt bmṣrm* „Stele der Darbringung(en) in Nöten", aus der das Opfer befreien soll (CIS I 198,4). *Mlk* hat auch zur Bezeichnung eines Dankopfers im Falle der Gelübdeerfüllung gedient (*ndr – mlk*; z. B. Ngaus 1,4).[6]

Hans-Peter Müller führt weiter aus, dass es sich bei den phönizischen Belegen um Tannit und Baal Hamon (= Kronos[7]) zugedachte Opfer handelt.[8] Tannit wurde in Karthago, Tinnit-Astarte in der phönizischen Stadt Sarepta und im Libanon verehrt. Ihr wie auch Baal Hamon wurden Kinderopfer sowie Gefangenenopfer zuteil, deren Funktionen äußerst umstritten sind. Ob es sich z. B. bei dem Tophet in Karthago angesichts der Menge von Knochenfunden um einen Kinderfriedhof oder aber um eine Opferstätte gehandelt hat, ist vielfach diskutiert worden.[9] Nicht abzuweisen ist hingegen die Annahme der Existenz solcher Opfer, wie sie in verschiedenen Kulturen belegbar sind. In der Regel dienten sie dazu, dem menschlichen Opfer sowie dem Opfernden Unsterblichkeit und Segen zuzuweisen. Eine Reihe von Belegen zeigen aber an, dass die Auslösung der Menschen durch Tiere vorausgesetzt ist. Das ergibt sich z. B. aus den Befunden, in denen sich die Bezeichnungen Opfer eines Menschen oder Ersatzopfer nebeneinander finden. Die Darbringung konnte also durchaus symbolisch erfolgen.[10]

In meinen Ausführungen wende ich mich folgenden Aspekten des Themas zu:

---

[5] Vgl. dazu Müller, Genesis 22, 241 f.; ders., Punische Weihinschriften, 481 f.; ders., Umgang, 114 ff.

[6] Vgl. zu den Inschriftenbelegen (mit ausführlicher Literatur) Michaela Bauks, Kinderopfer als Weihe- oder Gabeopfer. Anmerkungen zum *mlk*-Opfer, in: M. Witte / J. F. Diehl (Hg.), Israeliten und Phönizier. Ihre Beziehung im Spiegel der Archäologie und der Literatur des Alten Testaments und seiner Umwelt (im Druck).

[7] Vgl. den vielzitierten Bericht aus Euseb, Praep. Ev. IV, 16,6 und dazu Müller, Genesis 22, 238 f.

[8] Ders., Opfer für Tannit, 486 f.

[9] Vgl. Shelby Brown, Late Carthaginian Child Sacrifice and Sacrificial Monuments in Their Mediterranean Context, JSOT/ASOR MS 3, Sheffield 1991, 26–29 und 50–70; Sabatino Moscati / Sergio Ribichini, Il sacrificio di bambini: un aggionamento, Problemi attuali di scienza e di cultura 266, Rom 1991. Vgl. zur Diskussion zuletzt Corinne Bonnet / Paolo Xella, La Religion, in: V. Krings (Hg.), La civilisation phénicienne et punique. Manuel de recherche, HdO 20, 331–33; John S. Rundin / Pozo Moro, Child Sacrifice and the Greek Legendary Tradition, JBL 123, 2004, 425–47, hier 426 mit Anm. 3.

[10] Müller, Opfer für Tannit, 489; vgl. auch ders., Umgang, 116; ders., Punische Weihinschriften, 487 f.

1. Welche anthropologischen Anschauungen lässt die Übereignung oder Gabe an einen Gott erkennen?
2. Welche Opferzusammenhänge sind belegt?
3. Wie sieht es mit den biblischen Belegen aus?
4. *Mlk*-Opfer in der Klage- und Bittzeremonie

1. Die anthropologischen Voraussetzungen *mlk* „Übereignung, Gabe"

Hans-Peter Müller beschreibt das Paradoxon von Rettung und Lebenshingabe mit Walter Burkert als „pseudorationale Rechtfertigungen von prähumanen Verhaltensmustern". Er fährt dann fort: Die „bruchlose Einnistung des Menschen in eine partiell lebensfeindliche, vor allem unseren emotionalen und rationalen Bedürfnissen entgegenstehende Umwelt scheint nicht möglich; nur auf dem Weg einer Selbstverneinung, wie sie das Menschenopfer und seine Auslosung darstellen, meint der frühantike Mensch die Wirklichkeit durch deren Götter für sich gewinnen zu können".[11]

In einem späteren Aufsatz präzisiert er die „Furcht vor dem postmortalen Geschick" als eigentliche Antriebsfeder für das *mlk*-Opfer. Es diente demnach als eine Art „Hilfsmittel der Unsterblichkeit".[12] Denn neben seiner Funktion als Dankopfer für erfahrene Errettung dient es mitunter auch als Klage- oder Bitthandlung, wie es den bekannteren literarischen Berichten (vgl. Jdc 11; II Reg 3,27 und Iph. Taur. 20 ff.[13]) entspricht, einmal ganz unabhängig davon, ob das Opfer vollzogen oder ausgelöst worden war.

2. Einige Überlegungen zum Opferbegriff

Es ist hier nicht der Ort, die Diskussionen, die in den letzten Jahren zum Opferbegriff geführt worden sind, zu reproduzieren. Insbesondere die kulturwissenschaftlichen Entwürfe von Henri Hubert und Marcel

---

11 MÜLLER, Genesis 22, 244.

12 Umgang, hier 114.

13 Iphigenie im Taurerlande, in: Euripides, Ausgewählte Tragödien, Bd. 2, übersetzt von E. Buscher, hg. von B. Zimmermann, Tusculum, Darmstadt / Zürich 1996, 516 f. Zur Einordnung der Tradition vgl. SHAWN O'BRYHIM, The Ritual of Human Sacrifice in Euripides, Iphigenia in Tauris, The Classic Bulletin 76, 2000, 29–37.

Mauss[14] oder René Girard[15] und Walter Burkert[16] haben die Bibelexegeten beschäftigt, ohne dass es aber zu einem einhelligen Konsens gekommen wäre, wie Opfer kultur- und religionsgeschichtlich zu definieren sei.[17] Es kristallisierte sich indes gegen die traditionellen Ansätze eines Verständnisses von Opfer als Stellvertretungsgeschehen (*satisfactio vicario*) sowie dem Vorwurf der Sakralisierung von Gewalt und dem daraus erfolgenden theologischen Ambiguismus ein neues Verständnis heraus, dass Opfer im Alten Testament eindeutig als Huldigungsgabe[18] oder zum Gedächtnis Gottes bzw. seines Names[19] definieren will.

Aus religionswissenschaftlicher Sicht lassen sich folgende, in historischem oder ethnologischem Kontext belegbare Opferarten aufführen:

> (a) Opfer als Geschenk oder Gabe an die Gottheit, wodurch eine Beziehung wechselseitiger Verpflichtung zwischen Mensch und Gottheit geschaffen bzw. unterhalten werde (Mauss, Tyler); (b) Opfer als ritueller Vollzug der Gemeinschaft von Gottheit und Menschen, die sich insbesondere in der Kommensalität, dem Opfermahl dokumentiere (Smith); (c) Opfer als rituelle Form der Kommunikation zwischen der Sphäre des Heiligen und der profanen Welt, wobei das Opfer als Medium des Kontaktes diene (Hubert, Mauss); (d) Opfer als rituelles Mittel, um den Kreislauf der unpersönlichen Lebenskraft (*mana*) sicherzustellen (v. d. Leeuw, Mauss); (e) Opfer als rituelle Anerkennung der Macht Gottes über das Leben und der Abhängigkeit des Menschen (Schmidt).[20]

---

[14] Essai sur la nature et la fonction du sacrifice, in: ASoc 2, 1899, 29–138.

[15] Besonders: La violence et le sacré, Paris 1972; dt.: Das Heilige und die Gewalt, Frankfurt a. M. 1982.

[16] Homo necans. Interpretationen griechischer Opferriten und Mythen, RVV 32, Berlin / New York 1972.

[17] Vgl. Sigrid Brandt, Opfer als Gedächtnis. Auf dem Weg zu einer befreienden theologischen Rede vom Opfer, ATM 2, Münster 2001, 65–70; Christian Eberhart, Studien zur Bedeutung der Opfer im AT. Die Signifikanz von Blut- und Verbrennungsriten im kultischen Rahmen, WMANT 94, Neukirchen-Vluyn 2002, 203–21. Vgl. auch den etwas unvollständig wirkenden Artikel von Philippe Borgeaud, Art. Opfer I., RGG⁴ VI, 2003, 570–72.

[18] Ursprünglich Edward B. Tylor, aufgenommen von Herbert Spencer, The Principles of Sociology, London 1882 (s. Brandt, 65 ff.); Alfred Marx, Art. Opfer II/1, RGG⁴ VI, 2003, 572–76, bes. 575; Eberhart, Studien, 334 ff. Letzterer unterscheidet die Opfer-Gabe zur Beschwichtigung von Gottes Zorn und zur Beseitigung von Lebensbedrohung (*do ut des*) vom Dankopfer für bereits empfangene Segensgaben (*do quia dedisti*). Somit wäre der Charakter des Opfers abhängig vom zugrundeliegenden Gottesverhältnis (338).

[19] Zuletzt Brandt, Opfer, 11: „Opfern bedeutet: Erhebung der Schöpfung zum lebendigen Gedächtnis Gottes".

[20] Hubert Seiwert, Art. Opfer, Handbuch religionswissenschaftlicher Grundbegriffe IV, Stuttgart u. a. 1998, 268–84, bes. 274.

Da Opferrituale komplexe Handlungsabläufe darstellen, müssen sie im jeweiligen Gesamtkontext untersucht werden; dazu zählt das Szenario (Ort, Zeit, Opfermaterie, Offizianten), der Handlungsablauf (Vorbereitungen, Ablauf ritueller Aktionen), der Ritualkontext (Handlung anlässlich eines Festes innerhalb einer Festwoche bzw. eines Festkalenders). Innerhalb dieses Ritualkontextes ist das Opfer ein ganz bestimmter Typus von ritueller Aktion, dessen Funktion in dem rituellen Akt des *Entäußerns* liegt, d. h. „*die Verfügungsgewalt über das materielle Objekt* [*wird*] *aufgegeben.*“[21] Der Sinn oder die Intention einer Opferhandlung ist sowohl vom Ritualkomplex als auch von dem spezifischen Weltbild, das dem Handlungsgeschehen zugrunde liegt, abhängig. Zumeist dienen die Opfer entweder zur Schaffung eines Verhältnisses wechselseitiger Verpflichtung zwischen Gottheit und Mensch oder der Selbst- bzw. Fremddarstellung des Menschen oder aber dem Nachvollzug mythologischen Geschehens. Ein wichtiger sachlicher Unterschied liegt weniger in den Opferarten, da diese häufig mehrfach bestimmbar sind, sondern in der Grundintention, die der Opferhandlung zugrunde liegt: Ist das Opfer als Teil einer rituellen Interaktion zwischen Mensch und personal verstandenem Gottwesen anzusehen (verbindende Intention), oder kommt der Kommunikation mit Göttern u. ä. keine bzw. eine untergeordnete Rolle zu (distanzierende Intention)? Im ersten Fall ist das Opfer als Gabe anzusehen. Im zweiten Fall dient das Opfer der Prävention von unerwünschten Interventionen von seiten der Götter oder göttlicher Wesen, und somit der Sicherung des Zusammenhanges und Fortbestands des kosmischen Ablaufs.[22]

Die neueren theologischen Opferentwürfe bestimmen das Opfer eindeutig als Huldigungsgabe (A. Marx, Chr. Eberhart) oder zum Gedächtnis Gottes bzw. seines Names (S. Brandt). Somit wäre von einer verbindenden Intention auszugehen, da das Moment der Begegnung mit Gott als elementares Ziel zugrundeliegt.[23]

Die Wichtigkeit von Begegnung zwischen Gott und Mensch im Opfergeschehen leitet Alfred Marx[24] aus dem Altargesetz des Bundesbuches (Ex 20,22–25) ab. Dieses hat er „schlechthin als die Ätiologie“ des israelitischen Opfers herausgestellt. Es gipfelt nämlich in dem Auftrag: „Du

---

[21] Seiwert, Opfer, 276 (Hervorh. von mir).

[22] Seiwert, Opfer, 280 f.

[23] Eberhart, Studien, 355; Brandt, Opfer, 118 ff.; vgl. schon Ina Willi-Plein, Opfer und Kult im alttestamentlichen Israel. Textbefragungen und Zwischenergebnisse, SBS 153, Stuttgart 1993, 25–28, bes. 28.

[24] Alfred Marx, Opferlogik im alten Israel, in: B. Janowski / M. Welker (Hg.), Opfer. Theologische und kulturelle Konzepte, stw 1454, Frankfurt a. M. 2000, 129–49, hier 131 f.

sollst mir einen Altar aus Erde errichten und darauf Schafe, Ziegen und Rinder als Brandopfer und Heilsopfer schlachten. An jedem Ort, an dem ich meinem Namen ein Gedächtnis stifte, will ich zu dir kommen und dich segnen (V. 24)." Daraus ergeben sich drei Dinge:

1. Der Altar ist der Ort des Kommens Gottes, und dieses Kommen ereignet sich anlässlich eines Opfers.
2. Im Opfer wird Gott ein Produkt der Vieh- oder Landwirtschaft angeboten, welches nicht etwa der Ernährung Gottes dienen soll (vgl. die Kritik in Ps 50,12 f.)[25], sondern Gastfreundschaft bekundet, wie es die verbreitete Form der Mahlopfer beweist.
3. Der Grundimpetus für das Kommen Gottes ist nicht Feindschaft (das spricht gegen die grundsätzliche Annahme von Beschwichtigung als Opferanlass), sondern Freundschaft, Selbstbindung JHWHs an Israel, der Israel im Opfer gemäß einem festgelegten Regelsystem huldigt.

Zu dieser Auffassung von Opfer als Gabe oder zum Andenken scheint zu passen, dass ein großer Anteil der alttestamentlichen Opfer vegetabil und nicht tierischen Ursprungs sind, also keine Schlachtopfer darstellen. Auch kommt der Schächtung der Tiere im AT im Gegensatz zum antiken Griechenland[26] eher marginale Bedeutung zu. Zudem sind zahlreiche tierische Opfer Mahlopfer, deren größter Anteil den Priestern oder der Gemeinde zusteht. Diesem Befund nach ist die Anschauung, dass es im alttestamentlichen Opferkult vorrangig um die Tötung des Opfertieres und damit um die Stellvertretung des Opfergebers gehe, wenig überzeugend.[27] Die ausführlichen Untersuchungen Christian Eberharts haben ergeben, dass den Blutriten eine weitaus nebensächlichere Funktion zukommt als es bislang vertreten worden ist: Sie sind nämlich nicht kultische Opfer im eigentlichen Sinne, das Opfer von Blut lässt sich im AT auch gar nicht nachweisen. Es liegen lediglich Berichte von Ausgießungen und Blutapplikationsriten vor, die die Heiligkeit des Tierblutes und dessen reinigende Kraft bezeugen und die auf die Begegnung mit Gott vorbe-

---

[25] Vgl. dazu auch ROLAND DE VAUX, Les sacrifices de l'Ancien Testament, CRB 1, Paris 1964, 38–41. Allerdings weist Marx darauf hin, dass auch diese und andere Praktiken und Konzepte sehr wohl im AT belegbar sind. Diese möchte er aber von den alttestamentlichen Opfervorstellungen im Sinne einer genuinen Opfertheologie trennen (Opferlogik, 147).

[26] BURKERT, Homo necans, 12 ff.

[27] So HARTMUT GESE, Die Sühne, in: Ders., Zur biblischen Theologie. Alttestamentliche Vorträge, Tübingen ²1983, 85–106, fortgeführt von BERND JANOWSKI, Sühne als Heilsgeschehen. Traditions- und religionsgeschichtliche Studien zur Sühnetheologie der Priesterschrift, WMANT 55, Neukirchen-Vluyn ²2000 – ausführlich zur Kritik: EBERHART, Studien, 194 ff. 220 ff. 332 ff.

reitende Wirkung zum Ausdruck bringen.[28] Sie dienen der Vorbereitung des kultischen Opfers. Die Befunde zur kultischen Verbrennung (Holocaust) weisen in der Anfangszeit in eine ähnliche Richtung. Sie hat meist kathartische Funktion. Das ändert sich aber im Laufe der Zeit.[29] Kultische Verbrennungen sind seit der Exilszeit durchweg als *ʿôlāh* „Brandopfer" bezeichnet, ohne dass es sich immer um „Ganzopfer" handeln würde. Sie bilden die eigentlichen kultischen Opfer. Erst durch die kultische Verbrennung des Tieres (oder einiger Teile) auf dem Brandopferaltar[30] wird das Opfer „feierlich Gott übereignet" und geheiligt (so die wörtliche Bedeutung von *sacrificium*).[31] Dabei scheint es aber weniger um die Heiligung des Opfergebers als um die des Opfers selbst zugehen.[32] Dennoch bleibt der Opfernde keineswegs außen vor: das kultische Opfer ist Gabe (*do ut des*) oder Gegengabe (*do quia deisti*) und ist damit vom zugrunde liegenden Gottesverhältnis des Opfernden abhängig. Dieses Verhältnis gewährleistet erst die Hoffnung auf Akzeptanz sowie die daraus erfolgende Reziprozität der Gabe.[33] „Das durch Feuer transformierte und zu Gott aufsteigende Opfer drückt das menschliche Anliegen aus, Gott zu erfreuen oder zu beruhigen, je nachdem, ob ein durch menschliche Sünde gestörtes Verhältnis zu Gott vorliegt oder nicht. In beiden Fällen erhoffte der Opfergeber seinerseits den Segen Gottes."[34]

Fassen wir zusammen: Opfer ist im AT „Gabe" oder – wie Hans-Peter Müller *mlk* übersetzte – „Darreichung", die entweder der Huldigung und Ehrerbietung oder aber der Beruhigung und Beschwichtigung dient. Zentral am Opfer ist keineswegs der Akt der Tötung oder das Gewinnen und Manipulieren von Blut, sondern das Emporsteigen des Rauches im Brandopfer, welches die Beziehungsaufnahme von Mensch und Gott symbolisiert.

Es schließt sich nun die Frage an, was diese Überlegungen für das uns so fremde und grausam bzw. unbegreiflich anmutende Menschenopfer austragen.

---

[28] So EBERHART, Studien, 288.

[29] Eberhart weist hier auf einige religionsgeschichtliche Belege hin wie z. B. Gilgamesch 11,160 f. (12. Jh.), Homer, Il 1,66–67; 1,317 (Studien, 324–27, 329 f.).

[30] Zur Geschichte des Brandopferaltars im alten Israel s. EBERHART, Studien, 321–24 mit ausführlicher Literatur.

[31] EBERHART, Studien, 320.

[32] EBERHART, Studien, 321.

[33] EBERHART, Studien, 342 ff, hier 347 mit Hinweis auf I Sam 2,30.

[34] EBERHART, Studien, 400.

3. Die biblischen Belege für Menschenopfer als Brandopfer

Hans-Peter Müller hat in seinem Aufsatz „Genesis 22" die Deutung des *mlk*-Opfers als „Darbringung" auf Gen 22 angewendet:[35] Er qualifiziert den Bericht als eine mit der deuteronomistischen Moloch-Polemik zeitgleiche Darstellung, in der es darum geht, mithilfe der Leitvokabel *nsh* die gesamte Erzählung daraufhin zuzuspitzen, dass ein „weltüberlegener Gott" angesichts der von Abraham bestandenen Gehorsamsprobe auf die Vollendung des Opfers verzichtet. Er deutet die Erzählung sogar als einen *hieros logos* von der Aufhebung des Menschenopfers. Eine Besonderheit besteht s. E. darin, dass dieser Gott weder in die Anschauung von Naturphänomenen „zurückübersetzt", noch unmittelbar mit der Vorstellung einer lebens- und menschenfeindlichen oder -freundlichen Wirklichkeit identifiziert werden kann. „[E]rst die größere Transzendenz des Gottes Israels macht plausibel, daß der Mensch sich die göttliche Zuwendung nicht erst durch eine extreme Selbstverneinung – wie immer symbolisch – gewinnen muß [...] [D]ie Lebensdienlichkeit der biblischen Religion ist insofern weniger mediatisiert als die der Religionen der Umwelt Israels".[36]

Auch auf den zweiten Referenztext, die Opferung der Tochter Jephtas (Jdc 11,29–40), geht er kurz ein. Die Ausführung von Menschenopfer als Gelübdeerfüllung ist s. E. durchaus vergleichbar mit der Gehorsamstat Abrahams. Sie geschieht in Jdc 11 (wie schon in Iph. Taur. als griechische Parallelüberlieferung[37]) „aufgrund einer tragischen Überraschung, die etwas von der Unbedingtheit göttlichen Forderns erahnen läßt".[38] Wegen der Vollzugsbestätigung des Opfers ist die Erzählung aber theologisch und religionsgeschichtlich anders zu verorten (s. dazu 4.).

Ein drittes Beispiel für ein menschliches Brandopfer in Notlage findet sich in II Reg 3,27, dem Bericht von der Opferung des moabitischen Thronfolgers an Kemosch, um die israelitische Kriegsgefahr zu bannen. Der Text ist eine kurze Notiz über das Opfer und seine Intention. Er geht weder auf die genaueren Umstände ein (Bittgeste, Gelübde, Versuchung),

---

[35] Genesis 22, 244 ff.

[36] Genesis 22, 246.

[37] Dazu ausführlicher THOMAS RÖMER, La fille de Jephté entre Jérusalem et Athènes – Réflexions à partir d'une triple intertextualité en Juges 11, in: D. Marguérat / A. Curtis (Hg.), Intertextualités. La Bible en échos, Genève 2000, 30–42. Demnächst auch MICHAELA BAUKS, Traditionsgeschichtliche Erwägungen zur Namenlosigkeit von Jephthas Tochter (Ri 11,29–40), lectio difficilior, Mai 2007 (www.lectio.unibe.ch/d/index.htm).

[38] MÜLLER, Genesis 22, 239.

noch auf weitere menschliche Reaktionen von seiten des Opfernden oder des zu Opfernden. Lediglich auf den Schrecken Israels angesichts der Tat ist knapp hingewiesen, womit der Text eine leicht kritische Note erhält. Denn das verwendete Verb lässt durchaus offen, ob Israels Schrecken sich auf den Erfolg der Opferung oder lediglich auf die Durchführung an sich bezog.

Nun kann Müllers Chrakterisierung der Gelübdeerfüllung als „einer Gehorsamtstat wie der von Gen 22" nicht darüber hinwegtäuschen, dass die ausdrückliche Substitution in Jdc 11 aber fehlt. Der Text verschweigt zwar die Details des Opfers, bescheinigt aber ausdrücklich die Erfüllung des Gelübdes, das Jephta geschworen hatte (Jdc 11,39). Die Erzählung beinhaltet mehrere Motivstränge, die sie thematisch uneinheitlich[39] oder zumindest erzählerisch komplex[40] dastehen lässt. Die Protagonistin, Jephtas Tochter, scheint wegen ihrer Namenlosigkeit überraschend schematisch gezeichnet, was nicht wenig dazu beigetragen hat, in ihr nicht etwa ein *sacrificium* zu sehen sondern sie als *victima* zu verstehen.[41]

Da Jdc 11,29–40 von Hans-Peter Müller weitaus knapper behandelt worden ist, möchte ich seine Überlegungen anhand dieses Textes fortführen und vertiefen.

3. 1. Definition der in Jdc 11 vorkommenden Opferarten

Wir wiesen schon oben darauf hin, dass es mitunter schwierig sein kann, die Opferart eindeutig zu bestimmen, da ein und dasselbe Opfer verschiedene Intentionen in sich vereinigen kann. Jdc 11 bietet Hinweise auf ein Brandopfer, ein Beschwichtigungsopfer, ein Gelübdeopfer und ein Weihopfer. Diesen textinternen Hinweisen soll im folgenden nachgegangenwerden. Eindeutiger zu beantworten ist in der Regel die Frage nach der Intention des Opfers: Ist es verbindender oder distanzierender Natur? Dieser Frage möchte ich im Folgenden nachgehen.

---

39 So unterscheidet Thomas Römer mit Wolfgang Richter (Die Überlieferungen um Jephtah. Ri 10,17–12,6, Bib 47, 1966, 485–556, hier 511 f.) in eine Opfer- und eine Gelübdeerzählung (Why Would the Deuteronomists Tell about the Sacrifice of Jephtah's Daughter, JSOT 77, 1998, 27–38, hier 29 f.).

40 Ich habe mich an anderer Stelle für die literarische Einheitlichkeit der Erzählung ausgesprochen (Michaela Bauks, Hermeneutische Implikationen für die alttestamentliche Kanonbildung. Zum Umgang mit schwierigen Texten am Beispiel der Opferung von Jephtas Tochter in Ri 11,29–40 [in Vorbereitung], mit Anm. 32–33).

41 Bauks, Traditionsgeschichtliche Erwägungen, und dies., Hermeneutische Implikationen.

3. 1. 1. Brandopfer

In den drei zitierten Kinderopferberichten des Alten Testaments handelt es sich um Brandopfer. Heb. *ʿôlāh* bezeichnet das Ganzopfer, *Holocaust*, das mitunter dazu dient, die Gnade bzw. Besänftigung Gottes zu erreichen (vgl. I Sam 6,15; 13,12). Nach Lev 1 ist es beschrieben als „ein Brandopfer, ein Feuer zum süßen Geruch" (אשה ריח־ניחוה, V. 9), d.h. eines Beruhigungsduftes für Jhwh (vgl. Gen 8,20). Während das Brandopfer Isaaks substituiert wird, werden die anderen beiden vollzogen. Die unterschiedliche Behandlung dürfte sich weniger personal (der Glaubensvater Abraham gegen den etwas zwielichtigen Jephta bzw. den heidnischen moabitischen König), als aus dem Ritualkontext erklären. Während nämlich Gen 22 an die Tradition des Erstlingsopfers anknüpft, für welches die Möglichkeit der Auslösung vorgesehen ist[42], handelt es sich bei Jdc 11,29 ff. und II Reg 3,24 ff. um Beschwichtigungsopfer.

3. 1. 2. Beschwichtigungsopfer

Die klassischen Beispiele für diese Opferart finden sich in Gen 8,20 f. und I Sam 26,19 (vgl. Num 17,9–13).[43] Angesichts einer lebensbedrohlichen Situation wird ein Brandopfer zur Beruhigung der aufgebrachten Gottheit dargebracht. Eine Unterart sind Brandopfer im Krieg, wie sie I Sam 7,7–12; 13,5–14; Ps 20; 44 u.ö. belegt sind. In einer akuten militärischen Bedrohung dient das Brandopfer dazu, Gott zum Eingreifen zu bewegen. In diesen Kontext gehören auch zwei der Menschenopferberichte. So kann man mit Chr. Eberhart in Jdc 11 geradezu ein klassisches Beispiel für *do ut des* sehen, denn der Ablauf der Erzählung impliziert durchaus, dass der Sieg die Folge des Gelübdes ist.[44] Ähnlich stellt sich II Reg 3,21–27 dar. Nach einem missglückten Fluchtversuch greift der moabitische König hier

---

[42] Otto Kaiser, „Den Erstgeborenen deiner Söhne solltst du mir geben." Erwägungen zum Kinderopfer im Alten Testament, in: O. Kaiser (Hg.), Denkender Glaube. FS C.H. Ratschow, Berlin / New York 1976, 24–48; Ina Willi-Plein, Opfer und Ritus im kultischen Lebenszusammenhang, in: B. Janowski / M. Welker (Hg.), Opfer (sws 1454), Frankfurt a.M. 2000, 150–177, 164 f., 170; ausführlicher zuletzt Karin Finsterbusch, Vom Opfer zur Auslösung. Analyse ausgewählter Texte zum Thema Erstgeburt im Alten Testament, VT 56, 2006, 21–45. Vgl. auch Müller, Punische Weihinschriften, 491.

[43] Eberhart, Studien, 371 ff.

[44] „In diesen fünf Texten sind einige gemeinsame Elemente zu beobachten. In jeweils kritischer Situation bringt ein Opfer (Jdc 11; 1 Sam 7; 13; 2 Kön 3) bzw. die Erinnerung an vergangene Opfer (Ps 20) die gewünschte Wendung zum militärischen Erfolg. Dabei

zu einem letzten Mittel, der Opferung des Thronfolgers auf der Stadtmauer[45]: „Da nahm er (Mescha) seinen erstgeborenen Sohn, der an seiner Stelle König werden sollte, und brachte ihn auf der Mauer als Brandopfer dar ..." Ein Gelübde fehlt in II Reg 3, ist aber aus Jdc 11 in vergleichbarer Situation bekannt.

In beiden Fällen zeigt sich das Menschenopfer als *ultima ratio*, dessen Praxis zwar als tragisch und beklagenswert hingestellt wird, ohne dass aber „jegliche weiterführende Reflexion über die moralische Fragwürdigkeit eines solchen Menschenopfers" zum Ausdruck gebracht wäre. „Insbesondere die Tatsache, daß die Opferbringung ‚erfolgreich' ist und den erwünschten Sieg bringt, muß in gewissem Maße als Legitimierung der Praxis verstanden werden".[46]

3. 1. 3. Gelübdeopfer

Das Ganzopfer in Jdc 11 ist kein spontanes Opfer, wie es z. B. II Reg 3 vorauszusetzen scheint, sondern das Ergebnis eines bedingten Bittgelübdes[47]. Hier liegt der Unterschied zu Gen 22. Denn während Erstgeburtsopfer ausgelöst werden können, sind Gelübde bindend (vgl. Dtn 23,22–24[48]). Sieht man einmal von Lev 27 als einer isolierten Tradition ab, nach der die Aussetzung von Gelübden durch Freikauf der Person vorgesehen ist, hält die Mehrzahl biblischer Belege ein Gelübde für absolut bindend.

entspricht die Erwartungshaltung der Verantwortlichen jeweils dem ‚do ut des': Ein Opfer wird quasi gegen den militärischen Sieg ‚eingetauscht'. [...] Generell ist aber zu vermuten, daß in allen besprochenen Texten das anfängliche Fehlen des militärischen Geschickes als Zeichen für JHWHs Zorn empfunden wird. Dem hilft die mittels kultischer Verbrennung geschehende Darbringung einer Opfergabe ab" (EBERHART, Studien, 372).

45 Die Nähe dieser Szene zu den in ägyptischen Wandreliefs des Neuen Reiches dargestellten „Opferszenen" (so PHILIPPE DERCHAIN, Les plus anciens témoignages de sacrifices d'enfants chez les sémites occidentaux, VT 20, 1970, 351–55; ausführlicher ANTHONY JOHN SPALINGER, A Canaanite Ritual Found in Egyptian Reliefs, JSSEA 8, 1978, 47–60) ist eine unhaltbare Hypothese. Vgl. zur Kritik OTMAR KEEL, Kanaanäische Sühneriten auf ägyptischen Tempelreliefs, VT 25, 1975, 413–69 und zuletzt BAUKS, Kinderopfer.

46 EBERHART, Studien, 373.

47 HUBERT TITA, Gelübde als Bekenntnis. Eine Studie zu den Gelübden im Alten Testament, OBO 181, Fribourg / Göttingen 2001, 86.

48 „Wenn du JHWH, deinem Gott, ein Gelübde gelobst, so sollst du nicht zögern (אחר pi.), es zu erfüllen. Denn JHWH, dein Gott, wird es wahrlich von dir einfordern, und es wird dir Sünde sein (חֵטְא). Aber wenn du es unterläßt (חדל) zu geloben, (dann) wird an dir keine Sünde sein."

So werden auch späte Texte wie Koh 5,3 f.[49] und vor allem Prov 20,25[50] verständlich, die Gelübde an sich in Frage stellen.[51]

Die Verletzung des Gelübdes wäre demnach eine nicht wiedergutzumachende Respektverletzung Gottes, da dieser Jephta ja den erbetenen Erfolg hat zukommen lassen. Dementsprechend ist es nicht verwunderlich, dass die Tochter die Konsequenzen des Gelübdes sogleich sieht und akzeptiert. Nur Jephta in seiner Erklärung, dass er „den Mund aufgetan" hat (Jdc 11,35), lässt in dem Aufschrei Zweifel erkennen. Es handelt sich übrigens dabei um eine typische Gelübdeformulierung, wie sie auch in Ps 66,13 ff. belegt ist.

Der Zusammenhang vom Auftun des Mundes zur Rede findet sich neben Jdc 11,35 f. noch in Hi 35,16 und Ps 66,16. Den beiden letzten Stellen wollen wir uns genauer zuwenden: Ps 66,13 f. bezeugt ein der Richterperikope vergleichbares Wortfeld: „Ich komme zu deinem Haus mit Brandopfern (עוֹלָה), ich will dir heimzahlen mein Gelübde (נֶדֶר), zu denen sich meine Lippen aufgetan haben (פצה), und der Mund (פִּי) in meiner Not geredet hat." In diesem Kontext ist die Wendung „Lippen öffnen" gefolgt von „mit dem Mund reden" positiv in der Bedeutung von „ein Gelübde ablegen" verwendet. Das Gelübde zielt auf das Darbringen eines Brandopfers im Falle der Gebetserhörung. Es fungiert als „Leistungsangebot an Gott in Notlagen" (mit Hinweis auf Gen 28,20–23 und II Sam 15,8).[52] Kritisch konnotiert ist die Semantik indes in den Elihureden (Hi 35,16), wo es heißt: „reißt doch Hiob sinnlos den Mund auf, ohne Verstand macht er viele Worte."[53]

Einzigartig ist in diesem Erzählkontext das Faktum, dass das Opfergut nicht präzisiert ist, sondern der Wahl Gottes anheimgestellt ist. Während z. B. in Gen 28,33 geschildert ist, dass Jakob die Errichtung einer Mazze-

---

49 „Wenn du Gott ein Gelübde tust, dann säume nicht, es zu erfüllen; denn die Toren finden kein Wohlgefallen. Was du gelobst, das erfülle. Besser, daß du nicht gelobst, als daß du gelobst und nicht erfüllst."

50 „Es ist dem Menschen ein Strick (מוֹקֵשׁ), Heiliges unbedacht zu reden (לעע I hif.) und (erst) nach den Gelübden / dem Geloben zu überlegen."

51 Vgl. dazu Heinz-Dieter Neef, Jephta und seine Tochter (Jdc 11,29–40), VT 49, 1999, 206–17, hier 215 mit Hinweis auf Martin Rose, 5. Mose, ZBK 5. 2, Zürich 1994, 319 ff. und Eduard Nielsen, Deuteronomium, HAT I/6, Tübingen 1995, 223; vgl. auch Römer, Why, 37 f. und Michaela Bauks, „Sakrale Sprache" und „heilige Worte": Die Erzählung von Jephtas Tochter (Jdc 11,29–40) ein „text of terror"?, in: Annali di Studi Religiosi 6 (2005) 417–28, hier 423–26.

52 Vgl. Frank-Lothar Hossfeld, in: Ders. / E. Zenger, Psalmen 51–100, HThKAT, Freiburg 2000, 226.

53 Vgl. dazu auch Neef, Jephta, 214 mit Anm. 40 und Bauks, Sakrale Sprache, 425 f.

be gelobt oder in I Sam 1,11 berichtet ist, dass Anne im Falle der Erhörung ihren Sohn Gott weihen will, oder Ps 66,13 ff. das Brandopfer von Tieren verspricht, enthält Jdc 11 eine (auf eine Person) abzielende Leerstelle.[54] Dieses ein Menschenopfer intendierende Gelübde bestätigt sich ebenfalls in der Konsekrationsformel היה ליהוה „YHWH gehören".[55] Es ist davon auszugehen, dass die Funktion des offenen Opfergelübdes darin besteht zu zeigen, dass Jephta bereit ist, das ihm wertvollste im Falle des Sieges herzugeben und Gott zu opfern.[56] In dieser „Verzichtsbereitschaft" des Vater[57] ist ein Akt der Ehrerbietung zu sehen.

3. 1. 4. Weihopfer

Eine letzte Opferart, die in Jdc 11 hineingelesen werden könnte, ist das Weihopfer. Dass *ʿôlāh* als Abschluss einer Weihezeremonie dienen kann, ist durchaus belegt (Ex 29,15–18; Lev 8,18–21; 9,2. 12–14)[58]. Chr. Eberhart unterstreicht, dass „diesen Erzählungen [...] eine existentielle Notlage gemein [ist], in der die Auskunft JHWHs Klarheit über die Zukunft bringen soll. Die Begegnung mit JHWH wird jeweils durch Opfer vorbereitet, wobei hier insbesondere die Dominanz der עֹלָה auffällt, die den Aspekt der Huldigung und Ehrerbietung am stärksten zum Ausdruck bringt."[59] Nun steht das Opfer in Jdc 11,38 nicht am Anfang, sondern am Schluss. Nach erreichtem Sieg ist Jephta aufgefordert das Zugesagte einzulösen. Der Text geht nur sehr knapp auf den Vollzug ein: „Und es geschah am Ende der zwei Monate, da kehrte sie zu ihrem Vater zurück (שׁוב), und er erfüllte (עשׂה) an ihr das Gelübde, das er geschworen hatte (נדר נֶדֶר)".[60]

---

[54] TITA, Gelübde, 87 f. mit einer Analyse der Formulierung des Versprechens.

[55] Die selbe Wendung findet sich übrigens in Num 3,12 in einer Regelung der Auslösung der menschlichen Erstgeburt Israels durch die Weihung der Leviten; vgl. auch Jer 24,7 und Mal 3,17. S. dazu TITA, Gelübde, 96.

[56] Vgl. schon KARL BUDDE, Das Buch der Richter, KHC, Freiburg/Leipzig/Tübingen 1897, 86: „Vielmehr wagt er das Gelübde selbst auf die schlimmste Möglichkeit hin; gerade darin besteht dessen Wert in seinen Augen. [...] Fragen kann man nur, ob Jephtha mit dieser Ansicht allein steht, oder ob sie von seinen Zeit- und Volksgenossen geteilt wird."

[57] So wird es auch von WILLI-PLEIN, Opfer und Ritus, 170 für Gen 22 als zentralen Punkt vorausgesetzt.

[58] EBERHART, Studien, 366 f.

[59] EBERHART, Studien, 368.

[60] Die komplette Vollzugsformulierung findet sich in Num 30,3: „Wenn ein Mann JHWH ein Gelübde gelobt oder einen Eid schwört, mit dem er sich eine Bindung auferlegt, so soll er sein Wort nicht ungültig machen; gemäß allem, was aus seinem Mund ausging, soll er tun (כְּכָל־הַיֹּצֵא מִפִּיו יַעֲשֶׂה)."

Da nicht eigens wiederholt wird, dass er sie als Brandopfer geopfert hat, hat es immer wieder Exegeten gegeben,[61] die nachzuweisen versuchten, dass es für das Brandopfer zu einer Auslösung kam und die Tochter JHWH lediglich geweiht wurde, wie es ja auch Euripides für Iphigenie als Artemispriesterin vorsieht (Iph. Taur. 748. 769–95). Diese Weihhypothese hat den Vorteil, dass sich die anschließende Festätiologie sowie die an die Vollzugsbestätigung anschließende Nachbemerkung über die Jungfräulichkeit der Tochter besser in das Erzählganze integrieren lässt. So schlägt Karen Engelken[62] vor, dass ausgehend von dem Passus des Beweinens der Jungfräulichkeit die Umsetzung des Gelübdes als ein sexueller Weiheakt zu verstehen ist, der die Deflorierung des Mädchens zur Folge hat. Somit wäre das Mädchen nicht mehr heiratsfähig und folglich für die Sicherung des Fortbestands der Familie verloren. Durch das Faktum der kultischen Weihung bliebe Jephta seines einzigen Kindes und somit weiterer Nachkommenschaft beraubt.[63] Nach klassisch alttestamentlicher Anthropologie bedeutete das, dass sein Geschlecht keinen Fortbestand erfährt. Jephta wird nicht lebenssatt sterben und in seinen Nachkommen fortleben können. Das Opfer wäre also *in realiter* eine „Selbstentäußerung".[64]

3. 2. Zur Intention des Opfers

Zurück zur Frage nach der Intention des in Jdc 11 beschriebenen Opfers. Dient es der Kommunikation mit der Gottheit (verbindende Intention) oder der instrumentellen Verwendung zur Abwehr des Schadens durch unerwünschte göttliche Interventionen (distanzierende Intention)? Wir

---

[61] Stellvertretend nenne ich hier DAVID MARCUS, Jephthah and His Vow, Texas 1986; KAREN ENGELKEN, Frauen im Alten Testament. Eine begriffsgeschichtliche und sozialrechtliche Studie zur Stellung der Frau im AT, BWANT 130, Stuttgart 1990, 33 f.

[62] Frauen, 33 f. mit Anm. 98; V. 31 d (Holocaust) ist ihrer Meinung nach erst nachträglich in denText eingetragen.

[63] MARKUS, Jephtha, 28; vgl. RÜDIGER BARTELMUS, Jephta – Anmerkungen eines Exegeten zu G. F. Händels musikalisch-theologischer Deutung einer „entlegenen" alttestamentlichen Tradition, ThZ 51, 1995, 106–27, 116 f.; die Position findet sich bereits bei dem mittelalterlichen Gelehrten David Kimchi (ca. 1105–1170) u. a.; dazu ausführlicher ALEXANDRA UND DIRK U. ROTTZOLL, Die Erzählung von Jiftach und seiner Tochter (Jdc 11,30–40), ZAW 115, 2003, 210–30, hier 213 ff.

[64] Vgl. HARTMUT GESE, Die Komposition der Abrahamerzählung, in: Ders., Alttestamentliche Studien, Tübingen 1991, 29–51, hier 41, dazu auch BAUKS, Hermeneutische Implikationen.

haben oben gesehen, dass es in der Regel im AT um die Opferhandlung als Gabe an einen personalen Gott oder zu seiner Erinnerung geht. Bleibt aber die Frage bestehen, ob das Menschenopfer überhaupt eine im AT sanktionierte Opferform darstellt? Es wurde wiederholt kritisch angemerkt, dass in Jdc 11 Gott das Menschenopfer keineswegs gefordert hat (wie z. B. in Gen 22) und zudem die Erzählung göttliche Approbation nicht erkennen lässt.[65] Nun ist festzustellen, dass im AT nur an sehr wenigen Stellen ausdrücklich auf die Annahme oder Nichtannahme eines Opfers durch Gott hingewiesen ist (s. Gen 4,3–5 oder die Opferkritik bei den Propheten wie z. B. Am 5,21 f.). Dieses Faktum erklärt I. Willi-Plein aus der Opfertora, die den Opfernden über die göttliche Zustimmung im Voraus orientiert, so dass das Opfer einer Approbation gar nicht bedarf.[66] Doch äußert sich die Tora zum Menschenopfer nur in seiner Form als Erstgeburtsopfer, um in den meisten Texten dessen Auslösung vorauszusetzen,[67] was die grundsätzliche Möglichkeit eines Menschenopfers aber nur betont. Der Fall, dass einzelne Menschen als Beschwichtigungsopfer im Kriegsfall dienen, ist hier gar nicht verhandelt (weder als Gebot, noch als Verbot) und ist deshalb exegetischerseits meist als altes „kanaanäisches Erbe" deklariert worden.[68] Dass dem so nicht ist, hat Hans-Peter Müller in seinem Aufsatz „Punische Weihinschriften" aufgezeigt.

4. Mlk-Opfer in der Klage- und Bittzeremonie

Das AT bezeugt semantisch das *mlk*-Opfer als Darbringung oder Weihgabe nur in deuteronomistisch geprägten Passagen, die aber leider über den offenbar noch verbreiteten Brauch des „durch das Feuer Gehens" keine weiteren Auskünfte geben. Angesichts fehlender positiver Belege zieht Hans-Peter Müller die oben ausgeführten Brandopferbelege zur Deutung hinzu, von denen für ihn besonders Jdc 11 und II Reg 3 sowie einige

[65] Dieses Faktum streicht z. B. THOMAS RÖMER heraus (Dieu obscur. Le sexe, la cruauté et la violence dans l'Ancien Testament [Essais Bibliques 27], Genève 1996, 69), bedarf aber literarkritischer Operationen, um V. 29 von der Gelübdeerzählung abzutrennen. Vgl. dazu kritisch BAUKS, Hermeneutische Implikationen.

[66] Opfer und Ritus, 175.

[67] Vgl. dazu zuletzt FINSTERBUSCH, Vom Opfer, 21 ff. und oben Anm. 42.

[68] So z. B. DE VAUX, Sacrifices, 56.

Psalmentexte aussagekräftig erscheinen.[69] Seine Rekonstruktion führt zu der plausiblen These, dass das Brandopfer das kultische Opfer schlechthin sei und dass das Verbrennen von Menschen eine für große Notlagen reservierte Unterart darstelle. Der hebr. Begriff *mlk* wäre somit der *terminus technicus* für diese Opfer. Während II Reg 3,27 eine „mit dem höchsten Einsatz verbundene Klage- oder Bittzeremonie" illustriert, stellt Jdc 11 ein Dankopfer infolge einer Gelübdeerfüllung dar.[70] Die Erzählung ist überraschend wenig wertend, was zahlreiche Exegeten und Exegetinnen als Ironie bewerten wollen.[71] Ich selbst zöge es vor, von Tragik zu reden,[72] da die im Erzählkontext aufgebaute Konstellation keinen Ausweg bereit hält: Das Gelübde ist unbedingt zu erfüllen. So scheint es logisch, dass einige oben zitierte Texte diese Gelübdepraxis kritisieren und somit solch tragische Konstellationen vermeiden. Hans-Peter Müller hat einen typischen Zug der orientalischen Anthropologie hervorgehoben, der diese Praxis zu erklären versucht: „Nur auf dem Wege einer Selbstvernichtung in Stellvertretung durch das Kind glaubt der antike Mensch, wie er uns in diesen Texten entgegentritt, die Gottheit und eine ihm feindliche Wirklichkeit für sich gewinnen sowie damit zugleich ein gesellschaftliches Einvernehmen erzielen zu können: Es muss der Tod sein, der Leben hervorbringt, so unsicher ist die menschliche Gesellschaft in ihrer Welt eingenistet".[73]

Offensichtlich reflektiert Jdc 11 diese anthropologische Anschauung und befindet sich damit in einem anderen theologischen Kontext, als Gen 22 es tut. Während Gen 22 als *hieros logos* von der Aufhebung des Menschenopfers gesehen wird[74] und die *Lebensdienlichkeit* als Imperativ des Handelns vertritt, verweist die Erzählung von Jephtas Tochter auf *Selbstverneinung als Weg zu Gott*, die die Mutilation anderer wie der eigenen Person in Kauf nimmt. Anhand des Nebeneinanders dieser zwei Erzählungen im selben Textkorpus zeigt sich einmal mehr die große religionstypologische und theologische Spannbreite, die die alttestamentlichen Texte umfassen.

---

69 Punische Weihinschriften, 491 ff.

70 Punische Weihinschriften, 491.

71 Kenneth M. Craig jr., Bargaining in Tov (Judges 11,4–11), Bibl. 79, 1998, 77–85; J. Cheryl Exum, Jephthah. The absence of God, in: Dies., The Tragic Vision and Biblical Narrative. Arrows to the Almighty, Cambridge 1992, 45–69; Lillian R. Klein, The Triumph of Irony in the Book of Judges, JSOT.SS 68 und BiLiSe 14, Sheffield 1989, 86 f.

72 Bauks, Sakrale Sprache, 427 f.; so auch Eberhart, Opfer, 373.

73 Müller, Umgang, 115; vgl. in diesem Sinne auch Gese, Komposition, 41 (s. oben mit Anm. 64).

74 So auch Müller, Genesis 22, 246 in Anlehnung an Otto Procksch, Theologie des Alten Testaments, Güterloh 1943, 53. S. auch oben 91.

Zugleich beweisen sie aber auch, dass das Thema Kinderopfer kein Tabu war, sondern als denkbare Opferart in alttestamentlicher Zeit vorauszusetzen ist, die aber zeitgleich mit den phönizischen Belegen in der exilisch-nachexilischen Zeit und nicht in der Frühzeit Israels zu verankern ist.[75]

---

75 Vgl. MÜLLER, Punische Weihinschriften, 490 f. und zuletzt BAUKS, Kinderopfer.

Die Schriften H.-P. Müllers

korrigierte und fortgeschriebene Fassung aus: Mythos im Alten Testament und seiner Umwelt. Festschrift für Hans-Peter Müller zum 65. Geburtstag, hg. von Armin Lange / Hermann Lichtenberger / Diethard Römheld, BZAW 278, Berlin / New York 1999, 289–299.

Größere Arbeiten

- Formgeschichtliche Untersuchungen zu Apc Joh 4 f., Diss. theol. (maschinenschriftlich), Heidelberg 1963, Selbstbericht: ThLZ 88 (1963), 951 f.
- Ursprünge und Strukturen alttestamentlicher Eschatologie, BZAW 109, 1969.
- Hiob und seine Freunde. Traditionsgeschichtliches zum Verständnis des Hiobbuches, ThSt (B) 103, 1970.
- Mythos – Tradition – Revolution. Phänomenologische Untersuchungen zum Alten Testament, Neukirchen-Vluyn 1973, 2. Aufl. erschienen unter dem Titel: Jenseits der Entmythologisierung. Orientierungen am Alten Testament, Neukirchen-Vluyn 1978.
- Arabien und Israel, TRE 3, 1978, 571–577.
- Das Hiobproblem. Seine Stellung und Entstehung im Alten Orient und im Alten Testament, EdF 84, 1978; ^{2}1988; 3., um Nachträge erweiterte Aufl. 1995.
- Vergleich und Metapher im Hohenlied, OBO 56, 1984.
- Mythos – Kerygma – Wahrheit. Gesammelte Aufsätze zum Alten Testament in seiner Umwelt und zur Biblischen Theologie, BZAW 200, 1991.
- Das Hohelied, in: Ders. / O. Kaiser / J. A. Loader, Das Hohelied / Klagelieder / Das Buch Ester, ATD 16.2, 4. völlig neu bearbeitete Aufl. 1992, 1–90.
- Mensch – Umwelt – Eigenwelt. Gesammelte Aufsätze zur Weisheit Israels, Stuttgart / Berlin / Köln 1992.
- Glauben, Denken und Hoffen. Alttestamentliche Botschaften in den Auseinandersetzungen unserer Zeit. Altes Testament und Moderne 1, 1998.

Herausgebertätigkeit

- (gemeinsam mit O. Bayer / W. Härle) Theologische Bibliothek Töpelmann (de Gruyter), Berlin und New York.
- (gemeinsam mit R. Albertz / H. W. Wolff W. Zimmerli) Werden und Wirken des Alten Testaments, FS C. Westermann, Göttingen 1980.

- Bibel und Alter Orient. Altorientalische Beiträge zum Alten Testament von Wolfram von Soden, BZAW 162, 1985.
- (gemeinsam mit J. H. Hospers / E. Jenni / B. Kedar-Kopfstein / H. Lichtenberger / É. Lipiński / U. Rüterswörden / S. Segert / W. von Soden) Zeitschrift für Althebraistik, 1 ff. (1988 ff.)
- Was ist Wahrheit? Stuttgart / Berlin / Köln 1989.
- (zusammen mit L. Cagni) W. von Soden, Aus Sprache, Geschichte und Religion Babyloniens. Gesammelte Aufsätze, Instituto Universitario Orientale Neapel, Ser. Minor 32, 1989.
- Babylonien und Israel. Historische, religiöse und sprachliche Beziehungen, WdF 633, 1991.
- Wissen als Verantwortung. Ethische Konsequenzen des Erkennens, Stuttgart / Berlin / Köln 1991.
- Das Evangelium und die Weltreligionen, Theologische und philosophische Herausforderungen, Stuttgart / Berlin / Köln 1997.
- (zusammen mit F. Siegert) Antike Randgesellschaften und Randgruppen im östlichen Mittelmeerraum, Münsteraner Judaistische Studien 5, 2000.
- (gemeinsam mit D. J. A. Clines / H. Lichtenberger) Weisheit in Israel. Beiträge des Symposiums „Das Alte Testament und die Kultur der Moderne" anlässlich des 100. Geburtstags G. von Rads, Altes Testament und Moderne 12, Münster 2003.

Aufsätze und Lexikonartikel

1960

- Die Plagen der Apokalypse. Eine formgeschichtliche Untersuchung, ZNW 51 (1960), 268–278.
- Die Verklärung Jesu. Eine motivgeschichtliche Studie, ZNW 51 (1960), 56–64.

1961

- Uns ist ein Kind geboren. Jes 9,1–6 in traditionsgeschichtlicher Sicht, EvTh 21 (1961), 408–419.

1963

- Die himmlische Ratsversammlung. Motivgeschichtliches zu Apc Joh 5,1–5, ZNW 54 (1963), 254–267.

1964

- Zur Frage nach dem Ursprung der biblischen Eschatologie, VT 14 (1964), 276–293.
- Die kultische Darstellung der Theophanie, VT 14 (1964), 183–191.

1965

- Mann und Frau im Wandel der Wirklichkeitserfahrung Israels, ZRGG 17 (1965), 1–19.
- Prophetie und Apokalyptik bei Joel, ThViat 10 (1965/66), 231–252.

1966

- Der Aufbau des Deboraliedes, VT 16 (1966), 446–459.

1967

- Der „bunte Vogel“ von Jer 12,9, ZAW 79 (1967), 225–228.

1968

- Imperativ und Verheißung im Alten Testament, EvTh 28 (1968), 557–571.
- Wie sprach Qohälät von Gott? VT 18 (1968), 507–521.

1969

- Die Gattung des 139. Psalms, ZDMG Supplment 1.1, 1969, 345–355.
- Die hebräische Wurzel *śīḥ*, VT 19 (1969), 361–371.
- Magisch-mantische Weisheit und die Gestalt Daniels, UF 1 (1969), 79–94.
- Ein Vorschlag zu Jes 53,10 f., ZAW 81 (1969), 377–380.

1970

- Der Begriff „Rätsel“ im Alten Testament, VT 20 (1970), 465–489, wiederabgedruckt in: Ders. [Hg.], Mensch – Umwelt – Eigenwelt. Gesammelte Aufsätze zur Weisheit Israels, Stuttgart / Berlin / Köln 1992, 44–68.
- Notizen zu althebräischen Inschriften I, UF 2 (1970), 229–242.

1971

- Zur Funktion des Mythischen in der Prophetie des Jesaja, Kairos 13 (1971), 266–281.
- Phönizien und Juda in exilisch–nachexilischer Zeit, WO 6 (1970–1971), 189–204.
- Die Wurzeln *ʿīq*, *yʿq* und *ʿūq*, VT 21 (1971), 556–564.

1972

- Mantische Weisheit und Apokalyptik, Congress Volume Uppsala (1971), VT.S 22, 1972, 268–293, wiederabgedruckt in: Ders. [Hg.], Mensch – Umwelt – Eigenwelt. Gesammelte Aufsätze zur Weisheit Israels, Stuttgart / Berlin / Köln 1992, 194–219.
- Mythische Elemente in der jahwistischen Schöpfungserzählung, ZThK 69 (1972), 259–289, wiederabgedruckt in: Ders. [Hg.], Babylonien und Israel. Historische, religiöse und sprachliche Beziehungen, WdF 633, 1991, 114–153, erneut wiederabgedruckt in: Ders., Mythos – Kerygma – Wahrheit. Gesammelte Aufsätze zum Alten Testament in seiner Umwelt und zur Biblischen Theologie, BZAW 200, 1991, 3–42.
- Mythos und Transzendenz. Paradigmen aus dem Alten Testament, EvTh 32 (1972), 97–118, wiederabgedruckt in: H.D. Preuß [Hg.], Eschatologie im Alten Testament, WdF 480, 1978, 415–443.

1974

- Glauben und Bleiben. Zur Denkschrift Jesajas Kap. vi 1–viii 18, in: Studies on Prophecy, VT.S 26, 1974, 25–54.

1975

- Mythos, Ironie und der Standpunkt des Glaubens. Zur Phänomenologie biblischer Religion, ThZ 31 (1975), 1–13, wiederabgedruckt in: Ders., Mythos – Kerygma – Wahrheit. Gesammelte Aufsätze zum Alten Testament in seiner Umwelt und zur Biblischen Theologie, BZAW 200, 1991, 175–187.

- (Gemeinsam mit J. Krecher) Vergangenheitsinteresse in Mesopotamien und Israel, Saec. 26 (1975), 13–44.
- Das Wort von den Totengeistern Jes 8,19 f., WO 8 (1975–1976), 65–76.

1976

- Die lyrische Reproduktion des Mythischen im Hohenlied, ZThK 73 (1976), 23–41, wiederabgedruckt in: Ders., Mythos – Kerygma – Wahrheit. Gesammelte Aufsätze zum Alten Testament in seiner Umwelt und zur Biblischen Theologie, BZAW 200, 1991, 152–171.
- Märchen, Legende und Enderwartung. Zum Verständnis des Buches Daniel, VT 26 (1976), 338–350.
- Die phönizische Grabinschrift aus dem Zypern-Museum KAI 30 und die Formgeschichte des nordwestsemitischen Epitaphs, ZA 65 (1976), 104–132.
- Zur Verkündigung der Zehn Gebote, WPKG 65 (1976), 518–535.
- קדשׁ / *qdš* / heilig, THAT 2, 1976, 589–609.
- קָהָל / *qāhāl* / Versammlung, THAT 2, 1976, 609–619.
- ראשׁ / *rōš* / Kopf, THAT 2, 1976, 701–715.

1977

- Altes und Neues zum Buch Hiob, EvTh 37 (1977), 284–304, wiederabgedruckt in: Ders. [Hg.], Mensch – Umwelt – Eigenwelt. Gesammelte Aufsätze zur Weisheit Israels, Stuttgart / Berlin / Köln 1992, 101–120.
- Zum alttestamentlichen Gebrauch mythischer Rede. Orientierungen zwischen Strukturalismus und Hermeneutik, in: W. Strolz [Hg.], Religiöse Grunderfahrungen. Quellen und Gestalten, Freiburg i. Br. / Basel / Wien 1977, 67–93.
- Poesie und Magie in Cant 4,12–5,1, ZDMG Supplement 3.1, 1977, 157–164.
- Die weisheitliche Lehrererzählung im Alten Testament und seiner Umwelt, WO 9 (1977–1978), 77–98, wiederabgedruckt in: Ders. [Hg.], Mensch – Umwelt – Eigenwelt. Gesammelte Aufsätze zur Weisheit Israels, Stuttgart / Berlin / Köln 1992, 22–43.
- המם *hmm*, ThWAT 2, 1977, 449–454.
- (Gemeinsam mit M. Krause) חָכָם *ḥākam*, ThWAT 2, 1977, 920–944.

1978

- Einige alttestamentliche Probleme zur aramäischen Inschrift von *Deīr ʿAllā*, ZDPV 94 (1978), 56–67.
- Gilgameschs Trauergesang um Enkidu und die Gattung der Totenklage, ZA 68 (1978), 233–250.
- Hermann Gunkel (1862–1932), in: M. Greschat [Hg.], Theologen des Protestantismus im 19. und 20. Jahrhundert, Bd. 2.2, Stuttgart u. a. ²1978, 241–255.
- Keilschriftliche Parallelen zum biblischen Hiobbuch – Möglichkeit und Grenze des Vergleichs, Or. 47 (1978), 360–375 (Festfaszikel zum 70. Geburtstag von W. von Soden), wiederabgedruckt in: Ders. [Hg.], Babylonien und Israel. Historische, religiöse und sprachliche Beziehungen, WdF 633, 1991, 400–419, erneut wiederabgedruckt in: Ders., Mythos – Kerygma – Wahrheit. Gesammelte Aufsätze zum Alten Testament in seiner Umwelt und zur Biblischen Theologie, BZAW 200, 1991, 136–151.
- Neige der althebräischen „Weisheit“. Zum Denken Qohäläts, ZAW 90 (1978), 238–264, wiederabgedruckt in: Ders. [Hg.], Mensch – Umwelt – Eigenwelt. Gesammelte Aufsätze zur Weisheit Israels, Stuttgart / Berlin / Köln 1992, 143–168.

1980

- Gab es in Ebla einen Gottesnamen Ja? ZA 70 (1980), 70–92.
- Gott und die Götter in den Anfängen der biblischen Religion. Zur Vorgeschichte des Monotheismus, in: O. Keel [Hg.], Monotheismus im Alten Israel und seiner Umwelt, BiBe 14, 1980, 99–142.
- Religionsgeschichtliche Beobachtungen zu den Texten von Ebla, ZDPV 96 (1980), 1–19.
- Die Texte aus Ebla. Eine Herausforderung an die alttestamentliche Wissenschaft, BZ 24 (1980), 161–179.
- Welt als „Wiederholung". Søren Kierkegaards Novelle als Beitrag zur Hiob-Interpretation, in: R. Albertz / ders / H. W. Wolff / W. Zimmerli [Hg.], Werden und Wirken des Alten Testaments, FS C. Westermann, Göttingen 1980, 355–372.

1981

- Das eblaitische Verbalsystem nach den bisher veröffentlichten Personennamen, in: L. Cagni [Hg.], La lingua di Ebla, Neapel 1981, 211–233.
- Der Jahwename und seine Deutung Ex 3,14 im Licht der Textpublikationen aus Ebla, Bib. 62 (1981), 305–327.

1982

- Die aramäische Inschrift von Deir ʿAllā und die älteren Bileamsprüche, ZAW 94 (1982), 214–244.
- Erkenntnis und Verfehlung. Prototypen und Antitypen zu Gen 2–3 in der altorientalischen Literatur, in: T. Rendtorff [Hg.], Glaube und Toleranz. Der theologische Ort der Aufklärung, Gütersloh 1982, 191–210, wiederabgedruckt in: Ders., Mythos – Kerygma – Wahrheit. Gesammelte Aufsätze zum Alten Testament in seiner Umwelt und zur Biblischen Theologie, BZAW 200, 1991, 68–87.
- חַרְטֹם *harṭom*, ThWAT 3, 1982, 189–191.

1983

- Formgeschichte / Formenkritik I, TRE 11, 1983, 271–285.
- Zur Geschichte des hebräischen Verbs. Diachronie der Konjugationsthemen, BZ 27 (1983), 34–57.
- Mythos als Gattung archaischen Erzählens und die Geschichte von Adapa, AfO 29 (1983), 75–89.
- Mythos – Anpassung – Wahrheit. Vom Recht mythischer Rede und deren Aufhebung, ZThK 80 (1983), 1–25.

1984

- Assertorische und kreatorische Funktion im althebräischen und semitischen Verbalsystem, Aula Orientalis 2 (1984), 113–125.
- Ebla und das althebräische Verbalsystem, Bib. 65 (1984), 145–167.
- Gesellschaft II. Altes Testament, TRE 12, 1984, 756–764.
- Die Konjugation von Nomina im Althebräischen, ZAW 96 (1984), 245–263.
- Neue Erwägungen zum eblaitischen Verbalsystem, in: L. Cagni [Hg.], Il bilinguismo a Ebla, Neapel 1984, 167–204.
- Was ist mythisches Erzählen? Der altbabylonische Mythos von Adapa und die biblische Geschichte vom Sündenfall, in: W. Siegmund [Hg.], Antiker Mythos in unseren Märchen, Kassel 1984, 148–158.

- Wie alt ist das jungsemitische Perfekt? Zum semitisch–ägyptischen Sprachvergleich, in: H. Altenmüller / D. Wildung [Hg.], FS Wolfgang Helck, Studien zur altägyptischen Kultur II, 1984, 365–379.
- Der 90. Psalm. Ein Paradigma exegetischer Aufgaben, ZThK 81 (1984), 265–285.
- כֶּרֶם *kæræm*, ThWAT 4, 1984, 334–340.
- מֹלֶךְ *molæk*, ThWAT 4, 1984, 957–968.

1985

- Die alttestamentliche Weisheitsliteratur, EvErz (1985), 244–256, wiederabgedruckt in: Ders. [Hg.], Mensch – Umwelt – Eigenwelt. Gesammelte Aufsätze zur Weisheit Israels, Stuttgart / Berlin / Köln 1992, 9–21.
- Zum eblaitischen Konjugationssystem, in: Congress Volume Salamanca (1983), VT.S 36, 1985, 208–217.
- Ergativelemente im akkadischen und althebräischen Verbalsystem, Bib. 66 (1985), 385–417.
- Zur Herleitung von *nābî'*, BN 29 (1985), 22–27.
- Moabitsche historische Inschriften, TUAT I.6, 1985, 646–650.
- Das Motiv für die Sintflut. Die hermeneutische Funktion des Mythos und seiner Analyse, ZAW 97 (1985), 295–316, wiederabgedruckt in: Ders., Mythos – Kerygma – Wahrheit. Gesammelte Aufsätze zum Alten Testament in seiner Umwelt und zur Biblischen Theologie, BZAW 200, 1991, 88–109.
- Phönizische historische Inschriften, TUAT I.6, 1985, 638–645.

1986

- Aramaisierende Bildungen bei Verba mediae geminatae – ein Irrtum der Hebraistik? VT 36 (1986), 423–437.
- Babylonischer und biblischer Mythos von Menschenschöpfung und Sintflut. Ein Paradigma zur Frage nach dem Recht mythischer Rede, in: W. Strolz [Hg.], Vom alten zum neuen Adam. Urzeitmythos und Heilsgeschichte, Freiburg / Basel / Wien 1986, 43–68, wiederabgedruckt in: Ders., Mythos – Kerygma – Wahrheit. Gesammelte Aufsätze zum Alten Testament in seiner Umwelt und zur Biblischen Theologie, BZAW 200, 1991, 110–135.
- Mythos und Kerygma. Anthropologische und theologische Aspekte, ZThK 83 (1986), 405–435, wiederabgedruckt in: Ders., Mythos – Kerygma – Wahrheit. Gesammelte Aufsätze zum Alten Testament in seiner Umwelt und zur Biblischen Theologie, BZAW 200, 1991, 188–219.
- Polysemie im semitischen und hebräischen Konjugationssystem, Or. 55 (1986), 365–389.
- Theonome Skepsis und Lebensfreude. Zu Koh 1,12–3,15, BZ 30 (1986), 1–19.
- מַשָּׂא *maśśā'*, ThWAT 5, 1986, 19–25.
- נָבִיא *nābî'*, ThWAT 5, 1986, 140–163.

1987

- Eblaitische Konjugation in Personennamen und Kontexten. Beobachtungen zu Morphologie und Pragmatik, in: L. Cagni [Hg.], Ebla 1975–1985. Dieci anni di studi linguistici e filologici, Neapel 1987, 101–122.
- Der unheimliche Gast. Zum Denken Kohelets, ZThK 84 (1987), 440–464, wiederabgedruckt in: Ders. [Hg.], Mensch – Umwelt – Eigenwelt. Gesammelte Aufsätze zur Weisheit Israels, Stuttgart / Berlin / Köln 1992, 169–193.

1988

- Das Bedeutungspotential der Afformativkonjugation. Zum sprachgeschichtlichen Hintergrund des Althebräischen, ZAH 1 (1988), 74–98. 159–190.
- Begriffe menschlicher Theomorphie. Zu einigen cruces interpretum in Hld 6,10, ZAH 1 (1988), 112–121.
- (Gemeinsam mit Mitarbeitern) Bibliographische Dokumentation. Lexikalisches und grammatisches Material, ZAH 1 (1988), 122–137. 210–234; usw.
- Zur Bildung der Verbalwurzeln im Eblaitischen, in: H. Hauptmann / H. Waetzoldt [Hg.], Wirtschaft und Gesellschaft von Ebla. Akten der internationalen Tagung Heidelberg 4.–7. November 1986, Heidelberger Studien zum Alten Orient 2, 1988, 279–289.
- Eblaitische Konjugation in Kontexten und Personennamen. Bemerkungen zur Lautlehre, Morphologie und Morphosyntax, in: A. Archi [Hg.], Eblaite Personal Names and Semitic Name-Giving, Archivi reali di Ebla, Studi 1, 1988, 71–87.
- Gottes Antwort an Ijob und das Recht religiöser Wahrheit, BZ 32 (1988), 210–231, wiederabgedruckt in: Ders. [Hg.], Mensch – Umwelt – Eigenwelt. Gesammelte Aufsätze zur Weisheit Israels, Stuttgart / Berlin / Köln 1992, 121–142.
- Hld 4,12–5,1: Ein althebräisches Paradigma poetischer Sprache, ZAH 1 (1988), 191–201.
- Mythos in der biblischen Urgeschichte (Gen 1–11), EvErz (1988), 6–18.
- Phönizische Votiv- und Grabinschriften aus Zypern, TUAT 2.4, 1988, 599–602.
- Pygmaion, Pygmalion und Pumaijaton – Aus der Geschichte einer mythischen Gestalt, Or. 57 (1988), 192–205.
- Die sog. Straußenperikope in den Gottesreden des Hiobbuches, ZAW 100 (1988), 90–105.
- Weihinschrift des Königs Jahumilk, TUAT 2.4, 1988, 584.

1989

- Die Konstruktionen mit *hinnē* „siehe" und ihr sprachgeschichtlicher Hintergrund, ZAH 2 (1989), 45–76.
- Mythos – Kerygma – Wahrheit. Zur Hermeneutik einer biblischen Theologie, in: Ders. [Hg.], Was ist Wahrheit? Stuttgart / Berlin / Köln 1989, 53–67.
- Neue Aspekte der Anfragen Hiobs, in: R. Albertz / F. W. Golka / J. Kegler [Hg.], Schöpfung und Befreiung. FS C. Westermann, Stuttgart 1989, 178–188, wiederabgedruckt in: Ders., Mythos – Kerygma – Wahrheit. Gesammelte Aufsätze zum Alten Testament in seiner Umwelt und zur Biblischen Theologie, BZAW 200, 1991, 253–263.
- Eine neue babylonische Menschenschöpfungserzählung im Licht keilschriftlicher und biblischer Parallelen. Zur Wirklichkeitsauffassung im Mythos, Or. 58 (1989), 61–85, wiederabgedruckt in: Ders., Mythos – Kerygma – Wahrheit. Gesammelte Aufsätze zum Alten Testament in seiner Umwelt und zur Biblischen Theologie, BZAW 200, 1991, 43–67.
- עשתרת *ʿštrt* (*ʿaštoræt*), ThWAT 6, 1989, 453–463.
- פָּחַד *pāḥad*, ThWAT 6, 1989, 552–562.
- צִי *ṣî*, ThWAT 6, 1989, 987–991.

1990

- Parallelen zu Gen 2 f. und Ez 28 aus dem Gilgamesch-Epos, ZAH 3 (1990), 167–178.
- Segen im Alten Testament. Theologische Implikationen eines halb vergessenen Themas, ZThK 87 (1990), 1–32, wiederabgedruckt in: Ders., Mythos – Kerygma – Wahrheit. Gesammelte Aufsätze zum Alten Testament in seiner Umwelt und zur Biblischen Theologie, BZAW 200, 1991, 220–252.

1991

- Drei Deutungen des Todes. Genesis 3, der Mythos von Adapa und die Sage von Gilgamesch, JBTh 6 (1991), 117–134, wiederabgedruckt in: Ders., Glauben, Denken und Hoffen. Alttestamentliche Botschaften in den Auseinandersetzungen unserer Zeit, Altes Testament und Moderne 1, 1998, 35–52.
- Freiheit der Wissenschaft – Verantwortung des Wissenschaftlers? In: Ders. [Hg.], Wissen als Verantwortung. Ethische Konsequenzen des Erkennens, Stuttgart / Berlin / Köln 1991, 141–159.
- Die Funktion divinatorischen Redens und die Tierbezeichnungen der Inschrift von Tell Deir ʿAllā, J. Hoftijzer / G. van der Kooij [Hg.], in: The Balaam Text from Deir ʿAlla Re-Evaluated. Proceedings of the International Symposium held at Leiden 21–24 August 1989, Leiden / ""Köln / ""New York 1991, 185–205.
- Gilgamesch–Epos und Altes Testament, in: D. R. Daniels / U. Gleßmer / M. Rösel [Hg.], Ernten, was man sät. FS K. Koch, Neukirchen-Vlyn 1991, 75–99.
- Ein Paradigma zur Theorie der alttestamentlichen Wissenschaft: Amos, seine Epigonen und Interpreten, NZSTh 33 (1991), 112–138, erneut wiederabgedruckt in: Ders. [Hg.], Glauben, Denken und Hoffen. Alttestamentliche Botschaften in den Auseinandersetzungen unserer Zeit, Altes Testament und Moderne 1, 1998, 55–78.
- Die Sprache der Texte von Tell Deir ʿAllā im Kontext der nordwestsemitischen Sprachen. Mit einigen Erwägungen zum Zusammenhang der schwachen Verbklassen, ZAH 4 (1991), 1–31.
- Zur Theorie der historisch-vergleichenden Grammatik. Dargestellt am sprachgeschichtlichen Kontext des Althebräischen, in: A. S. Kaye [Hg.], Semitic Studies, FS W. Leslau, Bd. 2, Wiesbaden 1991, 1100–1118.
- Zur Wechselwirkung von Wirklichkeitswahrnahme und Sprache, in: Ders., Mythos – Kerygma – Wahrheit. Gesammelte Aufsätze zum Alten Testament in seiner Umwelt und zur Biblischen Theologie, BZAW 200, 1991, 264–309.
- *wa-*, *ha-* und das Imperfectum consecutivum, ZAH 4 (1991), 144–160.

1992

- Bedarf die alttestamentliche Theologie einer philosophischen Grundlegung? in: J. Hausmann / H. J. Zobel [Hg.], Alttestamentlicher Glaube und Biblische Theologie, FS H. D. Preuß, Stuttgart / Berlin / Köln 1992, 342–351, wiederabgedruckt in: Ders., Glauben, Denken und Hoffen. Alttestamentliche Botschaften in den Auseinandersetzungen unserer Zeit, Altes Testament und Moderne 1, 1998, 287–296.
- Inschriften. (I) AT, NBL 2, 1992, 228–231.
- Jahwetag, NBL 2, 1992, 266–268.
- Kolloquialsprache und Volksreligion in den Inschriften von Kuntillet ʿAǧrūd und Ḫirbet el-Qōm, ZAH 5 (1992), 15–51.
- Mensch – Umwelt – Eigenwelt. Weisheitliche Wirklichkeitswahrnahme und Anthropologie, in: Ders., Mensch – Umwelt – Eigenwelt, Stuttgart / Berlin / Köln 1992, 220–234.
- Sprachliche und religionsgeschichtliche Beobachtungen zu Jesaja 6, ZAH 5 (1992), 163–185.
- Theodizee? Anschlußerörterungen zum Buch Hiob, ZThK 89 (1992), 249–279, wiederabgedruckt in: Ders., Glauben, Denken und Hoffen. Alttestamentliche Botschaften in den Auseinandersetzungen unserer Zeit, Altes Testament und Moderne 1, 1998, 123–153.
- Weisheitliche Deutungen der Sterblichkeit: Gen 3,19 und Pred 3,21; 12,7 im Licht antiker Parallelen, in: Ders., Mensch – Umwelt – Eigenwelt, Stuttgart / Berlin / Köln 1992, 69–100.

1993

– Bauen – Bewahren – Mit-Sinn-Erfüllen. Von der Bestimmung des Menschen, ZThK 90 (1993), 231–250, wiederabgedruckt in: Ders., Glauben, Denken und Hoffen. Alttestamentliche Botschaften in den Auseinandersetzungen unserer Zeit, Altes Testament und Moderne 1, 1998, 15–34.
– Entmythologisierung und Altes Testament, NZSTh 35 (1993), 1–27, wiederabgedruckt in: Ders., Glauben, Denken und Hoffen. Alttestamentliche Botschaften in den Auseinandersetzungen unserer Zeit, Altes Testament und Moderne 1, 1998, 179–202.
– (Gemeinsam mit J. Tropper) רְאֵם *r^{e}ʾem*, ThWAT 7, 1993, 267–271.

1994

– Alttestamentliche Theologie und Religionswissenschaft, in: I. Kottsieper / J. van Oorschot / D. Römheld / H. M. Wahl [Hg.], „Wer ist wie du, HERR, unter den Göttern?", FS O. Kaiser, Göttingen 1994, 20–31, wiederabgedruckt in: Ders., Glauben, Denken und Hoffen. Alttestamentliche Botschaften in den Auseinandersetzungen unserer Zeit, Altes Testament und Moderne 1, 1998, 249–260.
– Antwort an B. Kedar-Kopfstein, ZAH 7 (1994), 26–32.
– Bileam. I. Im Alten Testament, LThK 2, 1994, 457.
– Gottesfrage und Psalmenexegese. Zur Hermeneutik der Klagepsalmen des einzelnen, in: K. Seybold / E. Zenger [Hg.], Neue Wege der Psalmenforschung. FS W. Beyerlin, Herders Biblische Studien 1, Freiburg i. B. / Basel / Wien 1994, 279–299, wiederabgedruckt in: Ders., Glauben, Denken und Hoffen. Alttestamentliche Botschaften in den Auseinandersetzungen unserer Zeit, Altes Testament und Moderne 1, 1998, 81–101.
– Die Hiobrahmenerzählung und ihre altorientalischen Parallelen als Paradigmen einer weisheitlichen Wirklichkeitswahrnahme, in: W. A. M. Beuken [Hg.], The Book of Job, BEThL 114, 1994, 21–39, wiederabgedruckt in: Ders., Glauben, Denken und Hoffen. Alttestamentliche Botschaften in den Auseinandersetzungen unserer Zeit, Altes Testament und Moderne 1, 1998, 103–121.
– In memoriam J. H. Hospers, ZAH 7 (1994), 1 f.
– König Mêšaʿ von Moab und der Gott der Geschichte, UF 26 (1994), 371–395.
– Menschen, Landschaften und religiöse Erinnerungsreste. Anschlußerörterungen zum Hohenlied, ZThK 91 (1994), 375–395, wiederabgedruckt in: Ders., Glauben, Denken und Hoffen. Alttestamentliche Botschaften in den Auseinandersetzungen unserer Zeit, Altes Testament und Moderne 1, 1998, 155–175.
– Nicht-junktiver Gebrauch von *w*- im Althebräischen, ZAH 7 (1994) 141–174.
– Das Problem der Rede von Gott im Licht der Frage: „Was ist Wahrheit?" Paradigmen aus dem Alten Testament, in: M. Lutz-Bachmann [Hg.], Und dennoch ist von Gott zu reden. FS H. Vorgrimler, Freiburg / Basel / Wien 1994, 56–68, wiederabgedruckt in: Ders., Glauben, Denken und Hoffen. Alttestamentliche Botschaften in den Auseinandersetzungen unserer Zeit, Altes Testament und Moderne 1, 1998, 297–309.

1995

– Die aramäische Inschrift von Tel Dan, ZAH 8 (1995), 121–139.
– Das Beth existentiae im Althebräischen, in: M. Dietrich / O. Loretz [Hg.], Vom Alten Orient zum Alten Testament, FS W. Freiherrn von Soden, AOAT 240, 1995, 361–378.
– Chemosh כמוש, Dictionary of Deities and Demons, 1995, 356–362.
– Ebla, LThK 3, 1995, 431 f.
– Ergative Constructions in Early Semitic Languages, JNES 54 (1995), 261–271.

- Falsehood שקר, Dictionary of Deities and Demons, 1995, 613–616.
- Fundamentalfragen jenseits der Alternative von Theologie und Religionsgeschichte, JBTh 10 (1995), 93–110, wiederabgedruckt in: Ders., Glauben, Denken und Hoffen. Alttestamentliche Botschaften in den Auseinandersetzungen unserer Zeit, Altes Testament und Moderne 1, 1998, 231–248.
- Ein griechisches Handerhebungsgebet? – Zu Sappho 1 D. (= 1 LP.), in: S. Timm / M. Weippert [Hg.], Meilenstein. FS H. Donner, ÄAT 30, Wiesbaden 1995, 134–142.
- Malik מלך, Dictionary of Deities and Demons, 1995, 1005–1012, ²1999, 538–542.
- Mythos als Elementarform religiöser Rede im Alten Orient und im Alten Testament. Zur Theorie der Biblischen Theologie, NZSTh 37 (1995), 1–19, wiederabgedruckt in: Ders., Glauben, Denken und Hoffen. Alttestamentliche Botschaften in den Auseinandersetzungen unserer Zeit, Altes Testament und Moderne 1, 1998, 213–229.
- Neue Parallelen zu Gen 2,7. Zur Bedeutung der Religionsgeschichte für die Exegese des Alten Testaments, in: K. van Lerberghe / A. Schoors [Hg.]: Immigration and Emigration within the Ancient Near East, FS E. Lipiński, OLA 65, 1995, 195–204.
- Offene Fragen zur Entmythologisierung, in: W. Brändle / R. Stolina [Hg.], Geist und Kirche. FS E. Lessing, Frankfurt a. M. / Bern / New York / Paris 1995, 151–161, wiederabgedruckt in: Ders., Glauben, Denken und Hoffen. Alttestamentliche Botschaften in den Auseinandersetzungen unserer Zeit, Altes Testament und Moderne 1, 1998, 203–212.
- Eine Parallele zur Weingartenmetapher des Hohenliedes aus der frühgriechischen Lyrik, in: I. Kottsieper [Hg.], Und Mose schrieb dieses Lied auf. Studien zum Alten Testament und zum Alten Orient, FS O. Loretz, AOAT 250, 1998, 569–584.
- Predigtmeditation zu Jes 49,13–16, GPM 50 (1995/96), 52–58.
- Das Problem der Tierbezeichnungen in der althebräischen Lexikographie, Studi epigrafici e linguistici sul Vicino Oriente antico 12 (1995), 135–147.
- Schöpfung, Zivilisation und Befreiung, in: D. J. A. Clines / Ph. R. Davies [Hg.], The Bible in Human Society, FS J. Rogerson, JSOT.S 200, 1995, 355–365, wiederabgedruckt in: Ders., Glauben, Denken und Hoffen. Alttestamentliche Botschaften in den Auseinandersetzungen unserer Zeit, Altes Testament und Moderne 1, 1998, 3–13.

1996

- Albert Schweitzer und Rudolf Bultmann. Theologische Paradigmen unter der Herausforderung durch den Säkularismus, ZThK 93 (1996), 101–123, wiederabgedruckt in: Ders., Glauben, Denken und Hoffen. Alttestamentliche Botschaften in den Auseinandersetzungen unserer Zeit, Altes Testament und Moderne 1, 1998, 263–285.
- Der phönizisch-punische *mqm ʾlm* im Licht einer althebräischen Isoglosse. Or. 65 (1996), 111–126.
- Kohelet und Amminadab, in: A. A. Diesel / R. G. Lehmann / E. Otto / A. Wagner [Hg.], „Jedes Ding hat seine Zeit …“ Studien zur israelitischen und altorientalischen Weisheit, FS D. Michel, BZAW 241, 1996, 149–165.

1997

- Albert Schweitzer und die Religionsgeschichte, in: Ders. [Hg.], Das Evangelium und die Weltreligionen. Theologische und philosophische Herausforderungen, Stuttgart / Berlin / Köln 1997, 9–21.
- Baal und die kanaanäische Götterwelt; und: Die Opfer für Tinnit und Baal Hamon, in: M. Münter-Elfner [Redaktion], Von der Höhlenkunst zur Pyramide. Vorzeit und Altertum, Kunst und Kultur 1, 1997, 480–489.

– Zu einigen ungewöhnlichen Partikelfunktionen, in: A. Wagner [Hg.], Studien zur hebräischen Grammatik, OBO 156, 1997, 101–113.
– Das Evangelium und die Weltreligionen, in: Ders. [Hg.], Das Evangelium und die Weltreligionen. Theologische und philosophische Herausforderungen, Stuttgart/Berlin/Köln 1997, 91–108.
– Genesis 22 und das *mlk*-Opfer. Erinnerungen an einen religionsgeschichtlichen Tatbestand, BZ 41 (1997), 237–246.
– Eine griechische Parallele zu Motiven von Genesis I–II, VT 47 (1997), 478–486.
– Zur Semantik von *h^{a}lîpā* (Ijob 10,17; 14,14 u. ö.), ZAH 10 (1997), 123–133.
– Sterbende und auferstehende Vegetationsgötter? Eine Skizze, in: Veritas Hebraici. Alttestamentliche Studien, FS E. Jenni, ThZ 53 (1997), 74–82.
– Die Theodizee und das Buch Hiob, NZSTh 39 (1997), 140–156.
– Theologie und Religionsgeschichte im Blick auf die Grenzen historisch-kritischen Textumgangs, ZThK 94 (1997), 317–335.
– Travestien und geistige Landschaften. Zum Hintergrund einiger Motive bei Kohelet und im Hohenlied, ZAW 109 (1997), 557–574.
– Unterweltsfahrt und Tod des Fruchtbarkeitsgottes, in: R. Albertz [Hg.], Religion und Gesellschaft. Studien zu ihrer Wechselbeziehung in den Kulturen des Antiken Vorderen Orients, Bd. 1, AOAT 248, 1997, 1–13.
– Wolfram Freiherr von Soden in memoriam, ZAH 10 (1997), 1–3.

1998

– Anfänge der Religionskritik bei den Vorsokratikern, in: A. Th. Khoury / G. Vanoni [Hg.], „Geglaubt habe ich, deshalb habe ich geredet“, FS A. Bsteh, Würzburg / Altenberge 1998, 281–295.
– Punische Weihinschriften und alttestamentliche Psalmen im religionsgeschichtlichen Zusammenhang, Or. 67 (1998), 477–478.
– Rechtfertigung des Mythos in bibeltheologischer und hermeneutischer Hinsicht, in: A. Bsteh [Hg.], Christentum in der Begegnung. Christlicher Glaube in der Begegnung mit dem Hinduismus, Studien zur Religionstheologie 4, 1998, 63–78.
– Rückzug Gottes ins Namenlose. Zu einem Gedicht Paul Celans, in: Ders., Glauben, Denken und Hoffen. Alttestamentliche Botschaften in den Auseinandersetzungen unserer Zeit, Altes Testament und Moderne 1, 1998, 311–319.
– Zu den semitisch-hamitischen Konjugationssystemen, ZAH 11 (1998), 140–152.
– Sprachen des Alten Testaments, RGG^4 1, 1998, 1412–1417

1999

– Afrikanische Parallelen zu Gen III und verwandten Texten, VT 49 (1999), 88–108.
– Eschatologie II: Altes Testament, RGG^4 2, 1999, 1542–1553.
– Formgeschichtliche und sprachliche Beobachtungen zu Ps 30, ZAH 12 (1999), 192–201.
– Die Geschichte der phönizischen und punischen Religion. Ein Vorbericht, JSS 44 (1999), 17–33.
– Hebräisch מֹלֶךְ und punisch *ml(ʾ)k(t)*, in: Y. Avishur [Hg.], Michael. Historical, Epigraphical, and Biblical Studies in Honor of M. Heltzer, Archeological Center Publications Tel Aviv / Jaffa, 1999, 243–253.
– Laudatio anläßlich der Ehrenpromotion von Prof. Dr. Jan Assmann zum D. theol., in: J. Assmann, Fünf Stufen auf dem Wege zum Kanon, Münstersche Theologische Vorträge 1, 1999, 1–10.

– Notizen zur Grammatik des Phönizisch-Punischen im Kontext altsemititscher Sprachen, UF 31 (1999), 377–390, wiederabgedruckt Sonderdruck Münster 2000.
– Plausibilitätsverlust herkömmlicher Religion bei Kohelet und den Vorsokratikern, in: B. Ego / A. Lange / P. Pilhofer [Hg.], Gemeinde ohne Tempel. Zur Substituierung und Transformation des Jerusalemer Tempels und seines Kults im Alten Testament, antiken Judentum und frühen Christentum, WUNT 118, 1999, 99–114.
– „Tod" des alttestamentlichen Geschichtsgottes. Notizen zu einem Paradigmawechsel, NZSTh 41 (1999), 1–21.
– Zum 113. Psalm, BN 100 (1999), 18–21.

2000

– Daphnis – ein Doppelgänger des Gottes Adonis, ZDPV 116 (2000), 26–41.
– Erkenntnistheorie der Religion im Austausch zwischen Natur- und Geisteswissenschaft, TRAMES. A Journal of the Humanities and Social Sciences 2/4 ([Talinn] 2000), 99–110.
– Das Ganze und seine Teile. Anschlußerörterungen zum Wirklichkeitsverständnis Kohelets, ZThK 97 (2000), 147–163.
– Handeln, Sprache, Religion, Theologie, in: U. H. J. Körtner [Hg.], Glauben und Verstehen. Perspektiven hermeneutischer Theologie, Neukirchen 2000, 57–74.
– Hohes Lied, RGG^4 3, 2000, 1838–1840.
– Zum magischen Hintergrund des Hohenliedes, ZDMG 150 (2000), 409–424.
– Psalm 113 und Archilochos 58 D, in: S. Graziani [Hg.], Studi sul vicino oriente antico dedicati alla memoria di L. Cagni, Instituto universitario orientale, dipartimento di studi asiatici, Ser. minor 61, Neapel 2000, 1847–1857.
– Religionen am Rande der griechisch-römischen Welt: Phönizier und Punier, in: Ders. / F. Siegert [Hg.], Antike Randgesellschaften und Randgruppen im östlichen Mittelmeerraum, Münsteraner Judaistische Studien 5, 2000, 9–28.
– Sprachliche Beobachtungen zu Ps. XC 5 f., VT 50 (2000), 349–400.
– Die Tabella defixionis KAI 89 und die Magie des Fluches, Or. 69 (2000), 393–406.
– Zum theologischen Werk Claus Westermanns, in: C. Westermann [hg. von ders.], Der Mensch im Alten Testament, Altes Testament und Moderne 6, 2000, 1–9.
– Der Welt- und Kulturentstehungsmythos des Philon Byblios und die biblische Urgeschichte, ZAW 112 (2000), 161–179.
– Die Wirklichkeit und das Ich bei Kohelet angesichts des Ausbleibens göttlicher Gerechtigkeit und Barmherzigkeit, in: R. Scoralick [Hg.], Das Drama der Barmherzigkeit Gottes, SBS 183, 2000, 125–144.

2001

– History-Oriented Foundation Myths in Israel and Its Environment, in: J. W. van Henten / A. Houtepen [Hg.], Religious Identity and the Invention of Tradition, Studies in Theology and Religion 3, 2001, 156–168.
– Der Libanon in altorientalischen Quellen und im Hohenlied. Paradigmen einer poetischen Topographie, ZDPV 117 (2001), 116–128.
– Der Mond und die Plejaden. Griechisch-orientalische Parallelen, VT 51 (2001), 206–218.
– Ein phönizischer Totenpapyrus aus Malta, JSS 46 (2001), 251–265.
– „Jhwh gebe seinem Volke Kraft". Zum Hintergrund der alttestamentlichen Geschichtsreligion, ZThK 98 (2001), 265–281.
– Ein wanderndes Kulturwort? Isoglossen zu phönizisch *hbrk* KAI 26 A I 1, Rivista di studi fenici 29 (2001), 13–26.

- Phönizier, Punier VI: Religion, in: H. Cancik / H. Schneider [Hg.], Der Neue Pauly, Encyklopädie der Antike 9, 2001, 991–993.
- Salambo, in: H. Cancik / H. Schneider [Hg.], Der Neue Pauly, Encyklopädie der Antike 10, 2001, 1241.
- Sandon, in: H. Cancik / H. Schneider [Hg.], Der Neue Pauly, Encyklopädie der Antike 11, 2001, 37.
- *ʾ^{a}ḥîdā*, in: I. Kottsieper [Hg.], Theologisches Wörterbuch zum Alten Testament IX. Aramäisches Wörterbuch, Lieferung 1, 2001, 12–15.

2002

- Anthropoide Sarkophage und phönizisch-punische Jenseitsvorstellungen, in: S. Frede [Hg.], Die phönizischen anthropoiden Sarkophage II: Tradition – Rezeption – Wandel, Forschungen zur phönizisch-punischen und zyprischen Plastik I/2, 2002, 183–189.
- Eva und das Paradies, in: O. Loretz / K. ,A. Metzler / H. Schaudig [Hg.], Ex Mesopotamia et Syria Lux, FS M. Dietrich, AOAT 281, 2002, 501–510.
- Handeln, Sprache, Magie und Religion, in: A. Fiedermutz-Laun / F. Pera / E. T. Peuker / M. L. G. Dietrich [Hg.], Zur Akzeptanz von Magie, Religion und Wissenschaft, Worte, Werke, Utopien 17, 2002, 53–64.
- Das „Haus des Volkes" von Jer 39,8, ZAW 114 (2002), 611–617.
- Die Kunst der Selbstverwandlung in imaginären Landschaften. Zur Vorgeschichte von Vergils „Arkadien", in: J. Hahn [Hg.], Religiöse Landschaften. Veröffentlichungen des Arbeitskreises zur Erforschung der Religions- und Kulturgeschichte des Antiken Vorderen Orients 3, AOAT 301, 2002, 69–84.
- Monotheismus und Polytheismus, II Altes Testament, RGG^4 5, 2002, 1459–62.
- Mythos/Mythologie II Geschichtlich, 1. Alter Orient und Altes Testament, RGG^4 5, 2002, 1689–1692.
- Noch einmal: Naturwissenschaft gegen Religion? ZThK 99 (2002), 379–399.
- Tinnit, in: H. Cancik / H. Schneider [Hg.], Der Neue Pauly, Encyklopädie der Antike 12A, 2002, 605–606.
- Tun-Ergehens-Zusammenhang. Klageerhörung und Theodizee im biblischen Hiobbuch und in seinen babylonischen Parallelen, in: Ch. Hempel, A. Lange, H. Lichtenberger [Hg.], The Wisdom Texts from Qumran and the Development of Sapiental Thought, BEThL 159, 2002, 153–171.

2003

- Was der Akzeptanz einer biblischen Anthropologie entgegensteht und wie wir mit der Herausforderung umgehen, in: U. Mittmann-Richert/F. Avemarie/G. S. Oegema [Hg.], Der Mensch vor Gott. Forschungen zum Menschenbild in Bibel, antikem Judentum und Koran. FS H. Lichtenberger, Neukirchen 2003, 3–13. PRÜFEN!!!
- Claus Westermann – ein theologischer Denker zwischen Altem Testament und Moderne, in: M. Oeming [Hg.], Claus Westermann. Leben – Werk – Wirkung, Beiträge zum verstehen der Bibel 2, 2003, 95–101.
- Feinde, Tiere und Dämonen. Ein kleiner Beitrag zu den Klage- und Bittpsalmen des Einzelnen, in: K. Kiesow / Th. Meurer, Textarbeit. FS P. Weimar, AOAT 294, 2003, 229–233.
- Grammatische Atavismen in semitischen Sprachen, in: P. Marrassini [Hg.], Semitic and Assyriological Studies, FS P. Franzaroli, Wiesbaden 2003, 430–445.

– „Hybris in der biblischen Urgeschichte Gen 2–11* und der babylonische Mythos von Atramḫasis, in: R. Sariönder / O. Krüger, Mythen der Kreativität. Das Schöpferische zwischen Innovation und Hybris, Frankfurt a. M. 2003, 37–50.
– Kohelet im Lichte der frühgriechischen Philosophie, in: Ders. / D. J. A. Clines / H. Lichtenberger [Hg.], Weisheit in Israel. Beiträge des Symposiums „Das Alte Testament und die Kultur der Moderne" anlässlich des 100. Geburtstags G. von Rads, Altes Testament und Moderne 12, Münster 2003, 67–80.
– Krieg und Gewalt im Alten Israel, in: Ders. / A. Th. Khoury / E. Grundmann [Hg.], Krieg und Gewalt in den Weltreligionen, Fakten und Hintergründe, Freiburg / Basel / Wien 2003, 11–23 und Anm. 125–130.
– Mythisierung geschichtlicher Ereignisse im Alten Testament und im Alten Vorderen Orient, in: G. Oberhammer / M. Schmücker [Hg.], Mythisierung der Transzendenz als Entwurf ihrer Erfahrung. Arbeitsdokumentation eines Symposiums, Österreichische Akademie der Wissenschaften 706, 2003, 185–202.
– Psalmen und frühgriechische Lyrik, BZ 47 (2003), 23–42.
– Religion als Teil der Natur des Menschen, Archiv für Religionsgeschichte 5 (2003), 227–242.
– Religion und Regionalität. Theoretisches und Methodisches, in: E. Schwertheim / B. E. Winter [Hg.], Religion und Region. Götter und Kulte im östlichen Mittelmeerraum, Asia Minor Studien 45, 2003, 1–7.
– Der Umgang mit dem Negativwertig-Numinosen in der phönizisch-punischen Religion, in: A. Lange / H. Lichtenberger / D. Römheld [Hg.], Die Dämonen – Demons. Die Dämonologie der israelitisch-jüdischen und frühchristlichen Literatur im Kontext ihrer Umwelt – The Demonology of Israelite-Jewish and Early Christian Literature in Context of their Environment. Tübingen 2003, 108–121.

2004

– Adonis und Adonisgärtchen, ZDMG 154 (2004), 265–284.
– Beobachtungen zur Göttin Tinnit und der Funktion ihrer Verehrung, in: M. Heltzer / M. Malul, Teshurot laAvishur. Studies in the Bible and Ancient Near East, FS Y. Avishur, Archeological Center Publications Tel Aviv-Jaffa, 2004, 141–151.
– Zur Frage nach dem „Wesen" früher Lyrik, in: M. Witte [Hg.], Gott und Mensch im Dialog, FS O. Kaiser, BZAW 345, 2004, 817–832.
– Gibt es für religiöse Vorstellungsmuster der phönizisch-punischen Welt humanethologische Erklärungen? In: R. Bol [Hg.], Sepulkral- und Votivdenkmäler östlicher Mittelmeergebiete (7. Jh. v. Chr. – 1. Jh. n. Chr.). Kulturbegegnungen im Spannungsfeld von Akzeptanz und Resistenz, Internationales Symposium Mainz 2001, Möhnesee 2004, 109–116.
– Mythos und Metapher. Zur Ambivalenz des Mythischen in poetischer Gestaltung, in: H. Irsigler [Hg.], Mythisches in biblischer Bildsprache. Gestalt und Verwandlung in Prophetie und Psalmen, QD 209, 2004, 43–63.
– Der Name David, in: F.-L. Hossfeld / L. Schwienhorst-Schönberger [Hg.], Das Manna fällt auch heute noch. Beiträge zur Geschichte und Theologie des Alten, Ersten Testaments, FS E. Zenger, Herders Biblische Studien 44, 2004, 430–446..
– Schöpfungsmythen – literarisch und theologisch. Mit Anschlußerörterungen, ZThK 4 (2004), 506–525.
– Semitische Sprachen, I. Allgemeiner Überblick, II. Hebräisch, in: RGG^{4} 7, 2004, 1199–1203.

– So-Sein und So-Sein-sollen. Religion im Streit zwischen Natur- und Geisteswissenschaften, NZSTh 46 (2004), 483–498.
– Sprachliche und religionsgeschichtliche Beobachtungen zu Jes 17,10 f., VT 54 (2004), 91–103.
– Der tote König Jojakim und der Gott Adonis, in: J. Gebauer / E. Grabow / F. Jünger / D. Metzler [Hg.], Bildergeschichte. FS K. Stähler, Möhnesee 2004, 357–372.
– Religiöse Vorstellungsmuster der phönizisch-punischen Welt, in: R. Bol / D. Kreikenbom [Hg.], Sepulkral- und Votivdenkmäler östlicher Mittelmeergebiete (7. Jh. v. Chr. – 1. Jh. n. Chr.). Kulturbegegnungen im Spannungsfeld von Akzeptanz und Resistenz. Akten des Internationalen Symposiums Mainz 2001. Möhnsee 2004, 109–116.
– Beobachtungen zur Göttin Tinnit und der Funktion ihrer Verehrung, in: M. Heltzer [Hg.]: Teshûrôt LaAvishur. Studies in the Bible and the Ancient Near East. FS Yitzhak Avishur. Tel Aviv 2004, 141–151.

2005

– Zum Werden des Lyrischen. Am Beispiel des Hohenliedes und frühgriechischer Lyrik, in: A. C. Hagedorn [Hg.], Perspectives on the Song of Songs – Perspektiven der Hoheliedauslegung, Comparative Approaches to a Biblical Text, BZAW 246, 2005, 245–259.
– Der Gottesname *Bʿl* und seine Phraseologien im Hebräischen und im Phönizisch-Punischen, in: JSS 50 (2005), 281–296.
– Zur Grammatik und zum religionsgeschichtlichen Hintergrund von Ps 68,5, ZAW 117 (2005), 206–216.
– Philologische und religionsgeschichtliche Beobachtungen zur Göttin Tinnit, RSFen 31 (2003), erschienen 2005, 123–138.

2007

– Notizen zu dem „Tanit-Becken" unter dem Decumanus maximus von Karthago, in: Hans Georg Niemeyer et al. [Hg.], Karthago. Die Ergebnisse der Hamburger Grabung unter dem Decumanus Maximus. Hamburger Forschungen zur Archäologie 2. Mainz 2007.